国际贸易专业
“十三五”规划教材

国际经济合作

闵树琴　周 丽◎主编

北京师范大学出版集团
BEIJING NORMAL UNIVERSITY PUBLISHING GROUP
安 徽 大 学 出 版 社

图书在版编目(CIP)数据

国际经济合作/闵树琴,周丽主编. —合肥:安徽大学出版社,2019.5(2021.1重印)
ISBN 978-7-5664-1826-5

Ⅰ.①国… Ⅱ.①闵… ②周… Ⅲ.①国际合作—经济合作—高等学校—教材
Ⅳ.①F114.4

中国版本图书馆CIP数据核字(2019)第087166号

国际经济合作 **闵树琴 周 丽 主 编**

出版发行:北京师范大学出版集团
安 徽 大 学 出 版 社
(安徽省合肥市肥西路3号 邮编230039)
www.bnupg.com.cn
www.ahupress.com.cn

印 刷:合肥远东印务有限责任公司
经 销:全国新华书店
开 本:184 mm×260 mm
印 张:22
字 数:456千字
版 次:2019年5月第1版
印 次:2021年1月第2次印刷
定 价:59.00元
ISBN 978-7-5664-1826-5

策划编辑:姚 宁 邱 昱 方 青
责任编辑:姚 宁
责任印制:陈 如 孟献辉
装帧设计:李伯骥
美术编辑:李 军

《国际经济合作》
编委会

目　录

前 言

《国际经济合作》是国际贸易专业“十三五”规划系列教材之一。编写本系列教材的目的和原因主要是：

第一，20世纪80年代以来，随着世界范围内经济全球化的发展，世界经济贸易领域发生了新的变化。现在，各国都深刻地认识到，只有顺应经济全球化发展的潮流，加强各国之间的国际经济合作，才能加快本国发展。反之，发展就会遇到多种限制，从而落后。当今社会，国际经济合作正由过去较为单一走向全面合作，各国经济联系日益深入，相互投资、技术服务合作、国际间承包、劳务、旅游以及其他形式的合作都呈现出蓬勃发展之势。政府和企业都在深入研究应采取何种措施以适应多边经济的发展，从而在当今国际经济合作的大潮中获取更多的国家、公司利益。习近平提出的“一带一路”倡议更是高瞻远瞩，对我国的扩大开放对世界经济的发展都具有重大的意义和影响。编写本教材的目的之一就是努力体现习近平新时代中国特色社会主义思想在国际经济中的重要成就，努力反映和探求当今世界形势最新的变化，以在教学中体现“与时俱进”，凸显教学内容的新变化。

第二，努力适应国家新的教学要求。教育部对高等教育一以贯之的标准要求就是高等教育应当始终紧跟形势，面向未来、面向现代化建设。我国已经发展为世界第二大经济体，并成为国际经济合作中令人瞩目的重要力量。我国自改革开放特别是加入世界贸易组织以来，努力顺应国际规则并不断扩大与各国的经济联系和国际合作，世界为中国经济发展提供了广阔的平台，中国也为世界经济发展作出了重要贡献。国家鼓励和支持高等院校专业教材的建设，编写出具有各专业特色的、适合各地高等院校不同学生要求的高质量教材，培养出能够适应形势发展的、既具有前瞻性眼光又能脚踏实地实践操作的建设型人才。为了达到这一标准，我们将具有多年高等教育教学经验、学术造诣水平较高的专业教师组建成教研团队，编写这本教材，以求完善教学效果、提高教学水平。

本系列教材的特色是：

1. 通俗性。本系列教材是具有很强的专业理论和专业知识的课程，许多领域均具有较高的难度，不易掌握。为此，本教材在编写过程中始终强调注意深入浅出，以达到“教师容易备课，学生容易听懂”的效果。

2. 实践性。财经、商务类专业均为应用型专业，教师教学必须始终与实践相结合。因此，教材编写基本上体现了理论知识与实践的结合，专业知识与案例的结合。

3. 即时性和前瞻性。教材编写者密切联系世界经济、贸易、金融不断变化的形势，运用最新的研究资料、生动典型的案例，努力使教材体现出探讨和预期的效果。

由于水平所限，教材中的不足之处难以避免，恳请各位读者、专家赐教。

夏英祝

（夏英祝教授：中国国际贸易学会理事，中国国际贸易与投资研究会常务理事，中国服务贸易专家委员会专家理事，安徽省教学名师，安徽省生态经济学会副会长等。）

第一章　导　论

第一节　国际经济合作的研究对象和研究方法

一、国际经济合作的概念

当前，我国国际经济学界对"国际经济合作"所下的定义，主要有以下几种：

"国际经济合作是世界上不同国家（主权国家）与地区在国际分工基础上进行运转的重要机制，它符合人类社会经济发展的进步趋势，是经济生活日益国际化的必然结果。什么叫合作？合作（Cooperation）这个词，在词典上的解释是'Working or acting together for a common purpose'或'Work or act together in order to bring about a result'，指的是为了一个共同目标而一起工作，或为了取得一种效益而一起工作。所谓'一起'，是指具有双边的或多边的协作与配合关系。不难理解，国际经济合作就是指不同国家（或不同地区）为了在经济上达到一个共同目标（或为了取得某种经济效益）而进行相互协调的有效机制。"①

国际经济合作是国家间各种生产要素的相互配合和合作，即各个国家的企业之间以其占有优势的生产要素（如资源、土地、资本、劳动力、技术、设备和管理技能等）进行某种形式的合作，并根据一定的协议章程或合同分担一定的义务和风险，共同分享合作的收益。当代国际经济合作是"二战"后，尤其是20世纪60年代以来出现的新事物。

国际经济合作是指"二战"以后，不同主权国家政府、国际经济组织和超越国家界限的自然人与法人，为了共同的利益，在生产领域中以生产要素的移动与重新组合配置为主要内容而进行的较长期的经济协作活动。国家间的经济政策协调也是国际经济合作的重要内容。

国际经济技术合作是一门新兴的国际经济学科，它与国际贸易不同，后者主要侧重于国际流通领域，而国际经济技术合作主要侧重于科技、生产和投资领域，是较长期的国际经济合作活动。

---

① 王世浚. 国际经济合作概论[M]. 北京：中国对外经济贸易出版社，1991.

国际经济技术合作是主权国家间(包括主权国家与经济组织之间、主权国家间的企业之间、国际经济组织之间,以及国际企业法人之间)通过竞争与协调,在自愿的基础上进行的所有经济活动。

上述定义从不同方面揭示了"国际经济合作"的内涵,但对于"国际经济合作"外延的确定,专家学者的观点却不大一致。综合各位专家的看法,我们认为:国际经济合作是超国界的经济主体根据协商一致的原则,在侧重于生产领域或生产与交换、分配、消费等相结合的领域进行的经济合作活动和政策协调活动。

二、国际经济合作的研究对象

根据上述"国际经济合作"的基本概念,国际经济合作的研究对象主要是国家之间各种生产要素组合与配置的运动规律以及这一领域中进行国际经济协调的有效机制。具体来说,国际经济合作的研究对象主要包括以下三个方面的具体内容:

(一)研究国际经济合作产生与发展的理论依据

目前,国际经济理论界对国际经济合作的产生与发展提出了各种理论。研究这些理论,需要我们根据马克思主义的辩证法和唯物史观的基本原理进行分析评判,以揭示国际经济合作产生和发展的规律,提高我们对国际经济合作的认识水平,指导我们参与国际经济合作的实践。

(二)研究宏观国际经济合作

从宏观角度看,国际经济合作主要研究区域或集团一体化、不同类型国家进行经济合作的两重性以及主权国家为促进生产要素国际移动而采取的宏观调控政策和便于国际协调而采取的经济措施、国际惯例与规范。

(三)研究微观国际经济合作

从微观角度看,国际经济合作主要研究合作的具体内容(领域和范围)、合作的方式以及合作的环境和合作的国际规范。这也是国际经济合作的狭义内容,即指各国政府、国际经济组织及超越国界的法人和自然人,根据一定的协议、章程和合同,通过一定的形式,在生产、科技、投资和劳务领域中开展的国际经济合作。

国际经济合作与国际贸易学的研究对象有所不同,其主要区别在于:国际贸易是研究国际之间商品流通的规律性,侧重点是商品的进口与出口贸易活动,属于流通领域的范畴;而国际经济合作是研究国际之间各种生产要素的运动规律及其协调机制,其侧重点主要是生产领域的直接合作。

国际经济合作与国际贸易的区别还表现在以下方面:

首先,在业务流程与运行方式方面。国际贸易的业务程序,往往是一笔商品交易经过洽谈、成交、签约后,出口方的责任是按合同要求的商品品质、规格、数量及时交货。进口方的责任是按合同规定及时支付货款。一旦双方完成交货与付款后,这笔交易即告结束。国际经济合作则完全不同,一个项目在开始谈判时,一般需要根据项目的特点,共同研究与选择适当的合作方式。达成协议之后,往往需要组成一个联合性质的经济实体。参加实体的有关各方,对项目经营成败有着共同的利害关系,有的项目还要共同管理、共担风险、共负盈亏。

其次,在运作期限方面。国际贸易从洽谈成交到交货结汇的时间,一般不过一年半载。而国际经济合作的项目内容比较复杂,从洽谈到签约往往就要花费较长时间,合同签署的合作期限也比较长,一般三五年,有的十多年,特殊的项目甚至长达二三十年。

最后,在可发挥的作用方面。20 世纪 70 年代以来,世界性贸易保护主义进一步发展。发达国家的贸易保护主义措施,除关税壁垒外,非关税壁垒和限制性商业惯例(跨国公司所采取的)名目繁多,影响国际贸易的正常进行。在此情况下,仅仅通过商品贸易的方式很难进入某一国家或地区的市场。但如果采取国际经济合作的方式,在东道国投资设厂,就地生产、就地销售,有利于谋求自身在国际市场的生存与发展。通过国际经济合作的有关方式,由于渗透到生产领域,可以直接获得比较先进的技术和管理知识,有利于改造落后的产业结构或建立新的产业。此外,国际经济合作可以促使在一国内难以单独进行的大型建设项目或科研项目得以实现。

三、国际经济合作的研究方法

一门学科的研究方法是由其研究对象决定的。国际经济合作学研究的是生产要素在国际间流动和优化组合运动规律的学科。因此,必须坚持马克思主义的立场、观点和方法,采取实事求是的调查研究方法。马克思主义政治经济学是国际经济合作的基本理论指导。第二次世界大战后,世界经济处在不断变化与发展过程中,开展国际经济合作虽是人心所向,但同时又需要对不断出现的新政策、新问题作出理论上的剖析与回答。只有借助马克思主义政治经济学的指导,才能对这些新观念、新问题进行深入细致的分析和验证,也才可能逐步认识并科学阐明这些问题。反之,如果没有以马克思主义政治经济学的基本理论作为指导,国际经济合作的研究就难以透过现象洞察本质,难以得出科学的结论。

国际经济合作学是一门新兴学科。一门新兴学科的建立,其研究方法应是多方面的[①],特别是要从国际经济合作的各种具体实践中总结经验,并升华为理论。为此,还应采用以下一些具体方法:

其一,从时间上考察,采用历史研究法。历史研究法即从历史的角度(观点)研究国际经济合作关系的运动规律。它包括研究历史上的国际经济合作关系、当前国际经济合作的现状与特点以及未来国际经济合作的发展趋势与战略选择三部分。

其二,从空间上考察,采用微观与宏观相结合的方法。微观与宏观相结合的方法是

① 周启元,隋绍楠,任飞.论国际经济合作学的研究对象、内容和方法[J].世界经济,1993.

指把整个国际经济合作分为各个国家的对外经济合作、次区域性的、区域性的和全球性的对外经济合作进行研究。

其三，从社会制度上分析，采取比较法。比较法即比较各种社会制度——发达资本主义国家之间、发展中国家之间、社会主义国家之间以及不同社会形态之间的国际经济合作，从中比较各自的特点，以便取长补短，发展国际经济合作理论与实务。

其四，从各种合作方式上研究，采取系统分析法。系统分析法主要是剖析和比较各个系统合作方式的发展变化及其运动规律。

其五，从数量上考察，采用数量统计分析方法。数量统计分析方法即通过对各种生产要素的国际移动规模与国民生产总值之比，进行静态分析与动态的比较，来衡量各国对外经济合作的发展程度及特点。

显然，上述这些研究方法在实践应用中，都不是孤立进行的，而是相互交叉、综合性的运用。

对国际经济合作的深入研究，还需具备比较广泛的专业知识。一般认为，世界经济、国际贸易、国际金融、经济数学、世界经济统计、对外经贸会计、国际经济法以及当代资产阶级经济学等都是应当具备的一些起码的基本知识。国际经济学是当代资产阶级经济学的一个重要组成部分，对研究国际经济合作具有重要的参考价值。发展经济学是第二次世界大战后兴起的当代西方经济学的一个重要分支，它以发展中国家的经济发展问题作为研究对象，这对研究国际经济合作也非常重要。第二次世界大战后世界经济的重要特征之一，是大量地出现了以海外直接投资为手段的跨国经营。跨国公司的影响遍及全球，研究跨国公司的形成、现状及其特点，了解跨国公司的发展趋势，无论在理论上还是在实践上对国际经济合作问题的研究都有着重要的意义。由于国际经济合作问题的研究更多地涉及生产领域，因而还需要具备一定的工程技术知识，这对于从事国际经济合作实际工作而言，尤为重要。公共关系学是20世纪60年代以后发展起来的一门新兴学科，根据《不列颠百科全书》(1981年版)的词条定义，所谓“公共关系”(Public Relations)，是“指在传递有关个人、公司、政府机构或其他组织的信息，并改善公众对其态度的种种政策或行动”。学习与研究这门新学科，对开展国际经济合作实际工作非常必要。

此外，作为一个国际经济合作的研究工作者或实际工作者，外语这个工具是不可缺少的，至少应能比较熟练地掌握和运用其中的一种。如果是专门研究怎样开展对某一国的经济合作，那就更需要掌握该国所使用的语言文字。

第二节　国际经济合作的类型与方式

国际经济合作的内容十分丰富，从不同的角度，可以将国际经济合作分成不同的类型。国际经济合作的方式也灵活多样，而且随着国家间经济交往范围的扩大、国际经济合作的方式不断更新，经常会出现一些新的具体合作方式。对这些方式的归纳与分类，理论界意见并不一致，因此，也就出现了一些差异不大但又不完全一致的国际经济合作方式分类。

一、国际经济合作的主要类型

（一）根据所含经济内容的不同划分

根据所含经济内容的不同，国际经济合作可以划分为广义国际经济合作和狭义国际经济合作。广义国际经济合作，包括一切超出国家界限的经济交往活动。它不仅包括第二次世界大战以后发展起来的新的国际经济交往方式，而且涵盖了国际商品贸易、国际金融服务等传统的国际经济交往方式。狭义国际经济合作，特指第二次世界大战以后发展起来的、以生产要素国际转移为主要内容的、主权国家间的经济协作活动，是指除国际商品贸易和金融服务之外的一切国际经济协作活动。因此，国际经济合作与国际贸易、国际金融等学科有严格的区分。

（二）根据参加国际经济合作主体的不同划分

根据参加国际经济合作主体的不同，国际经济合作可以划分为宏观国际经济合作与微观国际经济合作。宏观国际经济合作是指不同国家政府之间以及不同国家政府同国际经济组织之间通过一定的方式开展的经济合作活动。微观国际经济合作是指不同国籍的自然人和法人之间通过一定方式开展的经济活动，其中主要是指不同国家的企业或公司间的经济合作活动。宏观国际经济合作对微观国际经济合作的主体、范围、规模和性质有较大的影响，但宏观国际经济合作服务于微观国际经济合作，多数形式的宏观国际经济合作最终都要落实到微观国际经济合作上来，微观国际经济合作是宏观国际经济合作的基础。

（三）根据国际经济合作参加方的多少来划分

根据国际经济合作参加方的多少来划分，国际经济合作可以分为多边国际经济合作和双边国际经济合作。多边国际经济合作是指两个以上的国家政府之间以及一国政府与国际经济组织之间所进行的经济合作活动。多边国际经济合作又可分为全球多边与区域多边两种具体类型。双边国际经济合作是指两国政府之间进行的经济合作活动。多边国际经济合作与双边国际经济合作一般都属于宏观国际经济合作的范畴。

（四）根据参与国经济发展水平的不同划分

根据参加国经济发展水平的不同，国际经济合作可以划分为北北合作、南南合作和南北合作。北北合作是指发达国家之间展开的经济合作，南南合作是指发展中国家之间展开的经济合作，南北合作是指发达国家与发展中国家之间展开的经济合作。经济发展水平差异不大的国家之间的经济合作称为“水平型国际经济合作”，经济发展水平差异较大的国家之间的经济合作称为“垂直型国际经济合作”。

二、国际经济合作的具体方式

当代国际经济合作主要包括以下八种方式：

（一）国际直接投资

国际直接投资包括一个国家引进其他国家的直接投资和在其他国家进行的直接投资。其具体方式有合资经营、合作经营和独资经营等。

（二）国际间接投资

国际间接投资主要有国际信贷投资和国际证券投资两种方式。具体形式包括外国政府贷款、国际金融组织贷款、国际商业银行贷款、出口信贷、混合贷款、吸收外国存款、发行国际债券和股票以及国际租赁信贷等。

（三）国际技术合作

国际技术合作包括有偿转让和无偿转让两个方面。有偿转让主要指国际技术贸易，其采取的方式有带有技术转让性质的设备硬件的交易和专利、专有技术或商标使用许可贸易等。无偿转让一般以科技交流和技术援助的形式出现，其具体方式有：交换科技情报、资料、仪器样品，召开科技专题讨论会，专家互换与专家技术传授，共同研究、设计和试验攻关，建立联合科研机构和提供某些方面的技术援助等。

（四）国际服务合作

国际服务合作主要包括直接境外形式的服务合作和间接境内形式的服务合作。具体形式有国际工程承包、劳动力直接输出和输入、国际旅游、国际咨询以及“三来一补”业务等。

（五）国际土地合作

国际土地合作包括对外土地出售、土地出租、土地有偿定期转让、土地入股、土地合作开发等具体内容。

（六）国际经济信息与经济管理合作

国际经济信息合作主要是指不同国家之间经济信息的交流与交换。国际经济管理合作的具体方式有：国家间税务合作、对外签订管理合同、聘请国外管理集团和管理专家、开展国际管理咨询、联合管理合营企业、交流管理资料与经验、举办国际性管理讲习班等。

（七）国际经济援助

国际经济援助主要有资金援助、物资援助、人力（智力）援助和技术援助等方式。

（八）国际经济政策的协调与合作

国际经济政策的协调与合作包括联合国系统国际经济组织进行的协调、区域性经济组织进行的协调、政府首脑会议及互访进行的协调以及国际性行业组织和其他有关国际经济组织进行的协调。

第三节 国际经济合作的产生与发展

一、国际经济合作的产生

国际经济合作是国际关系在一定条件下所采取的一种方式，是一个历史范畴。因此，国际经济合作的产生和发展必须在整个国际经济关系的发展历史中加以考察。从严格的意义上说，只有在国家出现之后，它们之间的经济关系才能称为“国际经济关系”。但是，从人类社会发展的历史上看，早在原始社会末期，自从剩余产品出现之后，相邻的部落和氏族之间就已经开始了以物易物的简单交换行为[①]。那时国家尚未出现，这种部落与部落之间的产品交换关系还不能称为“国际经济关系”。但是，这毕竟是不同的人群主体（部落）之间为了互通有无而进行的一种有目的的经济活动，因而可以看作后来的国际经济关系的胚胎形态。我们追溯国际经济关系和国际经济合作的历史只能从国家出现以后开始。

从古代社会到今天，国际经济关系已经从简单的物物交换发展到社会再生产的各种要素错综复杂的国际运动，国际经济合作也从极不稳定的通商盟约发展到各种产业部门无所不包，经济、政治、军事多种职能兼而有之的综合性共同体（如欧洲联盟）。尽管所处的历史时期不同，发展的程度不同，但任何时期的国际经济合作都有一条最根本的共同原则：平等互利。这一原则是我们从日益繁杂的国际经济关系中辨别哪一类国际经济关系属于国际经济合作范畴的基本标志。

对平等互利的理解，既不能笼统、抽象，也不能绝对化。平等应理解为主要是政治上的平等，即参与国际经济合作的各个国家间要相互尊重、不得损害对方的政治独立和主权，不得压服对方接受自己的合作条件。即使参与合作的是某个私人企业或单个经济组织，它与外国任何经济实体进行的经济活动也不得损害本国的国家利益，不得违反本国政府的政策法律。否则，就无法形成真正的国际经济合作关系。

互利和平等是密不可分地联系在一起的。在平等的基础上，双方独立地自行决定什么对自己有利，双方自愿参与到某个合作项目中。这里很重要的一点，就是不能由某一个（或几个）强国代替别国决定某项经济活动是否对后者有利。当然，关于互利，既可以从当前利益考虑，也可以从当前利益与长远利益的结合上考虑，包括为了长远利益而在当前利益上自愿作出一定的让步。因此，我们可以说，“平等……是国际经济合作的前

① 恩格斯．家庭私有制和国家的起源[M]．北京：人民出版社，2003.

提条件。而互利则是国际经济合作的核心”①。至于在国际经济交往中，能否按照平等互利的原则进行国际经济合作，主要取决于经济和政治两个方面的因素。

(一)经济方面的因素

这里主要指各国社会生产力发展水平。不言而喻，一国参与国际经济合作，其本身的经济必须具备一定的发展水平。因为合作是双方的事，甲方既有求于乙方，又必须能够拿得出东西给乙方；又因为合作关系一般持续时间较长，不同于任何一次性单纯的商品买卖行为，有关国家(或有关企业或组织)如果没有能力在商定的时期内保证不间断地履行自己的义务，合作关系也就无法维持。

经济因素之所以重要，还因为经济因素决定着国际经济合作的内容和形式，也决定着一定时期国际经济合作的格局。在自然经济占统治地位的奴隶社会和封建社会时代，与后来的商品经济发达的资本主义时代，整个国际经济关系的内容以及国际经济合作的规模和形式都发生了很大的变化，更不用说资本主义进入垄断阶段以后，这种变化就更为突出了。

(二)政治方面的因素

这里主要指的是各国在国际上所处的政治地位，亦即各国间的政治关系。我们在研究国际经济合作以及整个国际经济关系时，不能仅就经济关系论经济关系，必须结合国际政治关系去考察。既然我们所说的国际经济关系和国际经济合作都是以国家为主体而进行的经济活动，那么，国际经济关系的性质和形式必然受有关国家的性质、其国际政治地位以及对外政策的制约。至于国际经济合作，更是要看什么国家与什么国家的合作。从历史上看，帝国主义国家可以和帝国主义国家进行经济合作(还有政治合作和军事合作)，为的是对付殖民地人民的民族解放运动，维持其殖民主义统治，而帝国主义国家和殖民地国家根本谈不上合作关系，因为帝国主义(宗主国)不需要通过国际经济合作这种方式就可以轻而易举地从殖民地掠取到他们所需要的一切人力、物力、财力资源。其之所以能这样，就是因为帝国主义国家和殖民地两者的政治地位不同，一个是掠夺者、统治者，另一个是被掠夺者、被统治者，两者无平等可言，更谈不上互利。

与此截然不同的是，第二次世界大战后取得民族独立的发展中国家间的国际经济关系和国际经济合作。这些国家有着类似的历史遭遇，独立后面临着类似的发展民族经济的任务，他们之间的经济关系有条件在和平共处五项原则的基础上得到不断地发展，他们之间的经济合作则是他们在经济上相互支援、共同发展的重要途径。

历史在发展，国际政治经济形势也在不断变化，但是一国的社会政治经济制度的性质决定了其在参加国际经济合作中的根本动机和目的是不会变的。我们在考察国际经济合作时，首先要明确这一根本目的。

① 王西陶.什么是国际经济合作[J].国际经济合作，1989.

二、国际经济合作发展的主要阶段

（一）早期的国际经济合作

早在公元前 5 世纪的古希腊时代，由于地中海贸易的开展，希腊与地中海沿岸各国的贸易往来相当频繁。在这种贸易往来中，逐渐出现了国与国之间（主要由希腊牵头）为了保证贸易顺利进行而约定互为对方的船只提供方便、在关税上互为对方提供优惠等属于国际经济合作范畴的行为[①]。我国远在春秋时期（公元 4 世纪前后），各诸侯国之间的商业来往已很兴旺，当时的楚、晋两国曾在函门订约，规定要有利于运输。还有"葵丘会盟"的盟约中的"毋忘宾旅"条款，鲁、齐、晋、郑等十多国订立的盟约中的"毋壅利"条款，都是涉及彼此间经济利益的内容[②]。在欧洲，封建时代最有名的具有国际经济合作形态的盟约组织当推"汉萨同盟"。"汉萨"系德语"行会"（Hanse）一词的音译，该同盟创建于 14 世纪中叶的德国。当时，手工业行会组织在各地纷纷成立，由于王权势力甚弱，不能给予各城市手工业组织以有力的支持，全国也尚未形成一个统一的经济中心。在这种情况下，德国北部地区以吕贝克城为中心，联合邻近其他几个城市，并逐步扩大，西到英国的伦敦，北到挪威的卑尔根，东到俄国的诺夫哥罗德，先后有近 200 个商业城市结成同盟，保护盟员的经济利益，统一商法，抵制封建法庭的干预，促进对外贸易，并保护商队安全。同盟前后存在长达 300 年，对沟通广大原料产地和手工业中心的联系、使西北欧在历史上第一次形成了一个统一的经济区、对促进欧洲经济发展，均起到了积极的作用[③]。至今，欧洲人还怀念着昔日的"汉萨精神"。

以上关于国际经济合作的事例散见于奴隶社会和封建社会长达两千余年的历史时期，可以说是早期的国际经济合作模式。在这个漫长的历史时期，由于商品生产尚不发达，也缺乏交通工具，各国国内所需的物质资料基本上都靠自给自足，因而国际经济交往甚少，这时的国际经济关系主要表现为各国间范围有限的通商关系（即国际贸易关系），而且当时国际贸易的商品结构也主要是供统治阶级消费享乐的奢侈品，如奴隶社会时期供奴隶主消费享乐的金银器皿、装饰品、宝石、香料等。直到封建社会时期，西方国家在国际贸易中仍然主要是用他们生产的呢绒、酒类换取东方国家的丝绸、香料、珠宝等奢侈品[④]。我国西汉时张骞出使西域，开辟了举世闻名的"丝绸之路"；明代郑和七次"下西洋"，他们带给亚非各国的也主要是丝绸、瓷器、珍贵药材等特产，换回的主要是象牙、犀角、宝石、香料等珍品[⑤]。尽管到了封建社会晚期，随着各国国内商品经济的成长和国内市场的兴起，各国通过国际贸易交换的商品中生产资料已逐渐增多，但就整个

---

① [法]杜丹. 古代世界经济生活（中译本）[M]. 北京：商务印书馆，1963.

② 李俊源，任栖文. 中国商业史[M]. 北京：中央广播电视大学出版社，1985.

③ 周一良，吴于廑. 世界通史（第二版）[M]. 北京：人民出版社，1972.

④ 黎孝先等. 对外经济贸易理论与实务[M]. 北京：对外贸易教育出版社，1988.

⑤ 李康华，夏秀瑞，顾若增. 中国对外贸易史简论[M]. 北京：对外贸易出版社，1984.

时期来说，这种以消费资料为主的国际贸易所体现的国际经济关系还没有成为各国社会再生产过程不可缺少的环节。

上述史实也表明，即使在自然经济占据主体地位的社会历史条件下，仍然能够出现适应这一时期国际经济关系所需要的国际经济合作。从这些事例中可以看出，当国与国之间开始了一般的经济交往活动之后（这里指的是一般的国际贸易活动），如果具备了以下两个条件，他们之间就有可能结成国际经济合作关系。第一个条件是，双方（或各方）都认为，他们之间的现有贸易往来能为自己带来利益，有必要稳定地继续发展下去。换言之，就是他们都有经济合作的需要。第二个条件是，有关各国必须处在和平发展时期，这样才可以较长时期地进行公平买卖。如果两国处于交战状态，那就谈不上合作，甚至连一般的贸易往来也要中断。这个条件指的是要有合作的国际政治环境，即要有和平的国际环境。这两个条件对任何时代的国际经济合作都是通用的。上面我们所讲述的这个历史时期，正是王侯割据、相互吞并、战争连绵的时期，当时主要国家的疆界尚未定型，加之当时脆弱的国际经济关系对各国社会再生产过程起不到重大作用，故这一时期的国际经济合作不是常见的现象，更未成为世界性的体系。国际经济合作的进一步发展只能是在以商品生产占统治地位的资本主义制度建立之后。

（二）第二次世界大战前的国际经济合作

这一个时期长达百余年，包括了资本主义发展的两大阶段：第一个阶段是自由竞争资本主义阶段；19 世纪末到 20 世纪初，资本主义进入垄断阶段，即帝国主义阶段，这是第二个阶段。

资本主义的生产方式，从它确立的时候起，经过了资本的原始积累，特别是由于完成了以纺织机和蒸汽机为主要标志的第一次技术革命（即产业革命），资本主义的生产过程转移到了机器大工业的基础之上，社会生产力得到了空前蓬勃的发展。从 1820 年到 1870 年的 50 年间，资本主义世界的工业增长了 9 倍，年平均增长率达到 4.7%①。正如马克思和恩格斯在《共产党宣言》中所说的："资产阶级在它的不到一百年的阶段统治中所创造的生产力，比过去一切世代创造的全部生产力还要多，还要大。"②19 世纪后期，由于电力和电动机车的发明和使用而产生了资本主义生产过程的第二次技术革命。这一时期是资本主义经济发展非常迅速的一个时期，也正是资本主义由自由竞争过渡到垄断的阶段。

列宁在《帝国主义是资本主义的最高阶段》一书中全面论述了 19 世纪末到 20 世纪初资本主义由自由竞争阶段过渡到垄断阶段的经济和政治根源以及帝国主义的基本特征。列宁的这一经典著作对于我们考察当时的国际经济关系和国际经济合作具有重要

① 王世浚. 国际经济合作实务[M]. 北京：中国对外经济贸易大学出版社，1998.

② 中共中央马克思恩格斯列宁斯大林著作编译局. 马克思恩格斯选集（第 1 卷）[M]. 北京：人民出版社，1972.

的指导意义。

从列宁的论述以及垄断资本主义发展的历史事实,我们可以看到,以少数统治着全世界的帝国主义列强为代表的资本主义经济的存在和发展,不是靠正常的国与国之间的经济往来、公平的商品交换或平等互利的国际贸易来支撑的,而是主要依靠对广大殖民地的剥削和掠夺来实现的。事实上,每个帝国主义宗主国对其所属殖民地均拥有统治权,他们可以在很大程度上排除竞争者,保住自己在殖民地的垄断地位,完全有保证地从殖民地廉价地取得他们所需要的原料,畅通无阻地推销自己的商品,包括他们本国的过剩产品,并把殖民地作为他们有利的投资场所。由此可见,“资本主义已成为极少数‘先进’国对世界上大多数居民施行殖民压迫和金融扼制的世界体系”①。在这种状况下,就大大缩小了公平合理的国际经济关系的范围,也就缩小了平等互利的国际经济合作的范围。至于帝国主义国家相互之间的经济关系,则是为他们各自扩大势力范围、压倒竞争者、夺取世界霸权的战略目标服务的。当然,从国际经济合作的角度来看,帝国主义国家之间也建立过一定的对他们有利的合作关系。主要的合作方式有:

1. 签订国际公约

鉴于传统的国际贸易关系到了资本主义时期已经有了空前的发展,又由于各国在争夺殖民地的过程中战争频繁,危及贸易货物的运输,各国政府十分关心外贸货物的安全,因而商定各种原则、措施以求尽量减少各自的损失。例如,19世纪时,殖民主义国家为了分担国际海运风险而确立了“共同海损”原则。这一原则至今仍是国际贸易海运业务中的一条通用原则。又如第一次世界大战后,为了保证货运的安全,有关国家根据海牙规则签订了《关于统一提单的若干法律规定的国际公约》(1924年),专门规定了货物承运人的职责。这些政府之间商订的规约对国际经济关系的发展起到了重要的作用。

2. 对外私人直接投资

这里所说的私人投资主要指的是拥有巨额“剩余”资本的大企业的对外投资。如早在19世纪末20世纪初就已出现的英荷壳牌石油公司、美国的福特汽车公司、美孚石油公司等知名的垄断企业,这些大型垄断企业通过向国外进行直接投资而变成了最早的一批跨国公司。应当看到,跨国公司的对外直接投资在这个时期主要投向还是殖民地国家,而投向发达资本主义国家的数量较少。尽管在整个第二次世界大战以前的时期,资本主义国家的产业资本输出与借贷资本和商业资本的输出比较起来,规模是最小的,但资本主义国家之间的这种有限的相互投资仍然对它们彼此扩大销售市场、引进先进技术起到了一定作用,因此也是一种有效的国际经济合作方式。

3. 缔结国际垄断协定

在激烈的市场竞争中,各国的大垄断企业(主要是跨国公司)为了达到联合瓜分世

① 中共中央马克思恩格斯列宁斯大林著作编译局. 列宁选集(第2卷)[M]. 北京:人民出版社,1972.

界市场的目的，按行业结成国际垄断集团，即国际卡特尔。这是从 19 世纪末到第二次世界大战前最普遍、最活跃的一种国际垄断组织形式。国际卡特尔由各国生产同类产品的垄断企业组成，根据协议划分彼此销售市场，同时规定产量、确定价格，以便限制竞争、保证垄断利润。国际卡特尔组织几乎遍及各个主要工业部门，其总数 1931 年为 320 个，到第二次世界大战爆发前已增至 1200 个左右[①]，后来由于战争爆发而暂停。应当看到，这一时期国际卡特尔的活动主要集中在流通领域，还不是直接生产上的联合，这与第二次世界大战前产业资本输出在整个资本输出中的规模较小的状况是相适应的。但是，国际卡特尔的活动为第二次世界大战后跨国公司的大发展打下了基础。与国际卡特尔发展的同时，许多国际金融垄断组织也相继成立，例如，早在 1911 年就在布鲁塞尔成立的“美国金融公司”，其成员包括德意志银行、汉堡的瓦尔勃公司、布鲁塞尔银行、巴黎——荷兰银行、法国信托银行、法国工商银行等大银行。

4. 成立国际行政联合

进入 20 世纪以后，国与国之间的关系日益复杂，帝国主义列强之间在争夺殖民地上的斗争空前激烈，最终导致第一次世界大战的爆发。“一战”后，为了处理国与国之间的一些问题，有关国家商定成立了一些国际行政联合。由于“一战”后最迫切的问题是政治问题，尤其是战争与和平的问题，还有战胜国与战败国在瓜分世界上的善后处理问题，于是由战胜国英国与法国发起，于 1920 年成立了有史以来第一个世界性的国际组织——国际联盟。联盟还建立了历史上第一个国际司法组织——国际常设法院，审理一切具有国际性质的争论。虽然国际联盟本身不是一个专门处理国际经济关系的组织，但是其活动的成败关系到能否为正常的国际经济合作创造一个良好的国际环境。很显然，处于 20 世纪 20 年代至 30 年代资本主义世界经济面临危机、帝国主义列强为了重新划分势力范围而酝酿新战争的形势下，国际联盟未能实现其在《国际联盟盟约》中所宣布的宗旨，也未能为更广泛的国际经济合作创造良好的国际环境，但为“二战”后成立的国际组织——联合国提供了有益的借鉴[②]。

以上所列举的是在第二次世界大战前资本主义国家间出现的几种影响较大的国际经济合作方式，是在垄断资本主义不断发展的基础上适应生产国际化和资本国际化的客观需要。

与此同时，我们还必须看到，随着俄国十月社会主义革命的胜利和第一个社会主义国家苏联的诞生，出现了一种新型的国际经济合作关系，即社会主义国家与资本主义国家之间的经济合作关系。事实上，社会主义和资本主义两种社会制度不同的国家间的经济合作关系是经过尖锐的斗争才建立起来的。

苏维埃共和国刚一成立，就遭到美、英、法等帝国主义国家和国内反革命势力的武

① 王世浚. 国际经济合作实务[M]. 北京：中国对外经济贸易大学出版社，1998.

② 梁守德等. 世界政治与国际关系[M]. 武汉：湖北人民出版社，1987.

装夹击和长期的经济封锁。在粉碎外国武装干涉和平定国内反革命暴乱之后,苏维埃政权面临一个现实的问题:要不要同资本主义国家发展经济关系,二者有没有达成经济协议的可能?列宁根据对现实的清醒估计和对俄国经济及资本主义国家经济的科学分析,指出社会主义和资本主义这两种对立的制度的国家不能不长期共处,因而二者之间不仅可能而且必须建立经济往来关系。列宁同时提出了关于资本主义国家对社会主义国家的关系上存在着两种倾向的理论:一方面,资本主义国家对社会主义国家存在强烈的敌对情绪;另一方面,为了取得原料和销售市场,资本主义国家又不能不同社会主义国家进行贸易和开展其他形式的必要的经济交流①。这一理论也为第二次世界大战后其他社会主义国家在对待资本主义国家的态度上提供了思想基础。在这一理论的指引和列宁的亲自领导下,十月革命后的俄国先后与资本主义国家建立两种形式的经济合作关系:

一是签订贸易协定。

粉碎外国武装干涉后,从 1921 年春开始,苏联便先后同英国、德国、挪威、奥地利、瑞典、意大利等许多资本主义国家签订了贸易协定,换取了国民经济建设所需要的重要器材设备。列宁在 1920 年初答美国《纽约晚报》记者问时就说过:“我们甚至准备用黄金向他们购买用于运输和生产的机具、工具和其他东西。而且不仅用黄金买,还要用原料买”②。此后,对外贸易一直是苏联与资本主义国家进行国际经济合作的重要领域。

二是合资经营企业。

合资经营企业在苏联叫作“租让制”,即苏联把暂时无力经营或开发的企业、矿山、林区等租给外国资本家经营开发。这样便可以利用资本主义国家的资金、先进技术设备和管理经验,迅速恢复和发展社会生产力、从而增强苏维埃政权的经济实力。对外国承租者来说,他们则既可获取高额利润,又可得到所需原料。这是列宁在苏维埃政权初期,特别在新经济政策时期极力主张的一项经济政策,是国家资本主义的一种形式,是第二次世界大战后广泛发展起来的合资企业的先驱。但是,当时苏联由于外国投资者较少,苏联本国的工业发展又很迅速,这种合资经营的形式没有得到很大发展。列宁在世时一共开办了不到 100 个合资企业,到 1930 年,苏联政府完全取消了合资经营(租让制)这种国家资本主义性质的经营方式。

由上可见,在第二次世界大战以前,经过两次大的科技革命,资本主义的社会生产力有了蓬勃的发展,生产国际化和资本国际化也有了很大程度的提高。但是,由于帝国主义的殖民体系一直存在,世界上绝大多数的国家被剥夺了独立和主权,因而也丧失了参加平等互利的国际经济合作的权利。从这个意义上说,这种单一的、帝国主义宗主国之间的经济关系不可能构成全球性的、普遍的国际经济合作的局面,唯一的一个社会主

① 苏联科学院经济研究所.苏联社会主义经济史(中文版)(第 1 卷)(1917—1920 年苏维埃经济)[M].北京:三联书店,1979.

② 中共中央马克思恩格斯列宁斯大林著作编译局.列宁选集(第 4 卷)[M].北京:人民出版社,1972.

义国家苏联，处在当时的情况下，虽然与周围的资本主义国家开展了一定程度的经济合作，但极其有限。

（三）第二次世界大战后的国际经济合作

第二次世界大战结束至今，国际政治形势和世界经济形势都发生了重大变化。这些变化总体来说扩大了国际经济合作的范围，使当代的国际经济合作发展成为涉及一切国家、遍及各个社会经济生活领域、多形式、多层次的国际经济体系。人们通常将第二次世界大战以后的国际经济合作称为“当代国际经济合作”。①

1.当代国际经济合作的主要特征

第二次世界大战以后的国际经济合作具有明显的、不同于以往历史上国家间经济协作的特点。与历史上国家间的经济协作相比，战后国际经济合作具有以下几个方面的特征：

第一，国际经济合作是主权国家间的经济合作，国际经济合作中所反映出来的是一种新型的国家间关系。

相互尊重国家主权、坚持平等互利，是开展国际经济合作的必要前提和基本原则，也是判断是不是主权国家间进行经济合作的主要标志。平等和互利是紧密地联系在一起的。在平等的基础上，双方根据自己的需要与可能，独立地自行决定合作的方式与内容。在合作的过程中，要兼顾各方利益，各自以自己占有优势的生产要素参加合作，按照国际惯例和有关法律规定协调各方利益并解决各种矛盾和纠纷。历史上，帝国主义和殖民地国家间根本不可能存在经济合作，即便帝国主义国家间的经济合作（包括政治合作和军事合作），其根本目的也是为了对付殖民地的民族解放运动，维护其殖民统治。

第二次世界大战以后，取得民族独立的广大发展中国家之间发展了广泛的国际经济合作。这些国家有着类似的历史遭遇，独立后都面临着发展民族经济的任务，他们之间有条件在和平共处原则基础上进行互利的合作与交往，他们之间的经济合作是他们在经济上相互支援、共同发展的重要途径。“二战”后，作为独立的主权国家，广大第三世界发展中国家有可能与西方发达国家平等地探讨经济关系问题，发展经济交往。当然，这种平等关系的发展还有赖于第三世界国家的共同努力和斗争，有赖于旧国际经济秩序的彻底改革。

第二，国际经济合作具有全球性、经常性和持久性的特征，国际经济合作的范围大、领域宽、方式灵活多样。

国际经济合作的全球性是指各种不同类型的国家间发展广泛的经济合作关系。“二战”后，由于国际经济政治格局的变化，世界上存在着经济发展水平不同和社会制度不同的三大类国家，即发达资本主义国家、发展中国家和社会主义国家。由于经济联系的加强和各自利益的诉求，三大类国家内部和三大类国家之间发生了多种类型的国际

---

① 王世浚.国际经济合作实务[M].北京：中国对外经济贸易大学出版社，1998.

经济合作，包括发达国家间的经济合作、发达国家与发展中国家间的经济合作（南北合作）、发展中国家间的经济合作（南南合作）、社会主义国家间的合作和社会主义国家与发达资本主义国家的经济合作（东西方经济合作）。国际经济合作在各个领域广泛、持久、经常性的展开。

不同类型国家间的经济合作几乎遍及经济生活的各个方面和所有领域。从合作的层次看，有企业间的、也有政府间的，有法人间的、也有自然人间的，而且合作的层次有逐步升级的趋势，即由企业间和政府间合作向区域合作和跨区域合作发展。从合作的性质看，有双边的合作，也有多边的合作。从合作的领域来看，几乎遍及社会再生产的全部领域。从合作的内容看，它包括了生产过程中各类生产要素的相互配合与移动以及贸易、金融和宏观经济政策协调等多方面的内容。至于国际经济合作所采取的方式，则更是灵活多样、不断翻新。总之，第二次世界大战以后，世界经济中已经形成了一个完整的国际经济合作体系，这是二次世界大战以前国家间偶然发生的经济协作所无法比拟的。

第三，在国际经济合作过程中，资本、技术、劳动力等生产要素常常结合在一起，形成一揽子国际移动。

国际经济合作是以现代科学技术和现代化工业大生产为基础的。在以生产要素国际移动与重新组合配置为主要内容的国际经济合作活动中，生产要素的国际移动有可能是单一要素的移动，也有可能是多种要素结合在一起的移动，在多数情况下是多种要素的复合移动。例如，发展中国家在引进技术的同时也吸收国外的资金。又如，跨国公司在对外进行直接投资时，往往也会带去技术，包括技术服务和管理。再如，国际工程承包本来是劳务输出的一种方法，但实际上也常常包括设备和原材料出口，劳务、技术，甚至管理的输出，是一种典型的综合性的经济合作方式。生产要素在国际间进行复合流动构成了国际经济合作的又一特征。

2. 当代国际经济合作大发展的原因

第二次世界大战以后，国际经济合作的大发展有其深刻的政治、经济和社会原因，是科学技术发展、国际分工深化和经济生活国际化的必然产物。究其原因，“二战”后促进国际经济合作发展的基本因素有以下几个方面：

(1)第三次科学技术革命的出现是“二战”后国际经济合作产生与发展的主要动因。

第二次世界大战以后，特别是从 20 世纪 50 年代开始，人类历史上出现了新的科学技术革命，不断取得新的技术突破。新的科学研究成果不断地被运用到生产领域，出现了许多新的技术和新的产业，如以电子计算机为核心的电子技术以及生物技术、生物工程、激光和光导纤维为主的通讯技术、海洋工程、宇宙空间工程、新材料、新能源等一系列新技术。

第三次科技革命无论从发展规模上，还是在影响深度上都大大超过了以往两次科技革命，对社会生活的所有领域，特别是经济生活领域产生了极为深刻的影响。科学技术推动了生产力的发展，各国经济发展速度普遍加快，出现了 20 世纪 50—60 年代世界经济高速增长时期;由于科学技术成果在生产中的普遍运用,出现了大量"技术密集型"产业和产品;技术商品化,形成了新的独立的生产要素市场——技术市场;在资本、劳动力、土地等其他生产要素的组合中,技术的作用越来越明显。科学技术成为判断一个国家生产力水平最重要的因素和最主要的标志。

科学技术革命使生产活动发生了巨大的变化。一方面,科技革命使生产规模扩大化,出现了宇航工业、大型超音速喷气客机生产等大规模的生产部门,跨国公司在世界经济生活中的地位和作用进一步加强。另一方面,出现了生产规模小型化的趋势,许多企业以高技术的研究与开发为基础,不断利用新的技术,开发新的产品,研究新品种和产品的新功能,产品的生命周期不断缩短,利用产品的差异性在市场竞争中取胜。这些企业的规模虽然较小,但市场竞争能力极强,是一种小型的"智能型工厂"。此外,现代科学技术还使一些传统的规模型产业的生产发生了深刻的变化。作坊加工和家庭生产被赋予了新的含义,出现了新的发展动态。

科学技术革命还引起了投资项目中生产要素结构的变化。首先,在投资过程中,技术可以作为独立的生产要素投入,不再依附于其他生产要素。其次,在生产中投入的资本要素不断技术化,高技术、高性能的机器设备使投资效率大大提高,固定资产折旧不断加速。再次,人力资本投入比例不断增加,劳动力教育培训费用提高了许多。最后,新技术的运用使土地资源的使用效率有了很大的提高,新材料、新能源的开发为经济发展开辟了广阔的前景。

科学技术革命也使得各国的经济结构产生了很大的变化,传统的产业部门的比重下降,一些落后的生产部门逐步被淘汰,大量采用新技术的新兴产业部门不断兴起,并得到迅速发展。科学技术革命成果在农业部门的推广与使用,使农业生产出现了新的飞跃,"二战"后一些国家推行的"农业革命"运动,获得了成功。更重要的是,科技革命使第三产业得到了空前的大发展,第三产业在整个国民经济中的地位越来越重要,作用越来越突出,而且由于信息产业的兴起,在第三产业内部也发生了革命性的变化。

科学技术革命还使战后国际经济关系和国际分工发生了深刻的变化。总之,第三次科学技术革命使国家之间在生产领域进行广泛的合作成为可能,为生产要素在国家间直接移动和重新组合配置提供了必要的条件和实际内容。因此,第三次科技革命的出现是国际经济合作在战后产生与发展的直接动因。

(2)战后国际分工的新发展是国际经济合作产生与发展的基础。

国际分工是国际间的劳动分工,是社会分工超越国家界限的结果,是生产力发展和科技进步的必然产物。同时,国际分工又是国际经济关系的具体体现。最初的国际分工是工业和农业生产部门间的分工,这一分工的结果形成了世界城市和世界农村的对立。在这种国际分工体系下,通过自由贸易政策,殖民地和附属国被迫成为世界市场上农产品和矿产原料的产地,而宗主国则成为世界工业产品的加工地和制造商,通过不等价交换,宗主国剥削殖民地和附属国。资本主义进入帝国主义阶段以后,垄断代替了自由竞争，资本输出代替了商品输出，帝国主义通过资本输出，更加剧了对殖民地和附属国的控制和掠夺。这一时期国际分工的特点是世界城市和世界农村对立进一步加剧，国际间的经济联系从商品流通领域进入资本流通领域。第二次世界大战以后，世界经济进入了一个重要的发展阶段。由于第三次科学技术革命的影响，国际分工有了新的发展，出现了一些新的特征。首先，"二战"后，帝国主义殖民体系全面崩溃，许多弱小国家摆脱了帝国主义的控制，成为独立的主权国家。帝国主义明目张胆的侵略和掠夺受到抵制和抑止，改革不合理的旧国际经济秩序，建立新的国际经济秩序的呼声越来越高。其次，国际分工的地域和范围不断扩大，国家间的经济联系进一步加强，几乎所有的国家和地区都被纳入当代国际经济体系中，自觉不自觉地参与了国际分工。第三，国际分工的深度进一步发展，国际分工的部门和分支更加专门化和多样化。世界经济从商品国际化、资本国际化发展到生产国际化，社会再生产过程中的生产、分配、交换、消费等各个领域都日益呈现出国际化的趋势。

"二战"后生产国际化的新发展特别表现在生产过程的国际化上。由于科技的发展，出现了许多新型的产业和产品，这些现代化产业和产品的结构和生产工艺十分复杂，技术性能和质量要求很高，它们的生产不仅要求国内许多部门和企业进行专业化协作，而且要求在国际范围进行协作。因此，各国间不仅实现了部门间的国际分工，而且出现了部门内部的国际分工，即实现了按产品、按规格型号、按零部件、按生产工艺流程的国际分工。各国的直接生产过程成为统一的世界生产过程的组成部分。垂直型国际分工、水平型国际分工纵横交错成为当代国际分工的突出特征。与此相适应，各类生产要素不断在国家间移动与重新组合配置，出现了各国在生产领域中进行国际经济合作的各种方式。

(3)国家间的相互依赖和经济生活国际化是促进国际经济合作发展的重要因素之一。

当代国际经济关系越来越密切，任何国家都不可能在封闭的状态下求得发展，任何国家的经济活动都必然会通过某种渠道、以某种方式"传递"到其他国家，同时也接受其他国家对自己的"传递"影响。国家间的相互依赖和经济生活国际化成为当代世界经济发展的主要趋势。"二战"后，国家之间的相互依赖主要表现在两个方面：一是经济技术领域，包括生产、流通、信息传递等方面；二是国际经济协调领域的相互依赖。国家间的相互依赖又具体表现为经济生活国际化，当代经济生活国际化主要表现为以下几个方面：

①生产国际化。

生产领域的国际化是经济生活国际化的基础。随着第三次科学技术革命的到来和深入发展，资本主义生产进入现代化大工业生产新时期，不仅生产规模和生产能力不断扩大，而且需要多种复杂技术和大量的资本投资。为了适应现代化大工业生产的要求，各国之间在生产领域内的合作大大加强，共同致力于新技术产品的开发、研制和生产，实行跨国界的分工与合作。由此可见，现代化大工业生产对于推动生产的国际专业化协作，使生产社会化发展成为生产国际化起了决定性的作用。跨国公司在“二战”后的迅速发展，反映了国际分工和国际间经济相互依赖加深的趋势。跨国公司利用不同国家和地区各不相同的有利条件，与不同国家的企业合作，通过生产要素在国际范围内的移动与合理组合，联合生产资本、技术密集和知识密集型产品，在全球范围内销售。跨国公司的这种生产与经营活动促使国际间经济交往的重点从流通领域转移到生产领域和国际投资方面。这正是生产国际化发展的显著标志。

②市场国际化。

市场国际化是资本主义国家对国际市场的依赖日益加深的结果。从西方发达国家来看，商品经济全球化的趋势在加速发展，每个国家都把越来越多的产品投入到国际交换中去。国际贸易的增长速度已超过国民生产总值的增长速度，其中出口贸易的增长又高于进口。包括金融、保险、旅游、运输、技术服务等在内的国际服务贸易的发展增长速度高于国际商品交换的增长速度。

③资本国际化。

“二战”后，资本的国际运动以空前的规模和速度向前发展。资本国际化的表现，一是资本在全球范围内的移动和使用，即资本输出或向外扩张的势头不断加强；二是资本构成的国际化，即资本来源的多元化。促使资本国际化迅速发展的原因，除了“二战”后国际经济关系发生了重大变化以外，主要是西方发达的工业国家自身经济增长需要进一步寻求和扩大资本输出以及跨国公司在战后起着资本国际运动的主要承担者的作用。

④资本市场国际化。

随着生产和投资的国际化，作为国际资本以货币形态进行交易和流通场所的国际金融中心迅速发展，其发挥的作用也提高到一个新的高度。“二战”前，即使像伦敦这样的国际金融中心，其资本市场主要还是国内市场，其业务活动要受到本国政策法令的管制。“二战”后，世界各大金融中心均实行了计算机联网，连续 24 小时运转，借贷款人可以是任何国家公民，并且可以任意选择借贷地点。在这些中心存贷的货币几乎包括了世界所有主要货币，借款人可以任意选择。这些金融中心的业务活动不受任何国家国内银行政策法令的约束。

⑤经济调节国际化。

随着经济生活国际化的加强，各国经济依赖程度的提高，相互之间的矛盾斗争也在发展。为了维护共同的利益，超国家间的调节也在逐步加强，联合干预措施已被广泛采用。“二战”后，国际经济调节活动包括世界性和地区(集团)性两个方面。世界范围的调节涉及贸易、金融、技术转让、劳务合作等多方面的内容。

(4)各类国际经济组织在国际经济合作发展的过程中发挥了重要的作用。

所谓“国际经济组织”包括区域性经济组织和全球性经济组织两种类型。区域性经济组织指地理区域比较接近的国家间建立的组织或缔结的条约与同盟，如“欧洲联盟”

“拉丁美洲一体化协会”“安第斯条约组织”“东南亚国家联盟”“非洲统一组织”“北美自由贸易区”等。这些区域性经济组织在协调经济发展目标、采取协调经济政策、进行区域内的经济合作等方面发挥了很好的作用。全球性经济组织包括联合国系统的有关经济组织和有关经济水平相似国家间缔结的经济组织。联合国系统的经济组织包括联合国机构中的经济组织(如联合国经济社会理事会及其下属的区域委员会等)、联合国附属机构中的经济组织(联合国开发计划署、联合国贸易和发展会议、联合国人口活动基金、世界粮食计划署和世界粮食理事会等)和联合国专门机构中的经济组织(如国际货币基金组织、国际复兴开发银行、联合国粮食及农业组织、世界知识产权组织、联合国工业发展组织、世界卫生组织、关税与贸易总协定等)。联合国的这些经济组织在“二战”后经济协调与发展中发挥了十分重要的作用。经济发展水平相近国家间的组织有经济合作与发展组织和77国集团等,这些组织在协调组织内部合作、促进南南合作和推动南北合作等方面做了不少的努力,发挥了一定的作用。总之,“二战”后各种类型的国际组织大量涌现,它们在推动国际经济政策协调和各种方式的国际经济合作发展过程中发挥了重要的作用。

(5)“二战”后国际政治、经济局势的变化为国际经济合作创造了良好的条件。

第二次世界大战以后,世界政治经济格局发生了重大的变化。世界经济最初的、统一的资本主义经济体系被彻底打破,帝国主义的殖民体系彻底崩溃,整个世界经济呈现出多极化和多元化的局面。

就总体而言,“二战”后世界的基本格局一直被人们称之为“雅尔塔体系”。“二战”结束以后,美、英、苏三国围绕着战后和平问题及如何维护各自的权益问题发生了尖锐的矛盾和冲突。美国凭借战后的经济实力和国际地位急于称霸世界;英国出于继续保持在欧洲的地位,力图削弱和遏制苏联的影响;苏联对美英的反苏进行了针锋相对的斗争。这样,战争中的反法西斯联盟在战后实行合作的和平构想破产,冷战随之爆发。由于英国国际地位日渐削弱,美苏争霸成了战后几十年来国际政治格局的基本特征。随着冷战的加剧,西方实行经济封锁。在此期间,国际经济关系的特点是:两个经济体系之间的经济往来不断减少,而两大体系内部各自的经济关系迅速发展。从20世纪50年代中期到70年代初,局势开始发生了变化,但没有实质性的改变。直到80年代中期,国际关系才出现了可称为“格局性的转变”。这种转变表现在美苏实力相对变化和东西方关系趋于缓和,相互之间由对抗转而采取“对话”的形式,全球政治、军事对抗呈现出逐渐淡化的趋势。其中一个重要原因就是大国实力正在向均衡化发展,各国之间的竞争转向经济技术领域。

“二战”后出现了三种不同类型国民经济并存的多极化或多元化的局面:一是以经合组织为代表的西方资本主义发达国家,在世界经济总产值(1980年)中占65%;二是以经互会为代表的苏联东欧国家,在世界经济总产值中占19.6%;三是广大发展中国家,在世界经济总产值中占15.4%。这三种经济的实力不同、类型不同,但彼此间并不是相互隔绝的，而是相互联系、相互渗透、相互依赖、相互斗争的。在这个多极的世界中，各个国家、地区和利益集团仍共同在一个统一的世界市场上活动，他们的对外依赖性不是减弱了，而是加强了。他们之间一方面相互竞争，另一方面相互依存于世界经济这个矛盾统一体之中。

第二次世界大战以后出现的这种国际政治和经济局势变化为国家间开展广泛的经济合作提供了条件。不同社会性质和不同经济发展水平的国家间在平等互利、和平共处的原则基础上进行合作，有效地推动了世界经济的发展。

三、国际经济合作的发展趋势

国际经济合作的开展，能够推动各国经济的发展和人民生活水平的提高，并能在某些方面发挥国际贸易难以起到的作用，这已成为越来越多国家的共识。国际生产要素市场的进一步发展也会对国际经济合作的开展产生一定的影响。今后，国际经济合作的发展趋势主要有以下几个方面：

（一）竞争更加激烈

国际经济合作领域中竞争的激烈程度并不亚于国际贸易领域。从经济上的竞争来看，各国都在积极扩大本国产品的国际市场，吸引更多的资本流入本国，争取更多的原材料来源和更大的劳务市场。为了使资源的配置能够尽可能地有利于本国的发展，竞争不可避免。发达国家仍然是世界经济和国际经济合作的主角，他们积极地参与到多边或双边的国际经济合作中，不断推进区域经济一体化的进程，在国际投资、国际信贷、国际科技服务、国际劳务等领域中开展了广泛的合作。这些国家的经济行为均反映其所追求的特定经济利益和目标，在此过程中必然会遇到支持和反对的主体，因而摩擦和冲突在所难免。但是，我们应该看到，即使这些国家间存在着矛盾和冲突，也不能排除这些国家间开展国际经济合作的可能。矛盾和冲突也有可能转化为合作。有时，矛盾和冲突只有通过合作才能得到有效的化解。在合作中竞争，将成为国际经济合作的新常态。

（二）集团化趋势更加明显

由于国际间生产要素移动趋向集团化，因此，各经济集团内国家之间以及经济集团与经济集团之间的经济合作业务将会有较多的增加。国际经济合作中出现的集团化趋势，实际上是发达国家之间经济合作加强的表现，因为目前发展最为成熟的区域经济一体化经济集团主要集中在发达资本主义国家。

（三）合作形式日趋多样化

随着经济一体化程度的不断加深，各种新型的国际经济合作方式不断涌现。目前，国际经济合作的主要方式有：国际投资合作、国际信贷合作、国际科技合作、国际劳务合作、国际租赁合作、国际发展援助和国际经济政策协调合作等。近年来，新出现的国际经济合作形式主要有：BOT 投资方式、非股权形式的国际投资、联合研究与开发新技术或新产品、带资承包工程、带资移民、带资劳务支付形式的补偿贸易、承接国外的加工装配业务、有组织的集体性质的国际劳动力转移、以产品偿还机器设备的补偿贸易、向国外客户出租仪器设备、购买外国发明的专利技术的使用权、对外进行国际咨询业务、合作开发资源和特许权经营等。国际经济合作的多样化不仅仅体现为合作方式的多样化，也体现为合作层次的灵活多变。当代国际经济合作的层次在逐步提升，由企业与企业之间、政府与政府之间的合作向区域合作和跨区域合作的方向转变。

(四)国际经济协调日益常态化和制度化

国际间的经济协调属于宏观国际经济合作。国家与国家之间的经济依赖程度不断加强，为了保障和推动生产要素的国际移动能够更加顺利地进行，需要不断加强国际经济协调。随着经济一体化的不断推进，国际经济协调本身也将依照发展、互利、自由、协商和平等的原则进行相应调整，以适应不断变化的世界经济和国际经济合作发展需要。调整的方向主要有：加强多边国际协调；促进资金、技术等向发展中国家转移；促进世界生产布局的调整；加强对跨国公司的管理。为了实现上述目标，美日之间、美欧之间、欧盟成员之间以及 WTO 成员之间进行的经济政策协调日趋频繁，而且正在向常规化、制度化方向发展。

(五)跨国公司成为国际经济合作中的主体

在当今世界经济的舞台上，跨国公司已成为最活跃的主体之一，并且拥有强大的竞争力。跨国公司在世界范围内进行贸易投资、配置资源，通过补贴、转移定价等各种方式规避监管和关税，甚至垄断国际市场，从而获得巨额利润。随着世界经济不断发展，全球跨国公司的经营规模也在不断地扩大，跨国公司的力量日益庞大，特别是发达国家的跨国公司凭借其雄厚的资金和先进的技术，对发展中国家的生产和销售进行直接或者间接的控制，有些采取非法的手段逃避所在国海关、税务以及外汇管理机构的监管，损害了东道国的利益，这也成为国际经济合作中值得关注的问题。发展中国家要对此进行深入的研究并采取相应的措施来反击跨国公司的控制，维护自身的发展权益。

第四节 生产要素的国际移动与国际经济合作

一、生产要素的概念及种类

经济学界对生产要素的分析和研究由来已久，但究竟什么是生产要素，其包括哪些具体类型，中外经济学界一直存在着不同的见解。古典经济学家认为，劳动是创造价值的源泉，劳动是唯一的生产投入。如亚当·斯密和大卫·李嘉图在“绝对成本说”与“比较成本说”中采用单个生产要素，即用劳动要素来分析当时的国际分工与国际贸易流向和利益。还有“两要素说”，即只有劳动和资本。随着研究的进一步发展，西方经济理论界又提出了“三要素论”，认为产品的生产仅有一种生产要素是不够的，还应有其他生产要素的投入。“三要素论”者认为，用于商品生产的经济资源通常可分为三要素：土地、劳动和资本。我国政治经济学界对生产要素的解释，则是从人类社会生产最一般的条件前提下的定义，认为生产要素是进行物质资料生产所必须具备的条件，即劳动者和生产资料。第二次世界大战以后，随着经济的迅速发展、社会生产力的提高，以及现代化大生产的建立，特别是科学技术的进步，国内外经济学界对生产要素的解释又增加了新的内容，出现了“六要素论”“七要素论”“九要素论”等新观点。这些新观点普遍认为，生产要素除了劳动力、劳动对象和劳动资料外，还应该包括科学技术、生产管理、经济信息、研究与开发等新的要素。

依据上述理论分析，结合目前国际经济合作的具体方式与内容，本书所探讨的生产要素是指：直接作用于生产过程，使生产过程得以正常运转或更有效运转的各种必要投入。它包括：劳动力、资本、土地、技术、经济管理和经济信息等要素形式。生产要素属于生产力的范畴，是构成复杂的社会生产力系统的重要因素。

劳动力要素是指可用于生产过程的一切人力资源，不仅包括体力劳动者，也包括脑力劳动者。“劳动力”与“劳动”是两个关系密切但又有区别的概念。劳动是劳动力的使用和消费，即人们在生产中付出体力或智力的活动。而劳动力在最简单的意义上就是劳动者的数量(有时甚至仅指一国的人口数量，而不管年龄结构和在各国的退休制度下的实际劳动力人数)。在简化了的理论分析中，每个人都有任何一种生产的必要技能，或者生产本身不需要任何技能，即劳动力因素是同质的。从劳动力自身的再生产上说，同质意味着劳动者的生活习惯、偏好是没有差异的。这些无差异性意味着劳动力的任何流动都是无障碍的——劳动者从一地流动到另一地不存在生活习惯上的障碍；劳动者从一个产业流动到另一个产业不存在特殊技能的障碍。实际上，劳动者并不是同质的，这种不同质是他们流动性最根本的影响因素。

资本，从本质上来说，是能够产生剩余价值的价值。这是从资本主义生产过程上考虑的资本的本质。按照资本在剩余价值生产中的作用，资本可分为不变资本和可变资本；按照资本在产品价值转移过程中的具体方式，资本又可分为固定资本和流动资本。从产业资本的存在形式看，资本可以有货币资本、生产资本、商品资本，与生产资本相对应的，还有流通资本。此外，从资本的所有权和使用权划分，它又可分为职能资本与借贷资本。所有这些划分都是从不同的侧面显示了资本的部分本质特性。从资本在生产过程中所发挥的作用看，资本要素是指通过直接或间接的形式，最终投入到产品生产过程的资本货物(指机器设备、厂房建筑物和原材料等)和金融资产(指股票、债券和借款等)。作为生产要素的资本具有以下两大特征：第一，资本一定的量，决定着一个产业的具体性质，如资本密集型或劳动密集型等，在要素密集型不可逆的假定条件下，或者在大致范围内，特定的产业决定着一定的资本劳动比或最低资本量；第二，作为生产要素，资本必须表现为一定的形式。从生产资本角度来说，资本是不能流动的，因为它已经成为特殊产品生产所需要的生产原料和生产设备，它们具有产业和产品的特殊规定性，它从一个产业转移到其他产业、从一个国家流入到其他国家，均受到严格的限制。货币资本能够流动，但只有当它的流动转化为生产资本，成为生产要素时，我们才考察它的意义。

"土地要素"是一个有三方面内涵的立体概念。它不仅包括土地本身，还包括地下的矿藏和地上的自然资源(如森林等)。工业生产固然需要土地，但经济学一般假定土地是农业生产密集使用的要素。土地的特殊性在于其丰裕程度上的差异，这种差异会导致等量资本或劳动的投入有不等量的产出。土地还有地理位置上(如纬度)的差异，某些作物并不是在地球上任何地方都能生长的。这两种特殊性决定了仅以土地的量的比较作为生产要素分析的重点是远远不够的。土地要素还包含了存在于一定地域、海洋的自然资源，如石油、金属矿藏、森林和海洋资源等。资源的特殊性在于其多样性和不可替代性，不同资源在相应的工业用途上基本上都是不可替代的。资源的这种特殊性决定了资源开发的重要性和资源流动的可能性。

技术要素是指制造某项产品、应用某项工艺或提供某项服务的系统知识，它不包括有关货物买卖与物品出租的知识。技术要素的表现形态可以是文字、表格、数据、配方等有形形态，也可以是实际生产经验、个人专业技能等无形形态。技术总是指特定的技术，即与某种产品的生产有关的技术，不同的产业需要不同的技术，技术不存在通用性。但技术有高低之别，这种高低之别又有两种意义：一是同种产品的生产技术的比较，它直接影响到产品的质量和数量；二是一国总体水平的比较，这既是所有产业比较的综合反映，也包括一国拥有另一国不具备的技术，从而有另一国不存在的产业的含义。技术是不断进步的，其本身很难定量，技术的经济意义可以用其他方式来测定，例如技术进步率、技术在经济增长中的贡献等。

经济管理要素又称"生产组织要素"或"企业家才能要素"，它是指人们为了生产和生活的需要而采取的对经济活动过程的一种自觉控制，即通过计划、组织、指挥、监督和控制等手段，使生产过程中的各种要素在时间、空间和数量上组成更为合理的结构，实现最佳效益。经济管理的主要职能是决策和协调。

经济信息要素一般是指与产品生产、销售和消费直接相关的消息、情报、数据和知识等。经济信息是经济运动过程中各种发展变化和特征的真实反映，具有可传递性、可再生性、可处理性、可贮存性、可共享性等特征。

人们对生产要素种类的认识和概括随着社会生产的不断发展而日益增多，生产越是现代化，其所需要的生产要素种类也就越多，生产要素的内涵也就越丰富。近年来，有些学者提出应当把人力资本、研究与开发、规模经济等算作新生产要素，这是一种积极的探索，值得深入研究。

二、生产要素的国际流动性分析

(一)劳动力的国际流动性分析

劳动力作为一种具体的资源形态，是有国籍的，是其隶属国或地区的财富。但是，当劳动力作为一种商品跨越疆界，到异国他乡从事生产或提供服务的时候，它又具有国际属性。这种将劳动力以一国向另一国出口挣取劳务费用的过程，就是劳务输出过程，也叫“劳务出口”。严格地说，劳务输出只是从劳务输出国的角度定义的，没有反映输入行为。能够同时反映劳务输出和输入的叫作“劳动力迁移”或“劳动力的国际移动”。

在传统经济学的理论分析中，一般假定劳动力生产要素在国内是完全流动的，而在各国间是完全不流动的。但在现实中，劳动力在国内并非完全自由流动，在国际间也并非完全不流动。

劳动力在国内的流动同样受很多的限制，这表现在：第一，劳动力具有特殊的质的规定，不同部门需要不同质的劳动力；第二，从经济发展规律看，劳动力的流动有大体的方向性，即从农村到城市、从劳动密集型产业到资本密集型产业；第三，劳动力跨地区流动会受到一定限制。

劳动力要素在国际间流动有两种表现形式：一种是间接意义上的流动，一种是直接意义上的流动。间接意义上的流动主要包括：劳动密集型产品的输出和输入，如出口加工装配业务等。根据萨缪尔森的要素价格均等化原理，即通过要素商品的国际间流动，改变各国生产要素的供求关系，缩小或消除生产要素价格在国际间的差距。要素商品的流动实质上就是要素的流动。所以劳动密集型产品的输出入实质上是要素的流动。服务和劳务的输出入，如咨询、专门设计、旅游等，都属特殊意义上的劳动力流动。劳动力国际直接流动最明显的形式就是国际移民。国际移民无论在历史上还是在第二次世界大战后直至今天，都相当普遍。国外就业是劳动力国际直接流动的又一表现形式。国际工程承包和劳务输出是第二次世界大战后新兴的劳动力国际流动方式。

综上，劳动力国际流动是客观存在的。但劳动力国际流动受到诸多因素的限制：首先，各个国家所采取的服务贸易保护措施和限制移民的法律规定；其次，语言、文化、生活习惯等方面的差异；最后，每个国家对移民成本的承受能力不同。这些因素在很大程度上均限制了劳动力的国际流动，使国际劳动力市场成为一个分割的市场，阻碍了全球经济一体化进程。

（二）资本的国际流动性分析

在当代的经济生活中，资本在国际间的流动程度是相当高的，以至于许多经济学家在理论分析中都假定资本要素在国际间是完全流动的。资本的国际流动在许多国家没有障碍，甚至许多国家都鼓励对外投资和大力吸引外资。但是我们在对资本国际流动性进行分析时，也应看到资本国际流动的障碍。阻碍资本国际流动的因素很多，其中最大的是投资风险，主要有政治风险和汇率风险。政治风险是指由于东道国政局的变化导致投资环境的变化，从而给外国投资者的投资活动造成损失的可能性，主要包括：政府干预、政策改变、征用、内乱和战争。汇率风险是指由于汇率的变化而导致投资者在国外所投入的资产价值发生变化的不确定性。投资风险直接影响到资本国际流动的方向和规模。除此之外，资本国际间移动同在国内移动一样，也会遇到所谓的部门进入和退出障碍。对于初次进入某一部门进行投资的投资者来说，面临着许多困难和挑战，既需要投入大量资金，还要承担经营方面的风险。同样，资金一旦投入到所创建的企业中是不能轻易撤出的，否则投资者将会遭受损失。这些因素都构成了部门进入和退出障碍，也会影响到资本跨国流动。

(三)土地的国际流动性分析

从一般意义上说，土地这种生产要素是绝对不可能流动的。当然如果用要素价格均等化学说来看也是可以“流动的”，即通过国际贸易(要素流动的替代物)，不同国家之间可以减少土地价格的差异，获得同等的土地地租。但这种理论分析是有假设前提的，即资本、劳动力要素在国际间是不流动的。但事实证明这些生产要素在国际间是流动的，在这种情况下，大量的资本、劳动力和技术等要素往往会直接流向土地资源丰富，土地价格低廉的地区进行组合与配置。如此一来，土地要素的不流动性反过来成为了资本和劳动力要素流动的“引力”。

在经济全球化背景下，土地是一种商品，是一种生产要素，它也在国际间“移动”。但土地要素的国际移动与其他生产要素的国际移动相比具有很大的特殊性，即当土地要素发生国际移动时，只是其使用权和所有权发生国际移动，而其位置和主权并不发生移动。土地要素特殊国际移动的主要表现形式有：一是土地出售。指把土地本身作为商品或者把土地使用权作为商品出卖给外国的企业或个人。二是土地出租。指在所有权和使用权分离的前提下，保留所有权，出让使用权以获取租金的一种方式。土地出租一般期限不长，租用者通常是用来满足短期内经营某项业务的需要。三是土地入股。指把土地使用权折算成一定比例的股份，作为其所有者参与创办合资企业的投资条件。土地入股这种形式在发展中国家利用外资过程中采用得比较普遍。四是土地合作开发。指土地所有者利用土地及其地上、地下资源，吸引外国合作者以资金、技术或管理经验共同开发土地的一种合作形式。土地合作开发有利于解决土地所有者资金和技术等方面的不足。五是建立各种类型的经济特区。建立各种类型的经济特区是土地要素特殊国际移动的一种主要形式。通常用减免关税、降低土地使用费以及提供良好的投资环境等优惠政策和条件，吸引外商前来投资和从事各种经营或生产等业务活动，以达到提高土地使用效益，促进对外经济贸易活动开展和加快本身经济发展的目的。当然，土地要素国际移动也受到一国土地制度、土地的地理位置、土地的存在状态、土地的价格以及一国的管理水平等多种要素制约。

(四)技术的国际流动性分析

技术是一个在国际间流动但又不具备十分完善的市场环境的生产要素。技术的国际流动性是不同的：作为专利形式，可以看作商品在国际间完全流动；如果把技术看作劳动者的一种附属能力，则其流动就会受到很大限制；如果技术包含在资本中，则其基本上是流动的。

一直以来，国际技术贸易中都存在着种种对技术出口的限制，对什么国家出口、出口什么设备以及为什么出口等进行控制。同时,对核材料及设备的出口也进行控制以防止核扩散。以上主要是出于政治上的歧视。此外,在发达国家向发展中国家输出技术时,往往还带有许多限制性商业做法,这些都对技术要素的国际流动产生阻碍作用。

(五)经济信息和经济管理要素的国际流动性分析

经济信息可以按照不同的标准进行分类。按照其内容或功能,经济信息可分为客户信息、经济管理信息、经济法规信息、商品市场信息、要素市场信息和科学技术信息等。经济国际化的发展和国与国之间经济依赖的加强,必然导致经济信息国际间移动规模和范围的扩大以及传递渠道的多样化。从总体上看,经济信息国际间流动受到了各国的普遍欢迎,其自由流动的渠道也可以得到保障。尽管如此,经济信息的国际流动依然会受到各国对外政策、国民素质和基础设施发展水平等因素的影响和制约。

经济管理是人类为了生产和生活的需要而采取的对经济活动过程的一种自觉的控制活动,即通过计划、组织、指挥、协调等手段使生产过程中的各种要素在时间、空间和数量上组成更为合理的结构,以达到预期的目标。经济管理也常常被看成经营企业的组织能力、控制水平、开拓意识和进取精神,即被看成专业化了的特殊劳动,因而一般把它划为一种独立的生产要素。任何生产或经营活动,都离不开管理要素的投入,否则是根本无法进行的。经济管理的内容主要包括计划管理、生产管理、技术管理、质量管理、设备管理、物资管理、财务管理、成本管理、劳动管理、销售管理等。

经济管理作为一种生产要素在国与国之间是不断移动的。经济管理要素国际移动的主要形式有:人事与管理参与、签订管理合同、国际管理咨询、合资或合作经营企业、聘请国外管理集团或管理专家、交流管理资料与经验、举办国际管理讲习班等。人事与管理参与是指跨国公司通过向其他企业派遣自己的高层决策人物兼任董事,或通过各种合同派遣技术管理人员,参与对方企业的决策。人事与管理参与是跨国公司控制非其所属的国外企业的一种方法。管理合同又称“经营合同”“工作合同”“风险合同”或“服务合同”,它是发展中国家和外国公司(主要是跨国公司)签订的有关建设或管理企业的合同。管理咨询是指受托人向委托人提供经营管理企业方面的各种咨询服务,如果受托人和委托人不属于同一个国家,则这种咨询称为“国际管理咨询”。国际管理咨询是经济管理要素国际移动的一种重要形式。国际管理咨询的业务范围主要包括:企业或公司战略或组织发展、市场销售、生产管理和技术创新、财政和行政管理、人力资源的管理和培训、管理人员的招聘、信息技术、经济与环境研究等方面。除了上述的经济管理要素国际移动的主要形式以外,外商独资经营企业和“三来一补”企业的创办,联合国多边经济技术援助的进行,也在一定程度上包含着经济管理要素的国际间移动。

三、生产要素国际移动的经济效应

生产要素国际移动的经济效应主要表现在以下三点:

(一)促进了生产要素在国际间的互通有无

生产要素从要素禀赋丰裕的国家流向稀缺的国家获得较高的收益是生产要素移动的一般经济规律。在经济发展的过程中,任何国家都不可能拥有其经济发展所需要的一切资源和所需的生产要素结构,只有通过发展与其他国家间的经济合作,才有可能获得自己所不具备的或短缺的生产要素,才有可能将自己多余的、闲置的生产要素转移到这种要素缺乏的国家中。生产要素的国际移动可以促进要素在国际间互通。

(二)推动了生产要素在全球的合理配置

通过生产要素的国际移动,一个国家可以从其他地区获得本国稀缺而且价格昂贵的生产要素,解决各自经济发展中诸如资金和技术"瓶颈"问题、劳动力和资源短缺问题等,弥补各国在自然资源方面的差异性。不仅如此,生产要素的国际移动还促进了产品生产过程中要素组合的最合理配置,使原先由于缺少某种要素而闲置的生产要素得到合理利用,从而推动了生产要素在全球的合理配置。

(三)带来了规模经济效益

现代化工业生产要实现规模经济需要具备一定的条件,如生产要素的种类和数量、足够大的产品销售市场等。生产要素的国际移动促使要素从丰裕国家向稀缺国家移动,促进了生产要素在国际间的互通有无和合理配置,为各国产品生产规模的扩大和要素产生更大的经济效益提供了必要条件。同时,国际间的经济合作扩大了产品的销售市场。这些都为参与国际经济合作的国家和企业带来了规模经济效益。

四、生产要素的国际移动与国际经济合作的内在联系

生产要素的国际直接移动与国际贸易是当今国家间经济交往的两种基本形态。两者之间既存在相互替代的关系也存在相互补充的关系。替代关系着眼于静态分析,互补关系着眼于动态分析。从本质上讲,国际贸易与生产要素国际移动的起因是相同的,即都是由于各国生产要素禀赋不同所导致的生产要素价格差异,同时,又都会使各国生产要素的价格差异趋向均等化。从历史发展的角度看,国际贸易是世界经济和国际分工发展到一定阶段的产物,而生产要素的国际直接移动则是在经济全球化和国际分工发展到高级阶段产生和发展起来的,是国际分工进一步深化的产物,是国家间经济合作深入发展的基本表现。生产要素的国际直接移动与重新配置是国际经济合作的实质和主要内容。

五、国际经济合作与国际贸易的区别和联系

(一)国际经济合作与国际贸易的区别

国际经济合作与国际贸易的主要区别表现在以下四点:

1.研究对象不同

国际经济合作的研究对象主要是国家之间各种生产要素组合与配置的运动规律以及在这一领域中进行国际经济协调的有效机制。而国际贸易的研究对象是国际间商品与劳务交换过程中的生产关系及有关上层建筑的发展规律。

2.领域不同

国际经济合作主要侧重于生产领域,而国际贸易主要侧重于流通领域。

3.交易方式不同

相比较于国际经济合作业务,国际商品交易一般都是买断和卖断的行为,所需时间较短,成交方式也相对简单,作价比较容易。国际商品贸易的表现形式一般是各种各样的合同,而国际经济合作一般表现为各种各样的项目。

4.对国民经济所起的作用不同

国际经济合作对一国国民经济发展起到的作用较为直接,而国际贸易对一国经济发展所起到的作用则较为间接。

(二)国际经济合作与国际贸易的联系

国际经济合作与国际贸易是一国对外经济交往的两种主要形式。国际经济合作和国际贸易都与生产要素禀赋相关。国际经济合作和国际贸易都与商品生产有关。在现实的经济活动中,国际经济合作与国际贸易常常结合在一起。

【案例分析】

迪拜塔

哈利法塔(Burj Khalifa Tower)(原名迪拜塔,又称迪拜大厦或比斯迪拜塔)是位于阿拉伯联合酋长国的迪拜境内的一栋有162层、总高828米的摩天大楼。虽然大厦位于阿拉伯半岛,却是国际合作的产物,在众多建筑方中只有一家来自迪拜。建筑师和工程师是美国人,主要建筑承包商来自韩国,安全顾问是澳大利亚人,而低层内部装修则交给了新加坡公司。此外,还有4000名印度劳工在工地上奔波。

迪拜塔由美国建筑师阿德里安·史密斯(Adrian Smith)设计,基座周围采用了富有伊斯兰建筑风格的几何图形——六瓣的沙漠之花。由美国建筑工程公司SOM、比利时最大建筑商Besix、阿拉伯当地最大建筑工程公司Arabtec和韩国三星公司联合负责实施,景观部分则由美国SWA进行设计。内部设计由乔治·阿玛尼完成。迪拜塔也包含了蒂森克虏伯制造的世界最快电梯,速度达17.5米/秒(1050米/分,63公里/小时)。

资料来源:作者根据《阿联酋摩天大楼》百度百科资料整理。

思考与讨论：

1. 上述案例中包括国际经济合作的哪些方式？
2. 结合本案例，谈谈国际经济合作的意义？

复习思考题

1. 简述国际经济合作与国际贸易学的区别及其具体表现。
2. 国际经济合作的具体方式有哪些？
3. 简述国际经济合作的发展阶段及其动因。
4. 简述国际经济合作发展的主要趋势。
5. 简述生产要素的国际移动与国际经济合作的内在联系。

第二章　国际投资合作(Ⅰ)国际间接投资

第一节　国际间接投资概述

一、国际间接投资的定义和分类

国际间接投资是国际直接投资的对称,指投资者不是直接参与投资建设及其资产的生产经营过程,而是通过购买国际有价证券和提供国际贷款等形式投放资本,以获取利息、股息和买卖差价收益的跨国投资行为。由于这种投资活动主要是在国际金融领域展开的,因此也被称为"国际金融投资"。

按照国际投资资金来源的不同,可以把国际间接投资分为国际证券投资和国际信贷投资两大类。国际证券投资是指通过国际金融市场以被投资国的证券为投资对象,以取得利息或分红为主要目的的投资行为。这类投资的对象包括公司股票、公司债券、外国政府发行的政府债券、衍生证券等金融资产。国际信贷投资是指国际金融机构、各国政府及其所属机构、银行、其他金融机构对国际金融机构、外国政府、官方机构、金融机构、工商企业提供的贷款、援助性或非援助性的资金融通以及各种专项贷款的投资活动。有的教材也把国际证券投资称为狭义的国际间接投资,而把国际证券投资和国际信贷投资一起称为广义的国际间接投资,本章主要研究国际证券投资。

二、国际间接投资与国际直接投资的区别

国际间接投资与国际直接投资相比,有以下六个特点:

(一)控制权不同

国际间接投资对筹资者的经营活动无控制权,而国际直接投资对筹资者的经营活动有控制权。这是国际间接投资与国际直接投资的根本区别。

(二)流动性与风险性不同

国际间接投资与企业生产经营无关(因为无控制权),随着二级市场的日益发达与完善,证券可以自由买卖,流动性大,风险性小。

国际直接投资一般要参与一国企业的生产,生产周期长,通常在 10 年以上,由企业

的利润直接偿还投资。资金一旦投入某一特定的项目,要抽出投资比较困难,其流动性小,风险性大。

(三)投资渠道不同

国际间接投资必须通过证券交易所才能进行投资,国际直接投资只要双方谈判成功即可签订协议进行投资。

(四)投资内涵不同

国际间接投资一般只涉及金融领域的资金,即货币资本运动,运用的是虚拟资本。国际直接投资是生产要素的投资,它不仅涉及货币资本运动,还涉及生产资本和商品资本运动及其对资本使用过程的控制,运用的是现实资本。

(五)自发性和频繁性不同

国际间接投资受国际间利率差别的影响而表现为一定的自发性,往往自发地从低利率国家向高利率国家流动。国际间接投资还受到世界经济政治局势变化的影响,经常在国际间频繁移动,以追随投机性利益或寻求安全场所。"二战"后,随着国际资本市场的逐步完善,国际间接投资的规模越来越大,流动速度也越来越快。国际间接投资具有较大的投机性,在这个领域投资与投机的界限有时难以划分。国际直接投资是运用现实资本从事经营活动,盈利或亏损的变化比较缓慢,一旦投资后,具有相对的稳定性。

(六)获取收益不同

国际间接投资的收益是利息和股息,国际直接投资的收益是利润。

三、国际间接投资的影响因素

(一)利率

利率是决定国际间接投资流向的主要因素。正常情况下,资本从利率低的国家流向利率高的国家(大部分是食利资本);不正常情况下,如政局不稳定,也可能发生短期资本从利率较高而政局动荡的国家流向利率较低而政局稳定的国家。不少国家政府把利率作为宏观调控的手段,使资本向有利于本国经济发展的方向流动。

利率的种类较多,有短期利率和长期利率、名义利率和实际利率之分,而对国际间接投资流量和流向影响较大的是长期利率和实际利率的变化。

(二)汇率

汇率是一国货币与另一国货币交换的比率,也是一国货币用另一国货币表示的价格,即汇价。汇率主要决定于外汇的供求,它是一国国际收支状况的反映。

汇率的变化对国际间接投资的影响较大。当一国国际收支顺差时,表明该国经济实力强(债权增加),外汇将供大于求,汇率上升,外国对本国货币需求增加,本国资本流出。当一国国际收支逆差时,表明该国经济实力弱(债务增加),外汇将供小于求,汇率下跌，本国对外汇需求增加，外国资本流入。

汇率的稳定与否会引起国际间接投资流向的变化。如果某国的货币汇率较高而又长期稳定，投资者就会将资金由汇率低、风险性大的国家移入该国。

由于汇率对资本流向影响较大，许多国家根据本国的国际收支状况，通过制定政策来限制或鼓励资本的流入与流出。当一国国际收支恶化时，国家可以实行外汇管制，限制外汇收支，对调往国外的资本不准兑换外汇，以防止资本外逃。同时，国家也可以通过实现外汇管制来维护本国货币汇率的稳定，以达到鼓励外国资本流入的目的。

（三）风险性

如果风险性小的资产和风险性大的资产都能提供同样的收益率，投资者当然愿意持有风险较小的资产。一般来说，对私人投资的风险大，对政府投资的风险小。

（四）偿债能力

一般说来，偿债能力与吸收国际间接投资的数量成正比，发达国家由于经济实力雄厚，有较多的外汇储备，偿债能力强，因而能吸引大量的国际资本。在发展中国家的国际间接投资也多集中在那些新兴工业国家和地区。这些国家和地区相对来说，经济发展较快，有较强的出口创汇能力。而非洲等一些经济落后的国家经济发展缓慢，外债偿还能力低，则很难吸引到较多的国际间接投资。

四、国际间接投资的发展趋势

作为国际投资活动重要组成部分的证券投资，在 20 世纪 80 年代以及 90 年代的最初几年一直呈迅猛发展的态势。纵观目前国际证券投资的现状，国际证券投资未来将呈以下发展趋势：

（一）证券交易国际化

证券交易国际化主要表现在四个方面：一是证券发行、上市、交易的国际化，这主要体现在一国的筹资者不仅可以申请在其他国家发行和上市交易有价证券，而且在其他国家发行的证券既可以以本国货币为面值，也可以以东道国或第三国货币为面值；二是股价传递的国际化，即任何一国的股市行情都对其他国家有示范效应；三是多数国家都允许外国证券公司设立分支机构；四是各国政府间及其与国际组织间加强了证券投资合作与协调。

（二）证券投资基金化

在进行证券投资活动中，个人投资者数量众多，但他们往往资金有限。这种分散的资金难以参与要求资本金较大和收益较高的证券投资活动。于是，各种投资基金就应运而生，如美国乔治·索罗斯的量子基金就是突出的一个。投资基金一般由少数专业人士管理和运作，投资时实行投资组合，一般可减少投资风险，提高投资者收益。

(三)国际间接投资持续增长,超过国际直接投资规模

从第二次世界大战结束到 20 世纪 70 年代末,国际直接投资一直占有主导地位,其中发达国家在 1951—1964 年间的私人投资总额中,大约有 90%采用直接投资,其私人直接投资额从 1960 年的 585 亿美元增加到 1980 年的 4702 亿美元,增长速度为 11%。20 世纪 80 年代之后,国际证券投资快速增长,1981—1989 年,国际债券市场的发行量从 528 亿美元增加到 2500 亿美元,平均每年增长 18.9%。世界最大的投资国美国从 1980—1993 年的对外证券投资由 624.5 亿美元增加到 5184.8 亿美元,平均每年增长 17.7%,而美国同期的对外直接投资仅从 2154 亿美元增加到 5486 亿美元,平均每年只增长 7.5%。从 1994—2001 年国际证券投资每年的增长率一直保持 15%以上,保持 15%以上。受美国经济衰退的影响,美国股市出现暴跌。2001—2005 年,国际证券投资的数额虽有所减少。但随着国际金融市场的发展与完善,国际证券投资的增长势头良好,据联合国贸发会议估计,2010 年全球 FDI 达到 11220 亿美元,全年净发行国际债券为 14880 亿美元,全球股票市场共融资(包括首次公开发售和再融资)9661 亿美元,而全年仅仅国际间接投资中的国际债券发行额就超过了 FDI 的规模,这说明越来越多的国际资本流动不再依赖于实体经济基础。中国居民和企业部门对外证券投资增长势头强劲,美国是中国对外证券投资的第一选择。2016 年,中国对外直接投资金额达到 1830 亿美元,而我国对外证券投资则达 3596 亿美元(其中股权类投资 2057 亿美元,债券类投资 1540 亿美元),其中第一流向是美国。2017 年末,我国对外证券投资资产(不含储备资产)4977 亿美元。其中,股权类投资 3035 亿美元,债券类投资 1942 亿美元。投资前五位的国家/地区是中国香港、美国、开曼群岛、英属维尔京群岛和英国,投资金额分别为 1544 亿美元、1452 亿美元、385 亿美元、315 亿美元和 176 亿美元。2017 年前三个季度,美国对外证券投资总规模为 5026 亿美元。①

(四)流向发展中国家的证券也在不断增加

20 世纪 80 年代以来,国际资本流动的总趋势是流向发达国家。90 年代之后,流向发展中国家的证券资本也在迅速增加。例如,1993 年,在全球海外股票投资的 1592 亿美元中,有 525 亿美元流向发展中国家,占股票总投资额的 33%。从 1989—1997 年,流向发展中国家的证券投资平均每年递增约 34%,其中主要流向新加坡、马来西亚、泰国、印度尼西亚、中国等亚洲新兴市场。1997—2004 年流向发展中国家的股票投资额仍占全球股票投资总额的 1/3 以上。这主要与发达国家的低利率政策以及发展中国家经济发展迅速、市场收益率高、风险较小有关。20 世纪 80 年代以来,国际资本流动的总态势是流向发展中国家。近年来,受货币升值影响,发展中国家和新兴市场的国际股票投资吸引了大量的国际证券投资。据 Trim Tabs 投资研究机构公布的数据,2010 年流向各

① 国家外汇管理局,2017 年末我国对外证券投资资产分国家/地区数据[EB/OL]. http://www.safe.gov.cn/safe/2018/0531/9217.html

个新兴市场国家的指数股票型基金的投资总额为209亿美元，比2009年增长45%。国际股票基金(Dodge & Cox International Stock)也有超过20%的资金投资于新兴市场。数据显示，2017年境外主体来华各类投资进一步回升，2017年净流入4353亿美元，较上年增加68%。2017年，我国证券投资项下净流入74亿美元，而2016年我国证券投资项下净流出523亿美元。[①]

(五)国际证券市场呈多样化趋势

证券发行者为了吸引更多的投资者以筹集资金，不断进行金融、证券技术创新，新的证券品种(如复合欧洲债券、浮动利率债券等)、新的交易方式(如期权交易、互换期货期权等)不断涌现，证券市场日益活跃，证券交易市场不断创新。

第二节　国际债券投资

一、债券的概念及其性质

债券是由国家、地方政府、金融机构和企事业单位为筹集资金而发行的一种借款凭证，是按照法定程序发行的，并在规定的期限内还本付息的一种有价证券。债券所表明的是一种债务和债权的关系。债券对发行者来说是一种筹资手段，也表明了它对持有者所欠的债务；债券对购买者来说是一种投资工具，表明了它对发行者所享有的债权。人们购买债券的行为就是债券投资，如果投资者购买的是国际债券，那就是国际债券投资。国际债券投资具有收益性、安全性和流动性等特点。债券的性质与借款收据是一样的，但是债券通常有固定的格式，较为规范，因此持券人可以在债券到期前随时把债券出售给第三者，而借款收据就不能做到这一点。

二、债券的特征

债券是一种虚拟资本，债券作为有价证券中的一种，既具有有价证券的共同点，也具有其自身的特征。

(一)收益性

债券投资者的收益可以来自两个方面：一是固定的债息，这部分的收入是稳定的；二是低买高卖的买卖差价，债券的利率通常介于存款和贷款利率之间，比存款、储蓄、信托贷款等间接利息率高。因为债券融资是直接融资，中间费用较少，债券发行者直接得到长期稳定的资金，所以债券既受到投资者的欢迎，又是债务人最愿意采用的融资工具。

---

① 国家外汇管理局，2017年中国国际收支报告[EB/OL]. http://www.safe.gov.cn/safe/2018/0329/8796.html

(二)有限性

由于债券的利息是固定的,其持有者的收益与企业的业绩无关,即使在二级市场上博取买卖差价,固定的利息也决定了其差价不可能很大,再加上不计复利,这使得投资者的收入相当有限。

(三)安全性

与其他证券相比,债券的风险远比股票小,安全性略低于银行存款。这主要体现在以下几个方面:一是如果发债者是各国的中央政府、地方政府等各级政府,一般不存在不能按时还债的风险;如果发债者是企业,各国对发行者的信用、抵押、担保额等有严密的资信审查制度,因此发债者一般都有较高的信誉度和偿债能力。二是债券的面额、利息率和支付利息方式都是事先确定好、并载于票面上的,不受市场利率变动的影响,故投资者的本金与利息是受法律保护的。三是由于债券是债券和债务的凭证,即使企业亏损甚至倒闭,债券的投资者也可优先于股东获得赔偿。

(四)流动性

债券是高度流动性的有价证券,其变现能力仅次于银行存款。在二级市场较为发达的情况下,债券持有者临时需要资金,可随时在市场上出售债券。

总之,债券具有收益性、安全性、流动性等特点,故是稳健投资者的最佳选择。

三、债券的种类

债券种类的划分方法很多,以下介绍几种最常见的分类方法:

(一)按债券发行主体分类

1.政府债券

政府债券包括国家债券和地方债券。国家债券是中央政府为维持其财政平衡所发行的债券,而地方债券是地方政府为解决其财政开支所发行的债券。

2.公司债券

公司债券是由股份公司为筹集资金而发行的债券。

3.金融债券

金融债券是由金融机构为筹集资金而发行的债券。

(二)按债券是否记名分类

1.记名债券

记名债券是指在债券上标有投资者姓名,转让时需办理过户手续的债券。

2.无记名债券

无记名债券是指在债券上没有投资者的印鉴,转让时无需办理过户手续的债券。

(三)按债券是否有抵押或担保分类

1. 抵押债券

抵押债券是债券的发行者以其所有的不动产和动产为抵押而发行的债券。

2. 无抵押债券

无抵押债券是指债券的发行者不以自己的任何物品做抵押,而以自身信誉为担保的债券。

3. 收入债券

收入债券是地方政府以某些项目的收入为担保而发行的债券。

4. 普通债务债券

普通债务债券是国家政府以其信誉及税收等为担保而发行的债券。

(四)按债券形态分类

1. 剪息债券

剪息债券指的是券面上附有息票,定期到指定的地点凭息票取息的债券。

2. 贴现债券

贴现债券是指以低于债券面额发行,到期按券面额偿还,其差额为投资者利息的债券。

(五)按债券的偿还期限分类

1. 短期债券

短期债券一般是指偿还期限在1年以内的债券。

2. 中期债券

中期债券一般是指偿还期限在2～5年的债券。

3. 长期债券

长期债券一般是指偿还期限在5年以上的债券。

(六)按债券募集方式分类

1. 公募债券

公募债券是公开向社会募集的债券。

2. 私募债券

私募债券是指向少数特定人募集的债券。

(七)按债券发行的地域分类

1. 国内债券

国内债券是由本国政府、银行、企业等机构在国内发行并以本国货币计价的债券。

2. 国际债券

国际债券是指由一国政府、金融机构、企业在国外发行并以某种货币计价的债券。

四、国际债券的种类与类型

国际债券是由一国政府、金融机构、企业或国际组织，为筹措资金而在外国证券市场上发行的、以某种货币为面值的债券。随着世界各国对外国投资者限制的放松和国际证券市场的迅速发展，国际债券的发行量在 20 世纪 80 年代初超过了银团贷款的数量，从而出现了国际借贷证券化的趋势。

(一)国际债券的种类

国际债券大致可分为三大类，第一类是外国债券，第二类是欧洲债券，第三类是全球债券。

1. 外国债券

外国债券是借款国在外国证券市场上发行的、以市场所在国货币为面值的债券。如某国在美国证券市场上发行的美元债券，在英国证券市场发行的英镑债券等。习惯上，人们把外国人在美国发行的美元债券称为扬基债券，在英国发行的英镑债券叫猛犬债券，在日本发行的日元债券叫武士债券。外国债券的发行一般均由市场所在国的金融机构承保。中国曾在日本、美国、欧洲等地的证券市场上发行过外国债券。外国债券实际上是一种传统的国际债券。

2. 欧洲债券

欧洲债券是指以某一种或某几种货币为面额，同时在面额货币以外的若干个国家发行的债券。如美国在法国证券市场发行的英镑债券就叫欧洲债券。按习惯，面值为美元的欧洲债券一般被称为欧洲美元债券，面值为日元的欧洲债券被称为欧洲日元债券，其他面值的欧洲债券可以此类推。在日本东京发行的外币债券，通常称为将军债券。总之，欧洲债券的发行者、面值货币和发行地点分属于不同的国家。

欧洲债券既有期限为 1～2 年的短期债券，也有 5～10 年的中长期债券，还有无偿还期的永久性债券。欧洲债券往往采取无担保的不记名形式发行，投资欧洲债券的收益是免缴收入所得税的。除瑞士法郎市场以外，欧洲债券可以不受各国法规的约束，进行自由流通。欧洲债券往往通过国际辛迪加发行，并可在一个或几个国家的证券交易所同时挂牌。欧洲债券具有发行成本低、发行自由、投资安全、市场容量大等特点。

欧洲债券的发行者主要是公司和国际组织，近年来，一些国家的政府也开始涉足这一市场，而欧洲债券的投资者主要是公司和个人。欧洲债券的币种以美元、日元、瑞士法郎居多。欧洲债券于 1961 年 2 月 1 日首先在卢森堡发行，卢森堡和伦敦是目前欧洲债券市场的中心。

3. 全球债券

全球债券是指在国际金融市场上同时发行,并可在世界各国众多的证券交易所同时上市、24 小时均可进行交易的债券。全球债券最初的发行者是世界银行,后来被欧美以及一些发展中国家效仿。全球债券先后采用过美元、加元、澳元、日元等货币发行。全球债券采取记名形式发行,在美国证券交易所登记。全球债券具有发行成本低、发行规模大、流动性强等特点。全球债券是一种新兴的债券,其发行规则和程序还有待完善。

(二)国际债券的类型

1. 一般欧洲债券

一般欧洲债券是一种期限和利率均固定不变的债券。它属于传统的欧洲债券,目前这种债券的发行量在不断减少。

2. 浮动利率债券

浮动利率债券是一种以银行间的拆借利率为基准,再加一定的加息率,每 3 个月或 6 个月调整一次利率的债券。这种债券始于 20 世纪 70 年代初期。

3. 锁定利率债券

锁定利率债券是一种可由浮动利率转为固定利率的债券,即债券发行时,只确定一个基础利率,待债券发行之后,如果市场利率降到预先确定的水平,则将债券利率锁在一定的利率水平上,成为固定利率,直到债券到期时止。锁定利率债券于 20 世纪 70 年代中期才开始发行。

4. 授权债券

授权债券是指在债券发行时附有授权证,债券的持有人可按确定的价格,在未来某一时间内,购买指定的债券或股票。

5. 复合欧洲债券

复合欧洲债券是指以一揽子货币为面值发行的债券。到目前为止,发行这种债券已采用过的货币单位有欧洲记账单位、欧洲货币单位、特别提款权、欧洲货币合成单位。复合欧洲债券的利率固定而且水平较高。

五、国际债券的发行

国际债券在发行前为了给投资者提供投资决策的参考信息,也为了债券发行的顺利进行,最好对债券进行评级。国际上流行的债券等级是三等九级。AAA 级为最高级,AA 级为高级,A 级为上中级,BBB 级为中级,BB 级为中下级,B 级为投机级,CCC 级为完全投机级,CC 级为最大投机级,C 级为最低级。比较著名的评估机构有标准普尔公司、穆迪投资者服务公司、达福·费尔帕斯公司、惠誉投资服务公司等。

国际债券市场对债券发行者一般都有严格的要求:债券发行者必须正式提出申请

和进行登记,专业评审机构对发行者进行审查;发行者在发行期间,必须公布财政收支状况和资产负债情况,向投资人汇报资产负债和盈亏情况;最好由发行者所在国家的政府或中央银行进行无条件的和不可撤销的担保;债券的发行程序和销售方式必须符合规定。

国际债券的发行步骤大致是:发行者选择合适的金融公司作为债券发行的组织者;向本国外汇管理部门提出债券发行申请,并报经本国主管部门审批;向国际资信评审机构申请债券评级,并在得到评级结果3日内向审批机构报告;向准备发行债券所在国的政府提出申请,并提交相关文件;得到债券发行所在国的许可后,委托选择的金融公司负责债券的发行和销售。

国际债券的发行有公募发行和私募发行两种。公募发行是指通过中介机构的承购包销,公开向社会发行新证券募集资金的做法,采用这种方式发行具有发行量大、发行面广的特点。证券完成发行之后可进入公开市场流通。私募发行是指证券的发行者直接或仅通过中介机构的协助向有限的特定投资者直接发行新证券募集资金的做法。公募发行各国均实行严格的管理制度。

六、国际债券清算机构与清算程序

(一)国际债券清算机构

国际上目前有两大国际清算机构:欧洲清算系统和塞德尔国际清算机构。总部设在比利时首都布鲁塞尔的欧洲清算系统成立于1968年,是一个股份制机构,主要从事国际债券的清算、保管、出租、借用并提供清算业务的场所。总部设在卢森堡的塞德尔国际清算机构成立于1970年,同样是一个股份制机构,其业务和运作与欧洲清算系统相似。

(二)国际债券清算程序

国际债券清算程序一般如下:

一是在欧洲清算系统或者在塞德尔国际清算机构开立债券清算账户和货币清算账户,债券清算账户用于债券面额的转账,而货币清算账户用于在交易后按买卖债券的市场价格和产生的利息计算出总额的等值货币的转账。

二是向开立账户的清算机构发送债券交易成交的清算指令,该指令应该包括清算机构名称、买卖债券的种类、买卖债券的对象、具体成交日、结算日、成交价格、债券面额、债券币种、利息、货币总额、指令发送者、发送日期等。

三是等待回单。债券清算指令发送完毕后,等待清算机构把有关交易细节报告发送回来,进行仔细核对,对指令不符部分及时纠正,同时可以进一步完善。

四是在确定的债券清算结算日进行内部账务规范处理。

五是详细核对清算机构的对账单,发现有误,及时与清算机构和债券清算的另一方沟通,并加以更正。

六是制作对账平衡表。

七、国际债券投资收益

（一）债券的价格

债券的价格是指债券在一级市场上的发行价格或在二级市场上债券的交易价格。相对于股票，债券价格要稳定得多。

债券的发行价格可以采用溢价发行（即以高出债券票面金额的价格为发行价格）、折价发行（即以低于债券票面金额的价格为发行价格）、平价发行（即以债券的票面金额为发行价格），一般采用平价发行较多。

债券的发行价格一般根据债券票面利率与当时市场利率的差异、投资者的收益率、偿还期限和发行者的资信等级等因素综合考虑。

计算债券发行价格的公式是：

$$\text{债券的发行价格}=\frac{\text{票面额}+\text{票面的利息}\times\text{偿还期限（年数）}}{1+\text{市场收益率}\times\text{偿还期限（年数）}}$$

债券的交易价格是投资者买卖债券的价格，其计算公式是：

$$\text{债券的交易价格}=\frac{\text{票面额}+\text{票面的利息}\times\text{剩余期限（年数）}}{1+\text{市场收益率}\times\text{剩余期限（年数）}}$$

债券价格的决定因素主要有：债券的期限；债券利率与市场利率的差异；赎回条款；税收待遇；流动性的强弱；债券违约的可能性；通货膨胀率；汇率的变动；投资者的流动性偏好；央行的金融政策；政治因素；投机因素。

（二）债券的收益

债券投资收益是指投资者在一定的时期投资债券所获得的利润。下面是几种衡量投资者投资收益的指标：

1. 名义收益率

债券每年所获得的固定利息与债券面额之比。

$$\text{名义收益率}=\frac{\text{债券年利息}}{\text{债券面额}}\times 100\%$$

2. 本期收益率

债券每年所获得的固定利息与债券本期市场价格之比。

$$\text{本期收益率}=\frac{\text{债券年利息}}{\text{本期市场价格}}\times 100\%$$

3. 持有期收益率

债券持有期收益率是指投资者从购入到卖出期间所获得的收益。

$$\text{持有期收益率}=\frac{\text{卖出价}-\text{买入价}}{\text{买入价}}\times\frac{360}{\text{持有期限}}\times 100\%$$

4. 到期收益率

投资者从买进债券一直到债券到期时所获得的收益率。

$$到期收益率=\frac{债券到期后的本金和利息总额-买入价}{买入价\times 待偿还的期限}\times 100\%$$

第三节　国际股票投资

一、股票投资的概念

股票是有价证券的一种。它是股份公司发行的,用以证明股票持有人对公司拥有所有权,并可以分享公司股息或红利,参与公司经营管理等方面权益的凭证。股票属于要式证券,必须依据法定格式制成。股票的票面应载有公司的名称、公司的成立时间、发行股份总数及每股金额、本次发行的股份总数、股票的发行时间、股息或红利的发放时间与地点、股票的种类及其他差别的规定、公司认为应当说明的其他事项和股票的编号等。此外,股票还必须有3名以上董事的签名盖章,并经主管机构或其核定发行登记机构的认证。

股票投资是企业、个人等购买股票的一种行为。股票投资者一般享有以下三项基本权利:一是公司盈利时的分红要求权,红利也是股票投资者的收益;二是剩余财产的分配权,剩余财产的分配权限于公司解散或倒闭时才会出现;三是股东大会的参加和表决权,股东的表决权也意味着股东对公司的间接经营管理权。股东的上述权益说明。

股票投资属于间接投资,主要有5个特征:收益性,股票的持有人可以领取股息、分享公司红利,获取低买高卖溢价的收益;风险性,股票的预期收益有很大的不确定性,股息、红利取决于股份公司经营状况,买卖差价取决于股价市场变动;流动性,股票可以依法自由地进行买卖,随时可以变现为现金,而且股票可以用于抵押;永久性,股票的有效期与股份公司的存续期间是并存的,股票代表着股东的永久性投资;参与性,股东根据持有股票的数量多少决定参与公司重大决策权利的大小。

二、股票的种类

股票按照不同的标准有以下三种不同的分类方法:

(一)按照股票所代表股东权利的不同分类

1. 普通股

普通股是指每一股份对公司财产都拥有平等权益,是股份有限公司发行的最普通的标准股票。在优先股要求权得到满足之后才参与公司利润和资产分配的股票合同,它代表着最终的剩余索取权,其股息收益上不封顶,下不保底,每一阶段的红利数额也是不确定的。所以它是风险最大的股票。普通股股东一般有出席股东大会的会议权、表决权和选举权、被选举权等,他们通过股票来行使剩余控制权。

2. 优先股

优先股是指股份有限公司发行的在分配公司收益和剩余财产索取权方面较普通股优先的股票，但优先股没有投票权，股票可由公司赎回。

（二）按照股票是否记载股东的姓名分类

1. 记名股票

记名股票是指股东姓名记载在股票票面和股份公司股东名册上的且可以挂失的股票。中国《公司法》规定，股份有限公司向发起人、国家授权投资机构、法人发行的股票。应当为记名股票，并应当记载该发起人、机构或者法人的名称，不得另立户名或者以代表人姓名记名。它有4个显著特点：股东权利归属于记名股东，只有记名股东或其正式委托授权的代理人才能行使股东权；认购股票的款项不一定要一次性缴足；转让相对复杂或受限制；便于挂失，相对安全。

2. 不记名股票

不记名股票是指股票票面和股份公司股东名册上均不记载股东姓名的且不能挂失的股票。中国《公司法》规定，股份有限公司对社会公众发行的股票，可以为记名股票，也可以为无记名股票。无记名股票的主要特点是：股东权利归属股票持有人；认购股票时要缴足股款；转让相对简便，原持有人只要向受让人交付股票便发生转让的法律效力，受让人取得股东资格不需办理过户手续；安全性差，不记名股票一旦遗失，原股票持有人便丧失股东权利，且无法挂失。

（三）按有无票面价值划分

1. 有面值股股票

有面值股股票是指在股票票面上标明一定金额的股票。各国股份公司发行的股票一般不允许低于票面金额的价格折价发行。

2. 无面值股股票

无面值股股票是指在股票票面上不标明金额的股票。

三、股票价格

股票本身没有价值，仅是一种凭证。它之所以有价格，是因为可以通过买卖为持有人带来收益。股票在发行时，首先要规定发行总额和每股金额，一旦上市买卖，股票价格就脱离面值上下波动，主要受预期股利、市场利率、经营状况、投资者心理、经济环境等因素影响。

（一）股票的价值

1. 股票的面值

股票的面值就是股票上标明的金额。它可以说明每股股份对企业拥有权的比例。

2.股票的账面价值

股票的账面价值即股票的净值。它是用公司净资产扣除优先股票总额后，计算出每股的价值。

3.股票的市值

股票市值就是股票的市场价格，即股票市场上的买卖价格。

4.股票内值

股票内值就是通过多因素分析，计算出股票的真正价值。它是股票的真实价值。一般是把未来的预期收入折成现值得出。

(二)股票发行价格

股票发行价格就是股票发行时所使用的价格，即投资者认购股票时所支付的价格。股票发行价格通常由发行公司根据股票面额、公司盈利水平、公司潜力、股市行情和其他有关因素决定。

股票的发行价格主要有3种：等价(即以股票的票面额为发行价格)、时价(即以本公司股票在流通市场上买卖的实际价格为基准确定的发行价格)、中间价(即以时价和等价的中间值确定的股票发行价格)。根据我国《公司法》规定，股票不能低于股票面值金额的价格发行，即只能是面值发行和溢价发行。

确定股票发行价格可以采用市盈率法、净资产倍率法、竞价确定法。市盈率法是指股票市场价格与盈利的比率，表示投资者愿意用盈利的多少倍的货币购买这种股票。净资产倍率法是指通过资产评估，确定发行人拟募集股票的资产净现值和每股净资产值，然后测算出证券市场的溢价倍利或折扣倍率乘以每股净资产，从而确定股票的发行价格。竞价确定法投资者以不低于发行低价的价格在规定时间、规定的比例通过交易柜台或证券交易所交易网络进行认购，然后交易所的交易系统由高价位到低价位累计有效认购数量，当累计数量恰好达成或超过本次发行股票数量的价格，可确定本次发行价格。

四、股票的投资收益

股票的投资收益是指投资者购买股票所获得报酬，包括投资者购买股票所获得的货币收入，比如股息、现金红利、红股、低买高卖的溢价收入，还包括行使股东权利所获得的一些非货币收入。

衡量股票投资收益的指标主要有：每股税后利润、每股股利、市盈率、股息盈利率、股价净资产比率、投资收益率等。

五、股票的交易方式

(一)现货交易

现货交易是指买卖股票的双方达成交易后,在短期内完成交割的一种买卖方式。交割时间一般为成交的当日或是当地股票交易市场的习惯日。交割是指股票卖方将股票卖出交付给买方,买方将买进股票的价款交付卖方的行为。

(二)期货交易

期货交易是指股票的买卖双方达成交易后,交割和清算在约定的未来某一时间按规定的价格进行。股票投资者进行期货交易一般有两个目的:其一是投机。投机者买入股票期货合约,预期在交割前股价上涨,买入期货我们称为“买空”或“多头”,亦称之为“多头交易”。投机者卖出股票期货合约,预期在交割前股价下跌,卖出期货我们称为“卖空”或“空头”,亦称之为“空头交易”。买空卖空的动机都是为了获得价格变动所带来的差价收益。其二是套期保值。在现货市场和期货市场对相同的股票同时进行数量相等但方向相反的买卖活动,即在买进(或卖出)股票时,为避免价格变动的风险,在期货上卖出(或买进)股票,使现货上的盈亏与期货上的亏盈抵销,降低价格变动的风险。

(三)信用交易

信用交易又称“垫头交易”或“保证金交易”,是指股票的卖者或买者,向经纪人交付一定数额的保证金(即现金或股票),得到股票经纪人的信用,其差额由经纪人或银行贷款进行交易的一种方式。

信用交易又称保证金购买,是指在股市行情看涨的投资者交付一定比例的初始保证金(如美联储目前规定的最低初始保证金比率是50%),由经纪人垫付其余价款或借给交易者股票,为其买进指定股票。在交易过程中,投资者用保证金购买的股票全部用于抵押,且还要支付垫款的利息。

保证金交易对于经纪人来说,在提供经纪服务的同时,又向客户提供了一笔证券抵押贷款。对于客户来说,可以增加一些投资的选择。

(四)期权交易

期权是在一个确定的日期或者是某一个确定日期,以一个确定的价格购买或出售一定量某种资产的权利。期权的购买者拥有以协议价格买入或卖出一定数量某种特定商品的权利而不承担必须买入或卖出的义务,但期权的出售者必须履行义务,不得拒绝期权购买者的购买要求,所以为了平衡权利与义务的不对等,期权的购买者必须支付期权费给期权的出售者。

股票期权交易就是股票权利的买卖,它分为看涨期权(或者买人期权)和看跌期权(或者卖出期权)。看涨期权是投资者拥有在规定时间内按协议价格购买一定数量的某种股票的权利。在股票的看涨期权交易中,购买者相信股票市场价格将上升,而出售者认为不会上升甚至将会下降。看跌期权是投资者拥有在规定时间内按协议价格出售一定数量的某种股票的权利。在股票的看跌期权交易中,出售者相信股票市场价格将下跌,而购买者认为不会下跌甚至将会上升。双向期权是前面两种的综合,投资者同时在规定的时间获得购买一定数量的股票权利和出售一定数量股票的权利。

(五)股票价格指数期货交易

股票价格指数期货交易是指投资者以股票价格指数为依据而进行的股票期货交易。股价指数期货价格由股价的升降来表示。股票价格指数期货交易有利于减少投资者的股票投资风险。

六、国际股票投资

(一)国际股票的定义和分类

国际股票指的是世界各国公司按照有关规定,在国际证券市场发行和流通的股票。从国际股票的定义来看,股票的发行者和交易者、发行地和交易地、发行币种和发行者所属本币等至少一种和其他的不属于同一国度内,就可以认为属于国际股票。第二次世界大战后,随着生产国际化和资本国际化的发展,进行国际股票投资已是国际投资的重要形式之一。国际股票一般可分为以下四类:

1. 直接海外上市的股票

直接海外上市的股票是指在外国发行的、直接以当地货币为面值并在当地上市交易的股票,在海外上市的公司必须符合当地证券市场的上市标准并且遵守该市场的规章制度。许多公司都通过在成熟的海外证券市场上发行普通股票来筹资,例如我国在新加坡发行的S股、在纽约发行的N股等。

2. 本国发行的特种股票

本国发行的特种股票是指以外国货币为面值发行的,但却在国内上市流通的,以供境内外国投资者以外币交易买卖的股票。我国上市公司发行的B股就属于这类股票,上海证券交易所的B股以美元认购,深圳证券交易所的B股以港币认购。

3. 存托凭证(Depositary Receipts)

存托凭证是由本国银行开出的外国公司股份的保管凭证。存托凭证与它所代表的基础股票具有同样的流动性,因为二者之间可以互换,通常所保管的证券为股票,部分存托凭证也可用债券为基础证券。存托凭证可以根据发行市场的不同分为ADR(美国存托凭证)、EDR(欧洲存托凭证)、HDR(香港存托凭证)、SDR(新加坡存托凭证)、GDR(全球存托凭证)。存托凭证通过较少或消除诸如交割延误、高额交易成本以及其他与跨国交易有关部门的不便之处来给投资者带来方便。

4. 欧洲股票(Euro Equities)

欧洲股票是指在面值货币所属国以外的国家或者国际金融市场上发行并流通的股

票，这里“欧洲”的含义就如同欧洲美元的“欧洲”一样，它可以同时在多个国家发行上市交易，这应该是最具有典型意义的国际股票。这种股票出现时间较晚，直到 1983 年才由英国公司在伦敦证券交易所正式发行第一种欧洲美元股票。

（二）国际著名的股票价格指数

股票价格指数是由证券交易所或金融服务机构编制，反映一定时期内某一方面证券市场上股票价格的综合变动方向和程度的动态相对数。由于政治、经济、市场及心理等各种因素的影响，股市中的每支股票均处于不断变化中，投资者要逐一了解十分困难，故一些金融服务机构利用自己的业务知识和熟悉市场的优势，编制出股票价格指数来作为市场价格变动的指标。编制股票价格指数是为了综合反映股票市场价格的变动方向和变动程度，投资者不仅可以据此分析各只股票价格对股市价格总水平的影响程度，分析股价在长期内的变动趋势，而且可以在宏观上预测国民经济景气情况和企业经营业绩。

国际上比较常用的和有影响力的股票价格指数有：道·琼斯（Dow Jones）股票价格指数、标准普尔（Standard & Poor's）股票价格指数、恒生指数、日经平均指数、金融时报指数等，其中又以道·琼斯指数、标准普尔指数、摩根斯坦利资本国际公司（MSCI）和富时公司（FTSE）指数影响最大，也最具权威性。我国的股票价格指数有上证股票指数和深圳综合股票指数。

第四节　国际投资基金

一、投资基金的概念

投资基金是指由多名投资人共同集结而成的一笔金额，交由一位或多位具有专业知识和投资经验的基金经理来负责决定投资于各种金融工具，以使投资者在承担较小风险的前提下获取最大的投资收益。投资基金在美国称为“共同基金”，在英国称为“单位投资信托”。证券投资基金是一种间接投资，也是证券投资的一种方式，基金管理公司通过发行基金单位集中投资者的资金，由基金管理人管理和运用资金，从事股票、债券等金融工具投资，然后分享收益，当然也得共担投资风险。

投资基金最早成立于 1868 年前英国的“海外和殖民地政府信托”。随着金融市场的充分发展和日益完善，投资基金在全球得到蓬勃发展，特别是在美国的发展更为迅速和完善。至 2016 年底，美国证券交易委员会已注册登记私募基金管理人 2878 家，已备案私募基金 28290 只，管理总资产 11.01 万亿美元，比 2015 年增加了 7350 亿美元，同比增长 7.34%。为了增加基金的透明度，各国法律规定基金资产必须由独立的银行来负责保管，并与该银行的其他资产分开保存，此银行称为该基金的“托管银行”。

二、投资基金的特点

基金和股票都是以股来计算，但对个人投资者来说，购买投资基金比直接投资股票、债券还是有许多不同之处，这是由于投资基金的本身特点决定的。

(一)分散风险

投资基金的运作人为了分散风险，可以同时把投资者资金分散投资于各种股票和债券，规避了投资风险，分摊到每个基金单位的交易成本也得到有效降低，哪怕个人投资者投资额很小，也可以通过购买基金单位得到这种好处。证券投资基金还可以发挥规模经济的好处，它通过汇集中小投资者的小额资金，形成雄厚的资金实力，而投资基金的资金规模又可以进一步组合投资，从而为有效控制风险提供条件。

(二)专业理财

基金资产由专业的基金管理机构负责管理，通过经验丰富、信息全面、专业知识强的投资专家来管理，个人投资者可以避免信息单一、经验不足、相关知识欠缺的盲目性。个人购买基金，相当于为自己购买了专业理财师。

(三)投资便捷

发达国家的证券市场投资基金的种类涉及一切投资领域，投资者可以根据自身的财力，自由买卖不同品种的基金单位，这一方面解决了中小投资者投资机会少的难题，另一方面也适合资金雄厚的投资者进行更多的选择。而且投资者投资基金承担的税赋低于直接投资于证券所承担的税赋。

(四)管理规范化

世界各国都有关于投资基金的设立、管理和运作的法规，对投资目标、基金机构的组织结构、投资基金的经营机构、运作规则、投资理念、投资品种、投资时机的把握等都纳入了标准化程序，从而有效保证投资者的投资利益。

证券投资基金与股票、债券相比，主要有以下区别：

1. 投资者地位不同

股票持有人是公司的股东，有权对公司的重大决策发表自己的意见；而债券持有人是债券发行人的债权人，享有到期收回本息的权利；基金单位的持有人是基金的受益人，体现的是信托关系。

2. 风险程度不同

基金的主要优点就是组合投资、分散风险，相对于股票来说，对中小投资者风险要低得多。

3. 收益情况不同

基金和股票的收益都是不确定的，而债券的收益是确定的。一般情况下，投资基金主要投资于有价证券，由投资专家操作，基金收益比债券高。

4. 投资方式不同

证券投资基金是一种间接的证券投资方式。而股票投资和债券投资都是投资者直接参与有价证券的买卖活动。

5. 反映的关系不同

债券反映的是债权债务关系。股票反映的是产权关系。投资基金反映的是信托关系。

6. 价格决定因素不同

基金的价格一般取决于资产净值，而债券价格取决于利率，股票价格取决于市场供求。

7. 变现方式不同

债券投资到期收回本金。股票只能通过证券交易市场买卖。投资基金根据基金不同而有差异，比如开放型基金在一定条件可以赎回，也可转让。

三、投资基金的分类

世界各国的投资基金种类繁多，形式多样。下面我们按国际上公认的标准对投资基金进行分类。

（一）按受益凭证能否赎回分为开放式基金和封闭式基金

开放式基金也称为“共同基金”，是指基金单位或总规模是变动的，可以随时根据市场供求情况和自身需要发行新的基金份额或被投资人赎回的投资基金。封闭式基金是指基金规模在发行前已有一个固定数额，并在发行后和规定的期限内，基金规模保持固定不变，投资者只能通过证券交易所转让基金单位或股份的基金。

开放式基金和封闭式基金的主要区别如下：

1. 基金规模的可变性不同

封闭式基金拥有相对固定的存续期限（如中国目前证券投资基金的存续期为15年），在此期限内已发行的基金单位不能被赎回，基金资产规模的变化只会因投资组合的价格变动而变动。而开放式基金所发行的基金单位是可赎回的，而且投资者在基金的存续期内也可随意申购基金单位，申购和赎回的不断变化导致基金的资金总额的变化。

2. 基金单位的交易方式不同

封闭式基金发起设立时，投资者可以向基金管理公司或销售机构认购，上市交易时，又可委托经纪人在证券交易所按市价买卖。投资者投资于开放式基金，可以在基金规定的时间内向基金管理公司或销售机构随时申购或赎回。

3.基金单位的价格形成机制不同

封闭式基金的买卖价格受市场供求关系的影响，当市场供小于(大于)求时，基金单位买卖价格可能高于(低于)每份基金单位资产净值。而开放式基金的买卖价格以基金单位资产净值为基准，外加一定的手续费。股市上升时，开放式基金所持股票市值增加，开放式基金净值随之增长，开放式基金的申购和赎回价格将同步增加。

4.基金的买卖费用不同

投资者买卖封闭式基金也要在价格之外付出一定比例的证券交易税和手续费。而开放式基金需缴纳的首次认购费、赎回费则包含在基金价格之中。

5.基金的投资策略不同

封闭式基金侧重于长期的投资策略，而开放式基金侧重于投资变现能力强的资产。

6.对基金经理人的激励约束机制不同

不管基金经理的业绩如何，封闭式基金在封闭期内(比如8～15年)，基金经理人可每年固定获得一笔可观的基金经理费。而开放式基金由于投资者随时可以认购和赎回，经营业绩的好坏就成为是否获得基金经理费的关键。所以，开放式基金的基金经理人必须努力工作，如果基金业绩优良，投资者的增量资金流入会导致基金资产增加，基金管理者就有更高的收入。

7.规模扩大的方式不同

封闭式基金规模固定，要扩大规模必须申请设立新的基金，所以，基金规模的扩张有赖于主管机关的审核或核准。而开放式基金只要运作得到认购者的青睐，规模自然就迅速扩大。

另外，开放式基金适合中小投资者，管理方面的压力较大，而封闭式基金适合机构投资者和基金较多的投资者，相对而言，管理上的压力要小一些。

从发展趋势来看，开放式基金已成为国际基金市场的主流。比如基金市场最成功的美国，1996年，开放式基金的资产为35392亿美元，封闭式基金资产为1285亿美元；2000年开放式基金的资产是69647亿美元，封闭式基金资产为1433亿美元；2005年开放式基金资产是89055亿美元，封闭式基金资产2763亿美元；2007年开放式基金和封闭式基金所占比例分别为91%和9%。2015年末，美国开放式基金规模已达到17.8万亿美元，封闭式基金规模2610亿美元。

(二)按照基金的组织形态不同分类

按照基金的组织形态不同，可以将投资基金分为公司型投资基金和契约型投资基金。公司型投资基金即美国所称的"共同基金"，是指具有共同投资目标的投资者依据公司法组成以盈利为目的、投资于各种股票、债券、货币市场工具等特定对象的股份有限公司。基金以发行股份的方式筹集资金，是具有法人资格的经济实体，设有股东大会和董事会。基金持有人既是基金投资者又是公司股东,委托董事会选任基金管理人、基金托管人和销售代理商。公司型基金成立后,通常委托特定的基金管理公司运用基金资产进行投资并管理基金资产。基金资产的保管则委托另一金融机构,该机构的主要职责是保管基金资产并执行基金管理人指令,二者权责分明。基金资产独立于基金管理人和托管人的资产之外,即让受托的金融保管机构破产。

契约型投资基金又称"信托投资基金",是指基于信托契约原理,由基金发起人代表基金投资者、基金管理人、基金托管人订立基金契约而组建的投资基金。其涉及三方当事人,管理人作为受托者是基金的发起人,由其来发行基金受益凭证,募集资金,然后将募集的资金交给受托人保管,同时,对所募集的资金进行具体的投资运用。托管人作为基金的受托人一般为信托公司或银行,根据信托契约规定,接受委托负责基金的资金和有价证券的管理,及其他代理业务和会计核算业务。受益人即投资人,是认购受益凭证的投资者,受益人通过认购受益凭证参加基金投资,成为基金当事人,并据此分享基金的投资收益。

公司型投资基金与契约型投资基金的主要区别是:

1.法律地位不同

公司型投资基金是依据公司法组建的,是具有法人资格的股份有限公司;而契约型基金是依据信托法组建的,不具有法人资格。

2.投资者投资所需的办理手续不同

公司型投资基金的投资者在购买股票以后,必须到交易所办理完交割手续才能成为股东;而契约型基金的投资者向基金公司购买了受益凭证后就成为受益人。

3.投资者法律属性不同

公司型基金的投资者作为公司的股东,依据公司章程享有相应的权利和义务,有权对公司的重大决策进行审批、发表自己的意见;而契约型基金的投资者对公司重大决策不具有任何形式的经营管理权,只是投资基金的受益人。

4.融资渠道不同

公司型基金可以向银行借款;而契约型基金一般得不到银行借款。

5.运营依据不同

公司型基金依据公司章程来运作;而契约型基金凭借基金契约经营基金财产。

6.基金存续不同

公司型基金像股份公司一样,除非破产、清算,否则公司将存续;而契约型基金依据契约建立、运作,契约期满,基金运营自动终止。

在现实运用中,公司型基金得到世界各国越来越广泛的采用。目前,我国的基金为契约型基金。

(三)按照投资对象不同分类

股票基金是最主要的基金品种,以股票作为主要投资对象,其风险和收益较高,也是股票市场上重要的机构投资者。投资股票基金可规避货币贬值的风险,但投资股票基金适合长线投资,可降低快进快出将带来的成本的大幅度增加。所以,资金如果追求流动性就不宜投资股票基金。

债券基金是一种以债券为主要投资对象的证券投资基金,属于收益型投资基金,具有收益稳定、风险低的特点,适合想获得稳定收入的群体。

货币市场基金是以银行存款、短期债券(含央行票据)、回购协议和商业票据等安全性极高的货币市场工具为主要投资对象的投资基金。货币市场本身是供大额投资者参与,所以,小额投资者现在通过货币市场基金一样可以进入货币市场。货币基金具有投资成本较低、流动性强、风险小等特点。投资者往往在股票基金业绩不佳时,将股票基金转换成货币市场基金,从而等待投资股票基金的时机。所以,货币市场基金也称为"停泊基金"。

混合型基金就是在股票和债券两类产品中进行不同的配置可以拥有股票基金和债券基金的优势。

期货基金是以期货交易为主要投资目标,是高风险、高回报的投资活动。

期权基金是以能分配股利的股票期权作为主要投资对象。期权基金风险小,比较适合想获得稳定收入的群体。

指数基金是以某一指数的成分股为投资对象的基金,基金的操作按所选定指数的成分股在指数中所占的比重,选择同样的资产配置模式投资,以获取和大盘同步的获利。指数基金属于被动式投资,跟踪指数,追求的是承担市场平均风险和市场平均收益,特别适合稳健投资者,投资人用来进行养老或退休资金的长期投资。指数基金具有以下特点:费用低廉,分散和防范风险、延迟纳税、监控均较少。

认股权证基金是以认股权证为投资对象的基金,通过认股权交易,获取资本增值,是高风险的投资项目。

(四)按照基金风险与收益不同分类

成长型投资基金主要投资于具有高增长潜力的上市公司,追求资本的长期增长,往往适合宏观环境比较宽松的上涨的市场,属于高风险、高收益的组合。

收入型投资基金主要投资于能给投资者带来较高当期收入的各种有价证券,属于低风险、低收益的组合,但不利于资本成长。比较适合保守型投资者和以稳定收入为来源的退休人员。

平衡型基金是具有多重投资目标的投资基金,是成长型基金和收入型基金的搭配,其风险和收益介于成长型基金和收入型基金之间。投资者既追求当期收入,又注重资本成长。

积极成长型投资基金以追求最多资本利得为目标,投资于成长潜力大的股票和一些有潜力的新兴行业，是风险最大的投资基金，具有很强的投机性，是高风险下的高收益。

成长及收入型基金是以能提高当期收入、又能得到资本长期成长为目标的投资基金。该基金主要投向能有稳定股利并且股价有上升趋势的普通股。①

(五)其他类型的投资基金

伞形基金是基金的一种组织结构。这种组织结构由基金发起人根据一份总的基金招募书或基金契约发起设立多支相互之间可以进行转换的基金，这些可转换的基金称为子基金，各子基金相互之间独立进行投资决策，而由这些子基金共同构成的这一基金体系就合称为“伞形基金”。伞形基金的主要特点是投资者不需支付转换费就可在基金内部实现投资选择的变化。

基金中的基金是以其他证券投资基金为投资对象的基金，其投资组合由各种各样的基金组成。20 世纪 90 年代初，美国的基金管理公司创设了基金中的基金这种形式。基金中的基金凭借专业的投资机构和科学的基金分析及评价体系，从品种繁多的基金中找出优势品种，最大限度地帮助投资者规避风险，获取收益。

四、投资基金的设立与运作

(一)投资基金的设立

投资基金的设立许可各国采用了注册制和审批制。注册制是投资基金设立前必须向有关监管部门递交注册申请并进行备案，在法定时间内监管部门无异议即可公开发行。而审批制是基金监管部门对基金设立申请文件进行严格审核，批准后方可发行。

基金的设立程序在国外大多由有实力的金融机构发起，发起人可以是一个或多个。中国根据《证券投资基金管理暂行办法》的规定，基金发起人为按照国家有关规定设立的证券公司、信托投资公司及基金管理公司。在现实中，中国的基金发起人也是基金管理人。基金发起人必须满足的条件是：主要发起人是按照国家有关规定设立的证券公司、信托投资公司及基金管理公司；基金发起人必须拥有雄厚的资本实力，每个发起人的实收资本不少于 3 亿元人民币；基金发起人有 3 年以上从事证券投资的经验及连续盈利的记录；基金发起人有健全的组织机构和管理制度，财务状况良好，经营行为规范，等等。

在中国发起人申请设立基金的一般程序是：基金发起人申请设立基金，必须准备各种法律文件，包括设立基金的申请报告、发起人协议书、基金契约、基金托管协议、基金招募说明书；接着把准备好的文件上报证监会，证监会按相应标准进行严格审核；基金发起人收到中国证监会的批文后，于发行前 3 天公布招募说明书，并公告具体发行方案。

① 江沿，孙雅玲，黄锦明. 国际经济合作[M]. 清华大学出版社，2012.

(二)投资基金的运作

基金运作中涉及的主要当事人(基金持有人、基金管理人、基金托管人)是相互制衡、相互监督的投融资关系。

基金托管人通常由有实力的商业银行或信托投资公司担任。各国的证券投资信托法规规定:凡是基金都要设立基金托管公司,即由基金托管人来对基金管理机构的投资操作进行监督并对基金资产进行保管。基金托管人是投资人权益的代表,是基金资产的名义持有人或管理机构。中国《证券投资基金法》第3章明确了基金托管人必须由依法设立并取得基金托管资格的商业银行担任,且对商业银行的基金托管资格也有严格的要求和规定。

基金持有人是指持有基金单位或基金股份的自然人和法人,是基金资产所有者和受益人,在公司型基金中还是基金公司的股东。

开放式基金的销售是一个持续的过程,特点是投资者可按其报价购进和赎回基金单位。海外基金销售基本上可分为两大途径:直接销售和代理销售,也可通过职工福利计划销售。直接销售是不通过中间人而把基金单位或股份直接出售给投资者。这些直接销售的基金由该基金组织的销售机构销售。直接销售在成长型基金中比较流行。

代理销售是一种通过各种代销机构销售基金的方法。代理销售机构通常为证券公司、商业银行或其他经监管部门认可的机构。代理销售可以采用包销和集团销售。包销是销售机构先买入基金,再将基金公开销售给投资者;集团销售是包销人牵头组成销售集团,由包销人向其他代理机构支付销售费用。在美国,基金通常是代销或包销给投资银行,由投资银行分售给投资者,基金上市或赎回时,再委托投资银行办理买卖和交割手续。

五、投资基金的管理

证券投资基金的管理是基金公司的核心。

(一)基金投资目标的确立

建立一个以投资目标为核心的投资决策框架是基金投资组合管理最根本的任务。基金的投资目标是表明基金投资组合所具有的风险与收益特征。比较权威的投资目标的划分是由美国CDA/Wiesenberger投资服务公司制定的。

基金的主要投资目标是投资收入。我们在介绍投资基金的分类时已按收益和风险对投资基金进行了六类划分,不管以什么作为投资目标,都离不开以收入为核心。

(二)基金投资组合建立

投资组合就是基金管理公司在利用基金资产进行投资运作时,将基金资产分散投资于各种有价证券和不动产等,对于任何投资组合来说,投资收益的产生主要来自于三个方面的决策,即资产配置、市场时间的把握和证券选择。

资产配置即依据投资目标，把投资分配在不同种类的资产上，以求低风险高收益。

（三）基金投资风险管理

首先，认识基金的各种投资风险。投资风险主要包括：市场风险、信用风险、流动性风险、管理风险、操作或技术风险和合规性风险。其中，市场风险又包括：政策风险、经济周期风险、利率风险、上市公司经营风险和购买力风险。

其次，建立完善的基金内部风险控制机制和风险管理制度。完善的基金内部风险控制机制和管理制度应建立事前、事中和事后包括风险管理、监督、独立审计在内的“三条防线”。

最后，完善基金投资风险的外部监管。从发达国家的经验来看，投资基金由政府机构、行业自律组织和基金托管人等市场组织机构的三个组成部分形成的外部多层次的监管体系。

【案例分析】

A股领跌全球，外资涌入中国股市

2018年6月19日是A股历史上一个“再一次踏进了同一条河流”的悲剧时刻。2015年的6月19日，千股跌停，开启中国股市的股灾1.0时代。此后，股灾2.0、股灾3.0接踵而来。整整3周年后，随着中美贸易战的再次加剧，上证指数跌破3000点，2万多亿市值在一天之内全部蒸发。

A股持续走跌，但境外资金却在这个时候一路抄进，始终保持着积极买入A股股票的势头。2018年5月以来，流入A股市场的外资数额已逾800亿，规模已明显超过去年同期的水平。长期看好国内市场也让越来越多的外资私募基金进驻中国，外资私募巨头纷纷落地，成立私募产品，抢占中国市场。但境外投资者更倾向于从更长的时间跨度来投资，看到的是中国经济系统性风险下降，A股市场盈利好估值低。

资料来源：作者根据百家号《A股至暗时刻，外资巨额抄底》整理。

思考与讨论：

1. 外资私募进军国内市场的主要原因是什么？
2. 试用国际间接投资的知识对本案例作出分析。

复习思考题

1. 什么是证券投资？其主要特征是什么？
2. 试分析国际证券投资的发展趋势。
3. 国际债券按照不同标准，有哪些类型？具体含义是什么？

4. 国际债券的清算程序是什么?

5. 什么是投资基金?有何特点?

6. 股票有哪些种类?交易方式有哪些?

7. 按投资基金的投资对象划分,投资基金包括哪些类型?

8. 根据投资风险与收益目标的不同,投资基金可分为哪两类?并指出二者的区别。

9. 国际证券市场的组成是什么?

第三章 国际投资合作(Ⅱ)国际直接投资

第一节 国际直接投资的特征与动机

一、国际直接投资的概念

国际投资主要指投资主体为获取经济利益而将货币、实物及其他形式的资产或要素投入国际经营的一种经济活动。根据投资主体是否拥有对海外企业的实际经营管理权，在实务和理论研究中，将国际投资分为国际直接投资与国际间接投资。国际直接投资又称为“对外(或海外)直接投资”(Foreign Direct Investment，FDI)，是指投资者为了取得长期投资利益而在国外创立公司并控制其经营管理权的投资行为。国际直接投资可以通过在国外创立独资公司或合资公司、增加对原国外企业的投资、收购或兼并东道国现存企业的方式来实现。

在实际操作中，有效控制权的界限没有统一的标准。美国把对外直接投资定义为：某外国公司股权的50%由一群相互无关的美国人掌握，或25%由一个有组织的美国人集团拥有，或10%由一个美国人(法人)拥有。加拿大政府规定，当本国居民持有外国公司50%或更多的股权时，方可在原则上认为存在控制。国际货币基金组织认为，一个紧密结合的组织在所投资的企业中拥有25%或更多的投资股，可以作为控制所有权的合理标准。中国国家统计局规定，一个企业全部资本中25%或以上来自外国或地区(包括中国的香港、澳门、台湾)投资者，该企业称为“外国(商)投资企业”。

二、国际直接投资的特征

(一)国际直接投资是一种真实的资本移动

国际直接投资往往是和生产要素的跨国移动联系在一起的，并以控制经营管理权为核心，以获取利润为主要目的的资本外投。之所以被称为“直接投资”，是因为投资所形成新的资本是用于企业，可以直接增加社会的物质财富，或提供社会所需要的劳务。直接投资中所包括的生产要素可以是厂房、设备等固定资产，也可以是土地使用、专利权等无形资产，甚至可以是相关人员和技术等。国际直接投资是组合生产要素的转移。

(二)国际直接投资是一种不完全的竞争

一般说来,本土企业要比外来企业更具天时、地利与人和的优势,但这样不能够解释国际直接投资蓬勃发展的事实。原因主要是跨国投资的公司具有在不完全竞争条件下的竞争优势,具体表现为:跨国投资可以比较充分地利用国际分工的好处;跨国投资企业可以最大限度地发挥技术垄断优势;跨国投资企业可以比较容易回避各种贸易和资金流动的限制。

(三)国际直接投资与国际间接投资的区别

1.投资者的权限不同

直接投资者由于亲自到东道国开办企业,参与被投资企业的经营管理,所以对被投资企业有经营管理权;间接投资者并不亲自到东道国开办企业,因而对被投资企业无经营管理权。

2.资本的构成不同

两种投资方式虽然都表现为资本在国际间的流动,但直接投资表现为货币、原材料和零部件、设备、技术、知识、管理能力等由投资国流向东道国,间接投资则表现为货币资本由投资国流向东道国。

3.风险程度不同

直接投资者要承担全部的经营风险,而间接投资风险相对较小,如果投资者是债权人,则经营风险一般由债务人承担;如果投资者是优先股股东,其承担的风险也应小一些。

4.投资的主要目标不同

直接投资的主要目标是获得经营权以取得长期稳定的投资效益,而间接投资的主要目标则是获得股息收益和利息收益。

三、国际直接投资的动机

国际直接投资的动机有时也成为国际直接投资的目的,它主要从必要性的角度阐明投资者在进行投资决策时所考虑的主要因素,也就是说明投资者为什么要进行某一特定类型的投资。投资者在进行对外投资时,既受企业本身特有优势(资金、技术、管理、规模经济、市场技能等)的影响,也受企业所处客观社会经济环境(自然资源禀赋、国内市场规模、经济发展水平、产业结构、技术水平、劳动力成本、政府政策等)的制约。由于企业在上述两方面存在相当大的差异,不同企业对外投资的动机以及同一企业投资不同项目的动机都不相同。归纳起来,国际直接投资的动机主要有以下几种:

(一)自然资源导向型投资

企业为寻求稳定的资源供应、利用廉价资源而进行的对外直接投资行为,称为“自然资源导向型投资”。21 世纪后，国际投资者特别关注自然资源（如石油、矿产、森林、陆上稀有物产及水产等）的开发和利用，因为只要拥有这些自然资源，就可以在未来的世界经济中起到举足轻重的作用。

（二）市场导向型投资

企业为保护原有的出口市场或以开拓新市场为目的而进行的海外投资行为，称为“市场导向型投资”。市场导向型投资可分为以下三种情况：

1. 规避贸易壁垒

企业通过向进口国或第三国直接投资，在进口国当地生产或在第三国生产再出口到进口国，避开进口国的贸易壁垒。

2. 保护和扩大市场份额

企业开辟出口市场达到一定程度后，为巩固和扩大市场占有份额，在进口国直接投资进行生产和销售或在当地建立维修服务和零部件供应网点更为有利可图。

3. 开辟新市场

企业通过对外直接投资在以前没有出口市场的东道国占有一席之地。

（三）效率导向型投资

为利用境外廉价劳动力、土地等资源，降低企业生产经营成本、提高生产效率，以维护或提高企业竞争力的投资行为，称为“效率导向型投资”，也称为“成本导向型投资”。效率导向型投资分为以下两种情况：

一是降低生产成本，即企业在国内生产出口产品，生产成本高于在国外的生产成本，可通过对外直接投资在国外开设生产工厂来降低生产成本及运输费用，达到提高生产效率的目的。

二是获得规模经济效益，即当企业的发展受到国内市场容量限制而不能形成规模经济时，企业可以通过对外直接投资，将过剩的生产能力转移到国外，从而提高生产效率，实现规模经济。

（四）技术与管理导向型投资

企业为获得和利用国外先进技术、生产工艺、新产品设计和先进管理经验的投资行为，称为“技术和管理导向型投资”，也称为“追求知识型投资”。先进技术、工艺秘诀、管理经验往往因为买卖双方的信息不对称难以形成均衡的市场价格，通过在国外设立合营企业或者兼并收购当地企业的投资方式，则可以获取企业所需的技术与管理经验。这种投资一般集中在发达国家和地区以及资本技术密集型的产业。

（五）分散风险导向型投资

企业为分散和减少面临的各种风险而进行的对外直接投资，称为“分散风险型投资”。企业对外直接投资面临的各种风险，可归纳为政治风险和经济风险。对于政治风险，企业通常尽可能避免在政治风险较大的国家或地区投资；对于经济风险，企业主要采取投资方式多样化、投资区位多样化来分散、减少风险。

(六)优惠政策导向型投资

企业为了利用东道国政府的优惠政策和母国政府的鼓励性政策而进行的对外直接投资行为，称为“优惠政策导向型投资”。东道国政府为了吸引海外投资，经常制定一些对海外投资者的税收与金融的优惠政策、土地使用的优惠政策，并创造尽可能好的软硬投资环境。这些优惠政策会诱导海外投资者作出投资决策。母国政府对企业从事海外直接投资的税收、金融、保险及进口等鼓励性政策也会刺激和诱发本国企业进行海外直接投资。

(七)全球战略导向型投资

企业以公司整体利益最大化为目的在全世界范围内从事生产经营活动的投资行为，称为“全球战略导向型投资”。公司在进行对外直接投资的全球战略决策时，往往关心公司长期的、全局的最大利益，并不以某一子公司在某一地区的盈亏得失为关注的重心，有时甚至不惜牺牲某地区某部门的局部利益，以确保实现公司战略目标和整体利益。

第二节　国际直接投资的基本形式

一、国际合资企业

国际合资企业是指外国投资者和东道国投资者为了一个共同的投资项目联合出资，按东道国有关法律在东道国境内建立的企业。投资各方共同参与企业经营管理，各方按出资额比例分享盈利，分担风险。

(一)国际合资企业的特点

合资各方至少来自两个或两个以上的国家(地区)，并且至少一个投资方的主要业务所在地不位于东道国的领土。合资各方共同出资组建独立的公司实体，并且取得法人地位。合资各方共同投资、共同经营，并按所占股份分享利润，分担亏损，体现股权式合营的特点，这是国际合资经营方式最显著的特征。合资者签订公司协议和章程，建立企业的决策和管理机构，共同管理企业。

(二)国际合资经营企业的组织形式

1. 有限责任公司

有限责任公司是指两个以上股东组成的、仅以投入企业中的资本额为限度承担债务的公司，股东之间不负连带责任。有限责任公司的特点是：

(1)不得发行股票，股东各自的出资额一般由股东协商而定，股东交付股金后，公司出具股份证书，作为股东在公司中享有权益的凭证。

(2)股份不允许在证券交易所公开出售，也不得任意转让。特殊情况需要转让，必须经全体股东一致同意。西方国家公司法规定，股东欲转让股份，其他股东有优先购买权。

(3)股东人数较少，各国法律对股东人数一般都有最高限额的规定。

(4)股东可以作为公司雇员直接参加公司管理，法律允许公司所有权和行政管理权合二为一。

2. 股份有限公司

股份有限公司是指依照法定程序，通过向公众发行股票筹集资本，股东的责任仅限于出资额的一种公司企业组织。股份有限公司的特点是：

(1)股份可以自由转让，其股票可以在社会上公开出售。股东人数众多，没有最高限额，企业规模较大。

(2)股东个人的财产与公司财产分离，股东对公司债务不负任何责任。一旦公司破产或解散进行清算，公司债权人无权直接向股东起诉，公司以其全部资产对公司的债务负责。

(3)绝大多数公司的股东不担任公司管理者角色。负责股份公司日常营业活动的是董事会和经理，其中经理通常要以自己的全部财产对公司负责。

(4)账目必须公开。在每个财政年度终了时公布公司年度报告，包括董事会的年度报告、公司损益表和资产负债表等。相对于有限责任公司而言，股份有限公司的资金来源、营业范围、经营规模具有更广泛的社会性和国际性。

3. 两合公司

两合公司有两种形式，第一种是无限责任和有限责任的两合公司，是由无限责任股东和有限责任股东共同组成的公司，不通过发行股票筹集资本。无限责任股东用自己的全部财产对公司债务负责。有限责任股东仅以投资于公司的资本对公司债务负责。无限责任股东负责公司的管理工作，有限责任股东一般只负责监督工作。第二种是无限责任和有限责任的两合股份公司，其特点是可以通过出售股权募集资本。目前，发达国家还有一定数量的两合公司存在，但已经不及有限责任公司和股份有限公司普遍。

(三)国际合资企业的管理模式

1. 直管合资企业

直管合资企业指一个母公司直接管理合资企业，并在该合资企业的决策和管理中占主导地位，起决定性作用，另一个母公司在合资企业的决策和管理中处于从属地位。虽然直管合资企业的董事会也由合资双方共同组成，由双方按股权拥有的比例安排董事会人选，但是直管合资企业的主要管理人员，从总经理到各职能部门经理的人选都由直管母公司确定，并从公司派出。直管合资企业的董事会是形式上的存在，企业的重人事务由直管母公司决定，企业的管理权与股权没有直接联系。

2. 分管合资企业

分管合资企业指投资双方对等参与合资企业的经营决策，部门经理一般由双方母公司分别任命。部门经理既向合资企业的上一级管理部门负责，同时也向各自的母公司负责。分管合资企业的总经理向董事会负责，不是向任何一方的母公司负责。分管合资企业一般都属于互补型合资企业，合资双方都需要得到对方的支持。

3. 独立合资企业

独立合资企业指对企业拥有更多经营决策和管理自主权的合资企业。独立合资企业的董事会对决策和经营起主导作用，并决定合资企业总经理的人选和权限，总经理向董事会负责。各职能部门经理只对合资企业的高级管理层负责。

(四)投资者对国际合资企业的控制策略

任何一个投资者，都想利用自己的优势来控制企业的经营活动和经营成果。投资者对国际合资企业的控制策略一般采取股权控制和非股权控制两种。

1. 股权控制策略

股权控制策略指投资者在合资企业中力争拥有多数股权而控制企业经营的一种策略。在企业控制策略中，股权控制是最常用的控制策略。股权控制策略又可分为绝对多数股权策略和相对多数股权策略两种。绝对多数股权策略是指投资者利用在企业中拥有明显多数股权而控制企业经营的一种策略。通常情况下，绝对多数可以理解为3/4或2/3。在绝对多数股权条件下，投资者在企业的管理和决策中就可以起到主导作用。相对多数股权策略是指在拥有3个或3个以上投资者的企业中，没有一方拥有50%以上的股权，但其中一方设法成为最大股东，如联合其他投资者成为利益共享型的最大团体股东，即拥有相对多数股权而控制企业。这种情况下，投资者所拥有的股权可能不足40%，甚至不足30%就可以控制企业的经营活动。如果在具有更多投资者的企业中，如股份上市公司，相对控股的比例还会更小。该策略在较大的合资企业中比较适用。

2. 非股权控制策略

非股权控制策略指投资者采用股权以外的各种方式或手段，来控制合资企业经营管理权的一种策略。如果合资企业的投资者拥有股权较少，不能从股权上来控制企业的经营管理活动，就可以设法通过其他非股权的手段来局部影响企业的经营管理活动，以保护自身的正当权益。非股权控制策略一般通过公司章程、供销合同、技术和管理合同、人事安排这四种方式来实现。

二、国际合作企业

国际合作企业是指两国或两国以上的合营者在一国境内，根据东道国有关的法律通过谈判签订契约，共同投资、共担风险所组成的合营企业，是一种契约式的合作企业。双方权利、责任均在契约中明确规定。

(一)国际合作企业的特点

一是由合同规定合作各方的权、责、利。合作经营方式可以是组成法人,也可以不是组成法人。经营方式灵活多样,由合作双方自由选定。

二是投资条件易为接受。一般的条件为:东道国企业提供场地、厂房、设施、土地使用权和劳动力。投资国企业提供外汇、设备和技术。一般以外方提供的资金、设备和技术的价值作为总投资额。

三是收益分配方式灵活。根据双方商定的比例采取利润分成的分配方式。分成的比例可以是固定的,也可根据盈利状况采取滑动比例。

四是财产归属灵活。首先,经营期限通常短于合资企业,不同项目的合作期限相差较大。比如旧汽车翻新项目、大型宾馆之类的投资巨大的项目。其次,合作期满后,一般是其全部的资产无偿地、不带任何条件地归东道国一方所有。

(二)国际合作企业的组织形式

国际合作经营企业可以是“法人式”的企业,也可以是“非法人式”的企业。

1. 法人式合作经营企业

法人式合作经营企业是由两国或两国以上的合营者在东道国境内,根据该国有关法律通过签订合同建立的契约式合作经营企业。

这种合作经营企业具有独立的财产权,法律上有起诉权和被诉权,订立企业章程,建立独立的公司组织,并成立董事会为该企业的最高权力机构,任命总经理对企业进行经营管理。虽然它实行“董事会管理制”,但是它属于非股权式参与方式。法人式合作经营企业以该企业的全部财产为限对外承担债务责任,实行有限责任制。

2. 非法人式合作经营企业

非法人式合作经营企业是由两国以上合营者作为独立经济实体,通过契约组成的松散的、不具有法人地位的合作经营联合体。

这种合作经营企业没有独立的财产,而只有财产管理权和使用权。合作经营各方仍以各自的身份在法律上承担责任,合作经营企业的债权债务,由合作经营各方按照合同规定的比例承担责任。合作经营企业单位的组织管理形式,可以是联合管理制,即由各方派出代表组成联合管理机构进行管理;也可以是委托管理制,即委托合作经营中的一方或聘请无关的第三方负责承担管理。合作经营企业对于承担债务,一般是以其全部出资为限,实行有限责任制。因为它不是法人,所以不能采用董事会管理制。

(三)国际合作企业与国际合资企业的比较

1. 两者的共同点

两者都属于国际直接投资的范围,都是共同投资兴办企业,共同管理、共享收益、共担风险;都要考虑投资项目的利润水平、投资的安全保障以及东道国投资环境等因素。

2.两者的不同点

两者的不同点主要体现在法律依据、组织形式、利润分配、债务负担等方面。

(1)性质不同。国际合作企业是契约式合营企业,其投资和服务等不计算股份和股权,而后者是股权式合营企业,根据出资比例确定各方的权利义务。

(2)组织形式不同。国际合作企业可以是法人式企业,也可以是非法人式企业,而后者是法人式企业。

(3)投资收益不同。国际合作企业根据合同规定承担各自的责任、权利、义务。可以采用利润分成、产品分成,或其他方式。有的合同还明确规定,保证外方的收益达到一定的金额,促使外商更愿意合作。而后者各方不论以什么方式出资都必须以货币计算股权比例,且按股权比例分享受益、分担风险。

(4)投资回收方式不同。国际合作企业通过固定资产折旧、产品分成办法收回。合营期满,剩余财产全部归东道国合作者所有,不再进行清算。外商收回的投资只限于投入的本金,不包括利息,而且要求分得利润的多少取决于企业经营所得利润的大小,以有利于调动外商的经营积极性。而后者主要通过利润分成收回投资。合营期满,剩余财产通过估算按出资比例分配。

三、国际独资企业

国际独资企业是指由某一外国的投资者依据东道国法律,在东道国境内设立的、全部资本为该投资者所有的企业。国外投资者独自享有企业的所有权和经营管理权,并独立承担经营责任和风险。

由于完全享有企业的所有权和经营管理权,建立独资企业的方式为跨国公司尤其是大型跨国公司所偏爱,它们有时宁愿放弃投资机会也不愿意以合资方式进行直接投资。当然,建立国际独资企业虽然可以做到技术垄断,避免泄露商业机密,但在经营上往往受到东道国比较严格的限制,容易受到当地民族意识的抵制,经营风险较大。

(一)国际独资企业的特点

国际独资企业的经营形式具有以下特点:

一是外国投资者提供全部资本,拥有绝对的经营决策权。投资者在全部控股的情况下,在经营过程中不受他人制约,真正实现自主经营,处理问题迅速、果断,企业经营管理体现出特别的灵活性。同时,企业的盈亏由投资者承担,具有较大的风险性。

二是便于投资者保守技术诀窍与商业机密。企业的技术研发、生产组织、市场销售及资金、人事管理等重大问题只对投资者负责,便于保守秘密。独资企业除在所得税表格中需要填写的项目外,其他方面都可以保密。

三是对东道国而言,既吸引和利用了外资,自己又不必出资,不承担投资风险,还可以通过征收各种税收、土地使用费、公共基础设施管理费等增加净收入。

四是独资经营企业往往能引进比较先进的技术、设备和管理方法,生产更具竞争力的产品。

(二)国际独资企业的组织形式

国际投资主体在独资经营的具体运作过程中,有国外分公司和国外子公司两种可供选择的形式,两者各有不同的特点。

1. 国外分公司

国外分公司指在东道国依法设立的.并在组织和资产上构成母公司一个不可分割部分的国外企业。国外分公司不是一个独立的法人企业,不能单独承担法律义务和责任,经营管理上完全受母公司的控制,同时母公司对其经营活动的后果承担连带责任。

国外分公司的特点表现为:第一,分公司没有自己独立的公司名称和公司章程,只能使用与总公司同样的名称和章程。第二,分公司的主要业务活动完全由总公司决定,分公司一般以总公司的名义并根据它的委托进行业务活动。第三,分公司所有资产全部属于总公司,总公司对分公司的债务承担无限责任。

设立国外分公司的优点主要有:在汇兑限制严格的国家,被管制的可能性要小些;避免被资本输入国、输出国双重课税;资本输入国对分公司管制较小,对分公司在母国及第三国的资产不加管制。但设立国外分公司也存在着一些缺点,如无独立经营权,母公司对国外市场反应慢,易造成损失;当母公司向当局披露有关本公司的全部业务活动时,母公司无法保守商业秘密;无独立地位,被视为外国公司,在输入国当地市场上可能遇到强烈的或隐含的民族主义情绪的影响等。

2. 国外子公司

国外子公司指由母公司投入全部的股份资本,依法在东道国设立的独资企业。国外子公司虽然受母公司控制,但在法律上具有独立的法人资格。

国外子公司的特点表现为:第一,具有自己独立的公司名称和公司章程。第二,具有自己独立的行政管理机构。第三,具有自己的资产负债表和损益表等财务报表,具有独立的财产,能进行独立核算,自负盈亏。第四,国外子公司可以独立地以自己的名义进行各种民事法律活动,包括进行诉讼,即其法律责任和纠纷一般不对母公司产生连带影响。

设立国外子公司的优点主要有:在企业管理方面能发挥较大的创造性;独立于母公司,常被视为本国企业,不被当地民族情绪所干扰,有利于企业的生产、销售活动的开展;出于子公司能自己承担社会责任,一般国家都准许跨国公司海外子公司进入本国金融市场,参与股票、债券等交易活动。但也存在着被双重课税的可能。

第三节　国际直接投资建立海外企业的方式

国际投资的参与方式是指跨国公司等投资主体对外投资所采取的基本形式。企业进行国际直接投资有绿地投资(又称“创建投资”)和跨国并购两种基本方式。

相关国际直接投资的资料显示，20世纪80年代以前，绝大多数跨国公司进行对外直接投资时，是以绿地投资方式进入东道国的；80年代以来，跨国并购的方式进入超过了绿地投资，1989—1996年，全球跨国并购投资额连续8年增长，在全世界范围内，跨国并购额已经占到了对外直接投资额的一半以上，1988年这一比例高达70%。《2016年世界投资报告》显示，受跨国并购额猛增的影响，2015年全球对外直接投资流量达1.76万亿美元，同比上升38%，其中跨国并购额从2014年的4320亿美元上升至2015年的7210亿美元，同比增长66.9%，成为增长的主要动力。2016年，全球跨境并购增长18%，达8690亿美元，再创历史新高。与并购投资相比绿地投资增长乏力，2016全球年绿地投资额为8280亿美元，同期增长7%。2017年全球国际直接投资下降23%，与全球GDP及贸易增长加快形成鲜明对比，这主要是由跨境并购下降22%造成的。

一、绿地投资方式

(一)绿地投资的概念及形式

绿地投资也称“创建投资”，是指跨国公司等投资主体在东道国境内依照东道国的法律设置的部分或全部资产所有权归外国投资者所有的企业。创建投资会直接导致东道国生产能力、产出和就业的增长。绿地投资作为国际直接投资中获得实物资产的重要方式是源远流长的。早期跨国公司的海外拓展业务基本上都是采用这种方式。

绿地投资有两种形式：一是建立国际独资企业，其形式有国外分公司、国外子公司和国外避税地公司；二是建立国际合资企业，其形式有股权式合资企业和契约式合资企业。

(二)绿地投资方式的优缺点分析

1.绿地投资的优点

(1)利用绿地投资方式创建新企业时，跨国企业拥有更多的自主权，能够独立地进行项目的策划，选择适合本企业全球发展战略的厂址，并实施经营管理。而且，企业能够很大程度地控制项目的风险，并能在较大程度上掌握项目策划各个方面的主动性。

(2)在创建新企业的过程当中，较少受到东道国产业保护政策的限制。如果采取契约合资企业形式创建新企业，即跨国公司通过向东道国企业提供技术、管理、销售渠道等与股权无关的各项服务参与企业的经营活动。这样，跨国公司不动用资金、不占用股份，因而不会激起东道国民族主义的排外情绪，从而减少了政治风险。

(3)通过绿地投资方式创建独资企业后，跨国公司能够更大程度地维持公司在技术和管理方面的垄断优势，并利用其技术、管理、生产和营销上的优势占领东道国市场。

2.绿地投资的缺点

(1)绿地投资方式需要大量的筹建工作，因而建设周期长、速度慢、缺乏灵活性，对跨国公司的资金实力、经营经验等有较高要求，不利于跨国企业的快速发展。

(2)创建企业过程当中,跨国企业完全承担其风险,不确定性较大。

(3)新企业创建后,跨国公司需要在东道国自己开拓目标市场,且常常面临管理方式与东道国惯例不相适应、管理人员和技术人员匮乏等问题。

(三)选择绿地投资方式的动因

跨国公司等对外投资主体在进行对外投资时必然面临着对外投资方式的选择问题,在绿地投资方式和跨国并购这两种基本投资方式的选择上,投资主体应着重对东道国的基本情况作出分析,在权衡所选择的投资方式的优缺点的基础上进行抉择。因此,投资主体应对照绿地投资方式的优缺点,结合内在和外在因素综合考虑。一般说来,在以下情况下,投资主体应采取绿地投资策略:

1. 拥有最先进技术和其他垄断性资源

对外进行投资的主体如跨国公司等在技术上占有绝对优势地位或者掌握加工制造某种产品的专利技术、垄断性资源时,投资主体可以选择绿地投资方式。采取绿地投资策略可以使投资主体最大限度地保持垄断优势,在东道国迅速地占领市场,从而获取较大利润,促进投资主体的进一步发展。

2. 东道国经济欠发达,工业化程度较低

创建新企业意味着生产力的增加和就业人员的增多,而且能为东道国带来先进的技术和管理,并为经济发展带来新的增长点;而并购东道国现有企业只是实现资产产权的转移,并不增加东道国的资产总量。因而,发展中国家一般都会采取各种有利的政策措施,吸引跨国公司在本国创建新企业,这些有利的政策有助于跨国公司降低成本、提高盈利水平。

二、跨国并购方式

20 世纪 90 年代以来,在全球范围内掀起了一股跨国并购浪潮,并以其汹涌澎湃之势席卷着美洲、欧洲、亚洲等地,至今不息。它不仅改变着一些旧的经济规则,而且也深刻地影响着新世纪全球经济结构,甚至是政治、社会和文化结构。在我国,跨国并购也出现了爆炸性增长的趋势,其中,联想集团并购美国 IBM 公司 PC 部,上海汽车集团并购韩国双龙汽车,中国石油和中国石化两大集团在海外收购油气田项目等都给中国企业进行海外并购增添了新的篇章。

(一)跨国并购的概念

跨国并购(Merger & Acquisition)是指跨国公司等投资主体通过一定的程序和渠道,取得东道国某现有企业的全部或部分资产的所有权的投资行为。跨国并购是国内企业并购的延伸。跨国公司采取并购的方式进行直接投资,其动机包括开拓国际同类市场,取得产品商标、品牌和已有的行销网络;保证原材料的供应和产品的销售市场;经营领域、区域和资产的多元化等。

(二)跨国并购的基本特征

1.跨国并购一般采用收购而不是兼并的方式

尽管“跨国并购”是国际上的习惯提法,从字面上看包括跨国兼并和跨国收购两层含义,但从法律形式上看,主要是指跨国收购而不是跨国兼并。因为跨国收购的目的和最终结果并不是改变公司(即法人)的数量,而是改变目标企业的产权关系和经营管理权关系。而跨国兼并则意味着两个以上的法人最终变成一个法人,不是母国企业的消失,就是目标国企业的消失。这种情况在跨国并购中是十分罕见的,也是与跨国公司的全球发展战略不相吻合的。

2.跨国并购与国际因素息息相关

国际因素包括但不限于:世界市场的竞争格局、全球范围的私有化进程、贸易和投资自由化进程、世界经济一体化进程、区域集团化趋势、跨国投资的国际协调等。因此,对跨国并购的分析和研究必须将其放在世界经济范围内进行。

3.跨国并购有更广阔的市场影响范围

国内并购非常直观地表现为市场份额的改变和市场力集中程度的提高;跨国并购分别就并购母国和并购目标国市场而言,并未直接表现为市场份额和市场力的改变,而是表现为并购者对市场份额的占有程度和市场竞争能力的扩展,表现为世界市场份额和市场力集中程度的改变。对国内市场的影响则是潜在的,即通过两国或两国以上比较优势的组合和各类资源的配置,对别国市场的份额和市场力的未来变化起作用。

4.跨国并购具有比国内并购更多的进入障碍

跨国并购具有比国内并购更多的进入障碍,使得跨国并购的实施更为复杂。这些障碍包括但不限于:并购母国和并购目标国之间在经济利益及竞争格局、公司产权及管理模式、外资政策及法律制度、历史传统及语言文化等方面的差异。

(三)跨国并购的类型

企业并购的形式多种多样,按照不同的分类标准可划分为以下不同的类型:

1.按并购双方产品或产业的关系划分

依照并购双方产品与产业的关系,并购可以分为横向并购、纵向并购、混合并购。横向并购指同一行业领域内生产或销售相同或相似产品企业间的并购,如一家汽车制造厂并购另一家汽车制造厂。纵向并购指处于生产同一产品不同生产阶段的企业间的并购,分向后并购和向前并购,如一家钢铁厂并购一家矿山或一家钢材贸易公司。混合并购指既非竞争对手又非现实中或潜在的客户或供应商的企业间的并购,分产品扩张型并购、市场扩张型并购和纯粹型并购,如一家家电企业并购一家石化企业或一家银行。

2.按并购的出资方式划分

按并购的出资方式划分,并购可分为出资购买资产式并购(并购方筹集足额的现金购买被并购方全部资产)、出资购买股票式并购(并购方以现金通过市场、柜台或协商购买目标公司的股票)、出资承担债务式并购(并购方以承担被并购方全部或部分债务为条件取得被并购方的资产所有权或经营权)、以股票换取资产式并购(并购公司向目标公司发行自己公司的股票以换取目标公司的资产)和以股票换取股票式并购(并购公司向目标公司的股东发行自己公司的股票以换取目标公司的大部分或全部股票)。

3.按涉及被并购企业的范围划分

按并购涉及被并购企业的范围划分,并购可以分为整体并购、部分并购。整体并购是资产和产权的整体转让。部分并购是将企业的资产和产权分割为若干部分进行交易,有三种形式:对企业部分实物资产进行收购;将产权划分为若干份等额价值进行产权交易;将经营权分为几个部分进行产权转让。

4.按并购是否取得目标公司的同意划分

根据并购是否取得目标公司的同意划分,并购分为友好式并购和敌意式并购。友好式并购的并购公司事先与目标公司协商,征得其同意并通过谈判达成收购条件的一致意见而完成收购活动。敌意式并购指在收购目标公司股权时虽然遭到目标公司的抗拒,仍然强行收购,或者并购公司事先并不与目标公司进行协商,而突然直接向目标公司股东开出价格或收购要约。

5.按并购交易是否通过交易所划分

按并购交易是否通过交易所划分,并购分为要约收购和协议并购。要约收购的并购公司通过证券交易所的证券交易持有一个上市公司已发行股份的30%时,依法向该公司所有股东发出公开收购要约,按符合法律的价格以货币付款方式购买股票获得目标公司股权。协议并购的并购公司不通过证券交易所,直接与目标公司取得联系,通过协商、谈判达成共同协议,从而实现对目标公司股权的收购。

6.按并购公司收购目标公司股份是否受法律规范强制划分

按是否受法律规范强制划分,并购可以分为强制并购和自由并购。强制并购指证券法规定当并购公司持有目标公司股份达到一定比例时,并购公司即负有对目标公司所有股东发出收购要约,以特定出价购买股东手中持有的目标公司股份的强制性义务。自由并购指在证券法规定有强制并购的国家和地区,并购公司在法定的持股比例之下收购目标公司的股份。

(四)跨国并购方式的优缺点分析

1.跨国并购方式的优点

(1)资产获得迅速,容易获得廉价资产。跨国公司以收购兼并方式取得资产的出价往往低于目标公司资产的真实价值。原因如下:首先,并购公司可能比目标公司更清楚地了解目标公司资产的真实价值;其次,目标公司在经营中陷入困境而使收购公司可以压低价格收购;再次,收购公司利用东道国股市下跌时以低价购入目标公司的股票。这样,并购方式就能够使跨国公司得到一些现成的有用的生产要素,如土地、厂房和熟练劳动力等,从而大大缩短项目的建设周期和投资周期。

(2)市场进入方便灵活,可以利用被收购企业的市场份额减少竞争。跨国并购不仅可以直接获得被收购企业的原有资产,而且收购方企业可以直接占有被收购企业原有的销售市场,利用被收购企业的销售渠道。从供求角度分析,并购一般不会增加东道国原有的市场供给,从而降低了竞争的激烈程度,也可避免因厂商增加而导致平均销售额下降的风险。

(3)有效利用并购目标企业原有管理人员及融资通道。在对东道国的目标企业进行并购后,由于目标企业在过去的经营过程中建立起持续较好的管理模式或企业文化,将会有利于跨国投资主体在并购后迅速进行经营并盈利。目标企业也会由于在过去的生产经营中与相关金融企业建立起融资通道,而在被并购后,跨国投资主体也可继续利用这一融资通道进行融资,促进跨国并购投资主体更好地占领市场。

2.跨国并购方式的缺点

(1)跨国并购方式往往会受到来自东道国的产业及贸易政策的限制,跨国投资主体将会面临东道国对外来资本以及被并购企业行业的限制等制约政策方面的限制因素的制约。东道国为了保护民族企业,东道国往往会对特殊行业进行限制。

(2)被并购企业所在国的会计制度和财务制度往往与投资者所在国有很大差异,难以准确评价被并购企业的真实价值,将会加大跨国投资者的决策难度,有时可能会导致目标企业的实际资本低于并购支出,从而影响跨国并购的成功率。

(3)容易受到企业规模和选址上的制约以及原有契约的束缚。由于被收购企业的规模、行业和地点都是固定的,跨国投资主体很难找到一个与自己全球发展战略所要求的地点及生产规模都相符的企业。被收购企业同客户、供货商和职工已有的契约也往往会影响跨国公司对企业的继续管理。

(五)选择跨国并购方式的动因

在市场经济环境下,企业作为独立的经济主体,其一切经济行为都受到利益动机的驱使,并购行为的根本动机就是为了实现企业的财务目标即股东权益的最大化。当然,并购的具体动因多种多样,主要有以下几种:

1.扩大生产经营规模,实现规模经济,追求更高的利润回报

投资主体为了实现规模经济,往往会选择通过跨国并购的方式迅速扩大规模,从而充分享受规模效益带来的优势。

2.消灭竞争对手,减轻竞争压力,增加产品或服务的市场占有份额

当跨国投资主体经济效益逐步转优,想要在国际市场上获取更大的市场占有率时,选择合适的并购目标企业将减少竞争对手,并利用并购目标企业原有的市场份额获取

更大的竞争优势。

3.迅速进入新的行业领域,实现企业的多元化和综合化经营

跨国公司为使其产品多元化和经营地域多样化,可以采用并购方式,以便弥补对新行业的生产和销售等经验的不足,迅速进入目标市场,占有市场份额。另外,对于实行市场跟随战略的跨国公司,采取收购方式可以迅速跟随领先者进入市场以取得战略平衡。

4.着眼于企业的长远发展和成长,谋划和落实企业的未来发展战略

在经济全球化和世界经济一体化的背景下,未来企业的发展战略离不开向国际市场进军,更要在国际市场中整合各种资源,否则将会影响企业的持续发展,通过跨国并购,投资主体能够更加迅速地在国际市场中崭露头角,获取长远的发展。

第四节 国际直接投资环境与环境评估

一、国际直接投资环境分类与内容

(一)国际直接投资环境的概念

国际直接投资环境是指影响国际投资活动的各种自然、经济、政治、社会和法律因素的综合体。国际投资与国内投资的不同之处在于投资者需要在一个陌生的环境中生存和发展,东道国的政治、经济、社会、法律等方面的差异,使投资者面临着许多不确定因素,这些不确定因素可能对投资的安全和生产经营活动带来诸多不利的影响,从而存在着很大的投资风险。在各种不同类别和不同程度的风险中,投资者最关心的问题是投资财产的安全和投资收益的回报。因此,投资者对国外投资环境的认识和分析,必然会从影响这两个基本目标的各种外部因素着手,分析它们对投资活动所产生的影响。研究国际投资环境,既要研究影响投资活动的相关因素,又要研究这些因素的作用范围和力度。只有考虑到这两个方面,才能对国际投资环境有一个全面的认识和了解。

(二)国际直接投资环境的分类

从不同的角度可以把国际直接投资环境分为不同的类型:

从各种环境因素所具有的物质和非物质性来看,可以把投资环境分为硬环境和软环境两个方面。硬环境和软环境有时又称为物质环境和人际环境,或称为有形环境与无形环境。所谓硬环境,是指能够影响国际直接投资的外部物质条件,如能源供应、交通和通信、自然资源以及社会生活服务设施等。所谓软环境,是指能够影响国际直接投资的各种非物质因素,如经济发展水平和市场规模、贸易与关税政策、财政与金融政策、外资政策、经济法规、经济管理水平、职工技术熟练程度以及社会文化传统等。

从各因素的稳定性来看,可将国际直接投资的环境因素归为三类,即自然因素、人

为自然因素和人为因素(见表 3-1)。

表 3-1 国际投资环境因素稳定性分类

A:自然因素	B:人为自然因素	C:人为因素
A1:自然资源 A2:人力资源 A3:地理条件 A4:…	B1:实际增长率 B2:经济结构 B3:劳动生产率 B4:…	C1:开放进程 C2:投资刺激 C3:政策连续性 C4:…
相对稳定	中期稳定	短期可变

资料来源:卢进勇,杜奇华.国际经济合作[M].北京:对外经济贸易大学出版社,2004.

从国际直接投资环境所包含的内容和因素的多寡来看,可以分为狭义的投资环境和广义的投资环境。狭义的投资环境是指投资的经济环境,即一国经济发展水平、经济体制、产业结构、外汇管制和货币稳定状况等。广义的投资环境除经济环境外,还包括自然、政治、社会文化和法律等对投资可能发生影响的所有外部因素。

(三)国际直接投资环境的内容

1. 国际直接投资环境的具体内容

(1)政治环境。

政治环境主要包括政治制度、政权稳定性、政策的连续性、政策措施、行政体制和行政效率、行政对经济干预的程度、政府对外来投资的态度、政府与他国的关系等。

(2)法治环境。

法治环境主要指法律秩序、法律规范、法律制度和司法实践,特别是涉外法制的完备性、稳定性和连续性以及人民的法治观念和法律意识等。

(3)经济环境。

经济环境主要包括经济的稳定性、经济发展阶段、经济发展战略、经济增长率、劳动生产率、财政、货币、金融、信贷体制及其政策、对外经济贸易体制与政策、地区开发政策、外汇管理制度、国际收支情况、商品和生产要素市场的状况与开放程度、人口状况和人均收入水平等。

(4)社会环境。

社会环境主要指社会安定性、社会风气、社会秩序、社会对企业的态度、教育、科研机关与企业的关系、社会服务等。

(5)文化环境。

文化环境主要包括民族意识、开放意识、价值观念、语言、教育、宗教等。

(6)自然环境。

自然环境优良与否也关系能否吸引投资。自然环境包括地理面积、地形、气候、雨量、地质、自然风光、与海洋接近程度、自然资源状况等。

(7)基础设施状况。

基础设施是吸引外资的重要物质条件，包括城市和工业基础设施两个方面，具体包括交通运输、港口码头、厂房设备、供水供电设备、能源和原辅材料供应、通讯信息设备、城市生活设施、文教设施及其他社会服务设施等。

(8)产业配套环境。

产业配套环境是近年来跨国投资者比较关注的一个问题，包括工业和服务业的配套能力、采购原材料与零部件半成品的方便程度、产业链投资与产业集聚、企业集群布局等。有的学者将产业配套环境称为“企业生态环境”。

2.国际直接投资环境内容的变化及特点

国际直接投资环境内容是跨国投资者对投资环境的考量目标，而国际直接投资环境的内容伴随着经济发展水平的提升日益丰富。最初，人们关注的重点是投资的硬环境，俗称“七通一平”，即：通水、通电、通气、通邮、通路、通商、通航及平整场地等有形环境。后来，随着经济发展水平的提升，人们逐渐认识到在考察国际直接投资环境时，软实力也愈发重要，甚至影响到投资环境的优劣，比如政策法规、风俗习惯等。随着经济全球化趋势日益明显，利用外资和引进外资对各国经济的发展越来越重要。相应地，国际投资环境的内容也越来越丰富，并呈现出以下特点：

(1)综合性。

国际投资的特点和现代经济社会的复杂性决定了国际投资环境这个整体是由多种因素综合构成的。这就是国际投资环境的综合性。构成国际投资环境的因素依据不同的划分标准和粗细程度会有不同的结果，但不论怎样划分环境因素，都应具有完备性，都包括影响国际投资活动的各种因素，否则，对投资环境的认识就是不全面的。

(2)系统性。

构成国际投资环境的各个因素既有各自独立的性质和功能，又是相互连接、相互作用的，他们共同构成国际投资环境系统，这个系统功能的强弱不仅取决于各个因素的状况，还取决于各种因素相互间的协调程度。这就是国际投资环境的系统性。

(3)空间层次性。

影响国际投资活动的各种外部因素是存在于不同空间层次上的，有国际因素、国家因素、国内地区因素和厂址因素。这就使得国际投资环境具有空间层次性特点。从这个角度看，国际投资环境包括国际环境、国家环境、国内地区环境和厂址环境四个子环境。在四个层次的子环境中，构成因素和各因素的重要程度是不同的。对投资者来说，考察和分析国际投资环境，在空间层次上可从高到低依次进行，但不能只分析评价某个空间层次环境。

(4)相对性

同样的外部条件，对于不同类型的投资、不同行业的投资或生产不同产品的投资会产生不同的影响。也就是说，对不同的投资活动，同样一个投资环境会显示不同的功能作用。对某种投资是较好的投资环境,对另一投资来说可能是较差的投资环境。这就是国际投资环境的相对性。

(5)动态性

随着时间的推移,国际投资环境的各种构成因素会不断地发生变化,从而使整个投资环境不断地变化;另一方面,随着时间的推移,投资项目会进入到项目周期的不同阶段,从而使得同样的环境因素对同一投资项目的影响力也会发生变化。投资环境的动态性要求人们在评价投资环境时,要有动态观念,这种观念应体现在投资环境的评价方法中。对投资者来说,不仅要考察和评价现在的投资环境,还要在认真分析预测未来投资环境因素变化的基础上,分析评价未来的投资环境。

二、国际直接投资的环境评估

(一)国际直接投资环境评估的意义

随着经济全球化趋势的日益明显,国际直接投资发展非常迅速,国际直接投资在各国经济发展中的地位越来越重要。国际投资环境作为影响国际投资活动的各种外部因素的综合体,非常复杂,对其进行认真分析和评估,既十分必要,也相当重要。投资环境是围绕投资主体产生和存在并影响资金投向、规模、结构和方式的一切因素的总和。对于资本输出国而言,正确地确定评估投资环境的方式和内容,对融资国的投资环境进行仔细的调查与分析,然后据此制定自己的投资战略,规定资本的投向、规模、结构和方式,可以实现资本的合理流动,并获得较高的投资利润。

投资环境是决定投资成败盈亏的重要因素,是投资决策的前提,受到企业和政府的高度重视。自20世纪60年代开始,经济学家们就试图建立各种方法、技术和指标体系对投资环境的优劣进行评估和监测,逐渐形成一个新的经济学分支——投资环境评价方法论。自20世纪80年代特别是21世纪以来,国内外对投资环境评价方法的研究又取得了一系列新的进展。

(二)国际直接投资环境评估的方法

1. 投资障碍分析法

投资障碍分析法是指根据潜在的阻碍国际投资活动的因素多少和程度来评价投资环境优劣的一种方法。其要点是,列出外国投资环境中阻碍投资的主要因素,并在所有潜在的东道国中进行对照比较,以投资环境中障碍因素的多与少来断定其坏与好。

美国芝加哥大学著名经济学家布莱克(Fischer Black)在研究国际资本市场均衡和世界资本资产定价模型时发现,国际投资者的行为、世界资本资产的定价和国际资本市场的均衡都与东道国的相关政策密切相关。如果东道国对外国居民征收资产持有税,则投资者倾向于更多地持有本国资产;反之,如果仅对本国居民征收资产重税而对外国居民免税,则投资者更倾向于向外投资。经过30年的发展,人们对国际投资的障碍分析已经十分规范和全面，阻碍投资的因素通常被归纳为以下10个方面：

(1)政治障碍：东道国政治制度与母国不同；政治动荡(包括政治选举变动、国内骚乱、内战、民族纠纷等)。

(2)经济障碍：经济停滞或增长缓慢；国际收支赤字增大、外汇短缺；劳动力成本高；通货膨胀和货币贬值；基础设施不良；原材料等基础产业薄弱。

(3)资金融通障碍：资本数量有限；没有完善的资本市场；融通的限制较多。

(4)技术人员和熟练工人短缺。

(5)实施国有化政策与没收政策。

(6)对外国投资者实施歧视性政策：禁止外资进入某些产业；对当地的股权比例要求过高；要求有当地人参与企业管理；要求雇佣当地人员，限制外国雇员的数量。

(7)东道国政府对企业干预过多：实行物价管制；规定使用本地原材料的比例；国营企业参与竞争。

(8)普遍实行进口限制：限制工业品和生产资料的进口。

(9)实行外汇管理和限制投资本金、利润等的汇回。

(10)法律、行政体制不完善：包括外国投资法规在内的法规不健全；缺乏完善的仲裁制度；行政效率低；贪污受贿行为严重等。

投资障碍分析法突破了过去仅仅从正面评价投资环境的局限性，开始从负面因素来评价一个区域的投资环境，使投资环境的评估出现新的视角，使分析更加全面、准确。负面分析法从投资的障碍、风险、成本、代价等因素来评价投资环境的优劣，有利于迅速评估并有效降低评估费用，但有时也会因个别关键因素影响评估的准确性。

2.国别冷热比较法

国别冷热比较法又称“冷热国对比分析法”或“冷热法”，它是以“冷”“热”因素表示投资环境优劣的一种评估方法，热因素多的国家为热国，即投资环境优良的国家。反之，冷因素多的国家为冷国，即投资环境差的国家。这一方法是由美国经济学家伊西·利特瓦克和彼得·拜延首先提出来的。

伊西·利特瓦克和彼得·拜延针对加拿大、德国、英国、日本、巴西、南非、印度、埃及、希腊、西班牙等10国的调查资料，选择了政治稳定性、市场机会、经济增长实绩、文化统一性、法律障碍、实体阻碍和地理文化差异7种因素对上述国家的投资环境进行对比分析。该方法站在投资者和资本输出国的角度，将上述7项指标按照从优到劣的程度进行排序，分为大、中、小3个级别，将各国根据投资环境的冷热程度分为“热国”和“冷国”。所谓“热国”或“热环境”，是指该国政治稳定、市场机会大、经济增长较快且稳定、文化相近、法律限制少、自然条件有利、地理文化差距不大；反之，即为“冷国”或“冷环境”；不“冷”不“热”者则居“中”。现以其中10国为例分析比较其投资环境的“冷”“热”程度(见表3-2)。

在表3-2所列的7种因素中，前4种的程度大就称为“热”环境，后3种的程度大则称为“冷”环境，小为不大也不小，即不“冷”不“热”的环境。由此看来，一国投资环境的7

个因素中,前 4 种越小,后 3 种越大,其投资环境就越坏,即越“冷”的投资目标国。该方法站在投资者和资本输出国的角度,将上述 7 项指标按照从优到劣的程度进行排序,分为大、中、小 3 个级别,将各国根据投资环境的冷热程度分为“热国”和“冷国”。热度越高的国家投资者参与的机会越大,反之,机会则越小。

表 3-2　美国观点中的 10 国投资环境的冷热比较

国别		政治稳定性	市场机会	经济发展与成就	文化一元化	法令障碍	实质障碍	地理文化差距
加拿大	热	大	大	大		小		小
					中		中	
	冷							
英国	热	大			大	小	小	小
			中	中				
	冷							
德国	热	大	大	大	大		小	
						中		中
	冷							
日本	热	大	大	大	大			
							中	
	冷					大		大
希腊	热					小		
			中	中	中			
	冷	小					大	大
西班牙	热							
			中	中	中	中		
	冷	小					大	大
巴西	热							
			中		中			
	冷	小		小		大	大	大
南非	热							
			中	中		中		
	冷	小			小		大	大
印度	热							
		中	中		中			
	冷			小		大	大	大
埃及	热							
					中			
	冷	小	小	小		大	大	大

资料来源:刘红忠.中国对外直接投资的实证研究及国际比较[M].上海:复旦大学出版社,2001.

3.投资环境等级评分法

投资环境等级评分法是在冷热对比法的基础上发展起来的,又称为“多因素等级评分法”。由美国经济学家斯托伯(Robert Stobaugh)在《怎样分析国外投资环境》一文中首先提出。该方法运用资本回调限制、外商股权准许、对外企的歧视性、货币稳定性、政治稳定性、关税保护意愿、当地资本可得性、年度通货膨胀等8个投资环境因素对目标国家的外商投资环境进行分类评价,每项指标下又分为若干细目,然后进行计量打分、算术加总,得到该国投资环境的量化指标,形成对东道国投资环境的整体认识和投资决策判断。该方法是对等级评分法的改进,是统计学中加权平均法在投资环境评估中的具体应用。它根据各影响因素的重要程度确定相应的权数,各因素的最后得分是专家评分与权重的乘积,总分越高表示其投资环境越好,总分越低则表示其投资环境越差(见表3-3)。

表3-3　投资环境等级评分标准表

投资环境因素	等级评分标准
一、资本抽回	0~12分
无限制	12
只有时间上的限制	8
对资本有限制	6
对资本和红利都有限制	4
限制十分严格	2
禁止资本抽回	0
二、外商股权	0~12分
准许并欢迎全部外资股权	12
准许全部外资股权但不欢迎	10
准许外资占大部分股权	8
外资最多不得超过股权半数	6
只准外资占小部分股权	4
外资不得超过股权三成	2
不准外资控制任何股权	0
三、对外商的歧视和管制程度	0~12分
外商与本国企业一视同仁	12
对外商略有限制但无管制	10
对外商有少许管制	8
对外商有限制并有管制	6
对外面有限制并严加管制	4
对外商严格限制井严加管制	2
禁止外商投资	0
四、货币稳定性	4~20分
完全自由兑换	20
黑市与官价差距小于10%	18
黑市与官价差距在10%~40%	14
黑市与官价差距在40%~100%	8
黑市与官价差距在100%以上	4
五、政治稳定性	0~12分
长期稳定	12
稳定,但取决于关键人物	10
政府稳定,但内部有分歧	8
各种压力常左右政府的政策	4
有政变的可能	2
不稳定,政变极有可能	0
六、关税保护程度	2~8分
给予充分保护	8
给予相当保护但以新工业为主	6
给予少数保护但以新工业为主	4
很少或不予保护	2
七、当地资金的可供性	0~10分
完善的资本市场,有公开的证券交易所	10
有少量当地资本,有投机性证券交易所	8
当地资本少,外来资本不多	6
短期资本极其有限	4
资本管制很严	2
高度的资本外流	0
八、近五年的通货膨胀率	2~14分
低于1%	14
1%~3%	12
3%~7%	10
7%~10%	8
10%~15%	6
15%~30%	4
高于30%	2
	8~100分

资料来源:卢进勇,杜奇华.国际经济合作[M].北京:对外经济贸易大学出版社,2004.

从表 3-3 中可以看出，表中所列因素是对国际直接投资环境具有重要影响的因素，在进行评估时也较为容易获得，是统计学中加权平均法在投资环境评估中的具体应用，简便易行，适合一般投资者使用。采用这种评估方法有助于评估工作的标准化。但是也存在一定的缺陷：一是对投资环境的等级评分带有一定的主观性；二是标准化的等级评分法不能如实反映环境因素对不同的投资项目所产生影响的差别；三是所考虑的因素不够全面，特别是忽视了某些投资硬环境方面的因素，如东道国交通和通讯设施的状况等。

4. 动态分析法

动态分析法是指投资主体进行投资环境评估时，不仅要考虑投资目标环境的过去和现在，更要在评估时将投资环境因素看作动态发展变化的因素，对这些环境因素进行有根据的预测。因为在进行直接投资时，同一投资目标环境也会因不同时期发生变化，进而影响投资效果。很多跨国投资更是因为在很长时间内经营，甚至无期限，这就需要在评估投资环境时从动态的、发展变化的角度去分析。美国陶氏化学公司(Dow Chemical Company)从这一角度出发，制定并采用了动态分析法，用以评估投资环境(见表 3-4)。

表 3-4 投资环境动态分析法

1. 企业现有业务条件	2. 引起变化的主要原因	3. 有利因素和假设的汇总	4. 预测方案
评估以下因素： (1)经济实际增长率 (2)能否获得当地资产 (3)价格控制 (4)基础设施 (5)利润汇出规定 (6)再投资的自由 (7)劳动力技术水平 (8)劳动力稳定性 (9)投资优惠 (10)对外国人的态度 ⋮ (40)……	评估以下因素： (1)国际收支结构及趋势 (2)被外界冲击时易受损害的程度 (3)经济增长相当于预期目标的差距 (4)舆论界和领袖观点的变化 (5)领导层的确定性 (6)与邻国的关系 (7)恐怖主义的骚扰 (8)经济和社会进步的平衡 (9)人口构成和人口变动趋势 (10)对外国人和外国投资的态度 ⋮ (40)……	对前两项进行评价后，从中挑选出 8～10 个在某国某项目能获得成功的关键因素(这些关键因素将成为不断查核的指数或继续作为投资环境评价的基础)	提出 4 套国家或项目预测方案： (1)未来 7 年中关键因素造成的“最可能”方案 (2)若情况比预期的好，会好多少 (3)若情况比预期的糟，会如何糟 (4)会使公司“遭难”的方案

资料来源：马淑琴，孙建中，孙敬水. 国际经济合作教程[M]. 杭州：浙江大学出版社，2008.

陶氏化学公司认为在国外投资所面临的风险来自两个不同的层面，其中一个被称为“正常企业风险”，又被称为“竞争风险”。例如，投资主体将会面临同业竞争对手的挑战，竞争对手有可能会生产出比自身产品更加先进并且价格低廉的产品，从而使投资主体面临风险。但是竞争风险即使在稳定的企业环境中也会存在，这是经济运行和发展过程中所难以避免的。另一个层面的风险被称为“环境风险”，即当跨国投资主体在国外进行投资后，可能会面临着东道国的政治、经济及社会因素的变化导致的企业环境本身的变化，而这些构成企业环境的基本构成因素的变化将会直接导致企业生产经营以及销售等环节面临着不可预测的变化。环境风险因素变化往往难以准确预测，其利弊也难以确定。道氏化学公司把影响投资环境的诸因素按其形成的时间及作用范围的不同分为两部分：一是企业现有的业务条件；二是有可能引起这些条件变化的主要原因。这两部分又分别包括 40 项因素。在对这两部分因素作出评价后，提出投资项目预测方案的比较，以选择出具有良好投资环境的投资场所，在此投资经营将会获得较高的投资利润。

动态分析法既有优点也有缺点，其优点是充分考虑未来环境因素的变化及其结果，从而有助于公司减少或避免投资风险，保证投资项目获得预期的收益；其缺点则是过于复杂，工作量大，且常常带有较大的主观性。

第五节　国际直接投资理论

20 世纪 60 年代以来，西方海外直接投资理论的发展大致可以分为两个阶段：前期阶段以海默与金德尔伯格的垄断优势论和弗农的产品生命周期理论为代表，这些理论主要解释美国企业在“二战”后急剧向海外扩张的对外直接投资行为；后期阶段则以巴克利、卡森及拉格曼的内部化理论和邓宁的国际生产折衷理论为代表。从理论上看，这两个阶段的理论均借助于西方的厂商理论，但他们的分析起点却不相同。海默等人从不完全竞争的角度，说明美国企业能在海外投资办厂经营的原因在于美国企业拥有种种垄断优势。弗农则利用国际贸易理论中的产品生命周期理论，并结合工业区位理论，说明美国企业如何随着产品生命周期的展开及竞争方式的变化。将工厂移往劳动力成本低的其他国家进行生产。内部化理论系统总结与吸收了以往各派理论的内核，从新的角度考察企业的海外直接投资行为，得出由于中间产品(技术等知识产品、零部件、原材料等产品)市场的不完全，企业利用外部市场交易的成本很高，从而导致企业创造出内部市场，当市场内部化超越国界时，跨国界经营的跨国公司就形成了。邓宁在内部化理论的基础之上又建立和发展了国际生产折衷理论。

20 世纪 80 年代后，随着世界市场竞争加剧，跨国公司为了生存和发展，纷纷采用联盟的战略形式，提升公司的竞争力和生命力。分析跨国公司构成战略联盟的理论也因此出现。

一、垄断优势理论

垄断优势理论是一种以不完全竞争为前提，依据企业特定垄断优势开展对外直接投资的理论，是基于产业组织理论的一种分析。1960 年，美国学者海默在其博士学位论文《国内企业的国际经营：关于对外直接投资的研究》中，首次提出了垄断优势理论。后经其导师金德尔伯格(Charles F・Kindleberger)以及约翰逊(H・G・Johnson)等学者的补充,发展成为研究国际直接投资最早的、最有影响的理论。海默认为,东道国的民族企业比跨国经营企业至少具有以下三方面的优势:

第一,民族企业更能适应本国政治、经济、法律、文化诸因素所组成的投资环境;

第二,民族企业常能享受本国政府的优惠和保护政策;

第三,民族企业不必承担跨国经营企业所无法逃避的各种费用和风险,如直接投资的各种开支、汇率波动的风险等。

因而,一家企业对外直接投资必须满足两个条件:一是企业必须拥有竞争优势,以抵消在与当地企业竞争中的不利因素;二是不完全市场的存在,使企业拥有和保持这些优势。

海默认为,必须放弃对传统国际资本移动理论中关于完全竞争的假设,从不完全竞争来进行研究。不完全竞争是指由规模经济、技术垄断、商标、产品差别以及政府课税、关税等限制性措施引起的,偏离完全竞争的一种市场结构。寡占是不完全竞争的主要形式。正是垄断优势构成了美国企业对外直接投资的决定因素。只有当美国企业获得高于当地企业的利润时,直接投资才有可能发生。当地企业虽然拥有熟悉本国消费者偏好、了解法律法规、信息灵通等优势,美国企业要承担远距离经营的额外成本和面临更多的不确定性风险,但由于市场不完全而使美国企业拥有和保持一定的垄断优势,这种垄断优势所带来的收益超过了因跨国经营而额外增加的成本和风险并取得了超过当地企业的利润。

金德尔伯格列举了跨国公司拥有的各种垄断优势,一是来自产品市场不完全的优势,如产品差别、商标、销售技术与操纵价格等;二是来自生产要素市场不完全的优势,包括专利与技术诀窍、资金获得条件的优惠、管理技能等;三是企业拥有的内外部规模经济。企业之所以选择直接投资来利用其垄断优势,一是为了绕过东道国关税壁垒,维持和扩大市场;二是为了技术资产的全部收益。正如金德尔伯格所说:"凡是通过许可证方式不能获得技术优势全部租金的地方,就会采取直接投资。"

海默认为,各国企业在技术、管理和规模经济方面的相对优势决定了直接投资的流向及多寡,决定了一国是主要的对外直接投资国还是主要的直接投资接受国。

垄断优势理论提出了研究对外直接投资的新思路,从而将国际直接投资理论与国际贸易理论和国际资本流动理论独立开来,较好地解释了第二次世界大战后一段时期美国大规模对外直接投资的行为,对后来的理论研究产生重大影响。但该理论也有一定的局限性,一是不能解释为什么拥有技术优势的企业一定要对外投资;二是不能解释跨国公司在直接投资中的地理布局和区位选择问题;三是无法解释发展中国家的对外直接投资,特别是发展中国家向经济发达国家的直接投资。这些缺陷导致一些经济学家从另外的角度探讨国际直接投资问题。

二、内部化理论

内部化理论由英国学者巴克利(Peter J · Buckley)和卡森(Mark O · Cason)提出,加拿大学者拉格曼(A · M · Rugman)加以进一步发展。

内部化理论形成于20世纪70年代中期,在这之前的对外直接投资理论多以美国企业的海外直接投资为研究对象,通常依靠经验研究进行分析,因而缺乏普遍的理论意义。这就需要研究各国和各行业企业海外直接投资的共同特点,吸取传统理论对企业海外直接投资决定因素的分析,建立企业海外直接投资的一般理论。巴克利和卡森从研究跨国经营企业配置其内部资源的机制入手,首先提出了内部化理论。此后,拉格曼又深入分析了内部化与企业海外市接投资的关系,扩大了内部化理论的研究范围,并利用内部化理论来解释企业跨国经营的三种方式,即出口、对外直接投资及技术贸易或特许权交易选择的根据。

巴克利等人认为,市场不完全的原因并非仅是规模经济、寡占或关税壁垒,更重要的是市场失效和某些产品的特殊性或垄断势力的存在。内部化理论强调知识等中间产品市场的不完全性。他们指出:中间产品尤其是知识产品市场是不完全的,它与最终产品市场的不完全同样重要。正是由于对这些市场的干预过多导致其部分失效或垄断势力的存在,使得跨国公司的交易成本增加。另外,由于知识产品的前期研发等投入巨大,为取得其全部租金收入,最佳途径就是人为造成一个企业内部市场。因此,拉格曼指出,内部化就是把市场建立在公司内部的过程,以内部市场取代原来的外部市场,公司内部的调拨价格起着润滑内部市场的作用,使其能像固定的外部市场一样有效地发挥作用。当企业的内部市场跨越了国界,就形成了跨国公司。

巴克利和卡森认为,有四种因素影响中间产品市场的交易成本,从而促使企业实现中间产品市场的内部化:

一是行业特定因素,主要包括中间产品的特性外部市场结构等。

二是国别特定因素,即东道国政府的政治、法律、经济状况。

三是地区特定因素,即地理位置、社会心理、文化差异等。

四是企业特定因素,即企业的组织结构,管理经验、控制和协调能力等。

他们还认为,中间产品市场不完全有两种基本形式:一是技术等知识产品市场不完全;二是零部件原材料中间产品市场不完全。前者产生水平一体化的跨国公司;后者产生垂直一体化的跨国公司。知识产品内部化是战后跨国公司发展的最基本的动因。

但是,内部化的实现也是有条件的。一方面,内部化避免较高的外部市场交易成本,提高企业经营效率;另一方面,内部化过程也会带来追加成本,如内部化分割外部市场后引起企业经营规模收益下降、公司内部通讯成本增加,东道国的干预也会增加成本。因而,企业是否实现内部化,内部化是否跨越国界需由外部市场交易成本和企业内部交易成本均衡决定。

内部化理论是西方学者研究跨国公司理论的一个重要转折点。垄断优势理论从寡占市场结构来研究发达国家跨国公司海外扩张的动机和决定因素，而内部化理论则转向了研究各国企业之间的产品交换形式、企业国际分工与生产的组织形式，它分析了跨国公司的性质与起源，能够解释大部分的国际直接投资的动机和跨国公司的许多经营现象，因此被视为跨国公司长期性的一般理论。

三、国际生产折衷理论

20 世纪 70 年代中后期，英国里丁大学教授邓宁(John H · Dunning)首先提出国际生产折衷理论，1981 年，邓宁出版了名为《国际生产与多国企业》的论文集，对其折衷理论进行了系统的整理和阐述。

国际生产折衷理论认为，企业从事国际直接投资是由该企业自身拥有的所有权优势、内部化优势和区位优势三大因素综合作用的结果，这就是跨国公司直接投资的所谓 OIL(Ownership-Internalization-Location)模式。

所有权优势主要指企业拥有或能够得到他国企业没有或者无法得到的无形资产和规模经济优势。一是资产性所有权优势，指对有价值资产(原材料、先进生产技术等)的拥有或独占；二是交易性所有权优势，指企业拥有的无形资产(技术、信息、管理、营销、品牌、商誉等)。邓宁在此更为强调的是知识资产这类无形资产的优势。企业拥有所有权优势的大小直接决定了其从事国际直接投资的能力。

内部化优势是指企业为了避免外部市场的不完全性对企业经营的不利影响而将企业优势保持在企业内部。外部市场的不完全性包括结构性的市场不完全性(如竞争壁垒、政府干预等)和自然性的市场不完全性(如知识市场的信息不对称性和高交易成本等)。外部市场的不完全性会使企业的所有权优势丧失或无法发挥，企业通过内部化可以使其优势获得最大收益。

区位优势是指生产地点的政策和投资环境等方面的相对优势所产生的吸引力，包括东道国的地理位置、生产要素的相对价格、现实的与潜在的市场需求、运输与通信成本、基础设施、市场体系的发育程度、政府的调节与干预程度、优惠政策、文化差距等。当东道国的区位优势较大时，企业就会从事国际生产。邓宁认为，区位优势不仅决定着企业从事国际生产的倾向，也决定着企业国际直接投资的部门结构和国际生产类型。

由此可见，企业必须同时兼备所有权优势、内部化优势和区位优势才能从事有利的海外直接投资活动。如果企业仅有所有权优势和内部化优势，而不具备区位优势，这就意味着缺乏有利的海外投资场所。因此，企业只能将有关优势在国内加以利用，而后依靠产品出口来供应当地市场；如果企业只拥有所有权优势和区位优势而无内部化优势，则说明企业拥有的所有权优势难以在内部加以利用，只能将其转让给国外企业；如果企业具备了内部化优势和区位优势而无所有权优势，则意味着企业缺乏对外投资的基本前提，海外扩张无法成功。

四、比较优势投资理论

20 世纪 70 年代中后期，日本一桥大学教授小岛清提出比较优势投资理论，又称为边际产业扩张理论。这是一种利用国际分工的比较优势原理，分析和解释日本型对外直接投资的理论模型，称为“小岛清”模式。小岛清在后来的著作中将该模型加以补充和完善。

小岛清认为，国际直接投资不能仅仅依靠从微观经济因素出发的跨国公司垄断优势，还要考虑从宏观经济因素出发的国际分工原则。美国的对外直接投资主要集中在制造业，从事对外直接投资的企业是美国具有比较优势的产业部门，这些部门的大量对外投资导致美国出口减少，贸易逆差增加，是一种“逆贸易导向”的投资。相反，日本的对外直接投资，除了资源开发型之外，制造业的投资一般为在日本已经丧失了比较优势的部门，这些投资在成本较低的东道国仍然具有比较优势，日本则集中发展比较优势更大的产业。日本的对外直接投资由于符合比较成本与比较利润率相对应的原则，直接投资的结果是扩大了双方比较成本的差距。因此，日本的对外直接投资与贸易是互补的，属于“顺贸易导向型”的投资。

小岛清模式的核心是，对外直接投资应该从本国已经处于或即将处于比较劣势的产业及边际产业依次进行，而这些产业又是东道国具有明显或潜在的比较优势的部门，如果没有外来的资金、技术和管理经验，东道国这些优势就不能被利用。这样，投资国对外直接投资就可以充分利用东道国的比较优势并扩大两国的贸易。

小岛清从宏观经济的角度，将贸易区分为顺贸易导向型和逆贸易导向型，与前人的直接投资理论有较大的不同，对英、美学者产生了很大的影响。该理论解释了 20 世纪 60—70 年代日本对外直接投资的特点，这一时期以资源导向型、劳动力成本导向型和市场导向型直接投资占主导，也说明了在亚洲出现的以“日本—‘四小’—东盟—中国—越南”等为顺序的直接投资与产业结构调整，即所谓的“雁行模式”。

比较优势投资理论的局限性主要表现在：一是只能解释经济发达国家与发展中国家之间的以垂直分工为基础的投资，难以解释经济发达国家之间的以水平分工为基础的投资。从历史上看，日本在 20 世纪 70 年代中后期对发达国家的直接投资日益增加，且以进口替代型投资为主。二是该理论以投资国为主体而不是以跨国公司为主体，实际上假定了所有跨国公司都有相同的动机并且也是投资国的动机，难以解释复杂的国际环境下的对外直接投资行为。三是低估了发展中国家接受高新技术的能力，对发展中国家不具有指导意义。按照该理论，发展中国家只能接受发达国家的边际产业，永远追赶不上发达国家。

【案例分析】

中国化工收购先正达

2017年6月8日，中国化工集团宣布，已完成收购瑞士先正达公司的第二次股份交割。目前中国化工拥有先正达94.7%的股份，下一步将推动先正达股票从瑞士交易所退市以及美国存托凭证从纽约交易所退市。这意味着迄今为止中国规模最大的境外并购尘埃落定。农化行业人士表示，该项收购将显著提升中国化工集团农化、种子业务在全球的市场份额。

先正达是全球第一大农药、第三大种子农化高科技公司，有259年历史，拥有农药、种子、草坪和园艺三大业务板块。2016年，先正达销售收入约900亿元，净利润84亿元。其中，农药和种子分别占全球市场份额的20%和8%。

中国是非专利农药生产大国，在生产非专利农药生产工艺和产能产量方面有很大优势，但在专利农药生产方面处于劣势，而这正是先正达的优势所在。

先正达近期专利过期的产品中不乏明星产品，例如噻虫嗪、嘧菌酯等产品专利期内全球销售额均超过10亿美元。中国化工旗下有沙隆达和安邦电化两大农药生产基地，在原药生产工艺和产能方面优势明显。此次收购可谓优势互补。先正达被收购后，其产品在中国市场优势将增强，将对国内农化市场格局产生一定影响。

完成交易后，中国化工的农药业务占据全球市场份额23%，种子业务占据全球6%的市场份额。中国化工的总资产将翻番至超过7000亿元。

资料来源：张玉洁.中国化工收购先正达完成股份交割[N].中国证券报，2017.

思考与讨论：

1.结合本案例，分析跨国公司跨国并购的目的和意义。

2.跨国并购过程中会遇到哪些困难？如何解决？

复习思考题

1.简述国际直接投资的概念及主要形式。

2.简述国际直接投资对我国对外经济贸易的重要作用。

3.简述实施“走出去”战略发展对外直接投资的必要性。

4.简述跨国公司在当代全球经济发展中的作用。

5.试用比较优势投资理论分析中国的对外直接投资环境。

第四章　国际投资合作(Ⅲ) 中国利用外商直接投资

第一节　中国利用外商直接投资概况

一、中国利用外商直接投资的历程

中国利用外商直接投资，在我国大致可以分为两个阶段：一个阶段是自中华人民共和国成立至改革开放前，投资规模比较小；另一个阶段是改革开放以后，这是我国利用外资的主要阶段。

(一)改革开放前的中国利用外商直接投资

1949 年 10 月 1 日，中华人民共和国成立，开始全面建设社会主义国家，全国人民热情高涨，经济领域百废待兴。党和政府认识到利用外资的重要性。1949 年 12 月 16 日，毛泽东率中国代表团抵达莫斯科。在毛泽东访问苏联期间，两国签署了《中苏友好互助条约》《关于苏联贷款给中华人民共和国的协定》。这些协定落实在直接投资领域主要表现在 1950 年中国与苏联合资创办了四家企业：中苏(新疆)石油股份公司、中苏(新疆)有色及稀有金属股份公司、中苏民用航空股份公司、中苏(大连)造船公司。合资企业的股份双方各占 50%，中方以场地、厂房及其他建筑物等出资，苏联方面以机械设备、工业器材、探测器材、飞机等出资，双方共同管理。合资经营期限：中苏(新疆)石油股份公司、中苏(新疆)有色及稀有金属股份公司为 30 年，中苏民用航空股份公司为 10 年，中苏(大连)造船公司为 25 年。但是到了 1954 年，两国政府商定将四家合资经营企业的苏方股份转让给中方，并且作为中方的贷款，1954 年底，四家合资经营企业结束合资经营。

1951 年，中国与波兰合资创办了中波轮船公司。投资总额为 8000 万旧卢布，双方各占股份 50%。公司业务范围涉及航运、委托代理等。1951 年，公司拥有 10 艘船舶，合资经营期为 12 年。这家公司自成立以来，经营状况良好，现在仍在经营中。

1959 年，中国与前捷克斯洛伐克合资建立了中捷国际海运股份公司。

此外，1957 年 8 月，全国人大常委会批准了《华侨投资兴办学校办法》《华侨投资于国营华侨投资公司的优待办法》，激发了华侨回国投资的积极性。我国在沿海地区兴办了学校、医院等企事业单位。

中华人民共和国建立之初的10年,我国对利用外资的态度是积极的。但是到了20世纪50年代末,我国利用外商直接投资的观念有了很大的转变。引发转变的因素是多方面的,其中最重要的因素当属中苏友好关系破灭。苏联单方面撕毁合同、撤走专家,这让中国领导人认识到,应该走“独立自主、自力更生”的道路。自此到1978年的约20年时间里,中国利用外商直接投资基本停止。

(二)改革开放以后的中国利用外商直接投资

中国利用外商直接投资的历史性突破,是与我国的改革开放同时进行的,1979年7月1日,第五届全国人民代表大会第二次全体会议通过并颁布了《中华人民共和国中外合资经营企业法》,开始允许外商直接投资进入中国。中国利用外商直接投资进入了快速发展时期。

1. 中国利用外商直接投资的年度情况

表4-1　1979—2017年中国实际利用外商直接投资情况　(单位:亿美元;%)①

年份	金额	年增长率	年份	金额	年增长率
1979—1984	41.04	—	2001	468.78	15.14
1985	19.56	—	2002	527.43	12.51
1986	22.44	13.70	2003	535.05	1.44
1987	23.14	3.12	2004	606.30	13.32
1988	31.94	38.03	2005	603.25	−0.50
1989	33.93	6.23	2006	630.21	4.47
1990	34.87	2.77	2007	747.68	18.64
1991	43.66	25.21	2008	923.95	23.58
1992	110.08	152.13	2009	900.33	−2.56
1993	275.15	149.95	2010	1057.35	17.44
1994	337.67	22.72	2011	1160.11	9.72
1995	375.21	11.12	2012	1117.16	−3.72
1996	417.26	11.21	2013	1175.86	5.26
1997	452.57	8.46	2014	1195.62	1.68
1998	454.63	0.46	2015	1262.67	5.61
1999	403.19	−11.31	2016	1260.01	−0.21
2000	407.15	0.98	2017	1310.35	3.99

注:不包括银行、保险、证券领域数据。

自改革开放以来,我国实际利用外商直接投资的金额总体上呈现上涨势头,从1985年的19.56亿美元,上涨到2013年的1175.86亿美元。受国内或国际经济形势影响,年增长速度不均衡,有些年份甚至是下降的,但是中国利用外商直接投资的总体状况是向

① 1979—2015年数据来源于国家统计局《中国统计年鉴(2016)》;2016—2017年数据来源于中华人民共和国商务部外资司。

好的。截至 2017 年底，中国累计利用外商直接投资金额为 18996.58 亿美元，已经成为世界第二大利用外商直接投资的国家。

2. 中国利用外商直接投资的阶段划分

(1)第一阶段：起步阶段(1979－1986 年)。

1979 年 7 月 8 日，《中华人民共和国中外合资经营企业法》颁布，1980 年 9 月 10 日，中华人民共和国第五届全国人民代表大会第三次会议通过了《中华人民共和国中外合资经营企业所得税法》，明确中外合资经营企业的所得税采取“两免三减”的优惠政策。1984－1985 年，国务院先后决定开放上海、天津、大连、青岛、广州等 14 个沿海港口城市为经济特区，将长江三角洲、珠江三角洲、闽南厦(门)、漳(州)、泉(州)三角区开辟为沿海经济开放区，对在这些地区的外商直接投资实行优惠政策。

由于处在改革开放的初期，外商对中国的改革开放不了解，加上基础设施不完善等因素的影响，这一时期很少有跨国公司到中国投资，中国吸收的外商直接投资主要来自于港澳地区，以劳动密集型的加工项目和宾馆、服务设施等项目为主，企业主要分布在优惠政策明显的广东、福建两省和其他沿海地区。

(2)第二阶段：稳步发展阶段(1987－1991 年)。

1988 年，中央决定将沿海经济开放区扩展至北方沿海的辽东半岛、山东半岛及其他沿海地区的市县，批准海南省建省和设立海南经济特区。1990 年，中央批准上海浦东享受经济技术开发区和经济特区的某些优惠政策。这样在我国构建了经济特区、沿海经济开放区、新区、国家级开发区等多种为外商直接投资企业提供优惠政策的区域。

这一时期，外商对我国的直接投资平稳增长。有少量的跨国公司进入中国。台湾企业对大陆的投资开始出现并逐年增长，外商直接投资涉及的行业增多，生产性项目及出口导向型外商投资企业增加，服务型项目所占比重下降。外商的投资区域有所扩大。

(3)第三阶段：高速发展阶段(1992－1993 年)。

1992 年初，邓小平同志视察南方并发表了重要讲话，打消了外商对中国改革开放长期性的顾虑，从理论上消除了利用外商直接投资的障碍。1992 年，国务院进一步开放了 6 个沿江港口城市、13 个内陆边境城市和 18 个内陆省会城市，创造了全方位的开放格局。

这一时期，进入中国的跨国公司数量增加，由于跨国公司投资规模较大，相应地，这一时期的利用外资金额增长速度有所上升，加上邓小平“南方谈话”带来的投资效应，我国实际利用外资的数额增长幅度都超过了 100%。投资的领域延伸到房地产等领域，中西部地区利用外商直接投资速度加快。

(4)第四阶段：调整发展阶段(1994－2000 年)。

1995 年 6 月，我国颁布《指导外商投资方向暂行规定》和《外商投资产业指导目录》，对外商直接投资的行业分布进行引导。2000 年 6 月，国务院有关部门发布《中西部地区外商投资优势产业目录》，引导外资更多投向西部地区。因此，外商在中国的直接投资由注重数量向注重质量转变。

这一时期,越来越多的跨国公司进入中国。跨国公司的大量进入带来了一些国外先进的技术,项目规模也不断扩大。外商直接投资的资金来源多样化,欧美对我国的投资增加。外商直接投资的产业结构更趋合理,中西部地区利用外资的增长速度超过了东部地区。

(5)第五阶段:稳定增长阶段(2001—2007年)。

2001年12月11日,中国加入世界贸易组织,这意味着中国将在更大范围、更广泛领域参与国际经济合作。中国履行入世承诺,修改了《中外合资经营企业法》等与外商直接投资相关的法律,中国的投资环境更趋完善,外商在中国的直接投资所受限制逐步减少。

这一时期,跨国公司大量进入中国,中国利用外商直接投资的数额除2005年略有下降外,一直稳中有升。外商在中国的产业分布、地区分布更趋合理。外商投资企业为了在中国市场的竞争中处于优势地位,加大了对中国的技术转移,外资“独资化”倾向明显。

(6)第六阶段:成熟发展阶段(2008年以来)。

2008年1月1日,新的《中华人民共和国企业所得税法》实行,取消了对外商投资企业实行多年的“两免三减”政策,随着中国法律制度的完善、经济长期高速的增长、人均GDP水平的提高,越来越多的跨国公司选择在中国建立研发中心、控制中心、采购中心、销售中心,利用外资更加强调质量。

这一时期,受金融危机影响,国际直接投资出现大幅波动,但中国利用外资的下降幅度远远低于世界水平。这一时期,中国利用外商直接投资在世界上处于领先地位。2017年,中国成为世界上仅次于美国的第二大外资流入国。

二、中国利用外商直接投资的现状

(一)外商直接投资的来源地构成

外商对华直接投资的来源地遍布世界各地,世界上已经有180多个国家对中国进行直接投资。但是我国的外资来源地相对比较集中。

据商务部统计,2017年,全国新设立外商投资企业35652家,同比增长27.8%;实际使用外资金额8775.6亿元人民币,同比增长7.9%。东盟对华投资新设立企业1287家,同比增长11%,实际投入外资金额52.1亿美元,同比下降22.6%。欧盟28国对华投资新设立企业1873家,同比增长7.6%,实际投入外资金额87.9亿美元,同比下降9.1%。“一带一路”沿线国家对华投资新设立企业3857家,同比增长32.8%,实际投入外资金额55.6亿美元,同比下降20.4%。长江经济带区域新设立外商投资企业11984家,同比增长2.6%,实际使用外资574.2亿美元,同比下降6%。

表 4-2 2017 年中国的十大外商直接投资来源地 （单位:亿美元）

国家（地区）	金额	国家（地区）	金额
香港	989.2	韩国	31.3
新加坡	48.3	荷兰	21.7
台湾省	47.3	德国	15.4
韩国	36.9	英国	15
日本	32.7	丹麦	8.2

说明：上述国家（地区）对华投资数据包括这些国家（地区）通过英属维尔京、开曼群岛、萨摩亚、毛里求斯和巴巴多斯等自由港对华投资。

资料来源：商务部外资司. 2013 年全国吸收外商直接快讯[EB/OL]. http://www.fdi.gov.cn

如表 4-2 所示，前 10 位国家（地区）实际投入外资金额为 1246.1 亿美元，占全国实际使用外资金额的 95.1%。

（二）外商直接投资的方式构成

外商直接投资企业在我国主要以“三资企业”的方式开展业务。

表 4-3 2017 年中国利用外商直接投资的方式

方式	新设外商外商投资企业数（个）	实际利用外资金额	
		本年累计（亿美元）	占比（%）
中外合资企业	8364	297.41	22.70
中外合作企业	124	8.05	0.61
外资企业	27007	913.44	69.71
外商投资股份制	125	64.75	4.94
合作开发	2	11.8	0.90
合伙企业	30	14.9	1.14
合计	35652	1310.35	100

注：不包括银行、保险、证券领域数据。

资料来源：根据商务部外资司 2017 年利用外资统计简表整理。

如表 4-3 所示，外商独资经营是目前我国利用外资最主要的方式。

（三）外商直接投资在中国的行业分布

外商直接投资主要集中在制造业和服务业。

表 4-4　2017 年外商直接投资在中国的行业分布情况

行业	企业数(家)	比上年增长(%)	实际使用金额(亿美元)	比上年增长(%)
农、林、牧、渔业	706	26.5	72	−41.6
制造业	4986	24.3	2259	−1.9
电力、燃气及水的生产和供应业	372	19.6	235	68.1
交通运输、仓储和邮政业	517	21.7	374	13.6
信息传输、计算机服务和软件业	3169	116.6	1389	157.1
批发和零售业	12283	30.7	770	−23.9
房地产业	737	95.0	1133	−10.4
租赁和商务服务业	5087	9.9	1125	7.5
居民服务和其他服务业	349	42.5	38	16.0
总计	35652	27.8	8776	7.9

注:不包括银行、保险、证券领域数据。

资料来源:国家统计局. 2017 年国民经济和社会发展统计公报[EB/OL]. http://www.stats.gov.cn

如表 4-4 所示,长期以来,制造业在中国利用的外商直接投资中占据领先地位。但是近年来,服务业利用外商直接投资增长较快,实际利用外商直接投资的数额超过制造业。

(四)外商直接投资在中国的地区分布

外商直接投资主要集中在中国的东部地区。

表 4-5　2016 年外商直接投资在中国的地区分布情况

地区	实际利用外资金额(亿美元)	在全国实际利用外资中占比(%)
东部地区	1083.1	86.7
西部地区	70.44	5.6
中部地区	96.35	7.7
全国	1249.9	100

注:东部地区包括北京、天津、河北、辽宁、上海、江苏、浙江、福建、山东、广东、海南;西部地区包括重庆、四川、贵州、云南、西藏、陕西、甘肃、青海、宁夏、新疆、广西、内蒙古;中部地区包括山西、吉林、黑龙江、安徽、江西、河南、湖北、湖南。数据不包括银行、保险、证券领域数据。

资料来源:商务部外资司. 2017 年中国外商投资报告[EB/OL]. http://wzs.mofcom.gov.cn

如表 4-5 所示,尽管外资主要分布在东部地区,但是与改革开放初期相比,已经有了比较大改变。2016 年,外商直接投资在我国东、西、中部的分布比重为 86.7%、5.6%、7.7%。

(五)外商直接投资对中国对外贸易的影响

外商直接投资企业,在我国从事进出口贸易业务,对中国对外贸易产生直接影响。

表 4-6　2017 年外商直接投资企业在中国的货物进出口情况　（单位：亿美元）

	进出口额	出口额	进口额	贸易差额
外商直接投资企业	18392	9776	8616	1160
全国	41045.04	22635.22	18409.82	4225.4

资料来源：国家统计局．中国统计年鉴（2017）[EB/OL]．http：//www.stats.gov.cn

如表 4-6 所示，2017 年外商直接投资企业的进出口额占我国进出口总额的 44.81%。

（六）外商直接投资对中国税收的影响

外商直接投资企业在中国从事生产经营活动，并缴纳税收（不包括关税）。

表 4-7　2016 年外商直接投资企业在中国的纳税情况　（单位：亿元）

全国工商税收总额	其中涉外税收总额	占全国比重（%）
140504.00	25659.2	18.26

注：外商直接投资企业的税收占涉外税收的 98%以上，不包括关税和土地费。

资料来源：商务部外资司．2016 中国外商投资报告[EB/OL]．http：//wzs.mofcom.gov.cn

如表 4-7 所示，2016 年，涉外税收总额占全国税收收入的 18.26%。从 2000 年到 2016 年，涉外税收占全国税收收入的比重稳定，平均占比为 21.7%。

第二节　中国利用外商直接投资的主要形式

中国利用外商直接投资的主要形式有中外合资经营企业、中外合作经营企业、外商独资经营企业、外商投资股份制企业、合作开发企业等形式。

一、中外合资经营企业

（一）中外合资经营企业的定义

中外合资经营企业是指外国公司、企业、经济组织或个人依据《中华人民共和国中外合资经营企业法》的有关规定，与中国的公司、企业或其他经济组织以现汇、技术、管理、厂房、土地等形式共同投资在中国境内举办的企业。

1986—1999 年，中外合资经营是外商在中国投资的最主要方式。1986 年，在实际使用外资金额中，中外合资经营企业利用外商直接投资额为 8.04 亿美元，首次超过中外合作经营企业，成为利用外商直接投资最多的形式，实际利用外资金额占当年全国实际利用外资金额的 36.15%。1999 年，合资经营方式下实际利用外商直接投资 158.27 亿美元，多于外商独资经营企业的 155.45 亿美元，成为迄今为止最后一个以合资经营方式利用外商直接投资最多的年份。

合资经营有利于中国企业进行技术改造，中国企业以厂房、土地等出资，与外资的技术、设备、管理相结合，在不增加大量投入的基础上实现技术进步、产品更新，从而提升企业的国际竞争力。

(二)中外合资经营企业的特点

1.中外合资经营企业有法人地位

中外合资经营企业是中国的法人，有自己的名称、章程，有独立的董事会，有独立的财务体系。

2.合资各方共同出资、共同经营、共同管理、风险共担、利润共享

出资可以以现金、技术、管理、设备、厂房、土地等方式进行。各方将出资折算成一定的货币金额(人民币或各方认可的外币)，以出资比例决定合资各方的经营权、管理权大小以及利润的分配比例、亏损的分摊比例。《中华人民共和国中外合资经营企业法(2001年修正)》规定外国合营者投资的比例一般不低于25%。

3.中外合资经营企业的形式为有限责任公司

企业以其全部资产为限对外承担债务责任，同时，各出资人以其出资为限对企业承担责任。

4.合资期满清算剩余资产，并按出资比例分配

合营协议、合同、章程另有规定的除外。

二、中外合作经营企业

(一)中外合作经营企业的定义

中外合作经营企业是指外国公司、企业、经济组织或个人依据《中华人民共和国中外合作经营企业法》的有关规定，与中国的公司、企业或其他经济组织在中国境内根据中外双方提供的合作条件共同举办的企业。

改革开放初期，中外合作经营是我国利用外资最主要的形式。以1983年为例，在实际利用外商直接投资金额中，中外合作经营为2.27亿美元，中外合资经营为0.74亿美元，外商独资经营为0.43亿美元。但是，在1986年，这种方式利用的外资被中外合资经营企业超越之后，中外合作经营方式利用的外商直接投资，在我国利用外资中的比重逐步下降，2017年降至0.9%。

中外合作经营企业方式灵活，出资方式、经营管理权限、利润分配等都可以在合同中约定。对于想先期收回投资的外商有一定的吸引力。我国也鼓励举办产品出口或者技术先进的生产型合作企业，但是目前，我国的中外合作经营企业主要分布在农业、养殖业、服务业等少数行业。

(二)中外合作经营企业的特点

1. 中外合作经营企业可以采取法人式,也可以采取非法人式

《中华人民共和国中外合作经营企业法》规定,合作企业符合中国法律关于法人条件规定的,依法取得中国法人资格。有法人资格的中外合资经营企业,有自己的名称、章程,有独立的财务体系。无法人地位的中外合作经营企业,设立联合管理委员会,由合作各方派代表,共同管理企业。

2. 中外合作经营企业的合同非常重要

中外合作经营企业需合作各方共同出资。出资方式可以是现金、实物、土地使用权、工业产权、非专利技术和其他财产权利。但是不需要折算成一定的金额。合作经营企业的经营管理权、收益分配、亏损分担都按照合同的规定执行。合作经营企业的经营管理可以由出资方共同设立管理委员会进行,也可以由其中的一方行使,甚至可以委托第三方进行经营管理。收益分配的形式多样,可以是利润分成,也可以是产品分成。外方合作者可以先行收回投资。

3. 中外合作经营企业的形式可以采取有限责任与无限责任两种

具有法人资格的中外合作经营企业以企业全部资产对外承担债务。不具有法人地位的中外合作经营企业,合作各方对债务承担无限连带责任。

4. 中外合作经营经营企业在合作期满时

财产处置方式较为灵活可以按照合同中约定,合作期满时合作企业的全部固定资产归中国合作者所有,或者依照法定程序对资产和债权、债务进行清算。中外合作者依照合作企业合同的约定确定合作企业财产的归属。

三、外商独资经营企业

(一)外商独资经营企业的定义

外商独资经营企业是指外国公司、企业、经济组织或个人依据《中华人民共和国外资企业法》的有关规定,在中国境内设立的,全部资本归外国投资者的企业。

自 2000 年外商独资经营企业实际利用外资金额以 192.64 亿美元超过中外合资经营企业实际利用外资金额的 143.43 亿美元后,外商独资经营企业实际利用外资金额在全国实际利用外资金额中的比重不断上升,并在近年来稳定在 70%左右的水平,2017 年的比重为 69.71%。这一变化体现出外商对独资经营的明显偏好。

(二)外商独资经营企业的特点

1. 外商独资经营企业有法人地位

外商独资经营企业以法人形式在中国开展业务,要遵守中国的法律,依法在中国纳税。这也是外商独资经营企业区别于在中国没有法人地位,而是外国企业分支机构的

外国企业的一个重要特点。

2. 外商独资经营企业全部资本归外商所有

外商独立展开业务、风险独担、利润独享。外商可以按照其在跨国公司整体经营中的地位，较为自由地进行生产经营活动，对于实施跨国公司的全球战略起到配合作用。

3. 外资企业的组织形式为有限责任公司，经批准也可以为其他责任形式

外资企业为有限责任公司的，外国投资者对企业的责任以其认缴的出资额为限。外资企业为其他责任形式的，外国投资者对企业的责任适用中国法律、法规的规定。

4. 外资企业终止

外资企业终止应当向工商行政管理机关办理注销登记手续，缴销营业执照。

四、外商投资股份有限公司

(一)外商投资股份有限公司的定义

外商投资股份有限公司是指依据《关于设立外商投资股份有限公司若干问题的暂行规定》设立的，由外国的公司、企业、经济组织和个人与中国的公司、企业和经济组织组成的，全部资本由等额股份构成，股东以其所认购的股份对公司承担责任，公司以全部财产对公司债务承担责任，中外股东共同持有公司股份。外国股东购买并持有的股份占有公司注册资本25%以上的企业法人。

《关于设立外商投资股份有限公司若干问题的暂行规定》于1995年由对外贸易经济合作部发布，这意味着外商可以利用中国日渐成熟的证券市场以股份制的形式在中国市场开展业务。截至2017年底，在中国投资的外商投资股份有限公司共125家，实际利用外商直接投资金额132.58亿美元。2017年实际利用外商直接投资金额为64.75亿美元，占全年实际利用外商直接投资金额的4.94%。

(二)外商投资股份有限公司的特点

1. 外商投资股份有限公司有法人地位

外商投资股份有限公司作为中国境内的法人企业独立开展经营，要遵守中国的相关法律。

2. 外商投资股份有限公司可采取发起方式或者募集方式设立

以发起方式设立的公司，除符合《公司法》规定的发起人的条件外，其中至少有一个发起人应为外国股东。以募集方式设立的公司，除应一方为外国股东外，其中至少有一个发起人还应有募集股份前3年连续盈利的记录，该发起人为中国股东时，应提供其近3年经过中国注册会计师审计的财务会计报告；该发起人为外国股东时，应提供该外国股东居所所在地注册会计师审计的财务报告。全部资本由等额股份构成。

3. 股东承担有限责任

股东以其所认购的股份对公司承担责任，公司以全部财产对公司债务承担责任。

4. 在债券市场上实现股权交易

五、中外合作开发

(一)中外合作开发的定义

中外合作开发是指外国公司依据《中华人民共和国对外合作开采陆上石油资源条例》和《中华人民共和国对外合作开采海洋石油资源条例》，同中国的公司合作进行海上或陆上石油或天然气的勘探开发。

1993 年 10 月 7 日中华人民共和国国务院发布《中华人民共和国对外合作开采陆上石油资源条例》，2001 年 9 月 23 日《国务院关于修改〈中华人民共和国对外合作开采陆上石油资源条例〉的决定》(修订)颁布。对陆上石油资源的合作开发进行规范。1982 年 1 月 30 日国务院发布《中华人民共和国对外合作开采海洋石油资源条例》，2011 年 9 月 30 日《国务院关于修改〈中华人民共和国对外合作开采海洋石油资源条例〉的决定》(第三次修订)颁布，对于海洋石油资源的开发做出规范。截至 2017 年底，中国共批准中外合作开发项目 191 个，实际使用外资金额 75.07 亿美元。近几年，我国没有新批准的中外合作开发项目。

(二)中外合作开发的特点

1. 中外合作开发采取非法人式经营

外国合作方为执行陆上、海洋石油及天然气开发，需在中华人民共和国境内设立分支机构或代表处，并依法履行登记手续。中国石油天然气集团公司、中国石油化工集团公司负责对外合作开采陆上石油资源的经营业务；负责与外国企业谈判、签订、执行合作开采陆上石油资源的合同；在国务院批准的对外合作开采陆上石油资源的区域内享有与外国企业合作进行石油勘探、开发、生产的专营权。中华人民共和国对外合作开采海洋石油资源的业务，由中国海洋石油总公司全面负责。

2. 中外合作开发业务分阶段实施

中方合作者通过订立合同同外国企业合作开采陆上、海洋石油资源，除法律、行政法规另有规定或者石油合同另有约定外，一般由合同中的外国企业一方(以下称“外国合同者”)投资进行勘探，负责勘探作业，并承担全部勘探风险；发现商业性油(气)田后，由外国合同者同中方合作者双方投资合作开发，且外国合同者应负责开发作业和生产作业，直至中方合作者按照合同规定在条件具备的情况下接替生产作业。外国合同者可以按照合同规定，从生产的石油、天然气中回收其投资和费用，并取得报酬。

3. 采用招标或谈判方式确定合作伙伴

中方石油公司在国务院批准的对外合作开采陆上、海洋石油资源的区域内，按划分的合作区块，通过招标或者谈判的方式，与外国企业签订合作开采陆上石油资源合同。该合同须经中华人民共和国对外贸易经济合作部批准后成立。

4.以实物方式收回投资、分配利润

外国合同者可以按照合同约定，从生产的石油中回收其投资和费用，并取得报酬。可以将其应得的石油和购买的石油运往国外，也可以依法将其回收的投资、利润和其他合法收益汇往国外。外国合同者在中华人民共和国境内销售其应得的石油，一般由中方石油公司收购，也可以采取合同双方约定的其他方式销售，但是不得违反国家有关在中华人民共和国境内销售石油产品的规定。

六、外商投资合伙企业

(一)外商投资合伙企业的定义

外商投资合伙企业是指两个或两个以上外国企业或者个人，依据中华人民共和国国务院颁布的《外国企业或者个人在中国境内设立合伙企业管理办法》，在中国境内设立合伙企业以及外国企业或者个人与中国的自然人、法人和其他组织在中国境内设立合伙企业。

2009年11月25日，国务院颁布了《外国企业或者个人在中国境内设立合伙企业管理办法》，允许外国投资者在中国兴办合伙企业，也首次允许个人与外商合作，以合伙的方式开展经营。

(二)外商投资合伙企业的特点

1.外商投资合伙企业无法人地位

合伙人对合伙企业债务承担无限连带责任，合伙企业是以合伙人个人财产为基础建立的，合伙财产为合伙人所共有，与合伙人的个人财产密切联系。

2.合伙企业由各合伙人组成

两个以上个人的联合，才称之为合伙。合伙人订立合伙协议。订立合伙协议，是合伙人建立合伙关系、建立合伙企业的前提，也体现了合伙企业的基本属性。

3.合伙人共同出资

合伙人共同出资是合伙人联合起来共同经营的必要条件，能否出资也是能否作为合伙人的一个衡量标准。合伙人可以以现金、厂房、土地、服务等各种方式出资。

4.合伙人共同经营

合伙企业是各合伙人结合而形成的，合伙人相互信赖，共同出资，直接参与经营，在经营中具有同等地位，合伙人既是出资者又是经营者。

5.合伙人共享收益

共享收益是合伙企业的共同目的。合伙企业共同出资、共同经营、共担风险，经营成果由合伙人共享,合伙企业收益的归属、利润的分配都根据共享收益的原则来确定。

七、外商投资投资性公司

(一)外商投资投资性公司的定义

外商投资投资性公司是指外国投资者依照《关于外商投资举办投资性公司的规定》,在中国境内以独资或与中方投资者合资的形式设立的从事直接投资的公司。投资性公司与生产性公司的最大区别是投资性公司不直接从事生产活动。

投资性公司与生产性公司的最大区别是投资性公司不直接从事生产活动。中国商务部于2004年11月17日公布了经过修改的《关于外商投资举办投资性公司的规定》,于2006年5月26日公布了《关于外商投资举办投资性公司的补充规定》对外商在中国设立投资性公司进行规范。

(二)外商投资投资性公司的特点

1.有法人地位

投资性公司与其所投资设立的企业是彼此独立的法人或实体,其业务往来应按独立企业之间业务往来关系处理。投资性公司与其投资设立的企业应遵守中国的法律、法规和规章,不得采用任何手段逃避管理和纳税。

2.组织形式为有限责任公司

投资者以其出资金额作为对外债务承担的限额。

3.对投资者实力有要求

第一,外国投资者资信良好,拥有举办投资性公司所必需的经济实力,申请前1年该投资者的资产总额不低于4亿美元,且该投资者在中国境内已设立了外商投资企业,其实际缴付的注册资本的出资额超过1千万美元,或者外国投资者资信良好,拥有举办投资性公司所必需的经济实力,该投资者在中国境内已设立了10个以上外商投资企业,其实际缴付的注册资本的出资额超过3千万美元。第二,以合资方式设立投资性公司的,中国投资者应为资信良好,拥有举办投资性公司所必需的经济实力,申请前1年该投资者的资产总额不低于1亿元人民币。第三,投资性公司的注册资本不低于3千万美元。

4.经营活动为直接投资

投资性公司的经营范围包括:在国家允许外商投资的领域依法进行投资。受其所投资企业的书面委托(经董事会一致通过),向其所投资企业提供下列服务:协助或代理其所投资的企业从国内外采购该企业自用的机器设备、办公设备和生产所需的原材料、元器件、零部件和在国内外销售其所投资企业生产的产品,并提供售后服务;在外汇管理部门的同意和监督下,在其所投资企业之间平衡外汇;为其所投资企业提供产品生产、销售和市场开发过程中的技术支持、员工培训、企业内部人事管理等服务;协助其所投资企业寻求贷款及提供担保。在中国境内设立科研开发中心或部门，从事新产品及高新技术的研究开发，转让其研究开发成果，并提供相应的技术服务。为其投资者提供咨询服务，为其关联公司提供与其投资有关的市场信息、投资政策等咨询服务。承接母公司和关联公司的服务外包业务。

八、外商投资创业投资企业

(一)外商投资创业投资企业的定义

外商投资创业投资企业是指外国投资者或外国投资者与根据中国法律注册成立的公司、企业或其他经济组织，根据《外商投资创业投资企业管理规定》在中国境内设立的以创业投资为经营活动的外商投资企业。

创业投资是指主要向未上市高新技术企业进行股权投资，并为之提供创业管理服务，以期获取资本增值收益的投资方式。商务部、科技部等 5 部门于 2003 年 1 月 30 日公布了《外商投资创业投资企业管理规定》，规范外商投资于创业投资企业。

(二)外商投资创业投资企业的特点

1.可以采取非法人式或公司制组织形式

采取非法人制组织形式的创投企业的投资者对创投企业的债务承担连带责任。非法人制创投企业的投资者也可以在创投企业合同中约定在非法人制创投企业资产不足以清偿该债务时由必备投资者承担连带责任，其他投资者以其认缴的出资额为限承担责任。采用公司制组织形式的创投企业的投资者以其各自认缴的出资额为限对创投企业承担责任。

2.投资者应具备一定条件

投资者人数在 2 人以上 50 人以下，应至少拥有一个必备投资者。非法人制创投企业投资者认缴出资总额的最低限额为 1000 万美元；公司制创投企业投资者认缴资本总额的最低限额为 500 万美元。除必备投资者外，其他每个投资者的最低认缴出资额不得低于 100 万美元。外国投资者以可自由兑换的货币出资，中国投资者以人民币出资。有明确的组织形式。有明确合法的投资方向。除了将该企业经营活动授予一家创业投资管理公司进行管理的情形外，创投企业应有 3 名以上具备创业投资从业经验的专业人员。法律、行政法规规定的其他条件。

必备投资者应当具备下列条件：第一，以创业投资为主营业务。第二，在申请前 3 年其管理的资本累计不低于 1 亿美元，且其中至少 5000 万美元已经用于进行创业投资。在必备投资者为中国投资者的情形下，业绩要求为：在申请前 3 年其管理的资本累计不低于 1 亿元人民币，且其中至少 5000 万元人民币已经用于进行创业投资。第三，拥有 3 名以上具有 3 年以上创业投资从业经验的专业管理人员。第四，如果某一投资者的关联实体满足上述条件，则该投资者可以申请成为必备投资者。所称关联实体是指该投资者控制的某一实体、或控制该投资者的某一实体、或与该投资者共同受控于某一实体的另一实体。所称控制是指控制方拥有被控制方超过50%的表决权。第五,必备投资者及其上述关联实体均应未被所在国司法机关和其他相关监管机构禁止从事创业投资或投资咨询业务或以欺诈等原因进行处罚。第六,非法人制创投企业的必备投资者,对创投企业的认缴出资及实际出资分别不低于投资者认缴出资总额及实际出资总额的1%,且应对创投企业的债务承担连带责任;公司制创投企业的必备投资者,对创投企业的认缴出资及实际出资分别不低于投资者认缴出资总额及实际出资总额的30%。

3.业务范围为创业投资、创业管理

以全部自有资金进行股权投资,具体投资方式包括新设企业、向已设立企业投资、接受已设立企业投资者股权转让以及国家法律法规允许的其他方式。提供创业投资咨询。为所投资企业提供管理咨询。审批机构批准的其他业务。

九、BOT方式

(一)BOT方式的定义

BOT是英文“Build-Operate-Transfer”的缩写,即“建设—经营—转让”,指东道国政府同私营机构的项目公司签订合同,由该项目公司承担一个基础设施或公共工程的筹资、建造、运营、维修及转让。在双方商定的一个固定期限内(15～20年),项目公司对其筹建的项目行使运营权,以便收回对该项目的投资、偿还该项目的债务并获取利润。协议期满之后,项目公司将该项目无偿地转让给东道国政府。

BOT方式是20世纪80年代由土耳其前总理厄扎尔在土耳其国家私营计划框架工程中首先提出的,之后得到世界各国的广泛认同,并在不同的国家得以采用。

1995年1月16日,对外经济贸易合作部下发《关于以BOT方式吸引外商直接投资有关问题的通知》,1995年8月21日,国家计委、电力部、交通部下发《关于试点外商投资特许权项目审批、管理有关问题的通知》,对当时在我国日益增多的BOT项目进行规范。

(二)BOT方式的特点

1.合同主体特殊

在传统的利用外资方式下,合同的双方均为企业。在BOT方式下,合同的一方是东道国政府,另一方为私营项目公司。其主要原因是在BOT方式下,企业运营时间长、风险大,私营项目公司需要东道国政府在合同中给予承诺、优惠政策等。

2.一般采用招标方式确定合作对象

传统的利用外资方式下,一般通过洽商的方式确定合作对象,但是标准的BOT方式要求政府发布招标公告,在世界范围内选择私营项目公司从事项目的建设和运营。

3.资金来源多样

BOT项目涉及的金额比较大,有的高达百亿美元。单一企业或项目公司依靠自有资金难以完成项目。因此,项目公司在国际市场上进行多种形式的资金筹措在所难免。常见的资金来源包括国际金融机构提供的无追索权贷款、项目债券、政府参股等多种形式。

4.项目建设复杂

BOT方式从项目的勘探、施工开始,到运营管理结束,涉及资金融通的金融业务;涉及工程建设设备的租赁、购买;涉及工程材料的国际租赁、国际贸易业务;涉及技术引进;涉及土地、交通、能源、通讯、保险等各个方面。要签订和履行的合同众多。

5.期满转让给东道国

标准的BOT项目营运期在15～20年的时间。营运期满之后要无偿转让给东道国政府。因此,BOT方式是基础设施落后、政府对基础设施投入有限的发展中国家在基础设施建设中比较好的一个选择。

(三)BOT方式的适用范围

一是基础设施。如:高速公路、铁路、桥梁、隧道、港口、机场等。

二是公共部门。如:发电厂、教育、医疗卫生等部门。

(四)BOT方式的作用

1.对业主政府的作用

(1)积极作用。

第一,减轻业主政府的负担。利用外资促进经济发展是共识,而投资环境对外资是否进入有直接影响。基础设施构成投资环境的重要方面,政府投资进行基础设施的建设也是常见的做法。BOT方式下将通常由业主政府承担的基础设施建设转交给项目公司来进行,减轻了政府的资金压力,从而减轻了业主政府的负担。

第二,转移项目风险。首先,转移了债务风险,项目公司承担债务、投入资金进行基础设施建设,避免了政府以债务人身份筹措资金带来的债务风险。其次,转移了经营风险,BOT方式下项目公司通过运营期内对项目的运作取得的收入收回投资、获取利润,在此过程中存在的经营风险由项目公司承担。

第三,增加基础设施投入。一些亟需建设的基础设施因为项目公司的进入而建成,不仅满足了吸引外资的需要,也满足了当地的社会发展、经济发展需求,促进了项目所在地经济的发展。

第四,提高项目技术和管理水平。BOT采取招标方式在世界范围内选择技术先进、管理先进的承包商,从而促进了项目水平的提高。特别是发展中国家作为业主政府,技术进步、管理进步效应更为明显。

(2)负面影响。

第一,在项目转让之前,政府不能控制项目。BOT 项目在营运期内由项目公司运营,其掌握定价权、收费权。在运营期内政府难以给外资企业优惠,降低收费水平。

第二,私营公司往往要求较高的回报,因此提高收费标准。基础设施作为公共产品在政府投资的情况下理应不收费或少收费,但是私营的项目公司要通过收费收回投资取得利润,因此不仅会收费,而且往往会利用自己的垄断地位收取较高的费用。

第三,可能导致外汇流出。一般来说,BOT 项目中,项目公司不仅要收回成本还要取得利润。因此外汇的流出会大于外汇的流入。这对于外汇来源不够充分的发展中国家来说会构成一定压力。

2. 对项目公司的作用

(1)积极作用。

第一,有机会进入通常由公共部门垄断的领域。基础设施、公共服务部门通常由政府投资的部门垄断,一般企业难以进入。BOT 方式给项目公司提供了进入垄断部门的机会。

第二,投资回报较为稳定。采用 BOT 方式建设的基础设施或公共部门通常是为了满足业主国的需求。建成之后一般都会有比较稳定的市场需求,投资者的收益比较有保障。

第三,带动投资方产品出口。带动建筑材料、大型设备由项目公司所在国出口到业主国。

(2)负面影响。

第一,项目风险较大,有些风险很难避免。项目公司在与业主国政府签订的合中可以要求政府作出不实施国有化、保证原材料供应等承诺,但是像汇率变动、市场需求等方面的风险难以通过合同规避。加之项目经营期限比较长,不确定因素增多,项目公司要承担一定的风险。

第二,运行过程较为复杂。由于涉及进出口、工程承包、国际融资、国际租赁等诸多方式,故需要与多个部门进行协调,运行过程复杂困难。

(五)BOT 的演变

1. TOT

TOT 是英文“Transfer-Operate-Transfer”的缩写,即“转让—经营—转让”。TOT 方式是指业主国政府部门或国有企业将建设好的项目的一定期限的产权或经营权,有偿转让给国外项目公司,并由其进行运营管理;项目公司在约定的期限内通过经营收回全部投资并得到合理的回报,双方合约期满之后,项目公司再将该项目交还政府部门或原企业的一种方式。

与 BOT 方式比较,一方面,TOT 项目省去了建设环节,使项目经营者免去建设阶段风险，在项目接手后就有收益；另一方面，由于项目收益已步入正常运转阶段，项目经营者通过把经营收益权向金融机构提供质押担保方式再融资，也变得容易多了。

2. BOO

BOO 是英文“Build-Owe-Operated”的缩写，即“建设—拥有—经营”。BOO 方式是指东道国政府同私营机构的项目公司签订合同，由该项目公司承担一个基础设施或公共工程的筹资、建造、运营、维修。项目公司对其筹建的项目行使运营权，以便收回对该项目的投资、偿还该项目的债务并获取利润。项目公司根据与业主政府达成的协议，建设并经营某基础设施或公共产品项目，但是并不将此项目移交给东道国。

BOO 模式的优势在于，政府部门节省了大量财力、物力和人力，而企业也可以从长期的项目承建和维护中得到相应的回报。BOT 与 BOO 模式最大的不同之处在于：在 BOT 项目中，项目公司在特许期结束后必须将项目设施交给业主国政府；而在 BOO 项目中，项目公司有权不受任何时间限制地拥有并经营项目设施。

3. BOOT

BOOT 是英文“Build-Own-Operate-Transfer”的缩写，即“建设—拥有—经营—转让”。BOOT 方式是指东道国政府同私营机构的项目公司签订合同，由该项目公司承担一个基础设施或公共工程的筹资、建造、运营、维修及转让。在双方商定的一个固定期限内(20～50 年)，项目公司对其筹建的项目行使运营权，以便收回对该项目的投资、偿还该项目的债务并获取利润。协议期满之后，项目公司将该项目无偿地转让给东道国政府。

BOOT 项目与 BOT 项目最大的区别在营运期的长短上，前者可以长达 50 年，后者一般不超过 20 年。

4. BOOST

BOOST 是英文“Build-Own-Operate-Subsidize-Transfer”的缩写，即“建设—拥有—经营—补贴—转让”。BOOST 方式是指东道国政府同私营机构的项目公司签订合同，由该项目公司承担一个基础设施或公共工程的筹资、建造、运营、维修及转让。在双方商定的一个固定期限内(20～50 年)，项目公司对其筹建的项目行使运营权，同时，业主国政府提供一定的补贴，使得项目公司在比较低的收费水平下，收回对该项目的投资、偿还该项目的债务并获取利润。协议期满之后，项目公司将该项目无偿地转让给东道国政府。

BOOST 方式可以解决基础设施、公共部门在项目公司控制下，收费水平比较高的问题。

5. BTO

BTO 是英文“Build-Transfer-Operate”的缩写，即“建设—转让—经营”。BTO 方式是指东道国政府同私营机构的项目公司签订合同，由该项目公司承担一个基础设施或公共工程的筹资、建造。在项目建成之后将项目的所有权无偿转让给东道国政府。东道国政府与项目公司商定,项目公司对其筹建的项目行使运营权,以便收回对该项目的投资、偿还该项目的债务并获取利润。

采用BTO方式的项目,一般公共性很强,不宜让私营项目公司享有所有权,但是项目仍然由项目公司进行维护经营。

6. BT

BT是英文"Build-Transfer"的缩写,即"建设—转让"。BT方式是指东道国政府同私营机构的项目公司签订合同,由该项目公司承担一个基础设施或公共工程的筹资、建造。在项目建成之后将项目的所有权转让给东道国政府。东道国政府与项目公司商定,由东道国政府偿付项目公司款项,以便其收回对该项目的投资、偿还该项目的债务并获取利润。

采用BT方式的基础设施、和公共部门建设与经营分开进行。东道国政府可以采取更为灵活的收费办法。

7. BLT

BLT是英文"Build-Lease-Transfer"的缩写,即"建设—租赁—转让"。BLT方式是指东道国政府同私营机构的项目公司签订合同,由该项目公司承担一个基础设施或公共工程的筹资、建造、运营、维修及转让。在双方商定的一个固定期限内(15～20年),项目公司将其对基础设施或公共工程的经营权租赁给他人,由第三方对项目行使运营权,项目公司分期收取租金,以便收回对该项目的投资、偿还该项目的债务并获取利润。协议期满之后,项目公司将该项目无偿地转让给东道国政府。

BLT方式比较适合建设能力强,但对项目经营缺乏经验的工程承包公司。

8. BMT

BMT是英文"Build-Manage-Transfer"的缩写,即"建设—管理—转让"。BMT方式是指东道国政府同私营机构的项目公司签订合同,由该项目公司承担一个基础设施或公共工程的筹资、建造。项目建成后在一定的期限内,项目公司以提供管理的方式取得收入,以便收回对该项目的投资、偿还该项目的债务并获取利润。协议期满之后,项目公司将该项目无偿地转让给东道国政府。

第三节　中国利用外商直接投资的成效与问题

一、中国利用外商直接投资的成效

(一)弥补了国内建设资金的不足

改革开放初期,中国与大多数发展中国家一样,面临着资金短缺的问题。由于资金来源不足,投资受到非常大的限制。利用外商直接投资,有效地解决了中国建设资金短缺的问题。截至2017年底,中国累计利用外商直接投资金额为1766834亿美元。在外资、外贸的因素共同作用下,2017年末,国家外汇储备31400亿美元,大大提升了中国的投资水平。外资在全社会固定资产投资中占的比重,改革开放初期的1981年为3.8%,后逐步上升,1994年为17.08%,1994年之后这一比重逐步降低,2016年为1.46%。自1992年以来的情况如表4-8所示。

表4-8　1992—2016年实际使用外资占全社会固定资产投资情况表

年份	全社会固定资产投资(亿元)	实际使用外资金额(亿元)	占固定资产投资比重(%)
1992	1465.22	110.08	7.51
1993	2268.71	275.15	12.13
1994	1977.34	337.67	17.08
1995	2397.23	375.21	15.65
1996	2755.95	417.26	15.14
1997	3008.65	452.57	15.04
1998	3431.07	454.62	13.25
1999	3606.38	403.18	11.18
2000	3976.34	407.15	10.24
2001	4496.01	468.45	10.42
2002	5255.52	527.43	10.14
2003	6713.38	535.05	7.97
2004	8515.06	606.30	7.12
2005	10837.02	724.06	6.68
2006	13798.41	727.15	5.27
2007	18059.43	835.21	4.62
2008	24884.94	1083.12	4.35
2009	32879.34	940.65	2.86
2010	37179.08	1147.34	3.09
2011	48226.47	1239.85	2.57
2012	59357.58	1210.73	2.04
2013	72061.95	1239.11	1.72
2014	83352.97	1285.02	1.54
2015	90231.84	1355.77	1.50
2016	606466	8699.64	1.46

资料来源:商务部外资司.2017中国外资统计[EB/OL].http://wzs.mofcom.gov.cn

利用外资与利用外商直接投资是不同的。利用外资包括利用外商直接投资和利用外商间接投资两个方面。改革开放初期，利用外商间接投资所占比重较大。1979－1982年，间接投资占83.63％，但是随着我国利用外资政策的变化，直接投资所占比重不断上升，在1991年，外商直接投资超过外商间接投资。近几年在利用外资金额中，直接投资占比在95％以上。表4-8基本上能够反映出外商直接投资在我国经济建设中的作用。

（二）促进了中国技术进步

改革开放初期，我国的外商直接投资企业以港澳台中小企业为主，其技术水平并不比我国企业，特别是国有企业高。但是随着跨国公司在20世纪90年代中期的大量进入，在华外商投资企业的技术水平有了很大的提高。跨国公司对中国技术进步的影响逐步显现。

1.提升中国制造业水平

跨国公司是世界上先进技术的所有者。为了保持在世界竞争中的领先地位，跨国公司投入了大量资金进行新技术的研发，有资料显示，跨国公司体系内部投入的研发费用约占全球民用研发费用的75％～80％，世界上最大的700家工业企业的专利发明占全世界商业专利发明的约50％[①]。跨国公司从事海外直接投资，面对东道国企业、其他外商直接投资企业的市场竞争，在对东道国进行技术转让时会根据情况选择东道国适用技术、成熟技术或先进技术。在中国加入世界贸易组织的2001年，有研究表明在华投资的127家跨国公司中，与母公司相比，有47家使用最先进技术，51家使用比较先进技术。与国内企业相比，有83家使用填补国内空白技术[②]。跨国公司的进入对于提升我国制造业的水平起到了直接的推动作用。

2.外商直接投资在中国产生溢出效应

技术溢出是技术扩散的一种非自愿形式，主要体现在以下三个方面：

(1)示范效应。跨国公司在向中国转移技术、管理进行生产时，也在向中国进行技术、管理的扩散。中国企业“干中学”式的技术进步，大部分是从跨国公司得到的。

(2)关联效应。跨国公司为设在中国的子公司提供原材料、零部件，由设在中国的企业进行加工组装。为了达到跨国公司的质量要求，中国企业要不断地提高管理水平、技术标准，通过主动学习带来技术的提高。

(3)对雇员的培训。无论是跨国公司在中国设立的R&D中心，还是生产性企业，都雇佣了大量的中国技术人员。这些人员通过跨国公司的培训，提高了技术水平。随着这些人员的工作变动，技术溢出难以避免。

（三）促进了中国经济的增长

改革开放以来，中国经济获得了长期、稳定的增长，其中外商直接投资也起到了一

① 崔新建.中国利用外资三十年[M].北京：中国财政经济出版社，2008.

② 江小涓.2001年外商对华投资分析及2002年前景展望[J].管理世界，2002.

定的作用。根据国家信息中心的分析结果,1981—2000年,在我国GDP年均9.7%的增长幅度中,大约有2.7%来自利用外资的直接或间接贡献。另据测算,在1991—2000年的10年中,我国实际利用外资每增长1亿美元,GDP增长18.48亿美元。也有研究结果表明,平均1个单位的外商直接投的增加能拉动大约48个单位GDP的增长[①]。究其原因,一是资本作为基本的生产要素,是经济增长的直接动力,投资增长促进CDP的增长;二是外商直接投资不仅可以现汇投资,而且可以技术、管理等投资,技术、管理的投资提高了我国的技术水平、管理水平,促进了生产力水平的提高、经济的增长;三是外商直接投资带来了技术、知识的外溢,促进了我国企业之间竞争水平的提高,中国企业的生产力水平也会提高,促进经济增长。

(四)推动了产业结构升级

一个国家工业、服务业取代农业在国民经济中的重要地位,被认为是产业结构优化的过程。从国际经验看,发达国家的服务业在国民经济中所占比重较大。因此,服务业所占比重大也是产业结构优化的表现。产业结构是否升级通常通过三次产业在国内生产总值中占的比重变化来衡量(表4-9)。

表4-9 中国三次产业增加值占国内生产总值的比重 (单位:%)

三次产业＼年份	1978	1982	1987	1992	1997	2001	2006	2010	2011	2012	2014	2016	2017
第一产业	28.2	33.4	26.8	21.8	18.3	14.4	11.1	10.1	10.0	10.1	9.2	8.6	7.9
第二产业	47.9	44.8	43.6	43.5	47.5	45.2	47.9	46.7	46.6	45.3	42.6	39.8	40.5
第三产业	23.9	21.8	29.6	34.8	34.2	40.5	40.9	43.2	43.4	44.6	48.2	51.6	51.6

资料来源:根据国家统计局《2017年中国统计年鉴》《2017年国民经济和社会发展统计公报》整理。

如表4-9所示,在利用外商直接投资初期,第一产业所占比重相对较高,在1982年达到最高点之后,第一产业增加值在GDP中所占比重逐步下降,近几年已稳定在10%左右的水平。同时,第二产业、第三产业所占比重相应上升,第三产业上升速度快,并在2013年超过了第二产业。因此,可以判断,改革开放以来,中国的产业结构升级明显。

表4-10表明,改革开放以来中国利用外商直接投资在不断上升的同时,外商投资的产业结构也在变化,并且呈现出其与中国三次产业增加值占国内生产总值的比重变化的关联性。

---

① 崔新建.中国利用外资三十年[M].北京:中国财政经济出版社,2008.

表 4-10　外商对华直接投资的行业结构　（单位：%）

三次产业＼年份	1979—1990	1992	1997	2001	2006	2010	2011	2012	2014	2015	2016
第一产业	2.9	1.2	2.09	2.55	1.68	2.46	2.25	2.52	1.27	1.21	1.51
第二产业	60.3	60.1	67.78	77.24	63.59	46.90	44.91	43.34	36.75	34.53	32.13
第三产业	36.8	38.1	30.13	20.21	34.73	50.64	52.84	54.12	61.98	64.26	66.36

资料来源：2006 年前数据为外商直接投资协议金额，来自于崔新建《中国利用外资三十年》，2010 年以后数据根据《中国统计年鉴》相关年份整理。

外商直接投资比较多地分布在制造业和服务业，并对相关产业的发展起到了积极的作用。在产业内部，制造业外资分布比较集中的是电子、汽车、家电、通信、办公用品、仪器仪表、制药等。这些行业也是中国产业结构调整中重点支持发展的行业，外资的进入促进了相关行业的发展与优化。外资在服务行业中较多地投向房地产及现代服务业，国家鼓励外资更多地投向现代服务业，以推动产业结构的进一步优化升级。

（五）推动了对外贸易的发展

外商对华直接投资，扩大了中国对外贸易的规模。改革开放以来，我国的对外贸易发展迅速，这与外商的直接投资有一定的关系。改革开放初期，一些港澳台企业利用中国的优惠政策、低廉的劳动力价格将一些劳动密集型产品的生产转移到中国大陆，降低了产品的生产成本，扩大了其在国际市场上的竞争力。随着跨国公司大量进入中国，中国有了“世界工厂”之称，这对中国对外贸易的发展起到一定的推动作用。

表 4-11　1991—2016 年外商直接投资企业进出口情况

年份	全国进出口额（亿美元）	外商直接投资企业进出口额（亿美元）	占比（%）	年份	全国进出口额（亿美元）	外商直接投资企业进出口额（亿美元）	占比（%）
1991	1357.01	289.53	21.34	2004	11548.00	6632.00	57.43
1992	1655.25	437.47	26.43	2005	14219.10	8316.39	58.49
1993	1957.03	670.70	34.27	2006	17604.00	10362.70	58.87
1994	2366.21	876.47	37.04	2007	21737.10	12551.64	57.74
1995	2808.48	1098.19	39.10	2008	25632.6	14099.21	55.00
1996	2899.04	1371.10	47.29	2009	22075.4	12174.78	55.15
1997	3250.60	1526.20	46.95	2010	29740.0	16006.15	53.82
1998	3239.23	1576.79	48.68	2011	36418.6	18598.99	51.07
1999	3606.49	1831.33	50.78	2012	38671.2	18941.20	48.98
2000	4743.08	2367.14	49.91	2013	41603.31	19190.93	46.13
2001	5097.68	2590.98	50.80	2014	43030.00	19840.00	46.11
2002	6207.85	3302.23	53.19	2015	39586.44	18346.00	46.34
2003	8512.10	4722.50	55.48	2016	36855.57	16871	45.78

资料来源：根据国家统计局《中国统计年鉴》相关年份数据整理。

外商投资企业的出口对于优化我国进出口商品结构起到了积极的作用。我国目前出口的工业制成品中,汽车、家用电器、电子通讯设备等技术含量较高、附加值较大的产品,大多由外商直接投资制造、出口。在外商直接投资技术溢出效应的影响下,国内相关产业发展迅速,产品在国际市场的竞争力增强,大大优化了我国对外贸易的商品结构。

(六)提高了社会就业水平

实现充分就业是许多国家利用外资的目标之一。中国作为世界第一人口大国,也面临着社会就业方面的压力。外商直接投资进入中国不可避免地要在中国招聘工人、技术人员、管理人员,这对提高中国的就业水平有积极的作用。

表 4-12　1985－2012 年部分年份中国城镇就业情况　(单位:万人)

年份	总计	国有单位	集体单位	私营企业	港澳台商投资单位	外商投资单位	个体	其他
1985	12808	8990	3324	—	—	6	450	38
1989	14390	10108	3502	—	4	43	648	85
1991	17465	10664	3628	68	69	96	692	49
1993	18262	10920	3392	186	155	135	930	230
1995	17336	11261	3147	485	272	241	1560	370
1997	20781	11044	2883	750	281	300	1919	511
1999	22412	8572	1712	1053	306	306	2414	1213
2001	23940	7640	1291	1527	326	345	2131	1522
2002	24780	7163	1122	1999	367	391	2269	1727
2003	25639	6876	1000	2545	409	454	2377	2070
2004	26476	6710	897	2994	470	563	2521	2297
2005	27331	6488	810	3458	557	688	2778	2682
2006	28310	6430	764	3954	611	796	3012	12743
2007	29350	6424	718	4581	680	903	3310	12734
2008	32103	6447	662	5124	679	943	3609	14639
2009	33322	6420	618	5544	721	978	4245	14796
2010	34687	6516	597	6071	770	1053	4467	15213
2011	35914	6704	603	6912	932	1217	5227	14319
2012	37102	6839	589	7557	969	1246	5643	14259
2013	38240	6365	566	8242	1397	1566	6142	13962
2014	39310	6312	537	9857	1393	1562	7009	12640
2015	40410	6208	481	11180	1344	1446	7800	11951
2016	56605	6170	453	12083	1305	1361	8627	8309

资料来源:根据熊涓《利用外资与对外投资对中国经济发展的影响》和国家统计局《中国统计年鉴(2013)》相关数据整理。

随着外商直接投资企业在中国业务的扩大,在外商投资企业就业的人数逐年增加,截至2015年达到2790万人，占当年城镇就业人口的6.9%。外商直接投资企业的进入，不仅增加了中国城镇的就业人数，还改善了中国的就业结构和劳动者素质。在跨国公司对中国直接投资后，大都实行人才本地化战略，通过培训，培养了大量的技术、管理人才。在外商直接投资企业的员工不少是由农村劳动力转化而来的，通过培训、规范，提高了劳动者的素质。

此外，外商直接投资还增加了国家的财政收入，促进了社会主义市场经济体制的建立与完善，提高了中国存量与新增资产的质量，缩小了中国与发达国家的经济差距。

二、中国利用外商直接投资的问题

(一)外资来源不合理

1.外资来源过于集中

虽然中国的外商直接投资来自于世界180多个国家(地区)，但是表4-2列出的十大外资来源国(地)，占到了我国利用外商直接投资总额的95.1%。在十大外资来源国中，周边国家占了4席，欧美国家仅占6席。从实际利用外资金额来看，周边国家占87.47%，仅香港一地占74.95%。外资来源过于集中，容易受地区经济形势的影响，一旦这些地区经济出现困难，对外直接投资能力下降，会对中国稳定利用外资产生不利影响。

2.来自避税港(地)的外商直接投资过多

香港作为世界著名的避税港，在我国的外资来源中占到74.95%。表4-2的数据来自于商务部的统计，各国(地)对中国的投资数据包括这些国家/地区通过英属维尔京、开曼群岛、萨摩亚、毛里求斯和巴巴多斯等自由港对华投资。《中国统计年鉴(2016年)》列出了2015年所有对中国直接投资的国家或地区的投资金额。英属维尔京(738778万美元)、开曼群岛(144446万美元)、萨摩亚(199109万美元)、毛里求斯(34601万美元)、巴巴多斯(3911万美元)，再加上香港(8638672万美元)，来自于避税港(地)外资占到当年外商对华直接投资(12626555万美元)的77.29%。来自于避税港的外资绝大部分是其他国家以避税港(地)为跳板的对华直接投资，有比较强烈的避税需求，也有一部分是大陆资金通过这些地区重新投入，引发“假外资”。

3.来自发达国家的外资较少

2017年，世界十大对华投资国家(地区)分别为美国、日本、荷兰、德国、中国香港、新加坡、中国台湾、韩国、英国、丹麦。但是除去中国香港和中国台湾，来自于世界上最重要的8个对外直接投资发达国家的外商直接投资只占到我国利用外商直接投资21.5%。我国在利用外商直接投资中，有个重要的目标就是通过利用外商直接投资学习世界上先进的技术与管理方式。而这些技术与管理主要掌握在发达国家的跨国公司手中。来自于发达国家的外资占比较少，不利于我国通过利用外商直接投资来学习先进技术与管理方式。

(二)外资分布不合理

1.地区分布不合理

长期以来,外资主要分布在我国的东部地区。近年来,外资在我国东部地区的直接投资比重下降,在中部、西部的比重则上升,但是目前东部仍然占80%以上。由于我国东部地区的投资环境好,这种情况短时期难以改变。这种地区分布加大了中国东、中、西部经济发展不平衡的状况,也难以在“西部大开发”“中部崛起”中借助外资的作用,加快中部、西部地区经济的发展。

2.行业分布不合理

由表4-10可见,改革开放后的前20多年,外商直接投资主要集中在制造业,近几年服务业所占比重超过了制造业。外资投入制造业在提升了我国产业结构的同时也带来了环境污染等问题。外资较多地投入服务业是好的转变,但是2016年数据显示,外资在我国服务业的分布有不少投到了房地产行业。该行业利用外资占到了我国利用外商直接投资的15.55%。同时,我国农业利用外商直接投资的比重一直非常低,这对于引进农业先进技术、管理方式的作用十分有限。

(三)转移定价避税

1.利用避税港(地)避税

由于我国的外商直接投资70%以上来自避税港(地),跨国公司利用避税港(地)避税的情况比较多见。具体的操作主要是大陆公司与避税地关联公司交易时高价购进、低价销售,使得大陆公司处于低利、无利或亏损实务状态,在中国大陆少缴税或不交税。

2.利用各国税收制度差异

即使在避税港(地)没有关联企业,由于各国税率不同、税收征管制度存在差异,跨国公司依然可以通过转移定价减少在中国的缴税。据国家税务总局分析估算,外资企业每年至少有1000亿元的税款流失,对我国财政收入和经济安全造成严重危害①。

(四)违反中国法律

1.环境污染

一些外商直接投资企业在中国超标排放污染物,甚至在环境评估完成之前投资生产。来自国家环保总局的一份年报显示,在中国有10多个省、市、自治区均存在外资企业环境违法行为。这些外资企业多数来自欧、美、日等发达国家,涉及食品、电子、化工、机械制造等诸多行业,对中国的生态环境造成了严重的负面影响②。

---

① 崔新建.中国利用外资三十年[M].北京:中国财政经济出版社,2008:208.

② 追问康菲漏油事件:外商直接投资加剧环境污染[EB/OL].http://www,chinanews.com

2. 市场垄断

一些外商直接投资企业凭借其先进技术，在我国获得了市场优势，并对相关行业进行垄断。2013 年 1 月 17 日，国家发展与改革委员会发布公告，韩国三星、LG 公司，我国台湾地区奇美、友达等液晶面板企业，合谋操纵液晶面板价格，在中国大陆实施价格垄断行为。我国依据反垄断法对这些企业进行了查处[①]。

3. 商业贿赂

部分外商直接投资企业，在行政审批、市场推广等商业活动中进行贿赂。总部位于英国的葛兰素史克公司是世界第三大制药企业。2014 年 5 月，葛兰素史克（中国）投资有限公司涉嫌对非国家工作人员行贿、单位行贿等案已侦查终结。该公司通过大肆贿赂医院、医生、医疗机构、医药相关协会组织等医药销售相关部门及其所属人员推销药品，牟取非法所得数 10 亿元。

4. 质量低劣

外商直接投资企业在中国违反《食品安全法》的事件连续出现。上海福喜食品有限公司是上海市政府批准成立的一家美国独资企业。它位于上海市嘉定区马陆工业区，主要从事为国际知名快餐连锁店提供肉类、海鲜、米面制作及蔬菜产品的生产和加工业务。2014 年 7 月，该公司被查出使用过期原料、更改肉饼包装日期等不法行为。

【案例分析】

扩大开放，引入外资

实践证明，过去 40 年中国经济发展是在开放条件下取得的，未来中国经济实现高质量发展也必须在更加开放条件下进行。这是中国基于发展需要作出的战略抉择，也是在以实际行动推动经济全球化造福世界各国人民。

在扩大开放方面，中国将采取以下重大举措。

第一，大幅度放宽市场准入。

2018 年，我们将推出几项有标志意义的举措。在服务业特别是金融业方面，2017 年年底宣布的放宽银行、证券、保险行业外资股比限制的重大措施要确保落地，同时要加快保险行业开放进程，放宽外资金融机构设立限制，扩大外资金融机构在华业务范围，拓宽中外金融市场合作领域。在制造业方面，目前已基本开放，保留限制的主要是汽车、船舶、飞机等少数行业，现在这些行业已经具备开放基础，下一步要尽快放宽外资股比限制特别是汽车行业外资限制。

---

① 国家发展与改革委员会价格监督检查与反垄断局. 六家境外企业实施液晶面板价格垄断被依法查处[EB/OL]. http://www.sdpc.gov.cn/fzgggz/jgjdyfld/jjszhdt/index_1.html

第二，创造更有吸引力的投资环境。

投资环境就像空气，空气清新才能吸引更多外资。过去，中国吸引外资主要靠优惠政策，现在要更多靠改善投资环境。我们将加强同国际经贸规则对接，增强透明度，强化产权保护，坚持依法办事，鼓励竞争、反对垄断。2018 年 3 月，我们组建了国家市场监督管理总局，还有一些其他新的机构，对现有政府机构作出大幅度调整，坚决破除制约使市场在资源配置中起决定性作用、更好发挥政府作用的体制机制弊端。今年上半年，我们将完成修订外商投资负面清单工作，全面落实准入前国民待遇加负面清单管理制度。

资料来源：新华社. 习近平：中国开放的大门只会越开越大(新政策汇总)[EB/OL]. 中国财经网. http://www.fecn.net

思考与讨论：

1. 结合上述材料，试分析我国利用外资的目的和意义。

2. 文中关于扩大开放的举措指出，我国将会在哪些方面为外资引入提供良好的环境？

复习思考题

1. 试简要分析 2012 年中国实际利用外商直接投资金额下降的原因。

2. 中外合资经营企业与中外合作经营企业有何不同？

3. 什么是 BOT 方式？这种方式有何特点？

4. 跨国公司在中国实施转移定价一般通过哪些形式进行？应采取什么措施进行制约？

5. 你认为我国的外资政策还应该在哪些方面不断完善？

第五章 国际投资合作(Ⅳ) 中国对外直接投资

第一节 中国对外直接投资概况

一、中国对外直接投资的历程

以改革开放作为界限，我国的对外直接投资可以分为两个阶段。改革开放前的对外直接投资数量少，规模也比较小。改革开放之后，中国的对外直接投资得到了发展，特别是近几年发展比较迅速。

(一)改革开放前中国的对外直接投资

中华人民共和国成立之后，为了调剂余缺，发展中国的对外贸易，我国各大专业外贸公司在国际贸易活跃的一些城市，如伦敦、巴黎、汉堡、东京、纽约、新加坡等投资建立了一些规模不大的贸易型对外直接投资企业。利用这些城市在国际贸易中的中心地位，进口国内短缺的物资。为取得自由外汇，出口一些在国际市场上有销路的资源型产品。为了配合国际贸易开展中对运输、支付的需要，这一时期，中国对外直接投资企业中也有部分属于远洋运输企业、金融企业。这一时期的对外直接投资围绕对外贸易的需要展开，数量少、规模小、影响小。

(二)改革开放后中国的对外直接投资

1979 年 8 月 13 日，国务院颁布了《关于经济体制改革的十五项措施》，第一次提出要出国办企业。1979 年 11 月，北京市友谊商业服务公司与日本东京丸一商事株式会社合资在东京开办了“京和股份有限公司”，这是改革开放后中国在海外开设的第一家合资经营企业。在这之后，中国企业对外直接投资不断发展。

1. 中国对外直接投资的年度情况

表 5-1　1979—2017 年中国对外直接投资情况　(单位:亿美元;%)

年份	金额	年增长率	年份	金额	年增长率
1979	0.01	—	1999	5.90	127.7
1980	0.31	3000	2000	5.51	−6.6
1981	0.03	−933.3	2001	7.08	28.4
1982	0.32	966,7	2002	9.83	38.8
1983	0.09	−71.9	2003	28.55	159.9
1984	0.81	800	2004	54.98	92.5
1985	0.47	−42	2005	122.60	122.9
1986	0.76	61.7	2006	176.30	43.8
1987	3.50	372.3	2007	248.40	40.8
1988	1.53	−56.2	2008	406.5	63.6
1989	2.30	50.3	2009	433	6.5
1990	0.75	−67.3	2010	590.0	36.3
1991	3.67	389.3	2011	600.7	1.8
1992	1.95	−46.8	2012	772.2	28.6
1993	0.96	−50.7	2013	901.7	16.8
1994	0.71	−26.4	2014	1028.8	14.1
1995	1.06	49.2	2015	1180.2	14.7
1996	2.94	177.3	2016	1701.1	44.1
1997	1.96	−33.3	2017	1200.8	−29.4
1998	2.59	32.1			

注:1990 年前为非贸易型对外直接投资,此后为非金融类对外直接投资。

资料来源:2007 年之前数据根据崔新建《中国利用外资三十年》资料整理;2007 年以后数据来源于商务部外资司《我国对外投资简明统计》。

改革开放以来,中国的对外直接投资总体上是不断发展的。2016 年,对外直接投资金额比 1979 年上涨了 17 万多倍。2016 年,中国是世界上第三大对外直接投资国家。2017 年我国对外直接投资有所下降。

2. 中国对外直接投资阶段划分

(1)第一阶段:探索阶段(1979－1982 年)。

1979 年 8 月 13 日,国务院颁布了《关于经济体制改革的十五项措施》,第一次提出要出国办企业。1981 年,对外贸易部颁发了《关于在国外开设合营企业的暂行规定》《关于在国外开设非贸易型企业的暂行规定》,为非贸易型企业对外直接投资进行政策规范。

这一时期,我国对外直接投资的特点是规模较小。1979 年,中国对外直接投资设立

4家企业,实际投资金额为53万美元,平均每个企业的投资金额只有十几万美元。这样一个特点造成了这一阶段的某个年份有大项目投入,这年的对外直接投资金额比上年、下年都高出成百上千倍。例如,1980年3月,中国船舶工业总公司、中国租船公司与香港环球航运集团合资成立"国际船舶投资公司",该公司投资额为5000万美元,中方占45%,直接导致1980年的对外直接投资额远远领先于1979年、1981年。这是这一时期我国对外直接投资额大起大落的主要原因。

这一时期,中国对外直接投资以合资经营形式开展,中方所占比重在45%左右,投资领域主要在饮食、航运、金融保险等方面,分布在世界40多个国家和地区,主要集中在香港和澳门。

(2)第二阶段:尝试阶段(1983—1991年)。

为了规范非贸易性海外投资企业,1984年5月,对外经济贸易部发布《关于在国外和港澳地区举办非贸易性合资经营企业审批权限和原则的规定》,1991年3月,国务院下发了《关于加强海外投资项目管理意见的通知》,我国的对外直接投资逐步规范。

这一阶段,对外直接投资的主体增加,除了外贸企业,工业企业、科技企业也开始对外直接投资。新增非贸易性境外投资企业965家,对外直接投资总额从1983年底的0.74亿美元,增加到1991年底的14.53亿美元。对外直接投资的区位涉及90多个国家(地区),投资领域涉及资源开发、加工装配、交通运输、医疗卫生等20多个行业。

(3)第三阶段:起步阶段(1992—2001年)。

这一阶段,国家首先对对外直接投资企业进行了清理整顿,对原有的境外投资企业进行了重新登记。1992年6月,国有资产管理局、财政部、国家外汇管理局联合发布了《境外国有资产产权登记管理暂行办法》。1993年11月,国务院发布了《关于暂停收购境外企业和进一步加强境外投资管理的通知》,因此,1992—1994年我国对外直接投资金额连续下降。但是从1995年开始,在清理整顿的基础上国家连续发布与对外直接投资相关的政策,如1999年2月对外经济贸易合作部、国家经贸委、财政部发布《关于鼓励企业开展境外加工装配的意见》,对外直接投资从1995年开始较为稳定地增长。

这一时期,我国海外投资企业增加2096家,投资金额增长30.66亿美元。大的项目开始出现,1992年,首钢耗资1.2亿美元收购秘鲁铁矿,成为当时最大的海外投资项目。项目地区分布扩大到150多个国家(地区),在境外加工装配鼓励政策引导到下,境外加工装配业务得到发展。

(4)第四阶段:成长阶段(2002年以来)。

随着中国加入世界贸易组织,我国对外直接投资法规不断完善。同时,中国经济的发展、国内企业竞争力水平的提高,为中国企业对外直接投资提供了扎实的基础。2002年,中国对外直接投资(非金融类)总额只有9.83亿美元,但是这一数字在2013年达到了901.7亿美元,增长90倍。特别是在2009年,全球直接投资在金融危机影响下降39%的情况下,我国对外直接投资增长6.5%。2012年,全球直接投资下降18%,我国的对外直接投资增长28.6%。2013年,在全球外国直接投资流出流量较上年增长1.4%的背景下,中国对外直接投资流量同比增长22.8%,2016年同比增长高达44.1%,连续5年位列全球三大对外投资国。2017年我国对外直接投资虽有所下降,但仍位居全球第三,位于美国和日本之后。

二、中国对外直接投资的现状

(一)对外直接投资行业分布

表5-2　2017年对外直接投资额(不含银行、证券、保险)及其增长速度

行业	对外直接投资金额(亿美元)	比上年增长(亿美元)
总计	1201	−29.4
其中:农、林、牧、渔业	22	−25.3
采矿业	83	−4.4
制造业	191	−38.4
电力、热力、燃气及水生产和供应业	32	26.5
建筑业	73	37.5
批发和零售	249	−9.6
交通运输、仓储和邮政业	30	−16.9
信息传输、软件和信息技术服务业	103	−49.3
房地产业	22	−79.6
租赁和商务服务业	349	−17.3

资料来源:国家统计局.中国2017年国民经济和社会发展统计公报[EB/OL].www.tjcn.org

(二)对外直接投资主要流向的国家(地区)

表5-3　2016年中国对外直接投资的流向　(单位:亿美元)

国家(地区)	金额	国家(地区)	金额
香港	1142.3	新加坡	31.7
美国	169.8	加拿大	28.7
开曼群岛	135.2	德国	23.8
英属维尔京群岛	122.9	以色列	18.4
澳大利亚	41.9	马来西亚	18.3

资料来源:商务部,国家统计局,国家外汇管理局.2015年度中国对外直接投资统计公报[EB/OL].http://hzs.mofcom.gov.cn

数据显示,2015—2016年,亚洲是我国主要的投资目的地,其中2015年对亚洲的投资约占我国对外直接投资的74.4%,2016年占66.4%。

《世界投资报告(2017)》显示,2016年,中国对外投资与全球资本流向一致,加快流

向美洲和欧洲，其中流向拉丁美洲 272.3 亿美元，同比增长 115.9%，流向北美洲 203.5 亿美元，同比增长 89.9%，流向欧洲 106.9 亿美元，同比增长 50.2%。对拉美的投资流量占中国对外投资流量的 13.9%，对北美洲的投资流量占中国对外投资流量比重为 10.4%，主要流向美国和加拿大，投资流量同比分别增长 111.5%和 83.7%；对欧洲投资流量占中国对外投资流量比重为5.4%，主要流向德国、卢森堡、法国、英国、俄罗斯联邦和荷兰。

(三)对外直接投资主体在我国的分布

表 5-4 2016 年地方对外直接投资流量前十位的省市区 (单位:亿美元)

序号	省市区名称	直接投资额	序号	省市区名称	直接投资额
1	上海市	239.68	6	浙江省	123.14
2	广东省	229.62	7	江苏省	122.02
3	天津市	179.40	8	河南省	41.25
4	北京市	155.74	9	福建省	41.19
5	山东省	130.24	10	河北省	30.13

资料来源:商务部,国家统计局,国家外汇管理局. 2016 年度中国对外直接投资统计公报[EB/OL]. http://hzs.mofcom.gov.cn

我国 32 个省市自治区直辖市均有对外直接投资，但是主要集中在东部地区。

(四)对外直接投资主体情况

表 5-5 2016 年我国对外直接投资主体情况

企业性质	占比(%)	企业性质	占比(%)
国有企业	54.3	企业性质	占比
有限责任公司	17.8	私营企业	8.7
股份有限公司	8.6	外商投资企业	3.5
股份合作企业	0.7	港澳台投资企业	3.5
其他	2.6		

注:数据为非金融类数据。

资料来源:商务部,国家统计局,国家外汇管理局. 2016 年度中国对外直接投资统计公报[EB/OL]. http://hzs.mofcom.gov.cn

国有企业在我国对外直接投资中地位突出，与我国国有企业在我国的经济地位有关。经过多年发展，国有企业实力增强，在对外直接投资中所有权优势明显。

(五)对外直接投资方式

2016 年，中国企业对外投资并购持续呈现活跃之势，并购范围和规模不断扩大，共在全球 74 个国家(地区)实施对外投资并购 765 起，实际交易总额 1353.3 亿美元，均创历史新高。其中,直接投资 865 亿美元,占并购交易总额的 63.9%,占当年中国对外直接投资总额的 44.1%;境外融资 488.3 亿美元,占并购金额的 36.1%。中国信达资产管理股份有限公司以 88.8 亿美元在中国香港收购南洋商业银行 100%股份,是 2016 年中国企业"走出去"实施的最大海外并购项目。[①] 2016 年中国企业对外投资并购涵盖了国民经济的 18 个行业大类。

(六)对东道国税收就业贡献

2015 年,中国非金融类境外企业实现销售收入 13863 亿美元,2015 年中国境外企业(含金融类)向投资所在国缴纳的各种税金总额达 311.9 亿美元,同比增长 62.9%,2015 年年末境外企业员工总数达 283.7 万人,其中直接雇用外方员工 122.5 万人,占 43.2%。

截至 2017 年底,中国企业在 24 个沿线国家合作建立初具规模的合作区 75 家,入区企业 3879 家,累计投资 254.5 亿美元,上缴东道国税费超过 16.8 亿美元,为当地创造 21.9 万个就业岗位。

第二节 中国对外直接投资的主要类型

在中国企业对外直接投资中,依据对外直接投资的不同目的,中国企业对外直接投资主要类型有境外加工贸易、境外资源开发、境外生产制造、境外农业开发、境外金融服务、境外商务服务、境外研发中心、境外营销网络等多种。

一、境外加工贸易

(一)境外加工贸易的定义

境外加工贸易是指我国企业以现有设备及成熟技术向东道国投资,在东道国设立加工装配企业,从国内进口原材料、零部件、配件,在东道国组装为产成品后在东道国或国际市场销售的一种国际经济合作形式。

1999 年 2 月,对外贸易经济合作部、国家经贸委、财政部联合发布《关于鼓励企业开展境外加工装配业务的意见》。[②] 1999 年 3 月,国务院发布《关于鼓励企业利用援外优惠贷款和援外合资合作项目基金开展境外带料加工装配业务的意见》。2003 年 6 月,商务部、国家外汇管理局发布《关于简化境外加工贸易项目审批程序和下放权限有关问题的通知》。国家鼓励轻工、纺织、家用电器、机械电子等有比较优势的企业到境外开展带料加工装配业务。这些行业对国内原材料、零部件、技术、售后服务依赖比较大,对国内的

① 商务部,国家统计局,国家外汇管理局. 2016 年度中国对外直接投资统计公报[EB/OL]. http://hzs.mofcom.gov.cn

② 崔新建. 中国利用外资三十年[M]. 北京:中国财政经济出版社,2008.

出口拉动作用比较强。在这些政策的支持下，我国出现了一些在境外从事加工贸易的企业，中国一汽、上海电气、三九集团、TCL、金城、海尔、海信、格力、康佳、春兰、京东方等通过境外加工贸易，开拓了国际市场，提升了企业竞争力。

（二）境外加工贸易的特点

1. 以绕过关税壁垒为主要目的

在国际贸易中，为保护国内市场，世界上大多数国家对有形商品贸易设置了关税壁垒。为了扶持本国制造业的发展，一般来说，制成品的关税要高于零部件、半制成品。20世纪90年代，中国制造业的国际竞争力增强，针对中国的反倾销不断增加，我国工业制成品的出口遇到比较严厉的关税壁垒。采用境外加工贸易的方式，以零部件、半制成品的出口取代制成品的出口，可以有效降低关税壁垒对出口造成的不利影响。

2. 贸易与投资相结合的国际经济合作方式

国内企业以直接投资的方式进入东道国，给东道国带来资金、技术。境外加工贸易过程中要不断从国内进口原材料、零部件、半制成品，与国际贸易紧密联系。因此，境外加工贸易企业在开展经营的过程中，要涉及贸易与投资方面的不同法规、政策、操作规范，对企业、对管理者均有比较高的要求。

二、境外资源开发

（一）境外资源开发的定义

境外资源开发是指我国企业以合资或独资的方式，在东道国从事石油、天然气、矿产等资源的开发，以产品分成、股权收益等方式实现对境外资源的合理利用。

我国鼓励有条件、有实力的企业"走出去"对外投资，开展境外资源开发合作。2004年10月，财政部、商务部发布《关于做好2004年资源类境外投资和对外经济合作项目前期费用扶持有关问题的通知》。我国自然资源丰富，但是由于人口众多，人均占有量有限。改革开放以来，中国经济长期高速、稳定增长，对资源的需求增加。一些企业"走出去"进行资源开发，中国石油天然气集团公司、中国海洋石油总公司、中国石油化工集团公司、中国五矿集团、宝钢集团公司、首钢集团等中国企业通过海外并购，涉及海外石油、天然气、矿产等资源的开发。在我国的对外直接投资中，采矿业也是我国一直以来重点投资的行业，2013年，对其投资201.6亿美元，占我国对外直接投资总额的22.4%。

（二）境外资源开发的特点

1. 以弥补国内资源不足为主要目的

石油、天然气等资源不能等同于一般商品，作为战略性物资，取得这些资源的支配权尤为重要。在境外资源开发中，我国企业控制企业的多数股权，从而对资源性产品拥有话语权，以合理价格将资源性产品出口到中国，对于缓解我国资源供应不足有积极作用。

2.政治风险比较大

在某些资源丰富的国家，政治局势不稳定，政府更迭频繁。新政府往往会要求重新审查项目合同，如果不能通过审查，前期的投入没有办法得到补偿。在发达国家政府对资源开发项目态度谨慎，企业之间达成意向也会被政府否决，或是添加种种苛刻条件。

3.境外资源开发主体一般为大型国有企业

资源开发要求有比较强的谈判能力、资金实力。我国的中央企业、大型地方企业在取得国家资金支持、政策支持方面有优势，在境外资源开发上成为主力。

三、境外生产制造

(一)境外生产制造的定义

境外生产制造是指中国企业以新建或并购的方式，在东道国设立生产基地，利用东道国的技术、资本、劳动力等生产要素，在东道国进行产品生产，以提高产品质量、降低产品价格，提升产品竞争力的直接投资行为。

世界上不同国家生产要素禀赋不同，在生产要素国际移动受到一定限制的情况下，到生产要素充裕的国家(地区)投资产品制造是可行的办法。发达国家的技术先进，中国一些企业在发达国家通过并购建立生产中心，生产技术密集型产品，发展中国家劳动力价格较低，中国一些企业选择在这些国家生产劳动密集型产品，对于提升企业竞争力有较好的作用。吉利收购沃尔沃并建立欧洲制造中心就是典型代表。

(二)境外生产制造的特点

1.以利用国外优势生产要素为主要目的

与境外加工贸易相比，两者都在东道国投资设厂，但是境外生产制造不要求原材料、半制成品从中国进口。境外生产制造的产品也可以出口到中国国内。

2.产品更具竞争力

在东道国进行生产，更接近消费者，可以根据消费者的需求，改进产品设计，也更方便开展售后服务。同时，在东道国生产制造产品，可以在当地采购原料、节省运输费用、绕过关税壁垒，这对提升产品在当地市场的竞争力大有好处。产品供应周边国家时，由于运输距离短、消费习惯接近，竞争优势依然存在。

四、境外农业开发

(一)境外农业开发的定义

境外农业开发是指中国企业以独资、合资、合作等形式在境外从事农业种植、农产品加工；森林资源开发与利用；畜牧业养殖、畜产品加工；渔业捕捞、加工等各种的对外直接投资方式。

早在1996年6月，几内亚时任总统兰萨纳·孔戴访华时，就向中国领导人提出，希望中国帮助其发展粮食生产，尽快实现粮食自给。农业部随后派政府农业代表团赴几内亚考察访问，中几双方就农业合作开发达成了一致意见，并签订了《中几农业合作开发协议》，同时，成立了由中方控股的“中几农业合作开发公司”。其后，中国境外农业开发持续进行并稳定在一个较低的水平上。中粮集团、中国储备粮食管理总公司、中国农业发展集团、重庆粮食集团、山东冠丰种业科技有限公司、中鲁远洋渔业、广垦橡胶集团等积极开展境外农业开发。近年来，我国农林牧渔业对外直接投资金额基本上占我国非金融业对外直接投资金额的1%左右。

国家一直支持企业从事境外农业开发。在中共中央、国务院颁布的2014年中央一号文件《关于全面深化农村改革加快推进农业现代化的若干意见》中，提出要合理利用国际农产品市场，加快实施农业走出去战略，培育具有国际竞争力的粮棉油等大型企业，支持到境外特别是与周边国家开展互利共赢的农业生产和进出口合作；鼓励金融机构积极创新为农产品国际贸易和农业走出去服务的金融品种和方式；探索建立农产品国际贸易基金和海外农业发展基金。

（二）境外农业开发的特点

1. 利用境外农业资源，学习境外农业技术

截至2016年底，中国对外农业投资存量148.9亿美元，其中农业占29.5%，林业占18.6%，渔业占11.4%[①]。截至2015年底，中国有六百多家境内投资机构在全球90多个国家和地区开展农业对外投资合作。从企业成立数量来看，成立了1400多家企业，占总在外企业数量的4.6%，对外农业累计投资总额114.76亿美元，占全国对外直接投资总额的1.1%。2015年，中国农业对外直接投资流量占全国的1.8%。投资范围覆盖六大洲（除南极洲）的85个国家（地区）。其中，亚洲是中国对外农业投资最为集中的区域。

2. 涉及领域多种多样

目前，中国境外农业开发已经从最初的远洋捕捞发展到多个行业和领域，包括粮油作物种植；畜禽养殖；农产品加工、仓储和物流体系建设；森林资源的开发与利用；水产品生产与加工；农村能源与生物质能源等。总体来看，这些行业主要集中在中国国内比较优势不强、供给紧张的种植业和远洋渔业等资源密集型产业上。中国境外农业投资与合作的种植业产品包括大豆、玉米、水稻、木薯、剑麻、甘蔗等。

3. 开发主体既包括大型农业国有企业，也包括民营企业

20世纪80年代以前，中国境外农业投资与合作大多是承担国家的对外援助项目，主要由农业科研单位和国有农业企业承担，参与主体相对单一。伴随中国农业对外开

① 商务部，国家统计局，国家外汇管理局. 2016年度中国对外直接投资统计公报[EB/OL]. http://hzs.mofcom.gov.cn

放程度的提升，境外农业投资与开发的参与主体日益多元化，除了中国农业发展集团、中粮集团、重庆粮油集团等中央和地方国有农业企业外，民营企业竞争力不断增强，逐渐发展为中国境外农业投资与合作的重要力量，代表性企业如天津聚龙集团、浙江卡森集团、青岛瑞昌公司等。

五、境外金融服务

(一)境外金融服务的定义

境外金融服务是指中国的银行、保险、证券等金融机构，通过新设或并购的方式进入东道国，在东道国提供金融服务的直接投资方式。

从中国银行在伦敦设立第一家分行算起，中国金融业对外直接投资，开展境外金融服务已经走过了 80 多年。改革开放之后，随着中国对外贸易、经济合作业务的快速发展，境外金融服务也发展迅速。1990 年 4 月，中国人民银行发布《境外金融机构管理办法》，对境外金融机构的设立进行规范。2008 年，国际金融危机爆发前后，一些发达国家的金融机构经营出现问题，中国金融机构借机收购国外金融机构，对我国境外金融服务服务的发展起到积极作用。截至 2016 年末，中国金融业对外直接投资流量为 149.2，占比 7.6%，对外直接投资存量为 1773.4 亿美元，占比 13.1%，是中国对外直接投资的第二大行业。其中以亚洲市场的直接投资规模最大，以大洋洲市场的直接投资增长最快。由万维金融编制的 2017 年《全球金融 500 强》排行榜 12 月 13 日于美国纽约揭晓，共有 52 个国家(地区)的 500 家金融机构入选。其中，美国、中国、英国是入选数量最多的三个国家，中国入选的企业共有 78 家，其中入围百强的有 21 家，位列前三的分别是平安保险、工商银行和建设银行。

(二)境外金融服务的特点

1.国有银行是开展境外银行服务的主体

以中国银行、中国工商银行、中国建设银行、中国农业银行、中国交通银行为代表的国有银行凭借其强大实力，在境外金融服务中占据重要地位。截至 2015 年末，工行、农行、中行、建行、交行五大国有商业银行，境外资产投资总规模9.87万亿元人民币，同比增长 14.2%，境外营业收入突破 2000 亿元，利润突破 1000 亿元。2016 年末，对外金融类直接投资存量 1773.4 亿美元，其中对外货币金融服务类直接投资 1019.4 亿美元，占 57.5%；截至 2016 年末，中国国有商业银行共在美国、日本、英国等 45 个国家(地区)开设 83 家分行、59 家附属机构，员工总人数达 5.1 万人，其中雇用外方员工 4.8 万人，占 94.1%。截至 2016 年末，中国共在境外设立保险机构 9 家。

2.并购成为开展境外金融服务的主要方式

一是参股国际大银行。如国家开发银行投资巴克莱银行。二是拓展业务领域的控股收购。如中信证券收购里昂证券 100%股权，进军国际股权投资业务。三是获取被收购方的经营牌照和业务网络。如建设银行收购美银亚洲。四是突破市场障碍。如工商银行收购南非标准银行。

3.国际业务和产品品种日益丰富

境外金融服务主要包括境外存款、境外贷款、境外债券投资、境外证券投资、流动性资产管理、离岸银行业务、房屋按揭业务、保险、理财等服务。

六、境外商务服务

(一)境外商务服务的定义

境外商务服务是指我国企业通过直接投资在境外从事机械设备租赁、文化和日用品租赁、企业管理服务、法律服务、咨询与调查、广告业、知识产权服务、职业中介服务、市场管理、旅行社、会议及展览、批发与零售、房地产、住宿与餐饮、交通运输、仓储和邮政业、信息传输、计算机服务和软件业等活动。

境外商务服务业涉及的是第三产业,是我国对外直接投资中的重要组成部分。2017年,境外商务服务投资金额占我国对外直接投资金额的1/4。例如,中央企业山东鲁能矿业集团有限公司在马来西亚设立鲁能(马来西亚)有限公司,主要从事进出口贸易、燃料技术等商业技术信息咨询服务。中央企业长航凤凰股份有限公司在香港设立长航凤凰(香港)投资发展有限公司,主要从事国际海洋运输,船舶的租赁、代理和买卖,货物代理及贸易业务。中央企业中国通用技术(集团)控股有限责任公司在香港设立通用技术集团香港国际资本有限公司,主要从事资产管理和咨询服务等业务。

(二)境外商务服务业的特点

1.投资目的地比较集中

机械设备租赁、文化和日用品租赁、企业管理服务、法律服务、咨询与调查、广告业、知识产权服务、职业中介服务、市场管理、旅行社、会议及展览等租赁与商务服务,主要流向中国香港、英属维尔京群岛、开曼群岛,因为这些区域在公司设置及税收方面有优惠,如果在当地没有业务收入就不需缴税。这一优惠政策吸引了不少中国企业在这类地区开办控股公司,而水利、环境和公共设施管理的投资90%流向香港。

2.与对外贸易关系密切

批发零售、交通运输、仓储等行业与我国对外贸易联系密切,相关投资被称作“贸易拉动型对外直接投资”。我国对外贸易上升速度快,对这些行业的需求会增加,这些行业的对外直接投资也会增长。

七、境外研发中心

(一)境外研发中心的定义

境外研发中心是指国内企业以新建、并购、海外技术联盟等形式在东道国进行研究与开发工作,研发内容可以是基础研究、产品应用研究、高科技研究和社会公益性研究等不同方面。

改革开放以来,越来越多的中国企业在国外设立研发中心。如中兴通讯在美国新泽西、圣地亚哥、硅谷有三家研发中心,从事软件交换机等研究;华为在硅谷、达拉斯、班加罗尔、斯德哥尔摩、莫斯科设立研究所,与英特尔、微软、日电等成立联合实验室;康佳集团在美国硅谷设有实验室;海尔集团在美国、加拿大、荷兰、日本、韩国建立11个信息站、7个海外设计中心;上汽集团建立伦敦欧洲开发中心等。

(二)境外研发中心的特点

1.主要建立在发达国家

境外研发中心的建立主要是为了充分利用全球的技术资源。这些资源主要集中在发达国家。在发达国家建立研发中心可以近距离接触世界最先进技术,利用好人才等创新资源。因此,中国的很多企业不仅将研发中心建在发达国家,而且会选择技术密集的地区,例如美国的硅谷,集中了联想、中兴通讯、华为、康佳、创维、海信、长虹等多家国内知名企业的研发中心。

2.具有人才密集、资金密集的特点

研发成果的取得建立在科研人员创新性的工作基础上,而大量的资金投入是保证科研人员工作的重要条件。发达国家的跨国公司为了应对激烈竞争的市场,投入在研发上的资金达到企业营业额的5%以上,并且在世界范围内建立研发机构。荷兰、瑞士、德国"世界500强"跨国公司的研发海外化比例分别高达81%、78%、66%。相比这些国家,中国只有华为、药明康德、海尔等少数企业的海外研发投资超过10亿元,多数企业投资只有数千万元,聘用的研发人员从几人到十几人不等。故大多数境外研发中心没有取得预期的建立效果。

八、境外品牌建设

(一)境外品牌建设的定义

境外品牌建设是指国内企业通过并购国外知名品牌或以自有品牌在海外直接投资的方式,不断扩大品牌影响力,以赢得消费者喜爱,扩大市场占有的对外直接投资形式。

在国际市场营销中,品牌的作用巨大。它不仅可以赢得消费者的青睐,而且可以获取较高的利润。我国企业在境外进行的品牌建设有两种途径:一是通过境外投资接近消费者,通过商品本身的质量提升品牌价值,吸引更多消费者;二是收购已有的国际知名品牌或在东道国知名的品牌。这些品牌已经具有一定的影响力和销售渠道,我国企业可以省去海外品牌塑造和推广的时间和费用。

中国的海尔公司通过上述两种途径,在境外品牌建设中获得很大成功。一方面,通过海外直接投资不断提升自有品牌"海尔"的品牌地位;另一方面,收购了日本三洋家电的白色业务和被誉为“新西兰国宝级电器品牌”斐雪派克电器控股有限公司（Fisher & Paykel Appliances Holdings Ltd.）的“斐雪派克”品牌，利用该品牌占领家用电器高端品牌市场。海尔也凭借自己多年的努力成为“全球大型家用电器第一品牌”。

（二）境外品牌建设的特点

1. 对企业实力有比较高的要求

无论是境外收购知名品牌还是境外推广自有品牌，对资金实力的要求都比较高。此外，品牌管理与品牌推广对企业的营销能力有较高要求。为了维持品牌的美誉度，企业还要想方设法推出新品、提高质量，这对企业的创新能力也有很高的要求。因此，在我国境外品牌建设的实践中，只有部分有实力的企业取得成功。

2. 对开拓国际市场有重要作用

知名品牌具有一定的美誉度，消费者对其有一定的忠诚度。因此，境外品牌建设促成海外消费者对相关商品形成有效需求，是我国企业海外直接投资得以成功的重要保证。境外品牌建设增强了中国品牌的国际影响力，是保持我国对外贸易可持续发展的基础。

九、境外营销网络建设

（一）境外营销网络建设的定义

境外营销网络建设是指我国企业通过在境外建立地区性营销中心、并购国外企业已有销售渠道、开设品牌连锁店、设立售后服务站（办事处、代表处）等多种方式，建立起跨国界的、从事国际营销和服务的市场拓展体系，实现将产品直接销售到国际市场，减少中间环节，提高企业的盈利水平。

进行这种直接投资的企业可以将生产和制造中心可以放在国内，但是需要在目标市场建立营销网络，了解客户需求，开展销售服务。调查结果显示，在海外设立 1 个销售机构可以带动出口 557 万美元[①]。

（二）境外营销网络建设的特点

1. 境外营销网络建设形式多样

境外通过建立地区性营销中心、并购国外企业已有销售渠道、开设品牌连锁店、设立售后服务站（办事处、代表处）等方式建立海外营销网络，对我国企业来说可控性强，有助于严格执行母公司的营销政策、获取东道国第一手市场信息，也有助于培养客户对品牌的忠诚度。但这些方式同时存在建设成本较高、速度较慢、投资风险较大等问题，故更适合实力较强、海外经营经验成熟的大型企业采用。对于大多数中小企业来说，与跨国

① 浙江出台首个促进境外营销销售网络建设实施办法[EB/OL]. 杭州网. http://www.hangzhou.com.cn

零售商签订供货协议、为跨国公司 OEM 等也是我国企业境外营销网络建设的可选方式。

2. 建立境外营销网络是企业积极开拓海外市场、实现快速成长的重要措施

在竞争激烈的国际市场上，产品竞争已经从产品质量竞争、产品价格竞争和促销竞争转化为网络的竞争，企业的快速成长与营销网络的覆盖面和运行效率紧密相关，网络的规模和价值直接影响到公司的发展规模和价值。

第三节　中国对外直接投资的成效与问题

一、中国对外直接投资的成效

(一)开拓国际市场

改革开放以来，中国经济快速增长。从中国的产业结构来看，制造业仍然是我国主导产业，大量的工业制成品在面临国内市场激烈竞争的前提下，急于在国际市场上寻找出路。在对外直接投资中，境外营销网络建设的主要目的就是为国内企业开拓国际市场打开通道。按照商务部、国家统计局、国家外汇管理局《中国对外直接投资统计公报(2016)》公布的数据，2016 年，中国对外直接投资涵盖了国民经济的 18 个行业大类。其中流量上百亿美元的涉及六个领域，租赁和商务服务业保持第一位，制造业首次上升至第二。流向租赁和商务服务业的投资 657.8 亿美元，继上年小幅下降后实现 81.4%的高速增长，占当年流量总额的 33.5%。投资主要分布在中国香港、英属维尔京群岛、开曼群岛、荷兰、卢森堡等国家(地区)。制造业 290.5 亿美元，同比增长 45.3%，占当年流量总额的 14.8%；主要流向汽车制造业、计算机/通信及其他电子设备制造业、专用设备制造业、化学原料和化学制品制造业、医药制造业、橡胶和塑料制品业、纺织业、皮革/毛皮/羽毛及其制品和制鞋业、铁路/船舶/航空航天和其他运输设备制造业、食品制造业等。其中流向装备制造业的投资 142.5 亿美元，同比增长41.4%，占制造业投资的 49.1%。

(二)确保原材料供应

中国是自然资源短缺的国家，2016 年进口原油 3.81 亿吨，同比增长13.6%；进口铁矿石 10.24 亿吨，增长 7.5%；进口煤炭 2.55 亿吨，增长 22.2%。中国已经超过美国成为世界第一大石油净进口国。石油、铁矿石这样的资源性产品进口与其他工业制成品的进口有比较大的不同，通常被作为“战略性产品”，关系到国家安全，国际市场上这类产品的供应有极大的不确定性。消除这种不确定性比较好的方法就是在境外投资油气田、矿山，获取长期的经营收益权。截至 2015 年年底，中国对外直接投资于采矿业

1423.8亿美元，占我国对外直接投资企业数的13%。2016年中国对外直接投资主要领域中，除金融业流量下降外，受国际大宗商品价格低迷的影响，流向采矿业的投资仅为19.3亿美元，同比下降82.8%，从而创下2005年以来中国企业对该领域投资的新低。通过境外资源开发，我国企业掌握了主动权。例如，2012年中国海洋石油总公司以151亿美元收购加拿大尼克森石油公司100%的股权。根据美国证券交易委员会规则计算，截至2011年底，尼克森拥有9亿桶油当量的证实储量和11.22亿桶油当量的概算储量。通过并购，中海油不仅获得了30%的石油储量，还获得了20%的产量增长。

(三)带动相关产品出口

中国加入世界贸易组织之后，针对中国的反倾销不断增多，突破贸易壁垒是增加产品出口、发展我国对外贸易要解决的一个重要问题。境外加工贸易方式，以原材料、零部件的出口取代制成品的出口，可以有效地规避包括反倾销税在内的关税壁垒。格力在巴西投资设厂就是基于这种考虑，格力从1997年开始进入巴西市场，最初1年大概销售2000～3000台空调，但是每年的增长幅度很大，而且通过试销，格力逐步摸清了在巴西销售空调的规律，也了解了消费者对空调的规格、型号等具体的需求。考虑到当时巴西政府对进口家电产品税率很高，算起来综合税率达到60%。格力决定在巴西当地生产，这样进口税就可以大大减少。格力1999年决定在巴西设厂，2001年顺利投产。截至2017年9月，格力空调销售网点遍及巴西的24个州，1000多家零售商以及500多个售后服务网点，稳居行业一线品牌之列，带动了空调零部件的出口和生产设备的出口。

即使不是采用境外加工贸易方式，境外生产制造特别是在周边国家新建生产加工企业，中方往往以国内设备进行投资，带动设备出口。如浙江诸暨泰荣针纺集团2005年底在柬埔寨设立袜子生产基地，把生产面向美国超市供货的基本型、附加值低的1000台袜机转移到柬埔寨生产，带动了袜机的出口。

(四)获取先进技术和品牌

众所周知，世界先进技术和世界知名品牌，大多数掌握在跨国公司手中。在国际市场竞争日趋激烈的情况下，掌握先进技术，拥有知名品牌是中国企业在国际市场上与跨国公司开展竞争，提高较高国际竞争力的重要条件。境外研发中心建立、境外品牌建设都可以达到这些目的。在国内企业的对外直接投资中，采用并购的方式，可以较快掌握先机技术。拥有世界知名品牌。例如，2012年，三一重工收购全球著名的工程机械制造商——德国的普茨迈斯特公司，该公司的产品被认为是机械制造领域的全球第一品牌，在液压系统、涂装、焊接等领域均拥有世界领先技术。该公司在排量、输送距离、扬程、产品种类、可输送物料的多样性方面保持着世界纪录。收购普茨迈斯特，使三一重工从中低端设备生产商一跃成为高端设备制造商。

(五)优化国内产业结构

中国经济在发展中，一些劳动密集型产品在国内市场的供应趋于饱和，在国际市场竞争力也因为人民币升值、国内工资水平上涨而不断下降,如我国的纺织、服装、制鞋等行业。将这些产品的生产转移到经济发展程度相对较低,对这些产品也有需求的发展中国家生产,既消化了国内过剩、又满足了东道国的市场需求,重要的是为国内的产业结构升级提供条件。直接投资发达国家,学习国外先进技术,不断提高产品的技术水平,提高我国产品的国际竞争力。在中国的对外直接投资中,投向服务业的比重占到我国对外直接投资的一半以上,通过境外服务业的开展,提升我国服务业水平,使我国产业结构更趋合理。

(六)促进国际工程承包和扩大国际劳务合作

改革开放以后,中国成长起来一大批在世界范围内开展工程承包业务的企业。但是当前国际工程承包市场竞争比较激烈,开拓国际工程承包市场,也是许多中国工程承包企业面临的问题。在中国企业对外直接投资时,首先涉及厂房、宿舍、基础设施的建设,中国投资者对中国的承包商更为熟悉,沟通交流更加方便,因此,中国的承包商有更强的竞争力。在资源开发型的对外直接投资中,中国企业不仅要进行资源开发,还要配套进行港口、码头、输油管道等基础设施建设,中国的工程承包企业也有不少涉及这类业务。无论是境外投资还是工程承包,都需要技术、管理等人员,因此,对外直接投资带动了对外劳务合作的开展。

二、中国对外直接投资中存在的问题

(一)总体规模比较小

近年来,我国对外直接投资发展迅速,但是由于中国对外直接投资起步较晚、基础较弱,因此,对外直接投资的总体规模仍然较小。2016 年年末,中国对外直接投资存量13573.9 亿美元,较上年末增加 2595.3 亿美元,占全球外国直接投资流出存量份额的5.2%,排名第 6 位。全球对外直接投资存量前五位的国家(地区)分别是美国(6.38 万亿美元)、中国香港(1.53 万亿美元)、英国(1.44 万亿美元)、日本(1.4 万亿美元)、德国(1.37万亿美元)。因此,要充分利用国外资源、服务我国经济建设,中国还要继续扩大对外直接投资的规模。

(二)地区分布不够合理

据商务部 2016 年度《中国对外直接投资统计公报》数据显示,2016 年末,中国对外直接投资存量分布在全球的 190 个国家(地区),占全球国家(地区)总数的 81.2%,2016 年较上年新增了对洪都拉斯、布基纳法索的投资。详见表 5-6。其中中国在亚洲的投资主要分布在中国香港、新加坡、印度尼西亚、中国澳门、老挝、哈萨克斯坦、越南、阿联酋、巴基斯坦、缅甸、泰国、柬埔寨、韩国、以色列、蒙古、马来西亚等,中国香港占亚洲存量的85.8%。中国对外直接投资存量八成分布在发展中经济体。

表 5-6　2016 年中国对外直接投资存量分布　（单位：亿美元）

地区	金额	占比
亚洲	9094.5	67%
拉丁美洲	2071.5	15.3%
欧洲	872	6.4%
北美洲	754.7	5.6%
非洲	398.8	2.9%
大洋洲	382.4	2.8%

（三）行业分布不够合理

2016 年末，中国对外直接投资覆盖了国民经济所有行业类别。存量规模上千亿美元的行业有 5 个，较上年末增加了制造业。租赁和商务服务业以 4739.9 亿美元高居榜首，占中国对外直接投资存量的 34.9%。包括以投资控股为主要目的的对外投资活动，主要分布在中国香港、开曼群岛、英属维尔京群岛、卢森堡、荷兰等国家（地区）。具体行业分布见表 5-7。

表 5-7　2016 年中国对外直接投资行业分布　（单位：亿美元）

行业	金额	占比
金融业	1773.4	13.1%
批发和零售业	1691.7	12.5
采矿业	1523.7	11.2%
制造业	1081.1	8%
信息传输/软件和信息技术服务业	648	4.8%
房地产业	461.1	3.4%
交通运输/仓储和邮政业	414.2	3.1%
建筑业	324.2	2.4%
电力/热力/燃气及水的生产和供应业	228.2	1.7%
科学研究和技术服务业	197.2	1.4%
居民服务/修理和其他服务业	169	1.2%
农/林/牧/渔业	148.9	1.1%
文化/体育和娱乐业	79.1	0.6%
住宿和餐饮业	41.9	0.3%
水利/环境和公共设施管理业	35.8	0.2%

（四）法律制度不够完善

到目前为止，我国还没有一部综合性、全方位规范对外直接投资行为的法律。目前所颁布的条例、规定、制度属于行政法规，由国务院或相关部委发布，缺乏权威性。在多部门同时具有规范对外直接投资行为的权利时，各部门之间下发的规定内容重叠、交叉，多部门管理造成对外直接投资审批程序复杂、效率低下。这也有可能造成对外直接投资良机丧失。

(五)缺乏海外直接投资人才

企业家才能作为一种被广泛认可的生产要素,在企业生产中有着无可替代的作用。对外直接投资在东道国开展业务,面临的法律、文化、社会环境完全不同于国内。对企业家才能有更高的要求,作为海外投资企业的经营管理者,要熟悉企业的运作,更要适应东道国当地的环境,在远离母公司的情况下要有独立决策能力、有良好的沟通交流能力。我国大多数企业都处在国际化经营的初期,对国外的情况了解不够深入。经营管理者对在东道国开展经营面临的法律问题、财务问题、经营风险问题认识不足,使得日后的经营陷入困境。

(六)经营效果不够理想

从对外直接投资的根本动因看,通过直接投资获取利润是企业的主要考虑。但是由于中国企业在对外直接投资中,技术等核心竞争力不足、在海外并购中对目标企业资产评估不准、与当地工会协调困难、东道国市场保护等原因,长期以来,我国企业对外直接投资的效果并不是特别令人满意。虽有大部分的企业能够获利,但是相比很多国外企业,利润仍然不高,甚至有些企业在一些项目中亏损相对严重。例如,2011 年 7 月,中铝宣布澳大利亚昆士兰奥鲁昆铝土矿资源开发项目失败,项目损失高达 3.4 亿元人民币。2011 年 6 月,中国铁建投资沙特轻轨项目亏损 41.53 亿元人民币。2014 年万达 2.65亿欧元收购西班牙大厦,2017 年 6 月 2 日,万达酒店发布公告称,公司已经以 2.72 亿欧元向 Baraka Global Invest 出售了西班牙大厦的全部股权。近两年来,欧元汇率一直处于下跌态势,若以人民币为计算单位,本次万达出售西班牙大厦实则亏损约 2 亿元。

(七)东道国设置壁垒

最近几年,中国在国际直接投资中的地位上升,引起一些发达国家的警觉,这些发达国家以维护国家安全为借口的投资保护案例越来越多。例如,2012 年 10 月 8 日,美国众议院情报委员会发布报告,提出中国的华为、中兴为中国情报部门提供了干预美国通讯网络的机会,危害了美国的国家安全,该报告建议美国企业避免与华为、中兴进行合作。这一案件还引起了英国、加拿大、澳大利亚等国的效仿,这些国家也发起了针对华为、中兴的安全调查。在此之前,美国还以国家安全为由阻止了华为并购美国 3Com 公司、3Leaf 公司等。2012 年 9 月,美国总统奥巴马以"威胁美国国家安全"为由,签发行政命令禁止三一重工子公司罗尔斯公司在美国俄勒冈州一军事基地附近兴建四个风电场,这一项目之前也遭到美国外国投资委员会的禁止。美国商务部在美国东部时间 2018 年 4 月 16 日宣布,将禁止美国公司向中兴通讯销售零部件、商品、软件和技术 7 年,直到 2025 年 3 月 13 日。理由是中兴违反了美国限制向伊朗出售美国技术的制裁条款。东道国运用国内法对中国企业实行的投资限制,构成中国企业对外直接投资的巨大障碍。

(八)信息服务较滞后

中国现有的信息服务主要集中于东道国投资环境介绍。投资机会、项目介绍比较少,能够提供东道国法律、税收服务机构较少,能提供切实可靠的项目咨询、前期论证的服务机构较少。

【案例分析】

中英核电项目

2016 年 9 月 29 日,中英法三方在伦敦签署了总价值 180 亿英镑的欣克利角 C 核电项目最终投资协议。这标志着中英关系"黄金时代"的旗舰项目在经历波折后终于实质性启动,同时中国新一代核电技术有望真正出海,该项目将为英国近 600 万户家庭提供电力。

中国广核集团(中广核)与法国电力集团(EDF)当日正式签署英国新建核电项目一揽子合作协议,与英国政府同步签署欣克利角 C 核电项目收入及投资保障等政府性协议,并完成相关公司的股权交割。这意味着欣克利角 C 项目已经完成所有必须的审批和商务流程。

欣克利角 C 项目位于英国萨默特郡,由中广核牵头的中方联合体与法国电力集团共同投资建设,采用欧洲压水反应堆(EPR)技术。根据协议,项目的设计和现场工作将立即启动,预计于 2019 年年中开始核岛施工,2025 年首台机组投运,将向英国约 600 万用户提供可靠的低碳电力。

资料来源:尘埃落定!中英法正式签署英国核电项目最终协议[EB/OL].观察者网.2016.

思考与讨论:

1.你认为中广核海外投资的主要目的有哪些?

2.中广核的海外投资经验对其他即将进行对外直接投资的企业有何启示?

复习思考题

1.选择一种国际直接投资理论来分析中国加入世界贸易组织以来,对外直接投资迅速发展的原因。

2.香港在我国境外直接投资中地位如何?这一地位形成的影响因素有哪些?

3.什么是境外加工贸易方式?这种方式对我国经济发展有何作用?

4.你认为中国对外直接投资法律建设滞后的原因有哪些?

第六章 国际服务合作

第一节 国际服务合作的主要形式与内容

一、国际服务合作的概念与形式

(一)国际服务合作的概念

关于服务,有很多定义或概念,一般认为,服务是指政府部门、社会团体、法人或自然人(服务的生产者)通过其劳动改变其他的政府部门、社会团体、法人或自然人(服务的消费者)的物质或精神状态并增加价值的活动。

国际服务合作是指世界不同国家(地区)服务领域的交易与合作,当今主要表现为国际服务贸易。世界贸易组织制定的《服务贸易总协定》认为,国际服务贸易是指服务提供者从一国境内向他国境内,通过商业存在或自然人存在,向服务消费者提供服务并获得报酬的过程。

(二)国际服务合作的特点

由于服务本身存在的一些特点,导致国际服务合作也呈现出与国际货物贸易不同的特点。这种差别反映在交易标的、交易流程、当局的监管手段等多个方面,确切而言,国际服务合作的个性特点离不开服务业本身固有的属性。

1. 无形性

国际服务合作的标的在诸多环节中均是无法观测到的,如在生产中不是以实物形态作为生产成果的,在流通中也不是能用物理方式加以计量的。

2. 生产和消费的同时性

国际服务合作的完成不会像货物贸易那样经历漫长的过程,其提供者和消费者通常直接就能达成交易合同,迅速完成生产和消费的过程,而且是在相同的时间段内完成。

3. 技术和知识的比重较高

国际服务合作的标的往往是非实物形态的技术和管理经验,如发展中国家会以国际服务合作的方式向发达国家进口先进的技术和科研成果,这些标的物技术与知识的科技含量较高。

4. 贸易监管的复杂性

由于国际服务贸易不需要买卖双方安排运输工具，不会出现其产品从海关进出的情形，所以政府机关难以对这种贸易的成交数额、税收缴纳等情况进行监察和管理。一般而言，如果某国需要做出保护本国服务业市场的举动，则只能通过限制国外驻本国的服务企业活动来实现。

5. 服务贸易的统计数据和货物贸易一样，在各国国际收支表中得到体现

服务贸易的统计数据却无法像货物贸易一样在各国海关进出口统计上显示，而是在各国的国际收支表中显示。

(三)国际服务合作的主要形式

根据 WTO“乌拉圭回合”谈判达成的服务贸易总协定《GATS》对国际服务贸易的定义。国际服务合作主要有以下 4 种形式：

1. 跨境交付(Cross Border Supply)

从一成员的境内向任何其他成员境内提供服务，这种服务提供方式特别强调买卖双方在地理上的界限，跨越国境边界的只是服务本身，而不是服务提供者或接受者。这种服务一般可以不构成人员等的流动，如电信、邮递、网络、信息、金融等服务。

2. 境外消费(Consumption Abroad)

从一成员的境内向任何其他成员的服务消费者提供服务，这种服务提供方式的主要特点是消费者到境外去享用服务提供者提供的服务。如旅游、医疗、接受留学生等服务。

3. 商业存在(Commercial Presence)

一成员的服务提供者在任何其他成员境内以商业存在提供服务，这种服务提供方式的特点是服务的提供者和消费者在同一成员的领土内，服务提供者到消费者所在国的领土内采取了设立商业机构或专业机构的方式。如通过设立银行、商场、律师事务所、会计师事务所等提供服务。

4. 自然人流动(Presence of Natural Persons)

一成员的服务提供者以自然人存在的方式在任何其他成员境内提供服务。如教授、医生、艺术家、运动员、教练员等在其他国家提供的服务。自然人流动与商业存在的共同点是服务提供者到消费者所在国的领土内提供服务；不同点是以自然人流动方式提供服务，服务提供者没有在消费者所在国的领土内设立商业机构或专业机构。[①]

---

① 吴朝阳. 国际经济合作[M]. 大连：东北财经大学出版社，2011.

二、国际服务合作的主要内容

由于科学技术的发达和经济全球化的趋势，以国际服务贸易为主要形式的国际服务合作已渗透到各个服务领域，到了无孔不入的地步，即各种服务都进入了国际市场。从不同的角度和按不同的标准划分，国际服务合作又表现为多种不同形式和内容。

（一）按“生产”为核心的划分法划分

1. 生产前服务

服务贸易中的标的物往往是为了提供生产所必须的生产前准备，如开发设计、研究等服务。

2. 生产中服务

此类服务贸易的标的物是生产过程中不可缺少的先进技术和管理经验，如生产过程中的质量管理、软件和人力资源管理。

3. 生产后服务

此类服务贸易的标的物是提供给产品进入消费流通领域后的服务，如广告、营销、运输服务等。

（二）按生产要素的密集程度划分

第一类是资本密集型服务业，如空运、通信、工程建设等。

第二类是知识、技术密集型服务业，如银行、金融、法律、会计、审计信息等服务。

第三类是劳动密集型服务业，如旅游、餐饮、建筑维修、销售、运输等服务。

我们习惯上将前两类称为“现代服务业”，最后一类称为“传统服务业”。

（三）按服务的过境流动性、目的的具体性、交易的连续性和服务时间有限性等划分

1. 专业服务

专业服务包括法律服务、会计服务、医疗服务、护理服务、计算机及相关服务、研究与开发服务、不动产服务、广告服务、租赁服务、咨询服务、会议服务等。

2. 通信服务

通信服务包括邮政、电信、电子数据交换、电影服务、广播与电视服务、信息或数据处理服务等。

3. 建筑与相关的工程服务

如总体建筑、安装、装修等。

4. 分销服务

如批发、零售、特许经营等。

5. 教育服务

如初等教育、中等教育、高等教育、成人教育等。

6. 环境服务

如排污、废物处理、卫生等服务。

7. 金融服务

如票据承兑、担保、外汇、保险、资产管理、银行等服务。

8. 与医疗相关的服务和社会服务

如医院服务、社会服务等。

9. 旅游和与旅游相关的服务

如餐饮、旅行社、导游等服务。

10. 娱乐、文化和体育服务

如剧院、马戏团、现场乐队、图书馆、博物馆、体育运动、新闻出版等服务。

11. 运输服务

如海洋运输、内河运输、航空客货运、太空运输、铁路运输、公路运输、管道运输、仓储等。

12. 其他服务

第二节　国际服务合作的产生与发展

一、国际服务合作的产生

在人类历史上，社会分工早已存在，服务与服务劳动也早已有之，家务劳动也逐渐转变为带有交换性质的劳动，服务贸易就是在服务劳动产品交换的基础上形成和发展起来的。在国家形成之后，原始的国际服务贸易实际也已存在。但真正意义上的国际服务贸易则是伴随着资本主义生产方式的产生而产生的，并且，随着资本主义商品经济的不断发展而发展。较早出现的服务贸易行业是航运业，而航运业是在资本主义生产方式准备时期，随着新大陆的发现而兴起的。之后，随着美洲的开发，欧洲人大规模向北美移民，从而出现了带有殖民主义色彩的国际劳务贸易，并形成了国际间劳动力要素移动的第一个高潮。在资本主义自由竞争时期，除航运业等服务行业外，铁路运输、金融、保险、通信等服务行业也随着货物贸易的迅速发展而有了长足的进步。

二、第二次世界大战后国际服务合作的发展与特点

第二次世界大战之后，随着第三次科技革命的产生与发展，跨国公司的大量出现及

金融、信息技术革命的全球化发展，世界服务业和服务贸易取得了迅速发展。服务业和服务贸易的重要作用引起了贸易协定谈判者的关注，服务问题已在“乌拉圭回合”谈判中被列为重要新议题，并签订了《服务贸易总协定》。随着科学技术不断发展和经济结构的不断调整与优化，服务业以更快的速度发展，世界经济与贸易发展呈现出新的特征与趋势。

（一）国际服务贸易发展十分迅速

第二次世界大战之后，尤其是 20 世纪 80 年代以来，随着世界经济的发展与结构的调整，科学技术的进步、国际分工的深化和跨国公司的作用，国际服务合作尤其是国际服务贸易呈现出前所未有的发展势头。根据 WTO 的统计，从 1985 年到 1995 年的 10 年间，全球服务贸易的增长率为 10.75%，而同一时期的货物贸易增长率为 8.15%。运输、旅游、银行、建筑和承包市场日趋繁荣，各种信息、知识产权等服务业不断走上国际市场，随着技术、运输与通信技术的发展，过去认为不可能输出的服务已变为可能。

由于国际服务合作的标的物为具有无形性的“服务”，在进行统计与衡量时具有很大的不确定性，所以，采用传统的基于国际收支统计中的国际服务贸易统计无法取得确切的数据。为了更好地反映国际贸易中货物贸易与服务贸易情况，世界银行的国际收支表作了调整，把经常项目下服务贸易收益与投资收益明确区分开，服务贸易由原来的 4 项扩大到国际运输、旅游、电信、保险、广告、咨询、视听等 15 项，原来放在运输内的货物保险单独作为保险列出。资本项目下也增加了财务项目、直接投资、证券投资等项目。

（二）国际服务合作以高新技术为核心

自第二次世界大战之后，国际服务合作在越来越广的范围内得到了发展，这基于高新技术的迅速发展与应用。以信息技术为标志的高新技术不仅大大促进了传统服务贸易的发展，更扩大了服务贸易的领域，并在一定程度上改变了传统服务贸易的提供方式。随着全球科技产业化的不断发展，一些新兴的服务行业迅速崛起，服务贸易的结构发生了很大变化，逐渐由传统的自然资源或劳动密集型服务贸易转向知识、技术密集型或资本密集型的现代服务贸易。近年来，国际金融、保险、通讯服务、技术服务、广告、咨询服务等项目的服务贸易发展速度远快于传统项目的服务贸易。

WTO 统计数据显示，2000—2009 年间，世界服务贸易整体年均增幅 9%，运输服务年均增长 8%，旅游服务年均增长 7%，其他商业服务年均增长率 12%，比传统的运输和旅游服务分别高出 4 个和 5 个百分点。其他商业服务在世界服务贸易中所占的比重，2000 年为 44.5%，2006 年首次超过 50%，2010 年提高到 53.1%。2017 年全球服务贸易（按照出口额计算）金额进一步扩大到5.3万亿美元，同比增长 7.4%，其中运输服务贸易增长幅度最大。服务贸易占国际贸易总额的比重已经提高到 23.1%。

（三）国际服务贸易发展不平衡，发展中国家地位有所改变

服务贸易基于服务经济发展的基础之上，而服务经济的高速发展又离不开技术进

步。因此，服务贸易的相对优势也如同货物贸易的相对优势一样，是由经济的发展和技术的进步而决定的。由于发展中国家经济基础和技术水平比发达国家低，因此，发展中国家在国际服务贸易中的地位相对处于劣势。

自第二次世界大战之后，在国际服务贸易中占据主导地位的仍然是发达国家，国际服务贸易额排名前20位的主要是发达国家，发达国家对发展中国家在服务贸易上存在高额顺差。荷兰、比利时、澳大利亚、希腊、挪威、以色列和埃及等国服务贸易出口收入与商品贸易的比例均在30%～40%，新加坡的服务贸易出口收入占商品贸易的比例最高，达54.1%。由于世界经济和技术的快速发展，近年来，服务贸易输入国越来越多，对国际劳务合作的需求和范围越来越大，地理分布越来越广，发展中国家的服务贸易出口增长明显加快，在国际服务贸易中的比重不断上升。在发展中国家(地区)中，亚洲(主要是东亚)国家(地区)服务贸易发展首当其冲，在海上运输、旅游、劳务输出等方面均取得了显著的成就。

(四)国际服务贸易壁垒不断增加，自由化进程缓慢

服务贸易没有关税问题，却存在非关税壁垒。由于服务市场竞争日趋激烈，自第二次世界大战后，各国为了自身利益，对服务贸易实行保护主义政策，尤其是在服务业不发达的发展中国家。如阿拉伯国家多次召开区域性国际会议，制定保护阿拉伯国家自身利益、限制外国承包商的法令和措施。一些发达国家一边高喊服务贸易自由化，一边对发展中国家的劳动密集型服务贸易实行限制。

尽管在关贸总协定“乌拉圭回合”谈判中，达成了《服务贸易总协定》《金融服务协议》《基础电信协议》等一系列促进国际服务贸易自由化的协议，但从实际看，自第二次世界大战后，世界各国，包括发达国家在内，都不可能无条件地开放国家服务贸易市场。由于各国利益不同，对服务贸易的定义、内涵和适用原则等方面的分歧较大，在今后相当长的一段时间内，服务贸易的保护程度将远比货物贸易为甚。

三、第二次世界大战后国际服务合作发展的原因

(一)各国产业结构进一步轻型化和服务化

随着科学技术的进步(特别是信息技术、信息高速公路和多媒体传播技术的发展)和社会生产力的提高，各国的劳动生产率大大提高，人民的生活水平随之得到提高，闲暇时间增多，人们对服务的需求不断增长，各国经济结构不断向轻型化和服务化调整。服务业发展远快于农业和制造业，服务业在各国国内生产总值中的比重不断上升。到20世纪末，发达国家服务业的比重普遍达到了70%，发展中国家也达到了40%。

(二)世界经济和货物贸易的发展推动了服务贸易的发展

第二次世界大战后，总体和平与发展的国际环境、世界经济较快增长，特别是货物贸易的增长，促进了服务贸易的发展，尤其是在与货物贸易相关的服务领域，如海运、保

险、航空运输等。据统计，国际运输业的规模已达3000亿美元，占世界服务贸易总额的近1/4。

（三）经济全球化促进了服务贸易的国际化

20世纪60年代经济全球化促进了服务贸易的国际化，跨国公司发展极为迅速，在跨国公司全球经营和发展的过程中，许多跨国公司深感服务业对其获取竞争优势的重要性，从而加快了服务国际化的进程。通过跨越国境数据资料的流动和世界信息网的建立，跨国公司有能力提供越过其传统部门的各种服务，如银行提供非银行服务。同时，跨国公司通过扩大其活动和经营范围继续为顾客服务，这在保险业和银行业表现得较为明显。巨型跨国公司的发展提高了供应世界市场各种服务的能力，并为跨国性服务公司的建立提供了条件。

（四）国际经济技术合作方式的多样化

世界经济相互依赖的加深，国际经济合作方式的多样化，也为国际服务合作的扩大创造了条件。国际服务合作方式主要有：

一是承包外国各类工程。

二是服务输出。如派出各类技术人员、海员、厨师会计等从事脑力和体力劳动的人员，为输入国提供服务。

三是各种技术性服务出口或生产技术合作。如出口各种技术、专利、科技知识、科研成果和工艺等知识产权形态的产品。向国外租赁配有操作人员的各种大型机械。向海外提供咨询服务，如提供计算机软件使用以及经营管理铁路、公路、电力工程等方面的咨询服务。

（五）政府的支持和促进

由于服务业在维护一国经济及政治利益方面均处于重要的战略地位，因此，各国政府普遍大力扶植并发展服务业，并采取了诸多保护服务市场和鼓励服务出口的措施。

政府鼓励投资、加速服务行业发展，并有意识地利用外资发展本国落后的服务业，如法国政府鼓励外国投资者在巴黎地区以外开设服务企业。大力发展信息及电信技术设施，鼓励数据跨越国境的自由流动。提供财政支持，建立新的基础设施，改造旧的服务设施。大力发展教育，努力提高人力资本素质。支持和鼓励区域间服务部门的合作和一体化。如欧洲共同体在一体化协定中授权成员间进行服务自由移动，广泛支持服务合作的一体化。

第三节　国际技术贸易

一、国际技术贸易的概念和内容

(一)国际技术贸易的概念

国际技术贸易是指不同国家的企业、经济组织或个人之间，按照一般商业条件，向对方出售或从对方购买软件技术使用权的一种国际贸易行为。它由技术出口和技术引进两方面组成。简言之，国际技术贸易是一种国际间的、以纯技术的使用权为主要交易标的物的商业行为。国际技术贸易的主要内容有：各种工业产权，如专利、商标；各种专有技术或技术诀窍；提供工程设计，工厂的设备安装、操作和使用；与技术转让有关的机器、设备和原料的交易的等。总之，技术贸易既包括技术知识的买卖，也包括与技术转让密切相关的机器设备等货物的买卖。

现代意义的技术贸易伴随着资本主义商品经济的发展而逐步发展起来。18世纪以后，随着工业革命的开始，资本主义大机器生产逐步替代了封建社会的小农经济，这为科学技术提供了广阔的场所，并出现了以许可合同形式的技术贸易。19世纪以来，随着西方各国技术发展加快和技术发明数量的增多，绝大多数国家都建立了以鼓励发明创造为宗旨的保护发明者权利的专利制度。专利制度的诞生，是国际技术贸易产生的重要前提。第二次世界大战以后，科学技术在经济发展中的作用日益重要，国际间经济竞争实际上表现为技术上的竞争。因此，技术作为一种特殊的商品成为贸易的重要对象，国际技术贸易额不断增加。

20世纪60年代中期，国际技术贸易额每年约为30亿美元，70年代中期增至100多亿美元，80年代中期增至500多亿美元，1990年已达1000多亿美元，1995年达到2500亿美元。1965—1995年，国际技术贸易的增长率为15.82%，大大高于同期国际商品贸易6.3%的增长率。2002年，国际技术贸易额就已近万亿美元。到2013年，国际技术贸易额早已超出上百万亿美元的水平。据商务部网站统计，2017年10月中国高新技术产品进口金额516.3亿美元，同比增长15.9%。2017年1—10月，中国高新技术产品进口金额达4661.8亿美元，同比增长11.3%。

(二)国际技术贸易的内容

1.专利权

“专利权”(Patent Right)，简称“专利”，是发明创造人或其权利受让人对特定的发明创造在一定期限内依法享有的独占实施权，是知识产权的一种。我国于1984年颁布了《中华人民共和国专利法》，1985年公布该法的实施细则，对有关事项作了具体规定。世界知识产权组织给"专利"下的定义是：专利是"由政府机构(或代表几个国家的地区机构)根据申请而发给的一种文件，文件中说明一项发明并给予它一种法律上的地位，即此项得到专利的发明，通常只能在专利持有人的授权下，才能予以利用(制造、使用、出售、进口)……"。在这里，"专利"被理解为三层意思，一是指专利证书这种专利文件；二是指专利机关给发明本身授予的特定法律地位，技术发明获得了这种法律地位就成了专利发明或专利技术；三是指专利权，即获得法律地位的发明的发明人所获得的使用专利发明的独占权利，它包括专有权(所有权)、实施权(包括制造权和使用权)、许可使用权、销售进口权、放弃权。简言之，专利权就是专利持有人(或专利权人)对专利发明的支配权。在我国，专利权是以申请在先原则授予的。专利权受到专门法律《专利法》的保护。可见，专利、专利技术、专利权和专利权人这几个概念是有密切联系的。

专利权有其明显的特点。第一，专利权是一种法律赋予的权力。发明人通过申请，专利机关经过审查批准，使他的发明获得了法律地位而成为专利发明，而他自己同时也因之获得了专利权；这种权利的产生与物权的自然产生是不同的。第二，专利技术是一种知识财产、无形财产。专利权是一种特殊的财产权。第三，专利权是一种不完全的所有权。专利权的获得是以发明人公开其发明的内容为前提的。而公开了的知识很难真正为发明人所独有。第四，专利权是一种排他性(独占性、专有性)的权力。对特定的发明，只能有一家获得其专利权。也只有专利权人才能利用这项专利发明，他人未经专利权人的许可，不能使用该专利发明。第五，专利权是一种有地域性的权利。专利权只在专利权批准机关所管辖的地区范围内发生效力。第六，专利权是一种有时间性的权利。专利权的有效期一般为10～20年。超过这个时间，专利权即失去效力。

根据专利技术的创造性程度的高低和其他特点，专利通常被分为三种类型。第一种是发明专利。所谓发明，是指对产品、方法或者其改进所提出的新的技术方案。它是利用自然规律解决实践中特定的技术问题的新方案。发明可分为两类，一类是产品发明，其发明的结果是一种新产品；另一类是方法发明，其结果是一种制造产品或测试或操作的新方法。第二种是实用新型专利。实用新型是对产品的形状、构造或者其结合所提出的适于实用的新技术方案。实际上，实用新型也属于一种发明。它与上述发明专利不同之处在于，实用新型是一种仅适用于产品的、创造性水平较低能够直接应用的发明(有人称之为"小发明")。在实践中，实用新型这种"小发明"为数众多，所以包括中国在内的世界上少数国家把它从发明中划分出来，单独加以保护。实用新型专利条件低，审批程序简单，收费也少，这有利于鼓励众多的小发明者。第三种是外观设计专利。外观设计是指产品的形状、图案、色彩或其结合所作出的富有美感并适于工业上应用的新设计。它与实用新型不同，外观设计对产品形状的设计主要是图好看，而实用新型对产品形状的设计主要是及于增加产品的使用价值，使其有新功能，主要是图好用。专利中的外观设计实际上是工业外观设计，它与纯美术作品不同，造型、图案和色彩只有体现在有独立用途的制成品上，才是专利中的外观设计。它是在保证或不影响产品用途的前提下，通过外形、图案、色彩的设计来吸引消费者。

2. 商标权

“商标权”是商标专用权的简称，是指商标主管机关依法授予商标所有人对其注册商标受国家法律保护的专有权。商标注册人依法支配其注册商标并禁止他人侵害的权利，包括商标注册人对其注册商标的排他使用权、收益权、处分权、续展权和禁止他人侵害的权利。商标是用以区别商品和服务不同来源的商业性标志，由文字、图形、字母、数字、三维标志、颜色组合或者上述要素的组合构成。

中国商标权的获得必须履行商标注册程序，并且实行申请在先原则。商标是产业活动中的一种识别标志，所以商标权的作用主要在于维护产业活动中的秩序，与专利权的作用主要在于促进产业的发展不同。根据《中华人民共和国商标法》规定，商标权有效期 10 年，自核准注册之日起计算，期满前 6 个月内申请续展，在此期间内未能申请的，可再给予 6 个月的宽展期。续展可无限重复进行，每次续展期 10 年。

商标权是一种无形资产，具有经济价值，可以用于抵债，即依法转让。根据《中华人民共和国商标法》的规定，商标可以转让，转让注册商标时转让人和受让人应当签订转让协议，并共同向商标局提出申请。在转让商标权时，应当按照《企业商标管理若干规定》的要求，委托商标评估机构进行商标评估，依照该评估价值处理债务抵偿事宜，而且，要及时向商标局申请办理商标转让手续。商标侵权的民事责任商标专用权被侵权的自然人或者法人在民事上有权要求侵权人停止侵害、消除影响、赔偿损失。

商标大体上可分为三类：制造商标、商业商标和服务商标。

一般只有能够移动的重复性生产的商品才使用商标。商标具有显著性特点，即相同或类似的商品不能使用相同或相似的商标。

商标的作用主要表现为以下三点：一是区别功能。商标能标明产品的来源，把一企业的产品与另一同类企业的产品区别开来，这是商标的最基本最重要的功能。二是间接标示产品质量的功能。产品的来源不同，其质量和信誉也会有差别。商标作为特定来源的产品的标记，它间接地反映了该产品的内在质量。人们选购商品时，一般无法当场检验其内在质量，而往往是根据自己的经验和商品的社会信誉，凭商标来选购商品。三是广告功能。由于商标的简明性和“显著性”，它最容易被消费者记住，从而使商标成为醒目的广告。

商标权的特点主要表现为以下四点：

一是独占性，又称“专有性”或“垄断性”，是指商标注册人对其注册商标享有独占使用权。赋予注册商标所有人独占使用权的基本目的，是为了通过注册建立特定商标与特定商品的固定联系，从而保证消费者能够避免混淆并能接受到准确无误的商品来源信息。换句话说，在商业中未经许可的所有使用，都将构成对商标专用权的侵害。这种专用权表现为三个方面：商标注册人有权依据《商标法》的相关规定，将其注册商标使用在其核准使用的商品、商品包装上或者服务、服务设施上，任何他人不得干涉；商标注册人有权禁止任何其他人未经其许可擅自在同一种或类似商品上使用与其注册商标相同或者近似的商标;商标注册人有权许可他人使用自己的注册商标,也可以将自己的注册商标转让给他人,这种许可或转让要符合法律规定并履行一定的法律手续。

二是时效性,指商标专用权的有效期限。在有效期限之内,商标专用权受法律保护,超过有效期限不进行续展手续,就不再受到法律的保护。各国的商标法,一般都规定了对商标专用权的保护期限,有的国家规定的长些,有的国家规定的短些,多则20年,少则7年,大多数是10年。我国商标法规定的商标专用权的有效期为10年。《商标法》第三十八条规定:“注册商标有效期限届满,需要继续使用的,应当在期满前6个月内申请续展注册,在此期间未能提出申请的,可以给予6个月的宽展期。宽展期满仍未提出申请的,注销其注册商标。每次续展注册的有效期为10年。续展注册经核准后,予以公告。”

三是地域性,指商标专用权的保护受地域范围的限制。注册商标专用权仅在商标注册国享受法律保护,非注册国没有保护的义务。在我国注册的商标要在其他国家获得商标专用权并受到法律保护,就必须分别在这些国家进行注册,或者通过《马德里协定》等国际知识产权条约在协定的成员国申请领土延伸。

四是财产性,商标专用权是一种无形财产权。商标专用权的整体是智力成果,其凝聚了权利人的心血和劳动。智力成果不同于有形的物质财富,虽然需要借助一定的载体表现,但载体本身并无太大的经济价值,体现巨大经济价值的只能是载体所蕴含的智力成果。比如“可口可乐”商标、“全聚德”商标等,其商标的载体可乐、烤鸭等不是具有昂贵价值的东西,但其商标本身具有极高的经济价值。“可口可乐”商标经评估,其价值达到700亿美元,而“全聚德”作为中国的民族品牌2005年的评估价值为106.34亿元人民币。通过商标价值评估,这些商标可以作为无形资产成为企业出资额的一部分。

3.专有技术

“专有技术”的英文名称叫“Know-how”,意为“知道如何制造”。它有许多中文名称:技术诀窍、技术秘密、专门知识等。还有直译成“诺浩”的,但最常用的名称是“专有技术”。从法律角度讲,专有技术没有经过法律的认可,不是法定权利。但是,专有技术持有人对这种技术拥有所有权,这种所有权是一种非法定权利,仅为技术持有者所独有,即专有技术虽然得不到专利法、商标法的保护,但它应当得到财产法的保护,作为一种财产,专有技术也可以以许可合同的方式进行转让。

专有技术可以是产品的构思,也可以是方法的构思,但专有技术在不少方面与专利技术不同:

(1)专有技术可以传授,但未必都是可言传的,有些只能通过“身教”才能传授;而专利技术则必须是可以通过语言来传授的。

(2)专有技术是处于秘密状态下的技术;而专利技术是公开技术。

(3)专有技术没有专门法律保护,所以它不属于知识产权。

(4)专有技术则是富于变化的动态技术;而专利技术是被专利文件固定了的静态技术。

(5)专有技术是靠保密而垄断的,其被垄断的期限是不定的;专利技术受保护或被垄断的期限则是有限的(最多20年)。

专有技术也是一种无形的知识财产,它除需用保密手段得到保护以外,也需要法律的保护。在实际中,专有技术是援引合同法、防止侵权行为法、反不正当竞争法和刑法取得保护的。但专有技术受法律保护的力度远比专利技术受到专利法保护的力度小。

在法律意义上,专有技术必须具备以下三个条件:一是其整体或其确切结构和内容组合是秘密的、非通常从事该信息领域工作的人们所普遍了解或容易获得的。二是秘密的,因而具有商业价值。三是其合法拥有者已按照实际情况采取了合理措施对其予以保密。

专有技术有以下六个特点:专有技术是一种技术知识。它是具有实用性的动态技术。它具有可传授性和可转让性。它是一种以保密性为条件的事实上的独占权。它具有经济性。它是没有取得专利权的技术知识。

二、国际技术贸易的价格与支付

(一)技术的价格及其决定

1.概念

技术商品价格,简称“技术价格”,是指在出售或转让技术商品时收取的费用。技术商品分为硬件技术商品和软件技术商品。前者指机械、设备、生产工具等有实物形态的商品。后者又可分为:载有技术信息的技术文件或资料情报;技术、技巧或专有技术、秘诀的传授和培训。由于技术商品不同,技术商品价格形成机制也不同。

2.决定因素

由于技术商品形态不同,其既可以用软件的形态表示,也可以用硬件的形态表示,所以其价格形成的决定因素也不同。

硬件技术商品的形成同其他有实物形态的商品价格形成相同。但是由于其包含着较多物化形态的工程技术人员的复杂劳动,因而有较高的加工价值或附加价值。在生产过程中,硬件技术商品作为投入的生产要素,其价值逐步转移到产出品上,而不创造新的价值。

软件技术商品价格形成的决定因素:软件技术商品的生产耗费较多工程技术人员的复杂劳动,因而具有较高的价值含量。决定软件技术商品价格的因素除价值外,还要考虑以下因素:该项技术的垄断程度和保密程度;该项技术可能带来预期收益;技术商品的市场供求关系。

(二)技术的价格形成

技术的价格形成简单来说有以下三方面:一是技术供应方的技术资料费、人员往来的差旅费、工资、办公费用、邮电和运输费用等转让技术的直接费用。二是技术开发的成本。三是技术引进方使用引进技术后所能创造的利润。

技术的价格形成具体可从以下五方面分析：

1.从价格内容方面分析

从价格内容方面分析，技术价格不是技术所有权的转让费，而是技术使用权的转让费。一般商品价格的实现，意味着商品所有权的转让，商品的购买者通过交换对所购商品具有使用、受益和随意处置的无限权利。而技术作为商品买卖的情形却不同，技术受让方不享有对技术的无限使用权，只享有有限使用权；不享有对技术商品的处置权，如受让方无权终止技术的专利等；不享有对技术商品的直接受益权，即分享专利的利益，只享受间接受益权，即只享受经过受让方自身对技术商品使用后所获得的收益。

2.从技术形成方面分析

从价格形成方面分析，技术价格形成基础取决于技术本身的特殊价值。技术作为一种特殊的商品，其价值的决定不同于一般商品。如前所述，一般商品的价值取决于生产该商品所耗费的社会必要劳动时间，而技术商品的价值不仅取决于技术自身所凝结的劳动耗费，而且更主要地取决于该技术本身可能创造的新价值。技术作为商品的价值，正是在于技术自身独有的新颖性、创造性和实用性，它能够改变社会生产率，使原商品生产的社会必要劳动时间发生变化，并且技术商品因其具有独占性和排他性，其价值不能用通常意义的社会必要劳动时间来衡量，而是由技术本身的个别价值和特殊的使用价值来决定。

3.从价格构成方面分析

从价格构成方面分析，技术价格构成的主要部分在于赢利，而不在于成本。众所周知，一般商品的价格构成主要是生产成本和预期利润。相对而言，一般商品的价格中成本所占比重较大，利润所占比重相对较小。而技术商品不同，其价格通常由部分技术开发费用、直接费用和预期利润三部分构成。由于技术商品可以多次转让，技术开发费用及直接费用可多次分摊，故其比重相对较小；而预期利润则由于技术商品本身的垄断性，尤其是技术应用本身实际使用价值的超值，故利润或赢利在价格构成中的比重较大。从技术贸易的实践看，技术价格的高低关键在于使用该技术所产生的经济效益的大小，取决于社会对该技术应用经济价值的认可程度。利用该技术可能产生的经济效益预期越高，则价格越高；反之，则价格越低。显然，决定技术价格高低的不是研制费用的高低，而是采用该技术可带来的效益有多大。受让方关心的只是该技术的使用价值，而不是其开发成本。所以，技术价格构成的主要部分是赢利，而赢利的基础在于技术本身的潜在获利能力。

4.从技术交易的参与者方面分析

从技术交易的参与者方面分析，技术价格还包含买卖双方的个性特征。任何一项技术的发生、发展以及转让、转移，都是在特殊的工艺环境下进行的，所涉及的设备支持、人员、管理、物流及原材料环境都是特殊的、有个性的。从这个意义上说，任何一项技术的每一次转让和应用过程不可能完全重复。同时，任何一项技术的发生、发展及转让、转移，又是在特定的市场环境下进行的，包括供方所在国市场环境和特定受方所在市场环境。在这个意义上说，技术的转让和应用所得收益也不可能完全相同。基于使用价值的衡量，技术买卖双方在实际操作上表现出很强的个性特征。因而，技术价格的制定也会考虑到买卖双方立场和转让过程。比如，技术受方的技术能力是一个经常碰到技术买卖中的个性化问题，按照受方技术能力的不同，技术贸易内容有简单的专利权许可，从培训受方有关人员，提供技术服务、技术咨询，直至提供技术设备、厂房建设等。故技术交易的价格也就因不同的对象而有不同的水平。

5.从技术交易所在国方面分析

从技术交易所在国方面分析，技术的价格也包含对其社会价值的认同。在科学技术高度发展的今天，技术本身的发生和发展也已远远超过了使用的功能性目的而更多地带有社会和文化的色彩。比如，汽车的外观、工艺品的造型、建筑物的功能和构造等，都可能构成对所涉及技术的评价差异，甚至引起社会的好恶，从而也影响到技术的买卖及其价格水平。因此，技术贸易的价格不仅包含有实用性方面使用价值的考虑，而且还包含有社会实用性方面的使用价值的考虑，实际上，也是技术买卖双方广义个性特征的表现。

（三）技术价格的支付方式

技术转让交易的支付方式可以分为两类：一类是对具有工业产权或不具有工业产权的专有技术，通常使用总付或提成费支付或入门费与提成费结合的方式；另一类是对于技术专家的服务或技术协助，通常按提供服务的每人或每一单元时间支付固定的金额。但是各种支付方式可以单独使用，也可以适当结合。

1.总付方式

总付方式指技术供方与技术受方谈妥一笔固定的金额，由技术受方一次或分期付清。

总付金额是双方达成协议时商妥的，不随技术受方收益多寡而变动，不论其利用引进技术的效果如何，规定的金额都得照付。因此，技术受方承担了引进技术是否适用的全部风险。而技术供方收益有较确定的保证。鉴于此，国际上认为使用总付方式应考虑以下情况：

(1)当技术可以立即全部转移，而且技术受方能够立即全部予以吸收。

(2)用在较不尖端的技术或专有技术的转让方面，技术受方不需要技术供方不断提供有关技术进步或产品推销方面的技术情报，也不需要不断提供技术服务与协助。

(3)技术受方有较充足的资金，并打算尽快摆脱对技术供方的依赖。

2.提成费支付方式

提成费支付方式指技术受方利用引进技术开始生产之后，以经济上的使用或效果

(产量、销售额,利润等)作为函数予以确定,按期连续支付。这种支付方式的特点是:双方在签订技术转让合同时,只规定提成的比例和提成的基础,不固定合同期间技术受方应支付的技术使用费总额,只有当技术受方利用技术供方的技术取得实际经济效果时,才根据合同规定计算提成费,按期支付给技术供方。

3.入门费与提成费结合方式

入门费与提成费结合方式指在订约后若干天内或收到第一批资料后若干天内,先支付一笔约定的金额,这笔金额称为入门费或初付费,以后再按规定的办法支付提成费。入门费与总付是不同的概念,总付是支付技术使用费的全部金额,而入门费仅为技术使用费的一小部分,技术供方要求支付入门费的原因主要是:

(1)尽快收回为技术转让交易所支出的直接费用。

(2)补偿应技术受方要求提供的某些特殊或专门技术协助所垫支的费用。

(3)"披露费"或称"技术公开费",指技术受方决定引进技术之前,需要技术供方对技术的有关情况进行介绍,或到技术供方工厂进行考察,这样会在一定程度上泄露技术秘密,技术供方为弥补可能的损失,要求技术受方给予一定的经济补偿。

(4)技术受方吸收消化技术的能力较差,估计在协议初期收益没有保证的情况下,技术供方一般要求较高的入门费。

三、国际技术贸易的主要形式

(一)许可证贸易

1.许可证贸易的概念

许可证贸易是指技术许可方将其交易标的的使用权通过许可证协议或合同转让给技术接受方的一种交易行为,又称"许可贸易"。许可证的标的,通常是"软技术",可以是专利、设计、工业模型、商标及版权,也可以是专有技术(诀窍)。许可证贸易通过协议,让许可人允许受许可人使用其专利、商标或专有技术;受许可人则向许可人支付费用和其他报酬,作为使用其技术的代价。许可证贸易把"科学与技术革命、知识积累与工业应用上的革命"结合起来,加速了产品生命周期和技术生命周期的进程。技术不发达国家可以利用许可证贸易以较小投资获得较大经济效益,缩短技术差距,享受技术进步的好处。对于出口人(售证人)来说,则能收回科研投资和风险成本,使科研成果不至于"价值"磨损。

2.许可证贸易的类型

(1)专利许可证。

专利许可证是一种古老的技术转让方式,指专利所有人或其授权的法人及自然人在一定范围内允许他人使用其受专利保护的技术权利。

(2)专有技术许可证。

专有技术指生产秘密、技术知识、经验、制造方法等。专有技术许可证不同于专利许可证,它是靠合同中的保密条款来保护的,专有技术的有效期比专利更富有伸缩性。

(3)商标许可证。

商标是商品的品牌。商标权是商标的使用者向主管部门申请、经主管部门核准所授予的商标专用权。商标许可证是指拥有商标专用权的所有人通过与其他人签订许可合同,允许他人在指定的商品上及规定的地域内使用其注册的商标。

3.许可证贸易的授权方式

(1)独占许可证协议。

在规定的地区内,接受方在协议的有效期内对许可证协议项下的技术享有独占的使用权,许可方不得在该地区内使用该项技术制造和销售商品,也不得把同样的技术授予该地区内的任何第三方。

(2)排他性许可证协议。

排他性许可证协议又称"全权(独家)许可证协议"。在规定的地区内,许可方和接受方在协议有效期内对许可证协议项下的技术都享有使用权。但许可方不得将此种权利给予第三方,即不得与第三方签订同一内容的许可协议。

(3)普通许可证协议。

供方允许受方在规定的地区和时间内享有使用协议中所规定的技术制造和销售相关产品的权利。但这种权利不是独占的,对供方(或出让方)没有限制,技术使用权转让给受方后,技术供方仍可在该地区内使用该项技术或将这项技术的使用权授予任何第三方。

(4)分许可证协议。

分许可证协议又称"从属许可证协议"。在协议的有效期内,接受方有权以自己的名义把协议项下的技术向第三方转让。

(5)交叉许可证协议。

交叉许可证协议又称"互换许可证协议"。双方以价值相等的技术,在互惠的基础上,交换技术的使用权和产品的销售权,一般都是不收费的。这种方式常在合作生产、合作设计时使用。

进行许可证贸易时,技术供方和受方就许可证的标的、转让范围、转让条件、期限和支付等合同条款进行磋商,达成一致意见后签订合同作为双方必须遵守的法律文件。合同的内容是许可方(即技术供方)给予引进方(即技术受方)制造、使用或销售许可证项下的产品的有限权利,而引进方则支付给许可方以相应的酬金。

4.许可证贸易的优点

相对于产品出口、直接投资而言,许可证贸易具有以下独特的优势:

(1)避开进口国限制、作为产品出口转换形式的最佳途径。

(2)大大降低或避免国际营销的各种风险。例如,授方的资金没有进入国际市场,减少了受方所在国的外汇管制风险;纯粹的技术使用权许可,不存在独资或合资的企业被东道国没收征用的政治风险;由受方利用技术进行产销活动,使市场竞争与汇率变动等风险转移到受方身上。

(3)节省高昂的运销费用,提高价格竞争的能力。

(4)有利于特殊技术的转让。某些关系到进口国国计民生的重要工业产品无法采用投资或产品出口方式,而通过许可证贸易则能顺利地涉足这些产品的生产经营领域。

(5)便于服务性质的企业进入国际市场。如各种类型的咨询公司、技术服务公司等企业本身并不制造产品,许可证贸易便为它们的无形产品(技术)进入国际市场提供了便利条件。

(6)小型制造企业也能进入国际市场。这一优点对于我国众多的制造企业来说尤为重要。

5. 许可证贸易的缺点

小型制造企业实力不足,缺乏资金,难于采用直接投资在国外生产经营产品的方式。但只要拥有某项对市场具有吸引力的技术,同样,可以通过许可证贸易的方式进入国际市场。客观地评价许可证贸易方式,它存在以下不足之处:

(1)必须具备一定的条件。并非任何企业或任何技术都能进行许可证贸易。当企业拥有驰名商标、良好信誉、先进技术,并对受方有吸引力时,许可证贸易才能成为现实。

(2)授方对目标国家的市场经营难于控制。许可证贸易双方并非从属关系,而是买卖关系,不管受方的市场经营状况如何,授方也不能对其加以直接控制,充其量只能把受方视为自己在国外的经销商,市场经营状况不佳可能会对授方及其产品的声誉造成不良的影响。

(3)授方的纯收益可能会受到目标国家经营状况的制约。当采用提成的办法计算转让费用时,授方的纯收益的多少主要由产品在目标国家的竞争能力、销售数量、盈利水平来决定。

(4)授方可能在国际市场上培养了自己的竞争对手。许可证贸易实际上是授方把一部分技术的优势、独占的权力转让给了受方,说到底是让出了一部分现实市场和潜在市场,这是授方的风险损失。因此,在技术出口之前就要权衡利弊,估算这种风险损失,拟定补救的办法,然后作出决策。

(二)技术服务

1. 技术服务的概念

技术服务(Technical Service)是技术市场的主要经营方式和范围。是指拥有技术的一方为另一方解决某一特定技术问题所提供的各种服务。如:进行非常规性的计算、设计、测量、分析、安装、调试,以及提供技术信息、改进工艺流程、进行技术诊断等服务。为使机械工业产品在安装、调试和运行中保持良好的技术状态，由产品制造企业向用户提供各项组织措施和技术措施的服务。技术服务是现代工业经营管理的一个重要环节，它有利于用户提高使用机械产品的技术经济效果，也有利于企业本身提高产品质量和改进产品结构，并为扩大市场销售等经营决策提供依据。技术服务的作用是充分利用社会智力资源，解决科研和生产建设中的技术难题，促进科学技术进步和生产发展，从而促进社会经济的发展。

2.技术服务的主要内容

(1)信息服务。技术服务组织应与有代表性的用户建立长期、稳定的联系，及时取得用户对产品的各种意见和要求，指导用户正确使用和保养产品。

(2)安装调试服务。根据用户要求在现场或安装地点(或指导用户)进行产品的安装调试工作。

(3)维修服务。维修服务一般分为定期与不定期两类，定期技术维修是按产品维修计划和服务项目所规定的维修类别进行的服务工作；不定期维修是指产品在运输和使用过程中由于偶然事故而需要提供的维修服务。

(4)供应服务。向用户提供产品的有关备品配件和易损件。

(5)检测服务。为使产品能按设计规定有效运转所进行的测试、检查、监控工作，以及所需要的专用仪器仪表装置。由于检测服务的工作量日益繁重，各种专用仪表也日益增多，检测服务趋向于建立各种综合性或专业性的测试中心。

(6)技术文献服务。向用户提供产品说明书、使用说明书、维修手册以及易损件、备件设计资料等有关技术文件。

(7)培训服务。为用户培训操作和维修人员。培训内容主要是讲解产品工作原理，帮助用户掌握操作技术和维护保养常识等，有时还可在产品的模拟器或实物上进行实际的操作训练。

随着现代科学技术的发展，产品结构日益改善，技术精度和复杂程度不断提高，技术服务已从单纯的售后服务发展为售前服务，即在新产品的设计论证阶段就将技术服务的要求列为一项重要内容，并随着设计、试制和生产阶段的进行而逐步具体化，因此，在产品交付使用时就能提供一整套基本完善的技术服务。但对一些结构和使用维修比较简单的产品，一般仍采取售后服务的方式。技术服务的组织形式，视产品使用复杂程度和市场占有率而定。企业一般设立专职的或兼营的技术服务机构。对于使用复杂程度高、工作量较大的产品，还可考虑建立服务公司或服务中心。

为提高技术服务质量，企业技术服务组织应及时把来自用户的各种信息反馈到设计、工艺和检查等专业部门，形成不断循环、不断提高的信息反馈系统。

3.技术服务的特点

(1)提供技术服务的被委托方一般是科研机构、大专院校、企事业单位的专业科技人员或专业技术人员，这些人员掌握专门科技知识和专门技艺，可同时或先后为多家委托方提供技术服务。

（2）作为一种特殊的知识型劳务关系，受托方提供的是一种可重复性的智力劳务，不具有科技开发、技术专利所要求的保密性，受托方为委托方解决特定技术问题，收取一定报酬。

4.技术服务的实施

技术服务通过签定技术服务合同来实施，技术服务合同文本由标题、正文、落款等部分组成。其中，标题直接注明技术服务所涉及的技术标的项目名称。而正文部分一般包括七个方面的内容：技术服务合同标的及其特征，明确技术服务所要达到的具体技术经济指标；技术服务合同履行期限、地点和方式；委托方向受托人提供背景资料和必要的工作条件；报酬和支付方式；验收标准和办法；双方在合作中需要对方协作的具体问题；违约责任和解决办法。落款与一般合同稍有不同，包括了委托方和受托人名称、地址、邮政编码、电话、电子邮箱等。

作为法律依据的合同，其重要性不言而喻，因此，在技术服务的合同缮制过程中需要多加注意以下内容：

（1）技术服务合同内容要明确、具体地注明当事人双方的权利、义务和违约责任。在技术服务合同履行过程中，受托方利用委托方提供的技术资料、工作条件所完成新的技术成果和创造发明，除另有所约外，属于受托方。同样，委托方利用受托方的工作成果完成新的技术成果和创造发明，除另有所约外，属于委托方。

（2）技术服务合同文字表达要准确、严密，语言要简洁、规范，不能出现歧义词语，以避免不必要的争议。

（3）技术服务合同签订后要进行法律公证，以保证合同的监督和执行。

（三）特许经营

1.特许经营的概念

特许经营(Franchise)指特许权人与被特许人之间达成的一种合同关系。在这个关系中，特许权人以合同约定的形式，提供或有义务在诸如技术秘密和训练雇员方面维持其对专营权业务活动的利益。而被特许人获准使用由特许权人所有的或者控制的共同的商标、商号、企业形象、工作程序等。但由被特许人自己拥有或自行投资相当部分的企业。特许经营最早起源于美国，1851 年 Singer 缝纫机公司为了推展其缝纫机业务，开始授予缝纫机的经销权，在美国各地设置加盟店，撰写了第一份标准的特许经营合同书，在业界被公认为是现代意义上的商业特许经营起源。

特许经营的定义有很多种，在国际上广泛通用的是“国际特许经营协会”(International Franchise Federation)的定义，该定义如下：特许经营是特许人和受许人之间的契约关系，对受许人经营中的如下领域：经营诀窍和培训，特许人有义务提供或保持持续的兴趣；受许人经营是在由特许人所有和控制下的一个共同标记、经营模式和过程之下进行的，并且受许人从自己的资源中对其业务进行投资。中国特许经营协会把特许经营定义如下：特许人将自己拥有的商标、商号、产品、专利和专有技术、经营模式等以特许经营合同的形式授予受许人使用，受许人按合同规定，在特许人统一的业务模式下从事经营活动，并向特许人支付相应的费用。中国政府对"特许经营"的法律定义：特许经营指特许者将自己所拥有的商标（包括服务商标）、商号、产品、专利和专有技术、经营模式等以特许经营合同的形式授予被特许者使用，被特许者按合同规定，在特许者统一的业务模式下从事经营活动，并向特许者支付相应的费用。

2.特许经营的类型

特许经营的种类有以下四种不同的划分方法：

（1）按资金投入划分：

按资金投入划分，特许经营可分为工作型特许经营、业务型特许经营和投资型特许经营三种。工作型特许经营只要加盟者投入很少资金，有时甚至不需要营业场所。业务型特许经营一般需要购置商品、设备和营业场所，需要较大的投资。投资型特许经营需要更多的资金投资。

（2）按交易形式划分：

按交易形式划分，特许经营可分为以下四种：一是制造商对批发商的特许经营；二是制造商对零售商的特许，如石油公司对加油站之间的特许；三是批发商对零售商的特许，如医药公司特许医药零售店；四是零售商之间的特许，如连锁集团利用这一形式招募特许店，扩大经营规模。

（3）按加盟者性质划分：

按加盟者性质划分，特许经营可分为区域特许经营、单一特许经营和复合特许经营三种。区域特许经营是指加盟者获得一定区域的独占特许权，在该区域内可以独自经营，也可以再授权次加盟商。单一特许经营是指加盟商全身心地投入特许业务，不再从事其他业务。复合特许经营是指特许经营权被拥有多家加盟店的公司所购买，但该公司本身并不涉足加盟店的日常经营。

（4）按加盟业务划分：

按加盟业务划分，特许经营可分为转换型特许经营和分支型特许经营两种。前者是加盟者将现有的业务转换成特许经营业务，特许商往往利用这种方式进入黄金地带。后者则是加盟商通过传统形式来增加分支店，一般需要花费更多的资金。

3.特许经营的特点与特征

（1）特许经营特点。

按我国法律规定，特许经营是一种销售商品和服务的方法，而不是一个行业。作为一种商业经营模式，在其经营过程和方法中有以下四个共同特点：个人（法人）对商标、服务标志、独特概念、专利、经营诀窍等拥有所有权；权利所有者授权其他人使用上述权利；在授权合同中包含一些调整和控制条款，以指导受许人的经营活动；受许人需要支付权利使用费和其他费用。

(2)特许经营特征。

“特许经营”一词译自英文。虽然不同国家、不同组织对特许经营有不同的定义，但一般而言，特许经营有如下特征：特许经营是特许人和受许人之间的契约关系；特许人将允许受许人使用自己的商号和(或)商标和(或)服务标记、经营诀窍、商业和技术方法、持续体系及其他工业和(或)知识产权；受许人自己对其业务进行投资，并拥有其业务；受许人需向特许人支付费用；特许经营是一种持续性关系。

4.特许经营的优势

特许经营已有一百多年的发展历史，其所取得的成就已为世人瞩目。近几年，特许经营在我国也有巨大发展。这一分销方式之所以长盛不衰，有其经营优势。

(1)特许商利用特许经营实行大规模的低成本扩张。

对于特许商来说，借助特许经营的形式，可以获得如下优势：

①特许商能够在实行集中控制的同时保持较小的规模，既可赚取合理利润，又不涉及高资本风险，更不必兼顾加盟商的日常琐事。

②由于加盟店对所属地区有较深入的了解，往往更容易发掘出企业尚未涉及的业务范围。

③由于特许商不需要参与加盟者的员工管理工作，因而本身所必需处理的员工问题相对较少。

④特许商不拥有加盟商的资产，保障资产安全的责任完全落在资产所有人的身上，特许商不必承担相关责任。

⑤从事制造业或批发业的特许商可以借助特许经营建立分销网络，确保产品的市场开拓。有人说，“有人的地方就有可口可乐”，“有色彩的地方就有柯达”。这些品牌无处不在的原因就在于它们利用了特许经营方式进行了大规模的低成本扩张。

(2)加盟商借助特许经营“扩印底版”。

有人形象地把加盟特许经营比喻成“扩印底版”，即借助特许商的商标、特殊技能、经营模式来反复利用，并借此扩大规模。

①可以享受现成的商誉和品牌。加盟商由于承袭了特许商的商誉，在开业、创业阶段就拥有了良好的形象，使许多工作得以顺利开展。否则，借助于强大广告攻势来树立形象是一大笔开支。

②避免市场风险。对于缺乏市场经营的投资者来说，面对激烈的市场竞争环境，往往处于劣势。投资一家业绩良好且有实力的特许商，借助其品牌形象、管理模式以及其他支持系统，其风险大大降低。

③分享规模效益。这些规模效益包括：采购规模效益、广告规模效益、经营规模效益、技术开发规模效益等。

④获取多方面支持。加盟商可从特许商处获得多方面的支持，如培训、选择地址、资

金融通、市场分析、统一广告、技术转让等。

(3)因其管理优势受到消费者欢迎。

特许经营成功发展的另一个原因就是准确定位。由于能准确定位,使企业目标市场选择准确,能围绕目标市场进行营销策略组合,并能及时了解到目标市场的变化,使企业的产品和服务走在时代前列。

5.特许经营的劣势

(1)正是由于特许本身,使得加盟商拥有一套完善、严谨的经营体系。可是,正因如此,加盟商很难改变这种经营模式来适应市场以及政策的各种变化。另外,由于各个地区消费者的需求不同,特许经营也很难在任何地方都能保持持续的优势。

(2)对消费者来说,加盟商的频繁变更给他们带来的是疑惑,而且会造成特许人、现任加盟商和以往加盟商之间责任不清,相互推脱责任。

(3)特许经营只能专注于某一个领域,不可能在各个市场都取得战略性的胜利。

在国际工程承包、补偿贸易在开展的过程中,涉及较多的技术转让内容,也是国际技术转让的形式。

四、国际技术合作方面的知识产权国际保护

(一)知识产权的概念与特点

1.知识产权的概念

知识产权是指人们就其智力劳动成果所依法享有的专有权利,通常是国家赋予创造者对其智力成果在一定时期内享有的“专有权”或“独占权”。

知识产权从本质上说是一种无形财产权,其客体是智力成果或者知识产品,是一种无形财产或者一种没有形体的精神财富,是创造性的智力劳动所创造的劳动成果。知识产权与房屋、汽车等有形财产一样,都受到国家法律的保护,都具有价值和使用价值。有些重大专利、驰名商标或作品的价值也远远高于房屋、汽车等有形财产的价值。

2.知识产权的特点

(1)知识产权是一种无形财产。

(2)知识产权具备专有性的特点。专有性即独占性或垄断性;除权利人同意或法律规定外,权利人以外的任何人不得享有或使用该项权利。这表明权利人独占或垄断的专有权利受严格保护,不受他人侵犯。只有通过“强制许可”“征用”等法律程序,才能变更权利人的专有权。知识产权的客体是人的智力成果,既不是人身或人格,也不是外界的有体物或无体物,所以既不属于人格权也不属于财产权。而且知识产权是一个完整的权利,只是作为权利内容的利益兼具经济性与非经济性,因此,不能把知识产权说成是两类权利的结合。例如说著作权是著作人身权(或著作人格权、或精神权利)与著作财产权的结合,是不对的。知识产权是一种内容较为复杂(多种权能),具有经济的和非经

济的两方面性质的权利。因而，知识产权应该与人格权、财产权并立且自成一类。

(3)知识产权具备时间性的特点。时间性即只在规定期限保护，即法律对各项权利的保护，都规定一定的有效期，各国法律对保护期限的长短可能相同，也可能不完全相同，只有参加国际协定或进行国际申请时，才对某项权利有相同的保护期限。

(4)知识产权具备地域性的特点。地域性即只在所确认和保护的地域内有效；即除签有国际公约或双边互惠协定外，经一国法律所保护的某项权利只在该国范围内发生法律效力。所以知识产权既具有地域性，在一定条件下又具有国际性。

(5)大部分知识产权的获得需要法定的程序，比如，商标权的获得需要经过登记注册。

3. 知识产权的分类

(1)按客体的性质来划分。

按客体的性质来划分，知识产权可以分为著作权和工业产权。

著作权主要是独立创作的作品依法享有的权利，如文字作品、视听作品、音乐作品、多媒体作品、科学作品等。

工业产权是发明创造技术类成果依法享有的权利，如专利、商业秘密、计算机软件、数据库、集成电路布图设计等。

(2)按主体对客体的支配程度划分。

按主体对客体的支配程度划分，知识产权可以分为自主知识产权和非自主知识产权。

自主知识产权是指以基本或原创性智力成果为对象，依法获得的具有完整、独立自主支配该成果能力的专用权。

非自主知识产权，是指在原创性智力成果的基础上，作出的具有重大技术进步和显著经济效益的智力成果，依法获得的、其实施受原创成果主体制约的专用权。

(二)保护专利的国际公约

1.《巴黎公约》

《保护工业产权巴黎公约》(Paris Convention on the Protection of Industrial Property)简称《巴黎公约》，于1883年3月20日在巴黎签订，1884年7月7日生效。巴黎公约的调整对象即保护范围是工业产权，包括发明专利权、实用新型、工业品外观设计、商标权、服务标记、厂商名称、产地标记或原产地名称以及制止不正当竞争等。巴黎公约的基本目的是保证一成员的工业产权在所有其他成员都得到保护。

该公约最初的成员为11个，在该公约签署130年后，截至2013年9月21日，随着萨摩亚的正式加入，该公约缔约方总数达到175个国家。1985年3月19日，中国成为该公约成员，中国政府在加入书中声明：中华人民共和国不受公约第28条第1款的约束。在我国加入该公约前后，我国还先后制定了与之相配套的诸如《商标法》《专利法》

《促进科技成果转化法》等法律，使之与其相配套。

《巴黎公约》自1883年签定以来，已做过多次修订，现行的是1980年2月在日内瓦修订的文本。共30条，分为3组，第1～12条为实质性条款，第13～17条为行政性条款，第18～30条是关于成员的加入、批准、退出及接纳新成员等内容，称为“最后条款”。

2.《专利合作合约》

1994年4月，我国正式加入《专利合作条约》。该条约于1970年6月19日在华盛顿签订，它是随属于《保护工业产权巴黎公约》的一个特别协定，其目的是为了使获得发明保护的工作更加简化和经济。

3.《海牙协定》

《海牙协定》是《工业品外观设计国际保存海牙协定》(The Hague Agreement Concerning the International Deposit of Industrial Designs)的简称，是巴黎公约成员缔结的专门协定之一。《海牙协定》共分5部分，其主要内容为：具有任何一个海牙联盟成员国籍或在该国有住所或经营场所的个人或单位都可以申请“国际保存”。申请人只要向世界知识产权组织国际局进行一次申请，就可以在要想得到保护的成员国内获得工业品设计专利保护。申请国际保存时，不需要先在一个国家的专利局得到外观设计的专利的批准，只通过一次保存，可以同时在几个国家取得保护。国际保存的期限为5年，期满后可以延长5年。

4.《欧洲专利公约》

欧洲是专利制度最早的发源地，从1474年威尼斯诞生世界上第一部专利法，到18—19世纪欧洲各国专利法的相继颁布，相互间在立法思想上较为接近，为国家法之间的协调及欧洲专利公约的最终形成奠定了基础。

随着欧洲各国经济、科技的发展，逐渐显露出统一协调欧洲各国专利法，建立一个从申请到授权一体化专利制度的热切愿望。经过几十年一波三折的磨合与磋商，终于在1973年由欧洲14国签订了欧洲专利公约，并于1978年正式生效。目前，欧洲专利公约成员已达19个。

欧洲专利公约是一个地区性国家间专利组织，只对欧洲国家开放。欧洲专利公约为各成员提供了一个共同的法律制度和统一授予专利的程序。审查程序采取早期公开、延迟审查及授权后的异议制度。提出欧洲专利申请时，可以指定一个、几个或全部成员。一旦依照公约授予专利权，即可在所有指定的成员国生效，与指定的各成员依国家法授予的专利具有同等效力，欧洲专利权有效期是自申请日起20年。然而，这仅仅是一个负责审查和授予欧洲专利的公约，对于欧洲专利的维持、行使、保护，以及他人请求宣告欧洲专利无效，均由各指定的成员国依照国家法进行。

（三）保护商标权的国际公约

1.《巴黎公约》

《巴黎公约》不仅涉及专利权的保护，也涉及商标权的保护。

2.《商标国际注册马德里协定》

《商标国际注册马德里协定》（Madrid Agreement Concerning the International Registration of Marks），1967 年 7 月 14 日签订于斯德哥尔摩，于 1989 年 5 月 25 日生效，有 92 个成员，是用于规定、规范国际商标注册的国际条约。

3.《尼斯协定》

《尼斯协定》全称为《有关商标注册用商品和服务国际分类的尼斯协定》，于 1961 年生效，目前有 50 多个成员，同时有上百个国家使用该协定的国际商标注册用商品分类法。我国于 1988 年开始采用商标注册用商品和服务国际分类，并于 1994 年加入该协定。《尼斯协定》建立了为商标注册目的而适用的商品和服务国际分类，包括商品 34 个大类，服务 11 个大类，大类又分为 1 万多个小项。

4.《维也纳协定》

《建立商标图形要素国际分类维也纳协定》（Vienna Agreement for Establishing an International Classification of the Figurative Elements of Marks），简称《维也纳协定》，是建立商标图形要素国际分类的协议。1973 年 6 月 12 日在维也纳外交会议上通过，于 1985 年 8 月 9 日生效。《维也纳协定》共 17 条。其主要内容包括：特别同盟的建立；国际分类的采用；图形要素分类的定义与存档；使用的语言；使用；专家委员会；修改和增补的通知、生效和公布与其他决议；特别同盟的大会；国际局；财务；协定的修订；修改；成员；生效；期限；退约；争议；签字、文字、保存职责、通知。该协定将商标图形要素分为 29 个大类、144 个小类和约 1887 个类目。它要求每一缔约国的商标主管机关必须在其有关商标注册，或续展的官方文件，或出版物里，指明所使用的国际分类符号，以便于商标的内部审查和外部查询。

（四）《与贸易有关的知识产权协定》

《与贸易有关的知识产权协定》（Agreement on Trade-Related Aspects of Intellectual Property Rights 缩写 TRIPs）简称《知识产权协定》，是世界贸易组织管辖的一项多边贸易协定。《与贸易有关的知识产权协定》有 7 个部分，共 73 条。其中所说的“知识产权”包括：著作权与邻接权；商标权；地理标志权；工业品外观设计权；专利权；集成电路布线图设计权；未披露的信息专有权。

在 1883 年之前，知识产权的国际保护主要是通过双边国际条约的缔结来实现。1883 年，《保护工业产权巴黎公约》问世后，《保护文学艺术作品伯尔尼公约》《商标国际注册马德里协定》等相继缔结。在一个世纪左右的时间里，世界各国主要靠这些多边国际条约来协调各国之间差距很大的知识产权制度，减少国际交往中的知识产权纠纷。

世界贸易组织的《TRIPS协议》是1994年与世界贸易组织所有其他协议一并缔结的，它是迄今为止对各国知识产权法律和制度影响最大的国际条约。与过去的知识产权国际条约相比，该协议具有三个突出特点：

第一，它是第一个涵盖了绝大多数类型知识产权类型的多边条约，既包括实体性规定，也包括程序性规定。这些规定构成了世界贸易组织成员必须达到的最低标准，除了在个别问题上允许最不发达国家延缓施行之外，所有成员均不得有任何保留。这样，该协议就全方位地提高了全世界知识产权保护的水准。

第二，它是第一个对知识产权执法标准及执法程序作出规范的条约，对侵犯知识产权行为的民事责任、刑事责任以及保护知识产权的边境措施、临时措施等都作了明确规定。

第三，它引入了世界贸易组织的争端解决机制，用于解决各成员之间产生的知识产权纠纷。过去的知识产权国际条约对参加国在立法或执法上违反条约并无相应的制裁条款，《TRIPS协议》则将违反协议规定直接与单边及多边经济制裁挂钩。

第四节　中国的国际服务合作

一、中国服务出口

(一)中国服务出口的特点

据商务部统计，2016年，中国服务出口18194亿元，增长2.3%，2017年1—8月，中国服务出口9266.9亿元，增长4.4%，新兴服务领域出口保持快速增长，电信、计算机和信息服务进出口增长较快，承接“一带一路”沿线国家服务外包503.2亿元，增长25.4%。技术出口稳步增长，涉及行业主要集中在通信设备、计算机及其他电子设备制造业，研究与试验发展行业和软件业三大行业，出口占比超过50%。

商务部服贸司2018年上半年我国服务出口数据显示，我国服务贸易保持平稳较快增长态势，进出口规模创历史新高，结构持续优化，质量和效益进一步提高，稳中向好势头继续巩固，为服务贸易高质量发展奠定坚实基础。目前，中国服务贸易出口主要集中在运输、旅游、建筑等传统服务业上。

2018年1—6月，我国服务进出口总额3973.1亿美元，同比增长17%。其中，出口1320.9亿美元，增长22.4%。

2018年上半年，我国服务进出口呈以下特点：

1.服务贸易增速好于同类指标

国内经济稳中有进，推动服务贸易平稳快速发展。上半年，服务贸易占对外贸易总额(货物贸易和服务贸易)的比重达15.2%,比上年同期提升0.1个百分点。服务进出口增速高于同期货物进出口增速0.6个百分点,高于同期服务业增加值增速0.9个百分点,高于同期国民经济增速1.7个百分点。

2.服务贸易逆差出现小幅收窄

服务出口保持快于进口的增长态势,出口增速高于进口增速7.5个百分点。服务贸易逆差规模较上年同期收窄26.6亿元,是自2010年以来的首次半年度逆差收窄。

3.服务贸易结构进一步优化

新兴服务进出口总额8466.7亿元,增长19%,高于整体增速10.5个百分点,拉动新兴服务占比提升3个百分点。旅行、运输和建筑等三大传统服务占比下降2.5个百分点,其中旅行占比下降3.1个百分点。

4.新兴服务出口快速增长

新兴服务出口4402亿元,增长23.6%,高于总体服务出口10个百分点,占服务出口总额比重达到52.3%,比上年同期提升4.2个百分点。其中,电信计算机和信息服务、保险、个人文化和娱乐、维护和维修出口增速均超过20%,分别为52.4%、37.9%、35.8%和22.6%,我促进服务出口的政策措施效果初步显现。

(二)发展服务出口贸易的必要性

1.实现从贸易大国向贸易强国转变的重要途径

服务贸易作为发达国家对外贸易的主要形式,反映了一个国家的经济结构和国家竞争力,各国参与国际竞争的重心正从货物贸易转向服务贸易。进入21世纪后,世界服务贸易出口进入稳步增长期。但服务贸易的地区格局不平衡情况继续存在,各国的对外服务水平及在国际服务市场上的竞争实力相差悬殊。与国际货物贸易相比,全球各地区和各国服务贸易发展的不对称性更加突出。虽然发展中国家在世界服务贸易中的地位趋于上升,但是,发达国家仍占据主导地位。在服务贸易出口前10位的国家中,仅有中国和印度两个发展中国家。与货物贸易相反的是,中国服务贸易自1992年首次出现贸易逆差以后,除个别年份(1994年)外,一直是逆差,尤其是近年来,中国服务贸易逆差呈逐渐扩大的趋势,中国想要从贸易大国向贸易强国转变,服务出口贸易的发展至关重要。

2.优化产业结构,保证国民经济持续增长

对于中国来说,发展服务出口,最根本的目的是要以此加快本国的产业结构升级和结构调整,进一步提高自身的经济素质和国际竞争力,从而保证国民经济持续、快速、健康发展。

3.提升国际竞争力,应对经济全球化的挑战

由于信息技术的发展,全球经济一体化的速度明显加快,中国经济国际化的趋势也

是不可逆转的。新科技革命推动新兴服务业务迅速发展,致使世界各国的经济关系已从物质资源依赖性的货物贸易关系,转向依靠智力资源的投资、技术、服务贸易一体化的综合经济竞争关系。因此,加快发展服务业,尽快提高其国际竞争力,是中国全面参与经济全球化的重要措施。

4.缓解就业压力,保持社会稳定

服务出口涉及的行业多,且又以劳动密集型或劳动与资本密集结合型行业为主,所以就业带动效应较大。中国正面临着前所未有的就业压力,因此,发展服务业扩大出口,对缓解就业压力、保持社会稳定具有决定性意义。

(三)扩大服务出口应采取的对策

1.改善服务贸易发展的基础环境

(1)财税优惠与产业倾斜相结合。

长期以来,中国在制定产业政策时,主要偏向制造业,这不利于中国工业经济向服务经济转型的经济结构调整。对此,中国应继续制定和完善相关的产业政策,使之进一步向服务业倾斜。应确定以下方面作为服务业发展的重点:投资少、见效快、就业容量大、与经济发展和人民生活密切相关的行业,如商业、金融保险业、餐饮业、文化卫生业等;与技术进步相关的、代表整个服务业未来发展方向的行业,如咨询业、信息业、各类专业服务等;对国民经济发展具有全面性、先导性影响的基础产业,如交通运输业、科学研究、教育和公共事业等。

在产业政策的基础上,对有利于产业结构升级的投资项目,在税收、金融等方面给予一定的优惠政策。另外,政策性金融机构包括国家开发银行、中国进出口银行、中国农业发展银行,应加大对服务业以及服务贸易发展的支持力度。

(2)开放与规范监管相结合。

在开放服务业的同时,实施统一、透明、规范、高效的市场管理,是必要且有益的。例如,对于金融、保险等领域,国际经验表明,为防范金融风险所采取的监管是自由化成功的前提条件;对于一些基础电信服务、城市公用服务等带有一定自然垄断性质的服务业,在增强竞争力的同时加强监管,可以减少无序竞争造成的资源浪费和垄断经营对消费者权益的损害;即使在完全市场化、竞争性强的商业、餐饮等行业,公开透明、高效规范的市场管理制度也是行业健康发展所必需的。

2.完善服务贸易发展的制度环境

(1)建立科学的管理体制。

解决当前中国服务贸易管理中存在的问题,对中国服务贸易实施有效的宏观管理,关键是要迅速建立科学的管理体制,制定统一协调的服务贸易进出口政策,组建归口管理部门。要明确各归口部门对服务贸易管理的范畴。由商务部制定宏观规划与战略,实施统一管理和监督,各归口管理部门则在各自管理范围内实施具体管理。同时,中央和地方应加强互动，各地方的服务贸易政策和规章应与中国服务贸易的总体战略和整体规划保持统一，并与其他地方政策、规章相协调。政府和企业也应加强联系。各服务贸易的政策、规章最终是通过影响服务企业的竞争力来实现其目标的。因此，中央和各地方政府一方面应加大其政策、法规的宣传力度，规范服务企业的经营行为，形成良好、有序的市场环境；另一方面应根据企业的实际情况和需要的变化调整其政策和具体措施，以便更好地为企业服务。

(2)营造健全的法制环境。

建立健全服务业对外开放和行业管理的法律体系，既是中国发展服务业的客观要求，也是履行《服务贸易总协定》透明度要求的必要措施。中国应尽快制定既适应国情又符合国际规范的服务业对外开放法规；同时，参照国际惯例，加紧制定各种行业管理法规，依法严格规范和监督行业经营；并辅之以各项基本法规的实施细则和单项法规，针对基本法规定实施过程中出现的具体问题和某些特定问题做出明确规定；同时，增加法规透明度，规范立法权限，确保中央和地方立法的统一和协调。

3.改进服务贸易发展的外部环境

通过政府间的谈判和协作，为我国服务贸易出口扫清障碍，保证我国服务贸易企业的出口享受平等待遇是目前政府对外工作的一项重要任务。由于中国在加入世界贸易组织时对服务贸易领域进行了广泛的承诺，其开放程度比其他发展中国家要高，因而，在新一轮世界贸易组织中应维持现有的具体承诺水平，同时，力争在自然人流动、海运、旅游等领域的自由化方面取得进展；积极推进服务贸易“紧急保障措施”谈判，为我国尚未发育成熟的服务业提供保障机制；积极参与“国内规章”谈判，通过谈判减少或消除海外服务贸易壁垒。在双边或多边的区域经济一体化协议谈判中，逐步将服务贸易领域纳入区域协议谈判的范围，在中国拥有比较优势、国内服务市场承受力较强的服务贸易领域协商相互开放市场准入限制。

二、中国服务进口

(一)服务进口贸易发展概况

1.服务进口规模

央广网数据显示，2018年上半年我国服务贸易增速好于包括货物贸易在内的同类指标。服务贸易保持平稳较快增长，进出口规模创历史新高，2018年上半年，我国服务进出口总额达到25313.3亿元，同比增长8.5%，规模创历史新高。其中，进口16897.6亿元，增长6.1%；逆差为8481.8亿元。和货物贸易顺差不同，我国服务贸易多年来一直呈现逆差，即进口远大于出口，且规模逐年扩大。2017年，我国服务贸易逆差为1.6万亿元，主要体现在旅游、运输等领域，其中旅游和旅游项下服务逆差占比90%左右。目前，中国服务进口在全球居第二位。中国在全球服务贸易发展中的角色将越来越重要，将日益成为全球服务贸易发展的重要角色。

2.服务进口贸易结构

从中国服务进口结构看，旅游、运输及其他商业服务三项占到了总进口份额的近80%以上。从近年来我国服务进口结构的变化看，专有权使用费和特许费、通信服务、计算机和信息服务是增长最快的服务项目，其次是保险和咨询业务。从中国服务贸易进出口差额来看，自1995年以来，中国服务贸易一直是进口额大于出口额，保持逆差状态。从部门来看，旅游、通信近年来一直保持贸易顺差；而建筑、运输、咨询等大部分项目表现为逆差。

3.服务业市场对外开放程度较低

服务市场对外开放的实质是服务进口的扩大，具体包括两个层次：一个层次是允许外国服务产品的进口；另一个层次是基于外国服务提供者市场准入的权利。而中国无论是对服务贸易的开放度，还是对外资的开放度均相对较低。

（二）服务贸易自由化对中国的影响

1.服务贸易自由化的定义

国际服务贸易自由化是指一国政府在对外贸易中，通过立法和国际会议，对服务和与服务有关的人、资本、货物、信息等在国家间的流动，逐渐减少政府的行政干预，放松对外贸易管制的过程。与国际货物贸易自由化一样，国际服务贸易自由化也是一个以世界市场经济的形成为前提，以生产社会化程度的提高及社会分工的深入和扩大为背景，以国际经济贸易行为为基础，以实现资源的合理、优化配置和获取最佳的经济效益为目的，以政府对贸易的干预弱化为标志的发展过程。它既是一个状态，又是一个过程，是各国对服务进出口贸易不加以干涉和限制的状态，同时也是一国对服务贸易逐步放松管制、减少干预的发展过程。

2.服务贸易自由化对中国服务业和服务贸易的影响

(1)积极影响。

首先，有利于促进中国国内服务业的整体发展。目前，中国服务行业整体发展水平不高，国际竞争力低。实行服务贸易自由化，有利于引入竞争机制，提高国内服务业的生存发展能力；有利于引进国外先进的技术、人才和管理经验；有利于改善投资环境，扩大投资规模；有利于缓解国内就业压力，促进就业增长。这些必然会促进中国服务业整体水平的提高。

其次，有利于推动中国服务企业的国际化经营。通过开放国内服务市场，可以促进中国服务企业向国外服务企业学习技术、经营理念、管理经验等，提高中国服务企业的国际竞争力，以形成国际化经营的局面，有利于带动中国国民经济的整体发展。

再次，促进中国服务贸易自由化步伐的加快。通过引进外国服务，可以吸引更多的外资投入中国更多的领域，推动中国利用外资工作全方位、高层次和纵深化发展，从而带动整个国民经济的增长。

(2)消极影响。

首先,对中国民族服务业带来巨大的挑战。随着中国服务市场的逐步开放,国外服务业会大量涌入,抢占国内服务市场。由于中国服务业在硬件设施、技术、人员素质、管理水平等方面较国外先进水平都相对落后,外国服务业进入不可避免地会使中国某些服务行业受到极大冲击,使一些国内服务企业在激烈的竞争中被淘汰。此外,外商投资企业对中国服务业投资是有选择的,由于利益驱动会使他们选择投资回报率高的部门和地区,这会加剧中国服务业发展的不平衡。

其次,影响中国国民经济的发展。由于中国服务贸易本身国际竞争力低、服务输出数量有限,再加上服务贸易自由化所带来的外国服务业的进入,若干年后,服务贸易方面的逆差完全有可能抵消中国货物贸易出口的顺差,造成中国经常性收支项目的不平衡,进而影响中国经济的稳定增长。

再次,对中国国家安全产生一定冲击。由于服务部门种类繁多,许多服务部门对社会公共道德甚至国家安全都有着重要的影响,如果这些外资服务部门进入中国,而中国又没有采取有效控制措施的话,则可能会造成无法弥补的损失。

三、中国服务外包

(一)中国服务外包产业发展的现状

改革开放以来,中国服务贸易取得了长足发展,服务业产值、利税、就业人数等逐年上升,增长速度超过了第一产业和第二产业,在国民经济中的地位迅速提高。2017 年中国服务外包产业实现高质量增长,在向智力投入转变,向高技术含量、高附加值业务拓展中迈出坚实步伐,成为新常态下产业升级、外贸转型的有利支撑。

总体来看,中国的国际服务外包市场发展水平尚处于起步阶段,总体水平比较落后,多数业务处在外包价值链的低端,业务内容以向周边国家提供服务为主,外包服务市场发育和外包服务企业竞争力不足,但发展速度较快。

1.增速显著提升

据商务部统计,2017 年全年中国共签订服务外包合同金额 1807.5 亿美元,同比增长 25.1%;完成服务外包执行金额 1261.4 亿美元,同比增长 18.5%。其中,离岸服务外包合同签约金额、执行金额分别为 1112.1 亿美元、796.7 亿美元,同比分别增长 16.7%、13.2%,增长速度领先服务贸易出口速度,是新兴服务业出口的核心。

2.结构持续优化

服务外包企业向高附加值业务环节拓展势头显现,2017 年中国企业承接国际 IT 解决方案业务同比增长 367.1%,企业逐渐具备面向最终客户提供项目咨询设计、实施执行及运营维护等全流程服务的综合能力。同时,企业积极融合新一代信息技术提升外包价值,全年承接国际电子商务平台服务、互联网营销推广服务、数据分析服务执行额分别比前一年增长226.4%、73.8%、51.9%。基于云计算的交付模式变革、基于大数据的业务升级、基于人工智能的平台搭建更加普及。从三大类业务发展来看，2017年知识流程外包(KPO)发展迅猛，特别是国际业务领域，增长约18%，均超过信息技术外包(ITO)、业务流程外包(BPO)7%。增长主要得益于知识产权外包服务、管理咨询服务、数据分析服务、工业设计外包及医药研发服务。

3. 市场加速拓展

中国服务外包产业长期致力于用好国际国内两个市场、两种资源。2017年，贯彻落实创新、协调、绿色、开放、共享五大发展理念，中国经济供给侧结构性改革步伐加速，国内市场外包需求持续释放，国内市场合同签约金额、执行金额占比分别达38.5%、36.8%，比前一年分别增长3.2%、3.0%。

内地企业的国际业务已经拓展到全球200多个国家和地区，其中，美国、欧盟、中国香港、日本是最主要的国际业务来源地，2017年内地企业共完成来自这四个区域的服务外包执行金额491.4亿美元，占比61.7%。受日本经济、汇率、成本上升、中日政治关系等多重因素的影响，中日服务外包合作一度放缓。2017年中国企业承接日本发包业务同比增长19.5%，对日外包市场回暖向好，日本外包订单增多与内容难度增加、客户需求提高并存，对日外包企业在坚守中加快转型。

企业承接“一带一路”沿线国家的服务外包合同执行额152.7亿美元，同比增长25.98%，成为国际业务发展新亮点，占离岸服务外包执行总额的19.2%，比前一年提升2%。

4. 梯度转移加快

随着劳动力成本、商务成本的攀升，服务外包产业由东向西、由南向北加快梯度转移。2017年中部、西部、东北部地区完成合同执行额分别比前一年增长26.5%、22.9%、26.6%，均超过东部地区17.3%的增长速度。东部地区服务外包合同执行额占比从2016年的85.5%下滑至84.6%。中部、西部、东北地区占比均有所上升，其中中部地区占比6.7%，上升4%，增长最为显著。各区域聚焦产业链不同环节，差异化协同发展。服务外包产业遍地开花得益于不同批次示范城市的传导带动。2017年中国服务外包示范城市由21个增至31个，传统21个示范城市依托先发优势，加快高端要素集聚，积极推动产业转型升级，向创新高地迈进，2017年完成服务外包执行额共1018.4亿美元。

5. 企业队伍规模持续壮大

2017年全国新增服务外包企业4173家，服务外包企业队伍持续壮大，企业竞争力更是显著提升。粗略估算，企业平均合同签约金额与前一年相比增长10%左右。服务外包企业从最初简单的人力外包向解决方案提供商转型，深入行业内部，掌握业务规则及设计标准，熟悉管理流程。企业不单开始面对最终客户、高端客户，同时开始面向全球市场转包，整合配置国际资源。且深耕大数据、云计算、物联网、智能移动、区块链等技术领域，为数字化转型赋能。2017年服务外包领军企业文思海辉从业人员达3万人，已在全球17个国家和地区设有分支机构和交付中心，为128家世界500强企业及众多中小企业提供服务。

(二)推动中国服务外包发展的措施

1.加大政策引导，健全法律法规，完善投资环境

服务外包的发展需要良好的投资环境，这就需要中国政府制定政策，积极引导。特别是应借鉴各国，尤其是发展服务外包领先国家的经验，对中国发展服务外包的情况进行充分的调研，针对中国目前服务外包业的状况，制定具体的鼓励发展服务外包的政策，特别是地方政府，应出台相关产业扶持政策，以便建立较完整的支持服务体系。近年来，中国不断出台鼓励服务外包发展的政策，国务院及相关部委对中国的服务外包业更加重视，政策方面有较大改观，但应进一步完善。同时，政府应加大招商引资力度，大力引进国外的服务外包商来中国设立服务外包企业，带动企业发展服务外包。积极为企业创造和跨国公司接触的机会，运用政府的力量加强引导大力改善服务外包企业投融资条件，鼓励银行向有良好发展前景和信誉的企业贷款，为服务外包企业的发展提供良好的融资环境。

2.加强人才培训和引进，培养服务外包专门人才

中国拥有世界上最多的人口，劳动力资源相当丰富，但是对于服务外包业来讲，人力结构还存在着不合理的现象，承接服务外包的专业人才严重不足。由于人才的培养周期较长，一些高级的专业人才可以采用引进的方式，尽快弥补这一方面的不足。同时，长期来说，可以加大对服务外包专门人才的培训力度。中国拥有数量众多的高等院校，可以把高等院校作为平台，对大学毕业生开展实地训练，大力培养适合服务外包发展的专业人才和复合人才，加大对服务外包业急需领域专业和职业的开发。同时，可以对现有的服务外包从业人员进行培训，利用培训机构向这些人员进行服务外包专业知识的培训，并针对中国服务外包发展的现状，加强外语方面等语言培训，培养具有较高业务能力、文化交流能力和外语水平的新型复合人才，以适应服务外包的不断发展，为服务外包企业提供高端人才。

3.统筹规划布局，形成集聚效应和比较优势

中国的服务外包企业由于具有规模小，而又相对分散的特点，长期以来，不能发挥其集群的优势，虽然这些企业集群优势在初步显现，但是总体力度还不够，企业的地理分布也缺乏整体规划。各地应根据自身的优势来确定自身的发展方向，确定发展的重点领域，以发挥比较优势，同时也避免资源的重复浪费。对于国家已经确定的重点发展服务外包的城市，应该充分利用国家给予的优惠条件，找出自身优势，发展重点领域和重点区域，实现国家服务外包业的整体统筹规划。另外，也要发挥企业的集聚效应，充分实现资源互补，优势整合，以壮大整体力量，形成特色鲜明的产业体系集群，以逐步形成

规模优势和比较优势，引导带动周边地区相关产业的发展形成更大的产业集群。

4. 加大知识产权保护力度

由于知识产权保护力度不够，一些发包商出于对技术外泄的考虑，对选择中国企业承接服务外包方面存在顾虑，这严重阻碍了中国服务外包业的发展。中国应该建立更加完备的知识产权保护的法律、法规和具体的实施措施，并做好知识产权保护措施实施的监督工作，使这一工作落到实处，真正改变知识产权保护方面长期以来存在的问题，为企业提供方便、快捷、专业的知识产权保护服务。当出现问题的时候做到有章可依、有法可循，建立快速反应机制，加大力度打击各类知识产权侵权行为。

5. 设品牌，形成品牌效应

目前，中国在开拓海外市场时存在的一个很大问题就是缺少品牌效应，没有形成具有影响力的大型品牌，也就很难引起发包商的注意和服务外包产业的可持续发展。印度作为全球最大的接包国，拥有以国家为单位的品牌，品牌效应巨大。中国作为一个服务外包业具有巨大潜力的国家，在承接服务外包时应给海外客户树立一个良好的形象，统一的品牌，通过品牌来宣传中国服务外包企业的优势和质量。中国可以通过国际会议、国际合作和高质量的服务来宣传自主品牌，也可以建立行业协会，通过行业协会的力量，建立共同的组织，集中力量推广品牌，最终树立自主品牌，发挥品牌效应，形成核心竞争力。

【案例分析】

盈科法国在巴黎盛大开业

2017 年 4 月 20 日，盈科律师事务所法国办公室暨盈科法国中国中心开业典礼在法国首都巴黎盛大举行，中国驻法国大使馆代表沈国清先生出席了当天的开业典礼。

盈科法国办公室由盈科律师事务所、法国西蒙律师事务所通过战略结盟的运作方式进行合作经营。西蒙律师事务所成立于 1992 年，提供全方位商业法律服务，在巴黎、Auvergne-Rhône—Alpes 地区、Pays de Loire 地区及法国海外领地设有直属办公室，并通过西蒙律师网络在法国的主要城市开展业务。近年来，西蒙律所精选海外多家律所结成联盟服务于客户的跨境业务。盈科律师事务所与西蒙律师事务所的合作，使盈科的全球网络延伸到非洲众多国家。

中国是全球经济的关键组成部分，这就意味着法国和中国公司之间的关系需要特别对待。两国文化、语言、思维模式非常不同，建立长期合作关系需要特别的操作方式。成千上万的法国公司已经投资于亚洲和中国，同时，中国企业和投资者开始在法国更好地立足。对这些关系的法律保障问题不仅涉及法国公司，也应该引起中国投资者和企业的注意。西蒙律所在北京设有直属团队，并有当地顶级律师支持，特别是在中国的合作律所盈科律师事务所。在中法跨国业务中不仅需要了解市场，更要找到可靠的合作伙伴，因此，有丰富的知识和实际操作能力的专业人士的建议是必不可少的。无论在中国还是在法国，西蒙律师事务所都拥有足够的资源为企业和投资者的项目进行追踪跟进，并确保交易安全。

盈科律师事务所牵头成立的中国企业“走出去”联盟、盈科全球顾问委员会、盈科海外中国中心三大机制为平台汇聚盈科全球资源，为中国企业境外投资项目提供投资目标国产业准入指引、投资机会对接、投资项目可行性分析、法律和税务服务、投资咨询服务等，真正实现为中国企业“走出去”提供全面的、“一站式”的法律服务，力争成为中国企业境外投资的首选合作伙伴。

资料来源：王郁．盈科响应“一带一路”倡议盈科法国在巴黎开业[EB/OL]．中国网．http://www.china.com.cn

思考与讨论：

1．本案例中涉及的国际服务合作的形式是什么？

2．结合本案例，谈谈国际服务合作的意义和作用。

复习思考题

1．简述国际服务合作具有哪些特点。

2．二战后国际服务合作的格局经历了哪些变化？

3．推动当代国际服务贸易发展的因素有哪些？

4．为促进我国服务贸易出口，我们应该采取哪些措施？

5．简述中国服务外包产业发展的现状，并分析其形成原因。

第七章　国际工程承包合作

第一节　国际工程承包概述

一、国际工程承包的含义及业务范围

（一）国际工程承包的概念

国际工程承包是指一国的承包商，以自己的资金、技术、劳务、设备、原材料和许可权等，承揽外国政府、国际组织或私人企业的工程项目，并按承包商与业主签订的承包合同所规定的价格、支付方式收取各项成本费及应得利润的一种国际经济合作方式。双方的权利与义务受承包商与业主签订的合同制约。

国际工程承包涉及的当事人主要有：业主（Promoter），即发包人，是工程的所有者，负责发包工程、提供建设资金并按规定向承包商支付酬金；承包商（Contractor），是承包某项工程的团体或个人，负责提供咨询、采购物资、建设工程项目等业务。

（二）国际工程承包的业务范围

随着科学技术的进步和生产的不断发展，社会分工越来越细，国际工程承包项目的内容日益复杂，规模更加庞大。就其内容而言，国际工程承包大致包括以下几方面内容：

1. 可行性研究

对国际工程的有关建设方案、技术方案或生产经营方案进行的技术经济论证，对项目在技术上和经济上是否可行所进行的科学分析和论证。

2. 工程设计

工程设计包括基本设计和详细设计。基本设计一般在承包合同签订之前进行，主要是对工程项目所要达到的规格、标准、生产能力等的初步设计。详细设计一般在承包合同签订之后进行，主要包括整个工程的机械设计、电器设计、仪表仪器设计、配套工程设计及土木建筑物、构件等设计。

3. 技术转让

国际工程承包中往往涉及工程所需的专利技术和专有技术的转让问题。

4. 机械设备的供应与安装

工程项目所需的机械设备既可由业主提供，也可由承包商提供，还可以是双方分别提供不同的设备。设备的安装主要涉及技术人员的派遣及安装要求等。

5. 原材料和能源的供应

原材料和能源的供应与机械设备的供应一样，既可由业主提供，也可由承包商提供，还可以是双方分别提供不同的部分。

6. 施工

施工主要包括工程建造及施工人员的派遣等，如派遣工程师、技术员、工人，提供施工机械，进行实际施工和安装等作业。

7. 资金

资金应由业主提供，但业主通常要求承包商提供信贷。

8. 验收

验收主要包括验收方法、验收时间和验收标准等。

9. 人员培训

人员培训是指承包商对业主派出的人员进行有关项目操作技能的培训，以使他们在项目建成并投入运营后，充分掌握该技术。

10. 技术指导

工程项目建成并投入运营以后，承包商为使业主能维持对项目的运营继续对业主进行技术指导。

11. 经营管理

有一些工程承包项目要求承包商在项目建成投产并经营一段时间之后，再转让给业主，因此，经营管理也成为国际工程承包的一部分内容。

上述广泛而复杂的承包内容说明，作为承包商不仅要拥有各类人员和施工设施，还要具备较高的管理水平和技术能力。

二、国际工程承包项目的周期

国际工程承包项目从业主提出建设意图到最后竣工验收需要相当长的时间，国际工程承包项目周期，如图 7-1 所示：

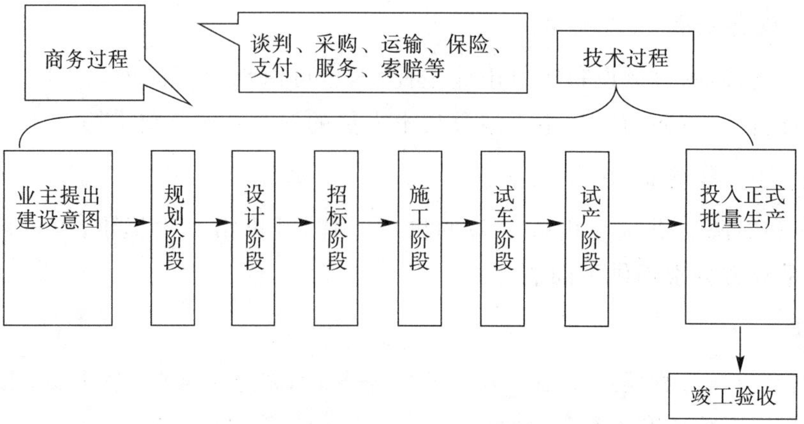

图 7-1　国际工程承包工程项目周期

资料来源：窦金美. 国际经济合作[M]. 北京：机械工业出版社，2006.

三、国际工程承包的特点

国际工程承包行业由于其自身的特殊性，一般来说具有以下特点：

（一）合同主体的多国性

签约各方属于不同国别，可能涉及多国不同法律制度的制约，如：招投标法、建筑法、公司法、经济合同法、劳动法、金融法、外汇管理法、外贸法等。对于大型、复杂的国际工程项目，其承包建设可能涉及许多国家，如工程所在国、总承包商的注册国、贷款金融机构、设备供应安装、各类专业工程分包商等可能属于不同的国家，仅由多个不同的合同和协议规定它们之间的法律关系，而所有这些合同和协议并一定适用于工程所在国法律，特别是解决它们之间的争议并不一定都采取仲裁程序或司法程序。这一国际特征使国际承包的法律关系变得极为复杂和难以处理。

（二）货币和支付方式的多样性

国际工程承包要使用多种货币，包括承包商使用部分国内货币支付国内应缴费用、使用多种外汇支付材料设备等采购费用、使用工程所在国货币支付当地费用等。支付方式除了现金和支票外，还有银行信用证、国际托收、银行汇付、实物支付等不同方式。由于要在漫长的工期内根据陆续完成的工程内容逐步支付，因此，国际工程承包时刻处于货币汇率波动和利率变化的负责国际金融环境之中。

（三）受国际政治、经济的影响较大

除了工程本身的合同义务权利外，国际工程承包项目会受到国际政治和经济形势变化的影响。如：某些国家对承包商实行地区或国别的限制或歧视性政策；还有些国家的项目受到国际资金来源的制约，可能因为国际政治经济形势变动影响（如制裁、禁运等）而终止；或因工程所在国的政治形势变化（如内乱、战争、派别斗争等）而使工程中断。

(四)规范庞杂,差异性大

国际工程都要求国际广泛接受的技术标准、规范和各种规程。在一项国际工程承包合同中如果不强调规定统一的标准、规范和规程,就可能使工程争议不断。承包商要进入国际市场,就必须熟悉国际常用的各种技术和规范并使自己的施工技术和管理适应国际标准、规范和有关管理的要求。

(五)建设周期长,环境错综复杂

国际工程从投标、缔约、履约到合同终止,再加上维修期最少也要2年以上,大型或特大型工程周期在10年以上。国际工程涉及的领域广泛、关系众多,加上合同期限长,承包商常常面临诸多难题,如:资金紧张、材料供应脱节、清关手续繁琐等。

(六)履约具有连续性

国际工程承包履约具有渐进性和连续性。在工程承包中,施工过程就是履约过程。在整个施工期间,对工程的质量,承包人始终承担责任,并根据合同不断接受业主的检查直至最后确认。

四、国际工程承包方式

(一)总包

总包指从投标报价、谈判、签订合同到组织合同实施的全过程,其中包括整个工程的对内和对外转包与分包,均由承包商对业主负全部责任。采用这种承包方式签订的合同为总包合同。这是目前国际工程承包业务中使用最多的一种承包方式。

(二)分包

业主把一个工程项目分成若干子项或几个部分,分别发包给几个承包商,各分包商都对业主负责。合法的分包须满足以下几个条件:

1.分包必须取得发包人的同意。

2.分包只能是一次分包,即分包单位不得再将其承包的工程分包出去。

3.分包必须是分包给具备相应资质条件的单位。

4.总承包人可以将承包工程中的部分工程发包给具有相应资质条件的分包单位,但不得将主体工程分包出去。

(三)二包

总包商或分包商将自己所包工程的一部分转包给其他承包商。二包商不与业主有联系,只对总包商或分包商负责,但总包商或分包商选择的二包商必须征得业主的同意。

(四)联合承包

联合承包指由几个承包商共同承揽某一个工程项目,各承包商分别负责工程项目的某一部分,他们共同对业主负责。联合承包一般适用于规模较大和技术性较强的工程项目。

（五）合作承包

合作承包指合作双方事先达成合作承包协议，以各自的名义对外参加投标，不论哪家中标，都按合作协议共同完成工程项目的建设，对外则由中标的承包商与业主进行协调。

五、国际工程承包市场

国际工程承包市场最初产生于19世纪初期，发达资本主义国家大量的资本输出，带动了这些国家的建筑业和工程承包业。但是其真正发展起来是在第二次世界大战以后。“二战”后，许多国家都积极投身恢复国内的基础设施、工业生产设施、商业和民用设施等。到了20世纪50年代后期，一些发达国家在战后恢复生产时期迅速膨胀和发展起来的建筑公司，因其国内工程减少而转向国际工程承包市场。另外，联合国开发机构和金融组织纷纷向亚洲、非洲和拉丁美洲的发展中国家提供贷款和援助，国际工程承包市场开始活跃并发展起来。20世纪70年代，由于获得大量的“石油美元”，中东地区崛起，国际工程承包业达到最兴旺时期。20世纪80年代，世界经济中心开始向亚洲移动，亚洲经济快速发展，利用外资步伐加快，工程项目增加，带动了基础设施的相应发展，使这一地区的国际工程承包业务也迅速发展起来。目前，国际工程承包市场已形成欧洲、中东、亚太、北美、拉美和非洲六大地区市场（见图7-2）。

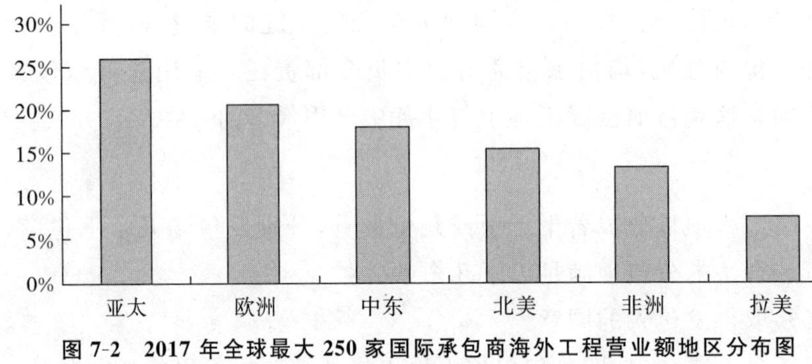

图7-2　2017年全球最大250家国际承包商海外工程营业额地区分布图

资料来源：美国《工程新闻记录》（Engineeing News-Record，ENR）周刊。The 2017 Top 250 International Contractors and Top 250 Global Contractors. August 31,2017.

（一）欧洲市场

欧洲市场历来都是世界最大的承包市场之一，随着世界经济一体化大潮的推动、统一大市场的建成和经济的稳步增长，欧洲市场将保持繁荣。2017年，全球250家最大的国际工程承包商在欧洲地区的营业额为934.2亿美元，占到全球营业额的20.52%。欧盟地区国家的工程承包商对欧洲地区的工程承包市场贡献最大，占73.0%的市场份额。其中，法国、西班牙、荷兰和意大利分别占22.0%、12.9%、6.2%和4.3%的市场份额。美国占有13.3%的市场份额，位列第二；土耳其占有6.5%的市场份额，其他国家市场份额均不超过3%。具体情况见表7-1。

表 7-1 2017 年在欧洲市场开展国际工程承包业务的 10 强公司数量及国别和份额分别情况

来源国家或地区	10 强公司数量(家)	营业额(亿美元)	所占比重(%)
欧盟地区	8	682.0	73.0
其中:			
法国	3	205.5	22.0
西班牙	2	120.5	12.9
荷兰	1	57.9	6.2
意大利	0	40.2	4.3
美国	1	124.2	13.3
土耳其	1	60.7	6.5
其他地区	0	67.3	7.2
总计	10	934.2	100

资料来源:美国《工程新闻记录》(Engineeing News-Record,ENR)周刊. The 2017 Top 250 International Contractors and Top 250 Global Contractors,2017.

目前,欧洲工程承包市场呈现东移的态势。2004 年 5 月 1 日,欧盟实现历史上最大规模的扩大,新增 10 个成员,带动了东欧和中欧的投资活动,从而也带动了工程承包市场的繁荣。尽管受 2008 年经济危机影响,西欧地区新开工项目急剧下降、有些在建项目搁浅,但是由于中东欧地区的捷克、匈牙利、斯洛伐克等国的工程承包市场增长较快,从而降低了金融危机对欧洲承包业务的冲击,2008 年该地区仍取得 29.3%的增长率。

(二)亚太市场

20 世纪 90 年代以来,亚洲的国际工程承包市场始终保持国际领先地位。21 世纪以来,亚洲地区工程承包市场增长较快,特别是中国、印度、韩国、越南等国经济的持续增长,是亚太地区建筑业增长最快的国家。2017 年全球 250 家最大的工程承包商在该地区的营业额为 1203.1 亿美元,较 2016 年度持平。中国对亚太地区工程承包市场贡献最大,占整个地区市场份额的 31.8%,其次是韩国,占有 10.2%的市场份额,西班牙和日本分别占有 9.9%和 9.3%的市场份额。在未来较长的时间里,由于亚太地区持续高速发展的经济和对基础设施建设的需求,该地区仍然是承包工程最活跃的市场。

(三)中东市场

在 20 世纪 70 年代到 80 年代的初期,中东曾是国际工程承包商云集分享“石油美元”的最大市场。这里不仅使欧、美、日发达国家的某些公司变成国际工程界的巨富,也使部分发展中国家的工程公司赚取并累积巨额资本,如韩国、印度和土耳其等国的一些大工程公司就是在这一时期发展起来的,现在它们每年都荣登全球最大的 250 家国际工程公司名录。20 世纪 80 年代的持续战争和 1982 年以后的石油滞销和价格回落,使中东各国石油出口大幅度下降,石油收入锐减,财政连年赤字,建设投资大幅削减。但是,自20世纪90年代中后期以来，随着中东国家基础设施建设的加快，中东市场仍有一定的潜力。较2016年度相比，中东地区增长9.8%，主要是由于一些国家承包商积极布局，在新能源领域有所突破。科威特在未来10年预计投入830亿美元，韩国和中国企业在中东地区业务实现了较快增长。

（四）北美市场

北美市场主要由美国和加拿大两个发达国家所组成，工程项目的技术含量较高，因此该市场长期被来自美、英、法、日等发达国家的大公司所垄断。就发展中国家目前的经济及技术实力而言，进入该市场面临重重困难。以美国工程承包市场为例，2017年美国国际工程承包市场营业额为723.1亿美元，其中德国、西班牙、法国、意大利、澳大利亚、英国和日本5个国家承包商包揽了整个工程承包市场份额的73.3%。加拿大的工程承包市场同样被欧美地区发达国家的承包商垄断，仅美国的工程承包商就占58.9%的市场份额，而除美国、法国、德国、英国和意大利以外的市场份额仅占9.3%。

（五）非洲和拉美市场

非洲和拉美市场近20年来一直处于比较消沉的状态，2017年全球最大的250家承包商在这一市场的营业额分别为617.9亿美元和337.0亿美元，占总营业额的13.2%和7.2%，位居第5和第6位。虽然非洲和拉美地区各国都在积极促进经济发展，但是由于该地区经济基础较差，资金不足，加上支付信誉不是很好，在短期内这两个市场很难出现较大的发展。

第二节　国际工程承包的招标与投标

一、招标(Invitation to Tender)

目前，国际工程承包项目的建设主要采用国际招标方式进行。

（一）招标的概念

招标是指由发包人（业主）就拟建项目的内容、要求和预选投标人的资格等提出条件，通过公开或非公开的方式邀请投标人根据上述条件提出报价、施工方案和施工进度等，然后由发包人经比较，择优选定承包商的过程。择优一般是指最佳技术、最佳质量、最低价格和最短工期。实际上，“最优”是不容易得到的，发包人只能根据实际情况选择相对“最优”的投标人。

（二）招标的方式

国际上通常采用的招标方式一般可分为竞争性招标和非竞争性招标两大类。

1. 竞争性招标(Competitive Bidding)

竞争性招标是招标人通过公开竞争方式选择投标人,它又可分为公开招标和选择性招标两种。

(1)公开招标(Open Bidding)

公开招标亦称“国际公开招标”或“国际竞争性招标”,是指通过公共宣传媒介发布招标信息,世界各地所有合格承包商均可报名参加投标,条件对业主最有利者可中标。公开招标的特点是招标通知必须公开发布,不限定投标人数量。开标也必须由投标人在场时当众进行,但评标和定标是秘密进行的。公开招标属于竞争性招标,采用这种招标形式有利于招标人降低成本,引进最先进的技术、设备及材料,而且还能对所有承包商公平对待。世界银行认为只有公开招标才能实现“3E”原则——“效率”(Efficiency)“经济”(Economy)“公平”(Equity)。

(2)选择性招标(Selected Bidding)

选择性招标亦称“邀请招标”,属于有限竞争性招标,是指招标人凭借从咨询公司、资格审查或其他途径了解到的承包商的情况,有选择地邀请数家有实力、讲信誉、经验丰富的承包商参加招标,经评定后决定中标者。招标人采用这种方式主要有以下几种情况:一是为了保护本国的建筑市场,只允许本国承包商参加投标;二是为发包工程提供贷款的国家要求业主只邀请贷款国的承包商投标,必须把第三国甚至东道国的承包商排除在外;三是由于为工程提供贷款的机构是某一金融机构或基金组织,他们有时要求发包人在该金融机构或基金组织的成员的承包商之间招标;四是有些项目比较特殊,对承包商在技术和经验上有较高的要求,国际上符合条件的承包商不多,所以只能邀请国际上有能力的承包商参加投标。选择性招标方式一般不刊登招标信息,而是由招标人将有关材料直接寄送给被邀请参加投票的承包商。

2. 非竞争性招标(Non-competitive Bidding)

非竞争性招标最主要的是谈判招标。谈判招标又称“议标”,是指招标人根据项目的具体要求和自己所掌握的情况,直接选择某一家承包商进行谈判。若经谈判达不成协议,招标人可另找一家继续谈判,直到最后达成协议。谈判招标一般适用于专业技术较强、施工难度较大、多数承包商难以胜任的工程项目。在这种招标方式下,投标者能否中标的主要决定因素不是价格,而是承包商的技术能力、施工质量和工期等条件。

3. 其他招标方式

除了主要的竞争性招标和非竞争性招标以外,还有一些其他的招标方式。

(1)两阶段招标

两阶段招标是把招标过程分为两个阶段,第一阶段采用公开招标,从合格的承包商中选出三到五家承包商作为候选人,让他们重新报价,并确定最终的中标者。这里需要注意的是,两阶段招标不是两次招标,从次数上来说是一次招标,只签订一个合同。

(2)地方公开招标

地方公开招标是按照地方程序进行的招标,一般通过地方性宣传媒介发布招标信息,并仅限当地承包商参加投标。

(3)平行招标

平行招标是指招标人把一个较大的工程项目分解成若干个互相联系的子项目,分别而又同时单独进行的招标。它适用于技术层次多、设备供应范围广的项目。

(三)招标的程序

1.成立招标机构

业主在决定建造某一项目之后,便开始进行国际招标工作。国际招标的整个过程一般由一个专门的机构全权负责。招标机构可自己设立,也可委托国际上常设的招标机构或从事招标的咨询公司代为招标。

2.制定招标规则

招标规则主要包括招标方式的确定、广告刊登的范围和文字表达方式、确定开标的时间和地点、评标的标准等。

3.编制招标文件

招标文件是招标的法律依据,也是投标者投标和准备标书的依据。其内容根据项目的规模和复杂程度而定,主要包括招标人须知、担保书、合同条件和技术规范等。

4.发布招标公告

招标公告是招标机构利用广播、电视以及国内外知名度较高的报纸、期刊,向国内外所有合格的承包商发布的招标启事,即邀请所有合格的承包商投标。主要内容包括发包人的名称、项目的名称与概况、项目的资金来源、招标的方式、投标的开始与截止时间、评标的地点与时间、招标文件的发售时间与办法等。

5.进行资格预审

资格预审是招标机构发布招标公告之后、承包商投标之前,对拟投标人是否有能力承揽其所要建设的工程项目进行的资格审查。资格审查的内容包括承包商以往的业绩与荣誉、设备与技术状况、人员的技术能力、管理水平和财务状况等。

6.出售招标文件

资格预审之后,招标机构可用书信的方式向所有资格预审合格的承包商发出通知,让他们在规定时间和指定地点购买标书,以参加投标,同时也可在报纸上公布招标文件出售事宜,但不公布获得投标资格的公司名称。

7.收标

招标机构在招标文件规定的时间、地点接受投标文件,同时应检查投标文件的件数及密封情况,并向投标人签发收据,同时做好记录。投标截止日期一到,立即封锁投标箱,此后收到的投标书均无效。

8. 开标

开标是指在招标文件规定的日期、时间和地点将全部投标人送达的投标报价书所列标价予以公开宣布、记录在案,所有投标人均可了解各家标价及最低标价。开标分为公开开标和秘密开标。二者大体一致,唯一的区别是秘密开标是在不通知投标人参加的情况下进行的。

9. 评标

开标完毕后便进入评标阶段,即评定标价的优劣。招标机构有关部门按一定的程序和要求,对每封投标书的交易条件和技术条件进行综合评价,并选出2～3个中标候选人。若无意外情况,最低标应是最终的中标者。评标结束后,评标部门负责根据评标结果编写评标报告。

10. 定标

业主在定标前分别与中标候选人就合同的条款和细节进行谈判,达成共识,确定最后的中标者。评标结束后,评标机构应及时通知中标人,对未中标者也发出评标结果。有时招标不一定能选出中标人,也就是招标人拒绝全部投标,宣布废标。一般出现下列三种情况之一时,招标人可以宣布废标:投标人少于3人;最低标价超过标底;所有的投标书均未按招标文件的要求编写。

11. 签订承包合同

中标人接到中标通知后,应在规定的时间内(一般为接到中标通知书后的15天内)与业主签订承包合同。合同一经双方签章和有关部门批准,就具有法律效力,对双方都有约束力。同时,招标工作全部结束,投标人以承包商身份开始转入施工准备阶段。

二、投标(Bid)

(一)投标的概念

投标是投标人(或投标单位)在同意招标人拟定的招标文件的前提下,对招标项目提出自己的报价和相应的条件,通过竞争企图为招标人选中的一种交易方式。

(二)投标的特点

1. 投标的前提是承认全部招标条件,否则就失去了参加投标的机会。

2. 投标的报价必须是实盘,即一次性报价。标价一旦报出,不能随意撤回或撤销,否则投标保证金就被没收。投标保证金一般为工程价格的2%～5%。

3. 标书必须在规定的期限内送达指定的地点,否则无效。

（三）投标的程序

1.投标前的准备

投标前的准备工作十分重要，它直接影响中标率的大小，准备工作从以下三方面入手：

(1)收集有关信息和资料。需要收集的资料主要包括两个方面：一是项目所在国的情况，如项目所在国政治的稳定性、与邻国关系、经济发展水平、基础设施状况、金融与保险业的发达程度、自然文化环境等；二是竞争对手的情况。主要是了解能够参与本行业投标的企业数目，这些企业的经营状况、生产能力、知名度以及它们参与投标的次数和中标率等。

(2)研究国际招标法规。国际招标活动涉及的东道国法规有采购法、合同法、公司法、税法、劳动法、外汇管制法、保险法、海关法、代理法等。

(3)组成投标小组。投标小组成员应由本企业各部门中选拔出来的具有各种专业技术的人员组成，这些人员的能力将是本企业中标和获利的关键。

2.询价

询价是投标人在投标前必须要做的工作，因为承包商在承包项目过程中，往往需要提供设备和原材料，询价的目的在于准确核算工程成本，以作出既有竞争力又能获利的报价。

3.制定标价

成本核算后制定标价。在核定成本时，一是核定直接成本，二是核定间接成本。直接成本指用于工程施工，并且能够直接计入各项工程造价中的生产费用，主要包括人工费、设备材料费和施工机械使用费、包装费、运输费等；间接成本指为组织和管理工程施工而发生的，但不能直接计入各项工程造价的综合费用，主要包括投标开支费、税金、业务代理费、临时设施费、施工保险费、经营管理费和贷款利息等。制定标价时要考虑三个因素：一是成本。原则上说承包商在成本的基础上加上一定比例的利润便可形成标价。二是竞争对手的情况。如果竞争对手较多并且具有一定的经济和技术实力，标价应定得低一些；反之，则可定得高一些；三是企业投标的目的。如果想通过工程建设获取利润，那么标价必须高于成本并有一定比例的利润；如果想通过承包工程带动本国设备和原材料的出口，那么标价可与工程项目的建造成本持平或低于成本。

4.制作标书

标书亦称“投标文件”，其具体内容依据项目的不同而有所区别，编制标书是指填好投标书及其附件、划价的工程量清单和单价表、与报价有关的技术文件以及投标保证书。投标书只有在具备投标者须知所规定的各个项目的情况下才是完整的、有效的。如果投标人认为有必要对其投标书提出限制条件或例外情况时，可将此类附加的内容作为一个可供业主选择的方案，附上详细说明，列出理由及其优缺点，随同规定的投标书一起提交。

5. 投递标书

标书编制完成以后，投标人应按招标人的要求装订密封，并在规定的时间内送达指定的招标机构。投递标书不宜过早，一般应在投标截止日期前几天为宜。

6. 竞标

开标后投标人为中标而与其他投标人的竞争叫“竞标”。投标人参与竞标的前提条件是成为中标的候选人。

第三节　国际工程承包合同与施工管理

一、国际工程承包合同的种类

国际工程承包合同是业主和承包商为确定各自应享有的权利和应履行的义务而协商签订的法律条文。合同一经签订对双方都具有约束力。由于国际承包合同的当事人往往涉及两个或两个以上的国家，因而每一方的经济活动不仅要受本国法律的监督和保护，也要受项目所在国法律的监督和保护。国际工程承包具有项目期限长、规模大、风险大的特点，使得国际工程承包合同的谈判更为复杂。因此，弄清合同的种类、内容和特点，对国际工程承包当事人正确履行合同及运用合同维护合法权益具有非常重要的意义。

（一）按合同规定的计价方式分类

按合同规定的计价方式分类，国际工程承包合同可分为总价合同、单价合同、成本加酬金合同。

1. 总价合同(Lump-Sum Contract)

总价合同是指在承包合同中规定承包总价格，业主按合同规定分期或一次性支付给承包商的一种合同形式。总价合同中所确定的价格是根据工程的图纸和承包的内容计算出来的，价格一般是固定不变的。采用这种合同的优点是简单明确。对业主而言，可以在工程开工前确定总造价，易于评标，便于项目管理，施工过程中也可集中精力控制工程质量和进度。缺点在于风险较高。对承包商而言，如果遇到原材料价格上涨、工资上涨、自然原因等导致的误工、政治变动等风险，总价合同将使承包商蒙受巨大损失。为减少这种风险带来的冲击，总价合同中可以规定价格调整条款，即在原材料或工资上涨幅度超过一定比例时，合同的价格也作相应的调整。

2. 单价合同(Unit Price Contract)

单价合同是按承包商实际完成的工作量和合同的单价来支付价款的一种合同形式。合同中所确定的单价，既可以固定不变，也可以随机调整，主要取决于合同的规定。

总价合同与单价合同的区别在于前者按总价投标承包，后者按单价投标承包。总价合同中虽然也要求投标人报单价，但不要求详细；而在单价合同中，所列单价必须详细，其所报的总价只是在评标时用于与其他投标人作比较。

3. 成本加酬金合同(Cost Plus Fee Contract)

成本加酬金合同是以工程实际发生的成本(施工费和材料费)，再加上双方商定的管理费和利润向承包商支付工程款的一种合同形式。这里双方商定的管理费和利润就是酬金。在这种合同方式下，由于成本实报实销，所以承包商的成本很小，但是这种合同的管理费和利润往往与工程的质量、成本、工期三项指标相联系，因此，承包商比较注意质量、成本和工期，而业主可以从中获益。

(二)按承包内容分类

此类合同有三种形式，分别为：成本加百分比酬金合同、成本加固定酬金合同和成本加滑动酬金合同。

按国际工程承包的内容可以分为施工合同、设备的供应与安装合同、工程咨询合同、工程服务合同、交钥匙合同、交产品合同、PPP 合同、BOT 合同等。

1. 施工合同(Construction Contract)

施工合同是最常见的建筑合同，是业主与承包商签订的工程实施合同。

2. 设备的供应与安装合同(Supply of Equipment with Erection Contract)

这种合同的形式根据承包商责任的不同而有所不同。一是单纯的设备供应合同，设备供应者只负责提供设备；二是单纯的设备安装合同，承包商只负责设备的安装；三是设备的供应商即负责提供设备又负责设备安装的合同；四是设备的供应商负责提供设备，并负责指导业主自行安装的合同。

3. 工程咨询合同(Consultant Contract)

工程咨询合同实际上是一种专业技术服务合同。咨询业务一般可分为投资前研究、项目的可行性研究、工程实施服务和技术服务四种。

4. 工程服务合同(Engineering Contract)

工程服务合同是业主与能够提供某些服务工作的公司签订的合同，其主要目的是为工程项目提供服务，这类合同只有在建造规模较大而且较复杂的工程项目中签署。

5. 交钥匙合同(Turn-Key Contract)

交钥匙合同又称“一揽子合同”，是指承包商从工程的方案选择、建筑施工、设备供应与安装、人员培训直至试生产承担全部责任的合同。也就是说，承包商自始至终对业主负责。采用这种方式，对业主来说，省时、省事、但费用太高；对承包商来说，则有较大的主动权，但责任重大，风险也较大。

6. 交产品合同(Product in Hand Contract)

交产品合同又称为"保产合同",是指在工程项目投产以后,承包商仍在一定的时间内(一般为一至两年)继续负责指导生产、培训人员和维修设备,保证生产出一定数量的合格产品,并达到规定的原材料、燃料等消耗指标后才算完成任务。与交钥匙合同相比,承包商的履约保证范围更大,要通过实际运转,而不是试运行或试生产。

7. EPC 合同(Engineering-Procurement-Construct Contract)

EPC 合同即"设计—采购—施工"合同,是指工程总承包企业按照合同的约定,承担工程项目的设计、采购、施工、试运行服务等工作,并对承包工程的质量、安全、工期、造价全面负责。EPC 合同有两个特点:一是固定总价,EPC 合同条件下一般采用总价合同,由于遇上如不良地质条件之类的情况,承包商是不能向业主索赔的,承包商承担设计、自然力和不可预见的困难等风险,因此,EPC 合同比 FIDIC(国际顾问工程师联合会)条款"红皮书"中单价合同的风险要大,因为这种风险在"红皮书"中是列入索赔范畴内的;二是 EPC 合同中没有咨询工程师这个角色,因此业主对承包商的监控力度较弱,只能派业主代表对施工进度进行监控;三是注重竣工试运行,只有试运行成功才能谈最终验收。

8. PPP 合同(Public-Private-Partnership Contract)

PPP 合同是指公营与私营合作项目合同。该类合同更强调业主对监控和售后服务的要求,业主在招标时提出参数和规范要求,并进行全程监控,所有的付款都与履约好坏及连续性等挂钩,付款要在运营达到业主满意后进行。由于 PPP 合同强调了业主的监控和管理作用,克服了 EPC 合同业主监管不力的缺陷。因此,PPP 合同目前在日本、韩国和澳大利亚等国家普遍采用。

9. BOT 合同(Build-Operate-Transfer Contract)

BOT 是指"建设—经营—转让"。BOT 合同实际上是承包商将工程项目建成以后,承包商继续经营该项目一段时间才转让给业主的一种承包方式。业主采用 BOT 方式发包时,往往要求承包商负责项目的筹款或提供贷款,从而使筹资、建造、运营、维修、转让于一体,承包商在协议期间拥有并经营该项目,从而达到回收投资并取得合法利润的目的。这种方式多适用于政府和私营部门之间,尤其是资金需求量大的公路、铁路、城市地铁、废水处理、发电厂等基础设施和公共设施项目较多地采用这种方式。

10. BOOT 合同(Build-Operate-Operate-Transfer Contract)

BOOT 是指"建设—拥有—运营—转让",即承包商将工程项目建成后,承包商在一段时间内拥有该项目的所有权,并经营该项目,合同中所定的拥有和经营期结束后,再将该项目转让给业主的一种承包方式。它与 BOT 的主要区别有两点:一是所有权,项目建成以后,BOT 方式承包商只拥有建成项目的经营权,BOOT 在规定的期限内承包商既有经营权,又有所有权;二是时间长短。BOT 方式从项目建成到移交业主的时间一般比 BOOT 方式短。

11. BOO 合同(Build-Own-Operate Contract)

BOO 即"建设—拥有—运营",是指承包商按照政府的授权负责工程的施工、运营,并享有该工程项目的最终所有权。在这种模式下,政府一般在融资方面给予承包商便利和支持,并在该项目的运营中给予免税等优惠待遇。

12. BOOST 合同(Build-Own-Operate-Subsidy-Transfer Contract)

BOOST 是指"建设—拥有—运营—补贴—转让",是指承包商在工程项目建成后,在授权期内管理和拥有该设施,并享有政府一定的补贴,待项目授权期满后再移交给当地政府的一种承包模式。

(三)按承包方式分类

按承包方式可分为总包合同、分包合同和二包合同,这部分内容在本章第一节国际工程承包概述中已经介绍,这里不再重复。

二、国际工程承包合同的内容

国际工程承包合同的内容虽然依承建项目内容的不同而有所不同,但其主要条款大体一致,大多数国家也都为本国的承包活动指定了标准合同格式。目前,最广泛使用的合同格式是 FIDIC 条款。

(一)FIDIC 条款简介

FIDIC——国际咨询工程师联合会(Federation International Des Ingenieurs-Conseils)于 1913 年由欧洲五国独立的咨询工程师协会在比利时根特成立,现在瑞士洛桑。FIDIC 成立 100 多年来,对国际实施的工程建设项目起到了重要作用。该会编制的《业主与咨询工程师标准服务协议书》(白皮书)《土木工程施工合同条件》(红皮书)《电气与机械工程合同条件》(黄皮书)《工程总承包合同条件》(桔黄皮书)被世界银行、亚洲开发银行等国际和区域发展援助金融机构作为实施项目的合同协议范本。

1957 年,针对海外土木工程,在伦敦土木工程协会与(ICE)于 1945 年编制的第一套有关土木工程系列条款的基础上,FIDIC 正式发布了第一版《FIDIC 合同条款》,世界银行正式于 1995 年为土木工程施工采购编制的第一版标准招标文件(SBDW)采用了 FIDIC 合同条款作为其基础,从此为 FIDIC 合同条款在国际施工项目中确立了权威地位。

(二)国际工程承包合同的主要内容

1. 承包合同的定义

这一部分主要是阐明合同的当事人、合同中所包含的文件及其规范,以及对合同中所出现的各种术语的解释。

2. 业主的责任与违约

业主除按合同规定支付工程价款外,还负责提供建筑用地,协助承包商办理施工机械、原材料、设备生活用品的出入境手续，并采取适当措施保护现场，派遣工程师及其代表。如果业主未按合同规定的期限和数额支付工程价款，或因业主破产、停业或由不可预见的原因导致其未履行义务，承包商有权解除合同，撤走设备和材料，业主应向承包商赔付由此而造成的损失和费用。

3.承包商的责任与违约

承包商主要义务是工程施工，接受工程师的指令和监督，提供各种保函，为工程办理保险。其中，承包商应在接到中标通知书 28 天内按合同规定向业主提交履约保函。当承包商未经许可转包或分包、拖延工期、放弃合同或破产时，业主可以没收保证金并在发出通知 14 日后占领工地、赶走承包商、自行施工或另找承包商继续施工，由此产生的费用由违约的承包商负担。若承包商的施工不符合设计要求，或使用了不合格的原材料，应将其拆除并重新施工。承包商应在达成索赔协议后 42 天内向业主支付索赔款，承包商还必须在业主提出修补缺陷的要求后 42 天内进行修补。

4.工程师和工程师代表

工程师是受业主委托，负责合同履行的协调管理和监督施工的独立的第三方。除非合同另有规定，工程师行使的任何权利都应视为已征得业主的同意。工程师代表应由工程师任命并向工程师负责，其主要职责是代表工程师在现场监督，检查施工质量，处理实施合同中发生的问题，工程师代表也可任命一定数量的人员协助其工作。承包商必须执行工程师的书面或口头指令。对于口头指令，承包商要求工程师以书面形式在 7 天之内予以确认，如工程师对承包商发出的要求确认申请函自发布之日起 7 天内未予答复，该口头指令应被视为工程师的一项指令，其工程款的结算也以该指令为依据。

5.转让与分包

承包商无业主的事先同意，不应将合同或其中的任何部分转让出去。在得到业主许可的情况下，可以将工程的一部分包给其他承包商，但不能全部分包出去。

6.开工与竣工

承包商应在收到工程师发出的开工通知后的合理时间内从速开工，其工期以投标附录中规定的开工期限的最后一天起算，并应在标书附件规定的时间内完成。只有在额外增加工程的数量或性质，业主延误、妨碍或阻碍、不可预见的意外情况等情况下，承包商才有权延迟全部或部分工程的竣工期限。

7.检验与检查

工程师有权进出工地、车间检验和检查施工所使用的原材料、零部件、设备，以及生产过程和已完工的部分工程。承包商应为此提供便利，不得覆盖或掩饰而不外露。当工程的基础或工程的任何部分已准备就绪或即将准备好可供检查时，承包商应及时通知工程师进行检查，不得无故拖延。

8. 工程移交

当整个工程基本完成并通过合同规定的竣工检验时，承包商可向工程师发出通知及附带在缺陷维修期间内完成任何未完工作的书面保证。此通知和保证应视为承包商要求工程师发出接受证书的申请，工程师应在接到该通知后的21天以内，向承包商发出接收证书并注明承包商尚未完成的所有工作。承包商在完成所有工作和维修好所指出的缺陷，并使工程师满意后的21天之内有权得到工程接收证书。在某些特殊情况下，工程师也可对某一部分已竣工的工程进行接收。

9. 工程变更

工程师在认为有必要时，可以对工程或其他部分的形式、质量或数量作出变更。如果变更后的工程量超过一定的幅度，其价格也应做相应的调整；如果工程的变更是由承包商引起的，变更的费用则应由承包商负担。

10. 价格与支付

在价格条款中，不仅应注明总价、单价或成本加酬金价，还应将计价货币、支付货币以及支付方式列入其中。在国际承包活动中，一般采用银行保函和信用证来办理支付，其支付的具体方法大都采用预付款、进度款和最终结算相结合的方法。承包合同签订后和开工前，业主先支付一定的预付款，用以购买工程所需的设备和原材料，该金额一般占合同总额的10%～20%，随后承包商每月底将实际完成的工作量分项列表报给工程师，并经其确认后支付给承包商一定比例的进度款，业主待工程全部完工并验收合格后，支付尚未支付的剩余款项。

11. 特殊风险

合同履行过程中，如果出现了签订合同时无法预见的不可抗拒的特殊风险，承包商不承担责任。如果世界任何地方爆发了战争，无论是否已经宣战，无论对工程施工在经济和物质上有无影响，承包商应完成施工，直至合同终止，但业主在战争爆发后的任何时候都有权通知承包商终止合同。如果出现的特殊风险造成工程费用的增加，承包商应立即通知工程师，并经双方协商后，增加相应的承包费用。

12. 争议的解决

如果业主与承包商之间发生争议，其中的一方应书面通知工程师并告知另一方，工程师在收到本通知的84天内作出决定并通知业主和承包商，如果业主和承包商对工程师的决定不满意或工程师在84天内未能做出决定，不满方应在收到工程师决定的7天之内或在通知工程师决定而工程师又未能作出决定的84天之后的7天内通知对方和工程师，再交给争端裁决委员会进行仲裁，仲裁的结果对双方都有约束力。

三、国际工程承包的施工管理

在国际工程承包活动中，工程的施工一般都在承包公司总部以外的国家进行，这涉及承包商在国外施工的管理问题，工程施工的国外管理一般分为总部管理和现场管理两个层次。

表 7-2　施工管理的两个层次及内容

<table>
<tr><td rowspan="6">总部管理</td><td colspan="2">制定或审定项目的实施方案；</td></tr>
<tr><td colspan="2">为项目筹资及开立银行保函；</td></tr>
<tr><td colspan="2">制定统一的规章和报表，对现场提交的各种报告进行整理和分析，对重大问题进行决策；</td></tr>
<tr><td colspan="2">监督项目资金的使用情况及审核财务会计报表；</td></tr>
<tr><td colspan="2">选派现场各类管理和技术人员；</td></tr>
<tr><td colspan="2">指导并帮助采购项目所需的设备和原材料。</td></tr>
<tr><td rowspan="2">现场管理</td><td>项目总管理</td><td>工程的全面性管理，包括合同管理、计划管理、资金管理、财务管理、组织工程的分包与转包、人事工资管理、工程的移交与结算、处理与业主的关系、处理与东道国政府及海关、税务、银行等部门的关系等。</td></tr>
<tr><td>现场施工管理</td><td>主要包括制定具体的施工计划、协调各分包商的施工、做好施工设备和原材料的维护与报关、招聘和雇用普通劳务、劳务人员工资的核定与发放、监督工程质量、做好工作记录、提交有关工程的报告等。</td></tr>
</table>

第四节　国际工程承包的保险、施工索赔与银行保函

一、国际工程承包活动的风险

（一）风险的类型

国际工程承包是一项风险较大的经济活动，这主要是由于其所需时间长，牵涉内容广而且复杂，技术要求较高，资金投入大，并涉及国别政策、国家间的政治经济关系所致，任何风险的出现都会给双方造成不同程度的损失，了解国际工程承包风险是防范风险的前提。国际工程承包风险一般有以下几类：

1. 政治风险

政治风险主要是指由于项目所在国政府的更迭、派别斗争、民族冲突、与邻国的冲突以及经济政策的变化造成各种损失的可能性。

2. 经济风险

经济风险主要是指由于业主延期支付工程款、汇率变动、通货膨胀、市场供求关系变化、服务系统出现问题、施工现场及周围环境发生变化造成损失的可能性。

3. 自然风险

自然风险是指由于风暴、地震、洪水、雷雨等自然界的异常变化造成财产损失和人身伤亡的可能性。

4. 意外事故风险

意外事故风险是指在施工中由于外来的、突然的、非意料之中的事故，造成财产损失和人身伤亡的可能性，如火灾、爆炸、施工设备倾倒或在作业中断裂、设备或材料被盗、施工人员滑落等。

（二）国际工程承包保险险别

1. 工程一切险(All Risks Insurance)

工程一切险又称“全险”，是综合性的险别，是指对于工程项目在整个施工期间由于自然灾害、意外事故、工人或技术人员的操作疏忽和过失给在建工程、已到达现场的材料、施工机械设备、临时工程、现场的其他财产等造成的损失，以及对第三者造成的人身伤害或财产损失，保险公司都负责赔偿。工程一切险并不承保所有的风险，如因战争、罢工、政策的变化、违约等原因导致的损失不在该险别承保范围内。保险期限一般是从工程开工之日起，直至工程竣工之日或双方商定的某一终止日为止。

2. 第三方责任险(The Third Party Liability Insurance)

第三方责任险是指施工期间，在工地发生的意外事故，给与本工程无关的第三方造成的经济损失或人身伤亡，保险公司负责赔偿的险别。合同条款中，一般都规定承包商应投保第三方责任险，并规定有最低保险金额。

3. 人身意外险(Personal Accident Insurance)

人身意外险是指被保险人在保险单有效期内，因遭受意外事故而致残或身亡，保险公司负责赔偿责任的一种险别。承包合同一般都规定承包商应对施工人员投保这种险。投保人身意外险还可附加由意外事故致伤的医疗保险。

4. 汽车险(Motor Car Insurance)

汽车险是指施工车辆在工地以外发生事故，保险公司负责赔偿由此而造成的损失的一种险别。施工中运输车辆的风险分为工地内和工地外风险两种。汽车险仅负责在工地外发生事故造成的损失，而在工地内发生事故造成的损失应属于工程一切险的责任范围。

5. 货物运输险(Cargo Insurance)

货物运输险是指工程所需的机械设备、原材料、零部件等在运输期间遭受自然灾害和意外事故造成损失，保险公司负责赔偿的一种险别。货物运输险的险别很多，一般分为两大类：一类是可以单独投保的基本险，即平安险、水渍险和一切险；另一类是不能单独投保而只能在投保了基本险以后加保的附加险。货物运输险的保险金额一般可按CIF价格的110％投保。

6. 社会福利险(Social Welfare Insurance)

社会福利险是保险公司为工程所雇用的本国和外籍雇员失业、退休、死亡提供救济或补偿的一种险别。有些国家对此采用强制性保险，而且必须在国家制定的保险公司投保，这种做法对外籍雇员极不合理，但外籍承包商在施工结束后、外籍员工离开时，可以要求退还一定比例的保险费。

二、国际工程承包的施工索赔

（一）施工索赔的含义

施工索赔是指由于业主或其他有关方面的过失与责任，即非承包商自身的原因，使承包商在施工中增加了额外费用，承包商根据合同条款的有关规定，通过合法的途径和程序要求业主或有关方面偿还其在施工中蒙受的损失。施工索赔的方式主要有两种，即要求延长工期和要求赔偿款项。

（二）向业主索赔的原因

1.自然因素

承包商在施工中所遇到的自然条件或环境比合同中描述得更为艰难或恶劣，如出现了经现场勘察也难以观测到的地质断层，地下水文条件与事先预测的不符，导致必须移动地下旧管线、地下有旧建筑物等，这将增加施工难度和施工时间，进而增加施工费用，而上述情况和障碍并非一个有经验的承包商在签订合同时所能预料到的。

2.工程变更

在施工中，工程师要求承包商更改或增加额外工程量的情况很普遍，承包合同一般都有业主有权临时增减工作量的规定。其变更主要包括以下两个方面：一是工程量的变更，即工程师要求增减工作量，也就是说，承包商所完成的实际工作量超过或少于业主提供的工程量表，如果削减的工程量未超过合同规定的幅度，一般不予索赔，如果由于某种原因业主将本属于承包商的工程量转给其他承包商，承包商可以获得工程准备费和管理费的索赔；二是工程质量变更，工程师不认可承包合同所要求的原材料的质量、设备的性能等，并对其提出更高的标准，或提出更高的做工质量和试验要求，承包商为此可以要求索赔。

3.工程的暂停与中止

施工过程中，工程师可以下令暂停全部或部分工程的施工，只要暂停命令不是因为承包商的原因或其他风险造成的，承包商不仅可以延期，而且由此产生的额外费用应由业主承担。工程的中止主要是指由于遇到了意外情况或双方任何一方的原因使工程无法继续下去，不得不中止合同，承包商应得到补偿。

4.工期延误

当承包商遇到了并非由于自身的原因和责任而影响工程进度的障碍，从而增加了额外支出时，承包商有权得到补偿。工程延误索赔的原因通常是业主、监理工程师在合理时间内未曾发出承包商要求的图纸和指示；业主未能按规定较好地协助承包商办好工程所需的境外技术和普通劳务人员的入境手续；不利的自然条件；业主、监理工程师命令暂停工程，业主未能按时提供施工现场以及遇到不可抗力的自然灾害和意外事故而停工等。

5. 货币贬值

承包商为了避免货币贬值给自己造成损失往往在承包合同中订有货币贬值补偿条款，但多数补偿条款仅限于东道国政府或中央银行正式宣布的贬值，汇率的自由浮动不在其列。

6. 物价上涨

凡是订有物价上涨补贴条款的合同，在施工原材料、燃料以及运输费和劳务费等的价格上涨时，均可按规定的程序向业主提出差价索赔。索赔的数额应按双方事先定好的方式进行计算。

7. 工程进度款的延误支付

对于业主故意拖延向承包商支付其应按时支付的工程进度款而造成的延误工期或利息的损失，应由业主承担。

8. 不可抗力风险

不可抗力风险是指在签订合同时所无法预见的，而且是不可避免和不可预防的自然灾害或意外事件，如自然灾害造成的额外费用，战争、罢工、民族冲突、入侵、内战等导致工程出现各类的损失等，应由业主承担。

上述施工索赔的原因可以归为两类：一类是业主或其代理人违约造成的承包商损失，承包商有权索取赔偿；另一类是业主或代理人并未违反合同，而由于其他原因如工程变更、意外风险和不可预见因素等造成的承包商损失，承包商可提出补偿要求。这两类索赔的处理过程和处理方法是一致的，从管理的角度可以把它们归为一类统一进行索赔管理。

（三）施工索赔的依据与费用

承包商向业主提出索赔的主要依据是合同以及招标文件、施工图纸等合同的附件，同时还应附带能证明确实增加了承包商支出的其他证明材料，如有关双方会谈内容的记录、与工程师的通信、工程照片、工程质量的检查报告等施工材料，以及工资的支付、设备和材料的采购、材料和劳务价格的调整、汇率的变动、工程进度款的支付、会计账目等财务资料。

根据上述索赔原因可以得知，承包商可以得到索赔的费用一般应包括以下几种：

一是由于工程量的增加、工资的上涨和工期延误所导致的劳务费。

二是由于工程量的增加、使用材料质量要求的提高和物价上涨所产生的材料费。

三是由于工程量的增加、工期的拖延致使增加设备的使用数量和时间所引发的设备费。

四是由于业主的原因导致分包商向总包商索赔而产生的分包费。

五是由于增加工程量和工期拖延必须加办保险所产生的保险费。

六是由于增加工程量和拖延工期所产生的管理费。

七是由于工程量的增加和工程的拖延致使保证金延长所出现的保证金费用。

八是由于业主延期支付工程进度款所导致的利息。

(四)索赔的程序

1.提出索赔要求

按 FIDIC 的要求,承包商应在索赔事项发生后 28 天内向工程师(并抄送业主)提出正式书面索赔通知。逾期不报,业主将拒绝理赔。索赔通知的内容为要求索赔的原因和具体项目。

2.提交索赔报告

承包商在发出正式索赔通知后的 28 天内或在监理工程师同意的时间内,向工程师提交索赔报告。其主要内容为要求索赔的各项费用及总金额,并附有索赔所需要的各种依据。

3.索赔谈判

谈判是解决索赔问题的较好途径,谈判前应组成一个精明强干的谈判班子,最好聘请国际上有名望的索赔专家参加,谈判应本着“实事求是,有理、有利、有节”的原则来说服对方。

4.索赔调解

在经过双方谈判无法达成一致意见的情况下,可以由第三方进行调解,调解有两种方式:一种是非正式的,即通过有影响的人物或机构进行幕后调解;另一种是正式的,邀请一名双方都接受的中间人进行调解。调解建立在双方自愿的基础上,若其中的任何一方对其工作不满意或双方无法达成协议,调解工作结束。

5.工程师的决定

索赔争端通过谈判协商和中间人调解无效后,可由承包商以书面形式正式提请工程师作出对索赔问题的处理决定。工程师接到承包商的申诉书后,必须在 84 天内做出处理决定,并通知双方。双方在接到通知后的 7 天内没有提出反对意见,工程师决定即生效。

6.仲裁或诉讼

如果双方中的任何一方对工程师的处理不满意或工程师在 84 天之内未作出处理决定,不满方可在收到工程师决定的 7 天内,或在提请工程师决定而工程师却未作决定的 84 天之后,提请仲裁或诉讼。如果提请诉讼,一般需要的时间较长;如果提请仲裁,仲裁结构应在收到仲裁通知后的 56 天之内作出裁决。不论是仲裁还是诉讼,其结果都是终局性的。

(五)索赔应注意的问题

施工索赔是国际工程承包管理中的重要环节,也是国际工程承包中正常的经营活动。通过巧妙的方式让业主认同索赔,是承包商能否盈利的关键。在索赔过程中,承包商应注意以下几个问题:

1. 索赔权的问题

索赔权是承包商所拥有的,业主认可承包商在施工中出现的某些损失是由于业主方面,或由于业主变更合同内容,或由于自然条件等不可抗力的原因引发的,在法律上承包商应该获得相应补偿的一种权利。索赔权的成立与否,取决于两个因素:一是施工合同文件,承包商应通晓合同的条款、施工的技术规程、工程量表、工作范围等;二是施工所在国的有关法规,施工索赔的理由还得符合施工所在国的法律规定。此外,承包商还应找出有关类似情况索赔成功的案例,以求得业主的索赔认可。

2. 合理计算赔款金额

承包商提出的索赔金额要有根有据、合情合理,不能漫天要价,否则就会得不到业主的认可。其计算的依据包括合同的计价方法和可索赔的项目。

3. 按时并按程序提出索赔要求

承包商的索赔权是有时间限制的,按 FIDIC 条款的规定,应在索赔事项发生起的 28 天之内,以书面形式报送工程师并抄送业主。

4. 写出有力度的索赔报告

索赔报告的好坏是能否让业主认可的一个关键。其力度主要在于其逻辑性和索赔费用与损失之间的因果关系,其文字不仅应简单明了,而且措词应委婉有理。

5. 力争友好协商

友好协商是解决索赔问题的最佳途径。因为承包商提出索赔的最终目的是得到应得的补偿,通过友好协商解决索赔问题,既可以达到快速得到补偿的目的,也有利于维护承包商的良好声誉。

三、银行保函

银行保函是指银行应申请人的要求向受益人开立的、担保申请人正常履行合同规定的某项义务,并承诺若申请人未按规定履行自己的义务而给受益人造成经济损失,银行向受益人进行经济赔偿的书面保证文件。银行保函属于备用性的银行信用,不是一般的履约担保文件,而是一种违约赔款保证书,即如果保函的申请人没有履行其担保文件中所担保的义务,银行则承担向受益人赔偿经济损失的责任。

(一)银行保函的主要内容

银行保函是一种规范化的经济担保文件,为了保障受益人的合法权益,其内容十分具体和完整，因而，世界各国银行开具的保函内容基本一致。其具体内容大致如下：

申请人，即承包商或被担保人，应注明申请人的全称和详细地址。

受益人，即业主或总包商，应注明受益人的全称。

担保人，即开具保函的银行，应写明担保行的全称和详细地址。

担保金额，即担保所使用的货币与最高限额。

担保责任，即在承包商如果违约的条件下承担索偿义务。

索偿条件，即承包商违约时，业主凭何种证明进行索偿。

有效期，即保函的起止时间及保函的生效和失效条件。

合同及担保书的修订，适用法律等。

(二)银行保函的种类

1. 投标保函

投标保函是投标人通过银行向业主开具的保证投标人在投标有效期内不撤回投标书以及中标后与业主签订合同的经济担保书。投标保函随投保书一起递交给投标机构，担保金额一般为投标总金额的0.5%～3%，中小型项目一般为3%～5%，有效期一般为60天、90天、150天、180天不等。对未中标者，业主应及时将保函退回。中标者在规定的时间内与业主签约并递交履约保函后，业主也应将投标保函退还给投标人。如果业主宣告废标，投标保函则自然失效。

2. 履约保函

履约保函是用于保证承包商严格按照承包合同要求的工期、质量、数量履约的保函。履约保函的担保金额一般为承包合同金额的5%～10%，其有效期一般不能短于合同规定的工期，如果工期延长，也应通知银行延长履约保函的有效期。如果承包商中途毁约或破产，业主有权要求银行支付保函的全部担保金额。履约保函只有在工程全面竣工并获得现场监理工程师签署验收合格后，证书才予以退还。

3. 预付款保函

预付款保函又称定金保函，是承包商通过银行向业主开具的担保承包商按合同规定偿还业主预付的工程款的经济担保书。预付款保函的金额一般为预付款的总额，相当于合同金额的10%～15%，其担保期限一般从承包商收到预付款之日起到扣还完毕为止，由于预付款是逐笔扣还，所以预付款保函的担保额也随之减少。

4. 工程维修保函

工程维修保函亦称质量保函，是承包商通过银行向业主开具的担保承包商对完工后的工程缺陷负责维修的经济担保书。维修保函金额一般为合同总额的2%～10%，有效期为1～2年。维修期的开始时间应为工程竣工验收合格之日，在履约保函到期并退还之前，承包商必需开具维修保函。维修保函可以重新开立，也可以续展履约保函的方式代替维修保函，承包工程在规定的期限内未发现需要维修的缺陷后需要退还维修保函。

5. 临时进口物资税收保函

临时进口物资税收保函是银行应按承包商的请求开给业主的一种担保承包商在工程竣工之后，将临时进口的用于工程施工的机械设备运出工程所在国，或在永久留下这些设备时照章纳税的一种经济担保文件。该保函的担保金额一般与临时进口的机械设备价值相等。担保的有效期一般比施工期限略长。承包商在将机械设备运出工程所在国并取得海关出示的证明后，便可索回保函。

第五节　中国的国际工程承包合作

一、中国国际工程承包合作概况

我国的国际工程承包合作始于 1978 年底 1979 年初，是在党的十一届三中全会以后随着改革开放的不断深入而逐步发展、日益壮大的新兴事业，是国际经济合作领域迄今为止发展较为成熟的业务。

改革开放以后，我国的国际工程承包业务发展历程大致可以分为以下三个阶段：

(一)起步阶段(1978－1982 年)

20 世纪 70 年代末，国际石油市场原油价格两次大幅上涨，中东地区的石油输出国因此获得大量的石油外汇收入。有了巨额的资金实力作后盾，这些国家开始进行大规模的经济开发和建设。但由于劳动力缺乏、技术力量匮乏，许多项目尤其是基础设施建设必须由国外承包工程公司来进行，因此大批从事对外承包工程的国际公司进入中东地区。当时，我国也抓住国际承包工程市场的有利时机，组织一批建筑力量进入国际市场。中国建筑工程总公司、中国公路桥梁工程公司、中国土木工程公司以及中国成套设备出口公司，率先开展对外工程承包业务。1979 年，这 4 家企业在伊拉克、埃及、索马里等国共签订工程承包合同 30 余项，合同金额近 5000 万美元，由此拉开了我国国际工程承包合作业务的序幕。

为大力开拓国际工程承包业务，1979－1982 年，全国共组建了 27 家对外承包工程的公司，他们在亚洲、非洲、拉丁美洲、北美洲和欧洲的 45 个国家和地区共签订 755 项承包合同，总金额达 11.96 亿美元。工程项目主要是房建和筑路，项目的规模较小，承揽方式以分包和承包施工为主。

(二)稳步发展阶段(1983－1989 年)

1983－1989 年，随着我国对外开放的不断扩大，我国国际工程承包合作业务进入稳步发展阶段。

1983 年起，国际承包市场受全球经济不景气的影响，市场成交额大幅下滑，中东和北非地区的发包额急剧收缩。这一时期,国际承包公司间的竞争日趋激烈,业主越来越多的以带资承包、延期付款和实物支付为发包条件。所有这些因素使刚起步不久的我国国际工程承包合作业务面临严峻的考验。我国政府在给予经营国际承包合作业务的企业正确的宏观政策指导的同时,也在微观政策、资金等方面给予了有力的支持。这些企业在逆境中奋力开拓,在竞争中求发展,他们在加强自身建设、做好国际工程承包合作业务的同时,注意结合自身特点和优势,采取积极和灵活多样的措施,内联外引,成立国内合资企业,搞活了经济,成果显著。1983—1989 年,我国签订国际工程承包合同额 115.6 亿美元,市场进一步扩大,除中东、北非以外,业务拓展到南亚、东南亚、非洲、美洲、西欧和南太平洋等地的 130 多个国家和地区,其中亚洲地区的合同额占总合同额的 60%左右,成为我国最大的区域承包工程市场。国际工程承包也开始承揽一些技术含量较高的项目,如电站、糖厂、化肥厂等。

(三)快速发展阶段(1990 年至今)

1990 年的海湾战争,给我国在中东市场的承包业务带来了很大冲击。在政府的引导下,我国工程承包企业及时调整市场格局,加大对苏联、东欧、东北亚、东南亚、非洲和拉美市场的开拓力度。1992 年,我国改革开放步伐加快,各级政府主管部门在指导国际工程承包合作企业深化改革、转换经营机制和促进对外业务迅速开拓等方面做了大量的工作,我国国际工程承包业务步入快速增长时期。1990—1998 年间,我国签订国际工程承包合同额达 706.6 亿美元,年均增幅 24.1%。我国国际工程承包业务已遍及全世界 180 个国家和地区。1998 年的营业额首次突破 100 亿美元大关。2017 年,我国对外承包工程业务完成营业额 1685.9 亿美元,比 2016 年增长 7.5%,这标志着我国的国际工程承包业务已经进入规模发展阶段。

二、中国的国际工程承包合作的现状和新形势

(一)中国国际工程承包合作的现状

我国国际工程承包事业从 20 世纪 70 年代末正式起步,经过改革开放以后几十年的曲折历程,从小到大、从无到有、稳步发展,取得令人瞩目的成就。我国的国际工程承包业务营业额从 1985 年的 6 亿多美元增加到 2017 年的 987.2 亿美元,增长近 165 倍;2017 年,中国企业的业务量占比保持世界第一位,达到21.1%,较上年度增长 5.4%,目前我国国际工程承包业务进入平稳发展的阶段。在 ENR 美国《工程新闻记录》公布的 2017 年国际承包商 250 强有 65 家中国公司榜上有名,占据 1/4 席位。在国际工程承包领域,我国基本上形成了一支具有多行业组成,能与国外大承包商竞争的队伍,并得到世界范围的普遍认可。根据我国对外工程承包地区的分布情况(2017 年),非洲市场占有率为 56.2%,同比提升 1.3%;亚洲和大洋洲市场业务占比为 31.8%,同比提升6.8%;在拉美和加勒比地区市场占有率 22.8%,提升 9.1%。在中东市场、北美市场、欧洲市场均有不同程度的下降;从承包商在海外市场上所涉及的行业来看,目前主要的承包项目

集中在房建、交通、电子、石油及电力等行业，占据了大约75%的市场份额。其中交通领域涵盖了机场、桥梁、道路、海洋设施、码头、铁路及隧道等。

（二）中国国际工程承包合作面临的新形势

1. 国际工程承包市场发生变化

全球经济一体化使世界经济贸易保持了较快增长，同时扩大了国际工程承包市场的需求总量。中国加入世界贸易组织（以下简称WTO）后，中国公司被允许进入WTO成员的建筑业市场，同时关税壁垒的减少将使我国对外承包工程成本降低，这都为我国公司进入发达国家庞大的建筑业市场创造了客观条件。

2. 工程项目的规模趋于大型化，承、发包方式多样化

现代信息技术的迅猛发展和应用、国际承包商在技术和管理上能力的提高和服务范围的不断延伸、金融服务体系的日臻完善使工程项目日趋大型化，传统发包方式已经不能满足国际工程承包市场的需要，项目总承包方式和特许经营方式在国际工程中广为应用。国际工程市场上目前广泛采用的工程总承包和项目管理方式主要包括DB、EPC、CM、PMC和BOT等。这些方式在可能使总承包商的利润大幅提高的同时，也对承包商的管理、技术和融资能力提出了更高的要求。

3. 投资结构的改变，对承包商融资能力要求提高

全球建筑市场的投资者主体结构正趋于多样化。各国政府向私人资本和国外资本开放更多的领域，尤其是能源、电力和交通等基础设施项目的建设；同时，私人资本对基础设施的投资明显增加，一些大型的工业项目也为承包商提供了广阔的市场。投资者主体结构的变化、发包方式的变革，对承包商的融资能力提出了新的挑战，投标者能否帮助业主解决项目资金问题成为中标的关键，资金实力成为国际工程承包商参与国际竞争的核心要素。

三、中国国际工程承包合作存在的问题

（一）恶性竞争严重，经营秩序混乱

我国工程承包企业之间缺乏合作，相互压价、恶性竞争现象比较严重。国际市场的低价竞争也引起了其他国家承包商的担心，他们认为投标价过度低于建筑业平均水平虽能中标，但结果往往导致不完整的或低质量的产品。此外，低价竞标可能导致业主担心工程质量无法保证而拒绝授标，使承包商中标困难，并影响到今后的进一步合作。随着越来越多的工程承包企业走出国门，如果不能正确引导和管理，低价竞标的现象将更加突出，而这也会增加我国被多边贸易机制制裁的机率。

（二）资金短缺，缺乏应有的金融支持

当前国际工程承包市场国际化程度越来越高，国际资本在工程承包市场中的比重

也越来越大，国际工程承包的业务范围由以往单纯的工程施工和安装拓展到技术贸易、货物贸易与服务贸易的综合体。因此，这些变化对我国从事涉外工程承包企业的资金融通和竞争实力提出了更高的要求。我国国际工程承包企业融资能力差主要体现在：一是融资渠道狭窄。国际上盛行的项目融资方式在我国尚未真正展开，国有商业银行在向工程承包行业提供巨额贷款时，往往需要担保或抵押，政策性银行对国际工程承包企业的支持力度也十分有限；二是融资担保困难。对于国际工程承包业务，国际设立的保函专项资金规模较小，而且资金使用程序繁琐、支持范围有限、审批周期较长；三是融资成本较高。当前我国针对国际工程承包业务贷款利率为3.8%，比国际通行工程承包贷款利率高很多。

(三)面临市场准入障碍和技术壁垒

我国在技术和法律方面仍未与国际市场完全接轨。国内的设计标准、设备材料标准自成一体，尚未与国际市场接轨。而欧美等发达国家普遍实施专业执照、企业许可、人员注册资格等制度，其他国家的市场准入条件和管理法规往往制约了我国企业进入市场。由此可以预计未来几年，国际服务贸易的标准化对工程承包商的资质要求和对服务的质量标准要求，将成为市场准入新的技术壁垒。

四、中国国际工程承包合作发展对策

(一)鼓励对外承包企业加快结构调整，进行联合重组

我国大型工程承包企业近两年来进行的联合、重组，达到了优势互补、增强竞争力的效果。如中国铁路工程总公司与中国海外工程总公司两家企业重组后，综合实力和国际竞争力明显增加。因此，各有关部门应该总结经验，加快产权制度改革，吸引外来资本，营造富有活力的新机制；鼓励与指导施工、设计单位积极寻求联合与重组的机遇和方式，加快对外承包工程行业联合、重组、改制的步伐，尽快形成一批专业特点突出、技术实力雄厚、国际竞争力强的对外工程承包的大企业和大集团。

(二)加大金融扶持力度，建立完善融资体系

我国对外承包工程的制约因素突出表现在承包工程企业的自有资金少，不能满足大型国际项目带资承包的需要。为了促进企业“走出去”，国家虽然出台了一系列经济政策，但还需要进一步建立和完善项目融资体系，加大对建筑承包商开拓国际市场的金融扶持力度。在政策上应允许政策性银行和商业银行提供无抵押贷款；鉴于部分国家对外工程贷款利率只有1%左右，我国也要考虑适当下调对外承包工程的贷款利率和保险费率，或提高贷款的政策性贴息率和延长贴息期限，特别是对大项目给予利率和费率优惠；增加对外工程承包保函风险专项资金的数额，简化使用程序，扩大使用的范围；对于从事境外工程咨询、设计、工程承包的企业，特别是从事资源开采或带动成套设备及机电产品出口达到一定比例的企业，予以所得税减免和其他税收优惠。

（三）加强工程承包企业的自身能力建设

在激烈的市场竞争环境中，我国大型工程承包企业必须加强自身能力建设，向设计与施工一体化、投资与建设一体化、国内与国外一体化的跨国公司方向发展，建立技术、管理密集型的工程总承包企业。按照国际化的经营模式，走智力、技术和资金密集的道路，加快进入 BOT 等高端市场的步伐；熟悉国际建筑业技术标准、规范和市场运行规则，提升国际工程承包业务本地化运营的能力，通过与欧美企业合作，获得更多的市场准入机会。借鉴我国制造业企业通过跨国并购和股权置换等方式加快“走出去”步伐的经验，通过并购当地建筑业企业，进入发达国家工程承包市场。另外，要重视属地化经营，规避一些国家对国外承包商设置的障碍，充分利用当地人力资源和政策法律环境，降低企业运营成本和经营风险。

【案例分析】

国际工程承包合同纠纷

某中外合资项目，合同标的是商住楼的施工工程。主楼地下 1 层，地上 24 层，裙楼 4 层，总建筑面积 36000 平方米。合同协议书由甲方自己起草。合同工期为 670 天，合同中的价格条款为：“本工程合同价格为 3500 万元人民币，此价格固定不变，不受市场上材料、设备、劳动力和运输价格的波动及政策性调整影响而改变。因设计变更导致价格增减另行计算。”在招标文件中，业主提供施工图纸，但是制作粗略，没有配筋图。承包商报价时，国家规定钢材最高限价为 1800 元/吨，承包商按此价格投标报价。

工程开始后一切顺利，但在基础完成后，国家取消钢材限价，市场价格短时间内涨到 3500 元/吨以上。由于设计图纸过粗，后来设计虽未变更，但却增加了许多承包商未考虑到的工作量和新的分项工程，其中最主要的是钢筋。承包商报价时没有配筋图，仅按通常商住楼的每平方米建筑面积钢筋用量估算，而最后实际使用量与报价所用的钢筋工程量相差 500 吨。按照合同条款，这些风险由承包商承担。承包商经过估算，预计到工程结束承包商至少亏本 2000 万元。承包商与业主协议，希望业主能给予实际差价补偿，因为工程风险已大大超过承包商的承受能力，承包商只期望能够保本，但业主予以否决，要求承包商履行合同责任，承包商只得放弃前期工程与基础工程的投入，撕毁合约，遭受巨大损失。而业主另外寻找承包商继续施工，但是业主也蒙受损失，因为这是建了一部分的工程，只能采取议标的方式，价格较高，而且工期也受到延误。这个国际工程承包案例中，业主与承包商的利益都受到损害，影响了工程整体效益。

资料来源：海外工程图. 九个国际工程承包案例分析[EB/OL]. http://www.docin.com/p—1301324819html

思考与讨论：

1. 本案例中签订的合同是什么类型的国际工程承包合同?

2. 从本案例中我们应吸取什么样的教训,在国际工程承包过程中应注意哪些问题?

复习思考题

1. 国际工程承包的特点是什么?
2. 国际招标有哪几种方式?
3. FIDIC 条款的内容是什么?
4. 引起施工索赔的原因有哪些?
5. 国际工程承包的银行保函分为哪几种类型?

第八章　国际劳务合作

第一节　国际劳务合作的概念、特点与形式

国际劳务合作是第二次世界大战以来蓬勃兴起的一种国际间经济贸易合作的重要形式。特别是近20年来，随着世界各国经济的不断发展和经济水平发展不平衡的进一步加剧，国际分工日益向深度和广度发展，各国经济上的依赖程度进一步加强，国际劳务合作作为一种广泛的、经常的、行之有效的经济合作方式日益受到各国的普遍关注，其发展速度超过了货物贸易的增长速度。

一、国际劳务合作的概念

（一）国际劳务合作的定义

"劳务"即劳动服务，是指劳动力的所有者通过提供活劳动来满足他人某种需要并获得相应报酬的一种行为。这种活劳动可以是服务性劳务（即提供生活服务），也可以是物质生产性劳务（即提供给物质生产部门以参与物质生产活动）。在劳务过程中，劳动力生产要素发生流动，劳动力所有者与接受者作为劳务合作双方，均获得经济效益。

国际劳务合作即劳动力生产要素在不同国家间流动并配置的活动，是一种劳动力要素在国际范围内进行重新组合、优化配置的过程，使劳动力具有国际属性。国际劳务合作包括劳务输出和劳务输入两方面。前者又称"劳务出口"，指一国劳动力所有者到他国从事各种形式的有偿服务；后者又称"劳务进口"，指一国从他国进口劳务以从事某项活动并支付相应报酬。

（二）与国际劳务合作相关的概念

1.国际服务贸易

国际服务贸易是指国际间服务的输入和输出的一种贸易方式。狭义的国际服务贸易指发生在国家之间的服务输入和输出活动。广义的国际服务贸易包括有形的劳动力的输出输入和无形的提供者与使用者在没有实体接触的情况下的交易活动。无论是广义还是狭义的服务贸易，其内涵都大大超过传统意义上的国际劳务合作（劳务输出和工

程承包）。同时，国际服务贸易并不包括物质生产性劳务合作。

2.国际劳务贸易

劳务贸易也叫"无形贸易"，它和货物贸易是不同的。劳务贸易是指国与国之间非实物形式的各种劳务服务的有偿提供与接受。从一个国家的角度来说，凡是通过对国外提供一定的劳务服务而取得外汇收入的构成劳务输出（出口）；凡是接受国外的劳动服务而付出外汇的构成劳务输入（进口）。

3.国际工程承包

国际工程承包是指一国的政府部门、公司、企业或项目所有人委托国外的工程承包人负责按规定的条件承担完成某项工程任务。它是一种综合性的国际经济合作方式，也是国际劳务合作的一个重要途径。

二、国际劳务合作的特点

（一）是劳动力生产要素的直接移动

当代国际劳务合作，实际上是劳动力生产要素在国际间的直接移动，通过重新组合和优化配置，使合作双方优势互补，以获取各自最佳的经济利益。然而，它也不完全等同于过去简单的劳动力国际移动。在原始资本积累时期的劳动力转移带有明显的强制性和奴役色彩；在"二战"前发生的劳动力国际流动则是为了服从资本主义压榨剩余价值和殖民统治的需要。这些劳动力的直接移动，均建立在残酷剥削与掠夺的基础上，是非自愿不平等的劳动力流动。当代的国际劳务合作产生于"二战"后，是建立在国际间平等互利基础上的，合作双方自愿、自主、公平的一种行为。

（二）受到的限制因素比较多

当代国际劳务合作仍存在较高的市场准入门槛，大多数国家对劳动力要素在国际间移动态度谨慎，限制因素较多。而这些限制政策往往又和宏观经济环境相挂钩。例如，2008年美国次贷危机引发全球金融危机之后，国际经济形势发生重大变化，多国经济发展停滞甚至衰退，使得不少国家政府纷纷出台对外籍劳务人员的限制措施，大幅提高市场准入门槛，导致国际劳务市场需求量下降。另外，劳动力国际流动受到劳务人员自身素质、技能、预期待遇等多方面因素的限制和影响，不确定性因素进一步加大。

（三）合作时间比较短

当代国际劳务合作，双方以短期雇佣或提供劳动力为主，合作时间相对较短。劳动者一般在国外工作数月或数年，期满回国。"二战"前的劳动力国际流动，则以移民定居为主要形式，例如17—18世纪流动到北美的劳动力和被贩卖去的黑人奴隶，19世纪中叶后流落至南洋群岛、美洲、澳洲的中国劳动力等，大多数最终选择定居。"二战"后的三四十年间，劳动力的国际流动仍以移民形式为主，主要由发展中国家流向发达国家。随着世界政治经济形势的变化和一些国家有关移民的法规政策的出台，移民定居受到很大限制，最终定居的劳动力流动人数明显减少，短期滞留提供劳动服务的人员数量开始上升。如今，以短期雇佣提供服务的国际劳务合作形式已经成为当代劳动力国际流动的主要形式。

（四）呈现多侧面、多方位、多层次发展

历史上的劳动力国际流动形式是较为单一的，流向也基本是从亚洲、非洲、欧洲等国流向美洲、大洋洲等地。伴随着全球经济一体化浪潮的推进和全球服务贸易的快速增长，跨国公司不断扩大投资规模，使得国际间人员跨国流动日益频繁，国际劳务市场的需求和规模随之不断扩大，国际劳务合作呈现多侧面、多方位、多层次发展的特点。劳动力国际流动的方向也不仅限于单向流动，而是发展到双向流动，劳务输出与劳务输入并存。劳务合作的领域也呈现出多层次交叉流动的态势。多元化的发展更有利于劳动力要素在全球范围内实现优势互补，同时也加剧了国际劳务市场的竞争。

三、国际劳务合作的形式

（一）国际工程承包

国际工程承包涉及考察、勘探、设计、施工、安装、调试、人员培训等工作，需要劳务输出国派出一定数量的施工、技术和管理人员为输入国服务。目前，这种形式的劳务输出是国际劳务市场上最常见的一种形式。

（二）技术和设备的进出口

一国在向另一国出口技术和设备时，往往会派出相关劳务人员对进口国有关技术人员进行指导或培训。这种方式派出的劳务人员一般具有较高的专业技能。

（三）直接输入输出劳务

有些劳务出口国通过签订合同的方式，直接向劳务进口国出口各类劳务人员，如：教师、医生、护士、厨师、海员等。

（四）海外投资设厂

一国的投资者在海外创办独资企业、合资企业和合作合营企业时，往往会随之派出一部分技术人员或管理人员甚至普通工人，以满足海外企业的发展需要。

第二节　国际劳务合作的形成与发展

一、国际劳务合作的形成

在“二战”之前，劳动力的国际流动主要以移民定居为主，流动的规模、方向受资本殖民主义者控制，劳动力的流动不是在自愿基础上进行的。当代国际劳务合作产生于“二战”之后，特别是随着经济一体化程度地加深，各国经济发展水平不平衡，国际分工日益向深度和广度发展，使得各国经济上的依赖程度进一步加强，劳动力作为生产要素的一种，参与到经济合作中，日益受到各国的普遍关注。

国际劳务合作的存在有很重要的意义：一方面，对于提供劳务的一方来说，能够解决就业问题，这是经济稳定发展的重要因素，并且能够增加产品的出口数量、增加外汇收入；另一方面，对于接受劳务的一方，不仅能够解决国家劳动力短缺的现状，而且通过高级人才的输入，能够获得技术、设备和先进的管理经验。

二、国际劳务合作的发展

经过多年的发展，国际劳务合作形成了以国际工程承包、国际投资、技术服务、咨询服务等方式进行的一种劳动服务，这种劳动服务形式已成为当代国际经济合作的一种重要形式。

（一）国际劳务合作发展的现状

1. 当代国际劳务合作发展的特征

与“二战”之前的国际劳务合作相比，当代国际劳务合作表现出以下几个特征：

（1）以平等互利为前提，以获得最佳的经济效益为目的。

当代各国之间的国际劳务合作以国与国之间平等互利为前提。劳动力的国际流动以自愿为基础，对劳务人员本身而言，外出就业是谋生的手段，能够使自己的生活更好，或者说是以学习先进的知识、技术为目的。劳务合作国之间通过双方生产要素的重新组合配置、优势互补，以获取最佳的经济效益。而“二战”之前的劳动力国际流动被殖民主义控制，劳动力流动的目的主要是为了满足资本家榨取剩余价值和殖民统治的需要。流动的方向、规模、方式等完全由资本殖民主义者支配和控制，劳动力本身也是处于服从地位，这是一种建立在残酷剥削与掠夺基础上的不平等的劳动力国际流动。

（2）劳动力国际流动形式以双方短期雇佣或提供劳动力为主。

“二战”之前的劳动力国际流动形式主要以移民定居为主要形式，在“二战”后的三四十年，以移民形式进行的劳动力国际流动从未停止过，而这些劳动力一般都是从发展中国家、较发达国家向发达国家移民。然而随着经济形势的变化，许多国家对外来移民的态度也在发生变化，相关政策也在不断地修改，现在越来越多的发达国家是自己选择所需要的移民，而不是像以前一样由移民选择想去的国家。政策的变化导致移民定居在许多国家受到很大限制，数额急剧减少。与此同时，由于世界经济全球化及国际经济合作的发展，短暂出国提供劳动服务的形式日益盛行，远远超过移民定居者的数量，也成为当代劳动力国际流动的主要形式。

（3）劳动力流向呈现多元化。

随着经济的发展，当代国际劳务合作涉及世界大多数国家和地区，尤其是经济一体化的深化、跨国公司的快速发展，全球范围内的劳动力流动更为频繁，劳动力的流向也日趋多元化，不再是劳务输出国向输入国的单向流动，而是发展成双向流动，许多国家既有劳务输出也有输入。国际劳务流向的多元化，能够实现资源的优化配置，有利于在更大的范围内实现生产要素的优势互补，从而促进生产力的发展。

2. 国际劳务合作发展的动因

(1)经济全球化。

经济全球化成为世界经济发展中最突出的特征，世界各国之间经济依存度更高，世界市场具有多元化的特征，这个市场包括商品、资本、劳动力、技术、信息等领域，而经济全球化对国际劳务合作发展的促进体现在两个方面：第一，服务贸易的产生促使劳动力流动的加快。经济全球化促进了国际贸易活动，这是服务贸易产生的前提条件。第二，外国直接投资的增加进一步促进国际劳务合作的发展。外商直接投资在今后许多年只会不断增加，发达国家之间的相互投资会增加，发达国家与发展中国家以及发展中国家之间的相互投资也会不断增加，这些外商直接投资自然会伴随生产要素及资源的移动，如跨国公司的设立是外商对外直接投资最重要的一种方式，而这些跨国公司往往集资本、生产、贸易、技术于一体，他们的蓬勃发展自然会带动国际劳务合作的发展。

(2)科技国际化。

第三次科技革命是国际劳务合作发展最直接的动因。科学技术是第一生产力，是经济增长的重要推动力。在生产要素投入中，技术的作用远远超过劳动力和资本。科技能够推动产业结构的调整，决定社会分工的发展。科技国际化趋势必然导致国家之间科研合作的增加，为了发展本国科技水平，各国都纷纷引进高科技人才，这种政策的执行必然会促进技术劳务合作的发展。

(3)世界格局多极化。

苏联解体之后，以美、苏两个大国称霸的世界格局完结，而多种力量和谐并存的世界格局逐渐形成，这也代表着世界发展走向常态化、正常化。世界格局的多极化为国际劳务合作的发展提供了良好的国际社会环境。这种多极化趋势在政治、经济方面都产生了新的发展，世界上各种力量都出现了新的分化和组合，各种区域性合作组织空前活跃。

(4)经济协调国际化①。

国际经济协调是指为达到一定经济目的或解决共同面临的经济难题，一些国家通过谈判协商来制定共同的经济政策，或调整各自执行的经济政策。国际劳务合作是一项全球性经济合作活动，其开展和扩大往往要有关各方经济组织或政府进行大力有效的协调，这是因为劳务合作各方在经济、文化、劳工政策等方面往往存在着巨大差异，劳务合作的顺利开展必然面临重重障碍，若出现劳务壁垒、劳务纠纷，就需要政府出面进行有效的协调，否则将会阻碍劳务合作的进一步发展。因此，国际经济协调在经济全球

① 王安邦，李莲英. 当代国际经济技术合作发展动因新探[J]. 企业经济，2007.

化发展中的重要作用日益凸显，也是国际劳务合作顺利发展的“润滑剂”。

（二）国际劳务合作的发展趋势

随着经济全球化的加速发展，技术不断进步，人民生活水平得到显著提高，还有一些国家产业结构在不断调整，对于劳务的需求也在不断变化。在一些新兴产业中，劳务的需求日益增加，逐步取代了如纺织、建筑等传统产业对于劳务的需求，当代国际劳务合作出现了新的发展趋势。

1.劳务输出日趋困难

进入20世纪80年代以来，由于经济发展的速度放慢，国内失业人口增加，因此各国纷纷采取措施，限制外籍劳动力入境。正在大力发展民族工业的发展中国家，外籍工人较多，如中东地区，为了最大程度的实现劳工民族化，大力培养本国人才，对外籍劳工人员的限制也越来越多。另一方面，由于涌入发达国家的劳工文化水平、业务素质较低，而人口增长很快，混血种人也迅速增加，而这些国家本民族的人口增长很慢，甚至是负增长。这就使得这些发达国家的人种构成迅速发生变化。一些民族主义者为了保持所谓民族发展优势，排外情绪强烈，也极力主张限制外国人，特别是发展中国家的普通劳工入境。

2.技术劳务输出呈上升趋势

虽然各国对外籍劳工的限制越来越多，但国际工程承包的发展趋势从一般的简单工程向复杂工程方向发展；从单纯地承担施工任务，向一揽子承包工程方向发展；从单纯的人力输出转向技术输出。技术输出竞争力强，获利多，且很受输入国的欢迎。目前，不仅发达国家对技术专业人员需求旺盛，许多发展中国家引进的外籍劳务人员，也朝着技术型方向发展。据世界银行统计，美国引进的外籍劳动力，60%以上是各类技术人员，德国引进的外籍劳务人员，70%是技术工人和专业人员。总之，当今世界整个劳务市场低迷，但技术劳务市场呈上升趋势，这也是国际劳务市场发展的重要特征。

3.分散服务形式的劳务需求增多

受全球经济增长缓慢，国际石油和矿产资源价格长期保持低位、英国脱欧、中东政治乱局等多重影响，国际承包工程市场整体表现不佳，集中工程承包劳务需求日益减少，但是服务形式的需求却在增多。究其原因，主要有以下三点：第一，人们消费水平提高，生活质量提高，客观要求满足其需要的各种服务增加。第二，西方发达国家人口老龄化，家庭服务呈上升趋势。第三，中东地区一些大型工程项目建成以后，仍需要部分工人保养、维修。

4.劳务输出盈利较为困难

现今国际劳务市场需求大幅缩水，但是劳务输出却有增无减，这就导致劳务输出方市场竞争异常激烈，劳务输入方要求也愈加苛刻，劳务输出方盈利不断减少。据统计，20世纪70年代承包工程平均利润在15%以上，1985年以后平均利润在5%左右。20世纪

70年代国际劳务市场普通工人每月劳务价格在500美元左右，20世纪90年代下降到300美元左右。可见，激烈的国际竞争，给国际劳务输出方的盈利造成很大的困难。

总体来说，虽然目前国际劳务市场还存在对国外劳务人员的种种限制，对劳务种类的需求也不尽相同，发展的潜力各不一样，劳务竞争十分激烈，但国际劳务市场的总体趋势仍在继续稳定地发展，前景广阔。

第三节　世界主要劳务市场及特点

国际劳务市场是世界上从事劳务交易的场所，是国际市场的重要组成部分。随着经济全球化的发展，生产要素的国际间流动日益频繁，而国际劳务市场对劳动力要素在国际间的流动起到了非常重要的作用。国际劳务市场经过了20世纪50年代及60年代的孕育和发展，形成了西欧和北美两大劳务市场，但是这两大劳务市场仅仅局限于进行普通劳动力的流动。20世纪70年代，西方国家的经济陷入滞涨时期，经济增长缓慢，而中东国家石油收入剧增和亚洲“四小龙”的兴起，最终形成了亚洲、非洲、中东、西欧、北美、拉美这些提供多种劳动服务方式的多元化的劳务市场。

一、亚洲劳务市场

亚洲地区持续快速增长的经济状况，导致了其对劳动力需求的增加。亚洲劳务市场成为具有巨大发展潜力的市场，在国际劳务市场中的地位举足轻重，也是中国劳务输出的最主要市场。

（一）亚洲劳务市场的概况

亚洲劳务市场最主要有中东地区，东亚工业化国家和地区，南亚、东南亚国家。中东地区主要是石油产出国，这些国家凭借丰富的石油资源发展经济，吸引了大量劳务大军。而东亚工业化国家和地区经济飞速发展，人口出生率下降，老龄化问题严重，将扩大劳工输入比例，而南亚及东南亚则扩大劳务输出。我们以日本、韩国、新加坡为例。

日本是全球老龄化最快的国家，四分之一的人口年龄已经超过65岁。日本劳动力也在减少，这可能严重拖累经济成长。日本国立人口问题研究所认为，日本劳动人口短缺课题将在2025年面临挑战，那时日本当局就算大量聘请高龄人士和增加女性就业率也无从弥补。2000—2016年，日本15～64岁劳动人口减少了397万，预计到2025年，还将减少270万人。据日本劳动当局的数据显示，日本对外来劳工的依赖程度有目共睹，这是一个无法改变的事实。随着日本人口萎缩，外籍劳工人数不断增加。日本很多行业都面临人手短缺问题，除体力劳动外，零售和服务业目前也出现了严重的人手不足。2017年，日本零售业新增人手里，外国人比率为67%。此外，建筑业增加了2.8万名外来劳工，虽为历来最多，也不足以应付需求。让日本政府感到吃惊的是，以往被视为难以接受外国人担任的送货员和邮差，也都被迫打开了门户。过去十几年间，日本每年以增加女性就业率和聘请高龄人士来填补劳动力短缺。基于65岁以上的高龄人口将不断增加，日本的“自救”方案将山穷水尽。日本劳动政策研究机构发布报告称，日本面临严重的工人短缺，绝非聘请高龄人士和鼓励女性就业就能解决。报道指出，日本在2020年以后只有大开门户，大量引进外籍人士，才能维持经济发展。

尽管韩国经济低迷、年轻人失业严重，但韩国企业对外籍劳动力的需求依然旺盛。通过引进外籍劳工，促进经济的稳定和增长将成为韩国政府长期坚持的国策。政府针对外籍劳工出台了一系列政策：一是成立“外国人政策统一委员会”进行外籍劳务事宜管理。韩国政府已决定，从2018年开始积极接受外国移民，并制定了2018－2022年“外国人政策基本计划”，试图通过移民经济，为韩国经济增长注入新的活力。二是放宽入籍限制。凡直系亲属拥有韩国绿卡者，可通过入国籍考试，获得绿卡及加入韩国国籍。隔代亲属在韩国出生或是韩国人的，可以获得韩国国籍。与韩国人结婚满三年，或者婚后育有子女，可以获得永久居住权或韩国国籍。持有居住工作签证，在韩国工作超过五年的，可以申请韩国永久居住权。三是设立“外国人社会融合基金”，即利用外国人在办理入境或停留许可时所缴纳的手续费和罚金形成基金，用于在韩外国人的人权保护、社会适应协助、难民待遇改善、外籍劳工待遇改善、外国人非盈利组织团体支援等多个与外国人相关的领域，旨在帮助外国人更好地融入韩国社会。该议案已获得在野党的支持。另外还有提高最低工资标准；向外国投资者提供补助；放宽外国留学生就业限制等措施。

新加坡因为其独特的地理优势，经济发展异常迅速，劳动力一直相当紧缺，新加坡每年输入外籍劳务超过60万人，其中建筑业占比将近一半，虽然近几年对外籍劳务的需求有所缩减，尤其是制造业，但掌握专业技能的高素质人才仍很短缺。由于新加坡政府高度重视城市基础设施建设，服务业和建筑业的职位空缺很大。一般来说，新加坡政府将服务业的职位空缺主要留给本国国民，而建筑业则主要依赖外国劳工。根据新加坡本地就业市场数据统计，从2017－2019年，每年建筑行业专业人士将有2300～3700人的人才缺口。建筑业在新加坡经济发展中占据非常重要的地位，新加坡本地人学历普遍较高，从事管理类职位较多，建筑业基层工作则以外籍劳工为主，来源地以中国、印度和孟加拉国为主。不过，随着中国和印度经济的发展，新加坡建筑业的就业吸引力对这两个国家的工人在减弱。2017年，我国对新加坡新签劳务人员合同工资总额5.80亿美元，劳务人员实际收入总额7.88亿美元。共向新加坡派遣各类劳务人员42409人，比2016年度的37724人增加4685人，占我国当年外派劳务人员总数的8.1%，期末在新加坡各类劳务人员95488人，比2016年度的100612人减少5124人，占我国当年在外劳务人员总数的9.8%

（二）亚洲劳务市场的特点

1.劳工短缺的情况将继续存在

亚洲经济发展迅猛，建设项目增加，劳动力需求量大。日本老龄化程度加深，劳动力紧缺状态将继续加剧;韩国由于产业的升级换代,会继续加大劳动力的输入;“东盟互联互通总体规划”在2010年第17届东盟首脑会议上获通过,该规划囊括了700多项工程和计划,投资总规模约达3800万美元。而近几年来,东盟国家依然在基建项目扩大投资,亚洲基建投资规模达到万亿美元,如此巨大的投资规模自然意味着在亚洲开展工程承包和劳务合作的前景非常广阔。

2.技术性劳工需求增加

以建筑为主的普通劳务的需求逐渐减少,而具有熟练技术和先进管理水平的劳务需求稳步增长。多层次、多行业的劳务结构市场已然形成。

3.劳务市场的竞争日趋激烈

一是亚洲劳务市场发展多年,由原来少数几个国家独揽,变成更多国家加入,市场趋于饱和,市场份额争夺更加激烈;二是有些国家为了保护本国劳务市场,防止外汇溢出,对国外工程承包公司及劳工采取种种限制措施;三是技术性劳工价格较高,技术、管理水平高的劳务输出国处于优势地位,而输出普通劳务的国家处于劣势。

二、西欧劳务市场

(一)西欧劳务市场的概况

西欧劳务市场是历史最为悠久的国际劳务市场,其发展最早在20世纪40—50年代。当时英国、法国、德国、意大利等西欧发达国家的工业、农业发展水平在世界位于前列,它们也是西欧劳务市场中劳务输入最多的国家。二战后,特别是20世纪50年代,欧洲各国专注于医治战争创伤、进行大规模的经济建设,劳动力严重不足,以德国最为突出。为了解决这一问题,西欧国家与一些劳动力充足的国家签订雇佣外籍劳工的双边协定,大量引进劳工。1946年,法国成立了国家移民局,专门负责招聘发展工业所需的劳工;德国后来也成立了“招募委员会”。通过这些政策有效地解决了劳动力匮乏的问题。但是到了20世纪70年代,战后重建基本完成,西欧国家逐步进入福利国家的行列,移民劳工对于这些国家的吸引力大大减弱。随着经济的发展,欧洲国家在本着不影响本国公民就业的前提下,积极输入一些技术性劳工。我们以英国和德国为例。

英国是世界上第一个工业化国家,曾经一度成为世界经济的中心。根据英国工作许可局公布的《技能空缺职位名单》,近几年来以下三个岗位是英国国内极为短缺、急需招聘海外劳工的:一是公车司机。因为英国公车司机工作时间长,工资较低,所以本国公民不愿意从事此行业。现在英国国内也有一些外国司机,但都来自欧盟国家或在英国有固定身份的外国人。英国政府目前还不会给“外地区司机”发放工作许可证,而且汽车司机不属于熟练技工的范围,英国政府只会放宽熟练技工的输入,因此导致这个职位从业人员极为空缺。二是护士。护理业人员短缺可以说在英国是最为严重的。英国卫生部一直希望从国外招聘护士以弥补国内的需求,目前在英国医院中有将近上万名海外护士和助产士，主要来自菲律宾、新加坡、澳大利亚、南非、新西兰、芬兰等国家。长期人手严重短缺已影响到英国政府的医疗改革计划。英国卫生部对从中国引进护士十分感兴趣，多次派官员来我国考察医疗情况及医护人员的服务水准。三是建筑工人。由于英国楼市旺销及多个“千禧发展计划”的推出，英国建筑业发展极为迅猛。英国的建筑公司非常多，但是该行业工作环境恶劣，收入较低，在英国招收建筑工人比较困难。而且由于英国实行严格限制欧盟以外国家劳务输入政策，对欧盟以外从事体力劳动者、手工艺、秘书或类似的工作者，拒发工作许可证。据英国海外劳工服务处介绍，一般英国不会给欧盟以外的海外建筑工人发放工作许可证，除非申请者有特别的理由，所以建筑工人要进入英国市场难度很大，但是英国在引进建筑服务工程师、建筑经理及机建工程师等技术人才方面政策有所放宽。

20 世纪 70 年代以来，德国是西欧引进外籍劳工最多的国家。五六十年代，联邦德国劳动力极为短缺，曾和希腊、意大利、葡萄牙等国签订双边协议，可在他们这些国家或地区招聘劳工。1973 年，欧洲国家出现经济危机，欧共体决定停止成员以外的任何国家劳务的引进。德国规定，非社会主义国家和南斯拉夫的公民在德国居留如果不超过 3 个月，不必签证即可入境。如需就业，还需要到劳工局取得工作许可。社会主义国家公民入境前必须签证，如果需要就业，同样需要取得工作许可。工作许可的取得与否要看劳务市场的具体情况。近些年来，德国规定招聘外籍劳工的条件是不妨碍国内居民就业。

(二)西欧劳务市场的特点

西欧国家本国劳动力大多集中在技术和知识密集型的新兴行业，而吸收的国外劳动力大多就集中于工作强度大、工作环境差、较为危险的工种。故外籍劳务人员不会影响本国工人的就业，挤占本国的劳务市场。故西欧劳务市场的特点是既能满足劳动力匮乏的需求，又不影响本国社会的稳定。

当然，一些专业性非常强、本国劳务人员无法胜任的工作也必须通过从国外引进优秀人才来完成，但相对来说占比还是很少。

三、北美劳务市场

(一)北美劳务市场的概况

北美劳务市场由美国和加拿大的劳务市场组成。

在北美劳务市场中，美国是劳务输入数量最多的国家。根据美国新移民法，现在在美国居住的外籍人士大致可以分为四类：移民、难民、非移民和非法入境居留者。美国是世界上最大的移民接纳国家，20 世纪 50—60 年代，美国移民主要来自北美和欧洲；70 年代后，亚洲移民在美国剧增，尤其以越南、中国移民的增加最为突出。根据美国移民法规定，针对劳工的移民分为以雇佣关系为基础的和以投资、创造就业机会为基础的两大类。以雇佣关系为基础的包括四类：第一类是优先劳工，第二类是具有特殊才能和持有高等教育文凭人士，第三类是专业人员、技术人员和非技术工人，第四类则是宗教领袖和其他宗教人士。外籍劳工进入市场可能会形成本国劳工市场的竞争，因此在办理劳工移民的申请程序上，劳工移民不仅要受制于移民局，还要遵循美国劳工部制定的管理条例。很多外籍劳工要进入美国市场，在取得移民局的批准之前，要能够取得美国劳工部给予的外国劳工认可证明书[①]。

加拿大是一个由70多个民族移民组成的多元化国家，国民的90%以上是外国移民及其后裔。为缓解本国劳动力，尤其是技术劳动力短缺的情况，加拿大移民局和人力资源发展部在保证本国居民充分就业的基础上，根据需要招收一部分加拿大急需的技术人才，一方面积极吸引各国技术移民，另一方面也雇佣外籍劳工在加拿大短期工作。近几年来，每年大约有15万以上的人来加拿大从事短期工作。近年来，美国、墨西哥、法国、菲律宾和英国是新增临时外国劳工的主要来源国。根据加拿大《移民与难民保护法》的规定，外籍劳工在持有工作许可的情况下可以在一定时期内从事一项特定的工作，其基本原则是只有当这一职位没有加拿大人担任时，才会考虑雇佣外国人。据加拿大《星岛日报》报道，加拿大2018年接受移民的数量约为30万人。

（二）北美劳务市场的特点

1.服务行业对外籍劳务人员需求较多

北美地区服务业在不断发展，服务行业的就业机会也在大量增加。以美国为例，美国经济较为发达，社会福利较好，一些完全靠体力来挣钱的岗位往往无人问津，他们宁愿以领取失业救济金为生。这些都导致了美国经济中结构性的劳动力短缺现象。美国对外劳务的需求也保证了整个北美市场的活跃与繁荣。加拿大的移民政策也是相当宽松，这也为北美劳务市场注入了活力。

2.对知识层次较高的外籍劳务人员需求日益增多

与西欧劳务市场中外籍劳工只从事一些层次较低的工作不同，在北美劳务市场，外籍劳务人员除了从事一些消耗体力、工作环境差的工种外，一些高科技产业部门，如计算机、人工智能、航空航天等，都遍布着来自世界各国的劳务人员。究其原因，美国向来就是吸引外来移民最多的国家，美国产业结构的调整创造了很多就业机会，由于美国产业结构从资本密集型向技术和知识密集型转化，很多高科技产业部门对于高层次劳务人才都有迫切的需求。

四、非洲劳务市场

非洲地区经济发展水平较低，使得非洲劳务市场在短期内很难有较大的发展。第一，非洲经济基础差，实施的促进经济发展的政策由于资金的匮乏难以奏效，很大程度上影响了劳务市场的发展。第二，除了一些产油国外，大多数非洲国家投资环境较差，这

① 许丹松.新世纪国际劳务市场现状及发展趋势[J].国际经济合作，2002.

与它们所处的气候环境也有一定的关系。比如他们要么位于气候炎热的热带地区，要么位于茫茫无际的沙漠地带。非洲劳务市场的劳工主要由非洲难民构成，他们多是为了谋生而选择背井离乡。这些难民教育水平低、素质较低，只能从事简单的劳动。而尼日利亚、喀麦隆、安哥拉、刚果等少数几个产油国，为了发展本国经济从国外输入劳工。在一些基础设施建设中及城市供水、农村水利灌溉、矿产开采等项目的实施中需要外籍劳务人员进行设计、施工、管理等工作。

联合国非洲经济委员会、国际货币基金组织等国际权威机构曾对非洲经济发展前景进行预测：21 世纪前 25 年，多数非洲国家的年经济增长率有望保持4%～5%的水平。良好的经济发展前景将对非洲引进外籍劳务产生积极影响，尤其是非洲大型工程建设项目的增加需要大量劳工的输入。非洲是当今世界主要承包劳务市场，也是中国开展对外承包劳务最早、获取效益最好的地区。加强同非洲国家经济合作，是我国实施“两个市场”“两种资源”发展战略的重要组成部分。非洲是中国在基础产业和基础设施领域开展工程承包和承包劳务的重要市场。20 世纪 90 年代开始，我国开始步入南部非洲劳务市场。中国在非洲的建筑劳务一直保持强劲的增长势头，但是，许多非洲国家政局不稳，社会治安问题严重，工资待遇较低，制约了中国对非洲劳务输出的进一步发展。

第四节 国际劳务合作的国际法律规范

一、主要西方国家国际劳务合作的法律规范

(一)美国对于国际劳务合作的相关法规

美国是世界上劳务输入最多的国家之一，对于劳务输入有严格的申请、审批制度。一方面，美国要保证本国居民的就业；另一方面，能够缓解季节性、结构性劳务短缺瓶颈。因此，一方面，美国限定劳务输入人员国别，某些行业还设置人员配额、居住年限等，用以限制外籍劳工的数量。另一方面，美国为了发展科技、国防研发等高技术水平行业，鼓励杰出专业人才来美工作，为外籍高学历公民提供劳务准入“窗口”。

针对外籍劳工准入制度，美国《移民和国籍法》(Immigration and Nationality Act)有相关的规定，根据外籍工人在美国工作的时间制定了两套准入制度，分别核发永久工作许可和短期工作许可。

1. 永久工作许可

外籍劳工想在美永久工作，必须要进行永久工作许可申请。永久工作许可申请共分 EB1—5 共 5 类，主要面向在本领域表现极为杰出的新闻工作者、运动员、教授、科研专家、外国公司高管、高学历专才、赴美投资者等。美移民局对各类申请者条件均做出了具体规定并负责受理相关申请，申请者一旦获批将获得在美永久居留权和移民签证。

2. 短期工作许可

美国劳工部及其派驻各州机构审核雇主雇用非移民临时性外籍劳务人员（以下简称“外籍劳务”）的申请条件；美移民局决定是否批准雇用外籍劳务；美驻外使领馆对拟赴美从事劳务的外国公民进行面试，决定是否发放相应类别签证；美国国土安全部海关与边境保护局核准外籍劳务入境申请，定期发布“非移民入境统计报告”。

临时外籍劳务共分 21 类，其中紧缺领域护士（H-1C）工作许可已于 2009 年底废止。目前，中国公民有资格申请其中 13 类，具体包括：专业人才（H-1B）、医疗及学术之外的培训生项目（H-3）、外国媒体（I）、外国公司管理人员（L-1A）、外国公司专业技术人员（L1-B）、科技等特定领域杰出人士（O-1）、O-1 类别助手（O-2）、国际知名运动员（P-1A）、国际知名艺人及团体（P-1B）、文化交流项下的演艺个人及团体（P-2）等。近年来，中国公民赴美劳务和就业主要集中在专业人才、外国公司管理人员和外国公司专业技术人员 3 类。而其中体力劳动等低技能岗位集中在季节性农业务工（H-2A）、临时性非农务工（H-2B），但美国土安全部、国务院共同制定了准入国别名单，仅相关国家公民才有资格申请 H-2A/B 工作许可。中国不在名单之列，故中国公民还无法在美农业、非农行业从事临时劳务工作。

根据美国 2013 年通过的最新移民政策改革法案，有关劳务合作的最大亮点就是针对“高技能移民”方面，新法案明显向“科技人才”倾斜，绿卡和工作签证将更多发给 STEM 类技术人才。

（二）欧洲地区对于国际劳务合作的相关法规

1. 欧盟关于国际劳务合作的相关法规

欧盟也是劳务输入经济体之一，因为各成员不愿让渡在劳务引进方面的主权，所以欧盟机构仅仅是针对劳务输入制定总体政策。虽然欧盟一直在劳务引进条件和标准方面提出立法建议，但是目前来说，仅仅通过了吸引高级技术人才的“蓝卡计划”。

因为根据欧盟的相关调查，经济体目前的经济环境对于高级技术人才缺乏吸引力，近些年来，从发展中国家进入欧盟的劳工主要是低技能或无技能劳工，欧盟高素质从业者中来自欧盟以外的国家在各成员中占比都是个位数。再加上欧盟人口负增长和老龄化的加剧，需要从外国引进满足要求的高水平杰出技术人才，满足欧盟经济发展的需求。欧盟“蓝卡计划”于 2009 年 5 月 25 日正式通过，是欧盟劳务输入最重要的政策，主要规定了高技术人才引进的标准及待遇，各成员可以在该框架内根据本国实际需求，引进急需的技术人才。通过审核、达到欧盟要求的技术移民只需在最初欧盟移民申请国工作和居住两年，就可以自由选择至其他欧盟国家工作。欧盟“蓝卡”计划还给予技术移民一些优惠待遇，如可以优先获得家庭团聚签证等。关于签证的政策和具体发放、管理由各成员负责，欧盟无此权限。

2. 英国劳工政策法规

英国的劳工制度相对来说是非常严格的，非欧盟的学生在英国留学之后是很难留在英国工作的，因为英国有固有的劳工证制度。虽然英国内政部宣称合法移民为英国经济增长做出了很大贡献，而且并没有对现存人口的工资或就业水平带来任何负面影响，但目前英国对于外来移民还是采取适度从紧的政策，尤其是通过工作许可制度(Work Permit System)控制经济移民的数量和质量。

英国劳务政策的显著特点是：在限制低技能劳工流入英国的同时，鼓励高技能人士及英国国内短缺人士到英国工作。为保证国内居民充分就业，英国政府制定劳务政策的基本原则是：欧洲经济区(EEA)成员内部人员自由流动；限制EEA以外的国家向英国输出劳务。也就是说，当英国国内劳务供给不能满足相关需求时，英国用人单位必须首先从EEA成员中招聘劳务，当确定没有合适人选后，才从非EEA国家招聘。同时，为进一步提升英国综合竞争力，英国政府特别鼓励受过良好教育、有特殊技能的海外人才赴英工作，并对弥补国内短缺职位的外国劳务提供便利。

英国针对外籍劳务采用工作许可制度，即外籍劳工要想在英国工作，必须要获得英国政府颁发的工作许可。1919－1920年，英国首次引入工作许可制度，主要是为了限制英联邦国家以外的劳务涌入，一直以来对于来自英联邦国家的劳务采取自由流入的政策，直到《1962年英联邦移民法案》颁布实施，才对于英联邦国家的劳务输入有一定的限制。1972年，英国实施《1971移民法案》，明确规定工作许可不准颁给来自欧洲经济区以外的非熟练及半熟练工人，英联邦国家的居民不再享受任何特权。2001年英国大选之后，为了满足国内某些技术部门人员的需求，使得经济稳步发展，英国政府将《高技能移民计划》等新制度引进到工作许可制度体系，作为提升国民技能水平、减少非正规移民及非法劳务流入的措施之一。持有工作许可、获准在英工作的外籍雇员享受《英国最低工资标准》及《工作时间规定》等有关法律的保护，与当地雇员享受同等工资及其他待遇。工作许可的最长期限为5年。2004年4月1日，英政府决定对工作许可实行收费制度，并进行年度审议，以确保该项收费是为弥补成本、改善服务，而非盈利。

3. 德国对于国际劳务合作的相关法规

德国向来以“法制健全”著称，无论哪个行业都做到了有法可依、有法必依，故在劳务合作方面也有较完善的法规可依。下面从劳务输出和劳务输入两个方面介绍：

(1)德国关于劳务输出方面的法规和政策。

从严格意义上来说，德国并不存在劳务输出，而仅仅是所谓的“自然人流动”。在德国出境就业的咨询机构和管理部门是联邦管理局，据该局统计的数据，德国每年大概15万人因公务出境或在境外就业。针对这一部分劳动力，德国出台了《出境(者)保护法》，该法为这一部分人提供境外就业相关咨询服务，包括就业指导、人才数据库、签证审查、法律援助，以及目的地气候条件、生活环境、法律法规、工作规范等项目。而提供咨询服务的机构均需获得主管部门许可证，具备咨询服务资格。若该机构提供的信息不够可靠，主管部门有权收回许可证。

(2)德国关于劳务输入方面的法规和政策。

德国是非移民国,原则上限制欧盟以外的第三国入德就业。但由于部分行业如 IT 行业专业人才短缺,故德国制定相应的政策吸引别国优秀劳动力来德。

外籍劳工对德国经济的稳定发展一直发挥着极为重要的作用。德国引进外籍劳工大致分为三个阶段:第一阶段从 20 世纪 50 年代末到 70 年代初。“二战”之后,德国劳动力严重匮乏,为了进行战后重建,德国从土耳其、意大利及前南斯拉夫等国引进了 200 多万外籍工人满足重建的需求;第二阶段从 20 世纪 70 年代后期到 20 世纪 90 年代德国统一前。这一阶段德国针对外籍劳工采取的是限制政策,颁布了《停止招募外籍劳工条例》;第三阶段是德国统一后至今。德国统一后,国民失业率不断升高,德国政府对于外籍劳工的输入进行更加严格的管控。虽然近些年来失业率有所下降,但由于 2008 年经济危机的影响,德国经济也出现了极大的衰退,许多企业纷纷裁员,外籍劳工输入政策进一步收紧。

德国劳工输入一直遵循“优先权审查”原则,即针对某些职位有优先考虑的对象。雇主优先聘用德国人和具有同等就业权利的外国人,只有这两者都不能从事这一职位、而且在德国国内确实聘任不到合适的人员,才选择引进外籍劳工。对于任何企业单位如若有人才需求,先要在国内寻找,确实招聘不到合适人员,才能够取得劳工部门、外国人管理局同意,招聘外籍劳工入德。可见,普通劳工入德工作是非常困难的。除了我们上面提到的 IT 行业高技术水平人才的引进优待,德国针对“风味厨师”也是作为输入外劳的一个例外情况,将其作为高技能人才引进。

为规范和管理外籍劳工的输入,德国制定了不少法律和法规。主要有《外国人法》《就业条例》《居留法》《就业促进法》《外籍劳工工作许可发放条例》《停止招募外籍劳工条例》,还有德国劳工部制定的《停止招募外籍劳工的例外安排条例》。同时,还有一些阻碍外籍劳工进入德国的规制壁垒,这体现在许多行业管理条例上,比如《建筑业管理条例》等。

二、中国对外劳务合作相关法律制度完善

(一)中国对外劳务合作发展相关法律

上面简要介绍了西方发达国家关于国际劳务合作相关的法律规范,作为经济快速发展、在世界劳务市场上占有重要地位的中国来说,人口大国的国情,加上经济不断发展带来的市场发展前景,使得中国劳务市场是世界上最为重要的劳务市场之一。

我国对外劳务合作在 20 世纪 70 年代后期兴起,在 1995－2006 年得到了全面发展。我国的劳务合作近些年来取得了重大进展并在国际竞争中形成自己的优势,对中国经济乃至世界经济的发展做了很大贡献。然而劳务合作的蓬勃发展却缺少对外劳务合作相关法规的约束,这在很大程度上阻碍了我国对外劳务合作的健康发展。近些年来,特别是 2009 年国际劳务合作受到了极大的冲击,关乎国际劳务的生存、发展,如 2009 年发

生的立陶宛中国劳务群体事件，澳大利亚中国屠宰工集体罢工事件，外派劳务的群体恶性事件，中央政府多次对这些事件作出批示。但是现实摆在我们面前，国际劳务合作亟须相关法规管理与制约。2012 年，《对外劳务合作管理条例》颁布，意味着我国国际劳务合作无法可依的时代就此结束。

《对外劳务合作管理条例》在 2012 年 8 月 1 日起施行，其颁布和实施是为了规范对外劳务合作，保障劳务人员的合法权益，促进对外劳务合作的健康发展。共分为六章内容，第一章为总则，简要介绍了该条例实施的目的及监督管理部门。第二章为从事对外劳务合作的企业与劳务人员。详细介绍了申请对外劳务合作经营企业应具备的资格条件，以及这些企业对劳务人员应该行使的义务。第三章介绍了与对外劳务合作有关的合同，对外劳务合作企业要与国外雇主签订对外劳务合同，了解合同成立基础与注意事项。第四章主要针对的是政府部门对于对外劳务合作企业和人员的服务和管理政策。第五章是用来规范对外劳务合作企业和监管部门的法律规定，对外劳务合作企业违反相关条例开展对外劳务合作依法惩处，商务主管部门和其他有关部门的工作人员，在对外劳务合作监督管理工作中有违规行为的，依法给予处分，构成犯罪的，依法追究刑事责任；第六章为附则部分，对条例的适用情况进行说明。

（二）借鉴国外经验，完善中国对外劳务合作相关法律制度

印度、菲律宾、埃及是世界劳务输出大国，法律体系相对完善，我们要认真分析并借鉴它们的相关法律法规，了解其管理体制、劳工海外权益保护等方面的做法和经验，对推进我国对外劳务合作法律体制建设，完善对外劳务合作的服务、监管、保障体系具有重要意义。

总结起来，印度、菲律宾、埃及三国关于劳务输出的相关法规有以下几个特点：

1. 法律文件颁布早且较为完善

印度在 1983 年就颁布了针对劳务输出的法律法规，包括《1983 年移民出入境法》《1983 年移民出入境规则》《2009 年移民出入境规则修订》，后来印度根据法律实施的情况和劳务输出的特点，对上述法律进行了修订完善，并出台了《2010 年移民法》。而菲律宾和埃及也分别在 1995 年、2003 年颁布了相关劳务输出法案、条例。

2. 行政管理架构比较清晰

印度有专门管理劳务输出的部门，即印度人事务部，该部内设领事服务、移民管理、移民保护、财政支持等部门，在各地下设 8 个移民保护办公室负责劳务输出相关的工作。菲律宾是由副总统负责全国对外劳务输出工作，海外就业署具体负责对外劳务输出管理，海外劳工福利局、驻外使领馆、技术培训中心等部门和机构分工协作。埃及则是由劳动部统一管理劳务输出和国内就业，在各地设置有劳工局负责具体的政府公共服务和监管工作。

3. 严厉打击违法输出劳务行为

对于从事劳务输出中介的机构有严格的审批和管理标准，中介只有满足一定条件

才能从事劳务输出。对违反规定输出劳务的中介和个人实行严厉的处罚制度。如印度规定对于低技能劳务人员到境外务工要取得主管部门的移民许可;对外派劳务中介实行严格审批和管理,要满足一定条件,并且需要交纳30万卢比(约6000美元)到200万卢比(约4万美元)的保证金。对于违法输出劳务的机构和个人处以严厉处罚,可判处责任人两年监禁并处高额罚金。

埃及对于从事劳务输出的中介机构也规定了其必须满足的基本条件,法律规定对于出境务工的劳务人员要经劳动部批准并考取劳工证书,对于违反法律出境务工的人员一经发现将限制其再次出境。劳动部定期发布境外雇主的“黑名单”,提醒国内劳务人员和劳务中介防范风险。

4.重视海外劳工人员权益保护

印度在部分国家派驻劳务参赞,专门处理海外劳务纠纷。驻外使馆有专门的资金用于海外受困劳务人员,并资助其通过法律手段维护自己的权益。为了加强对于海外劳务的保障,在出境前印度政府要求低技能出境劳务人员花费6美元或8美元购买为期2年的保额高达2.5万美元的司法保险和3.5万美元的医疗保险。

菲律宾驻外使馆设有海外劳工办公室,当发生境外劳务纠纷时,无论何种情况都由驻外使馆劳务官第一时间出面解决,国内由海外就业署督促中介公司妥善处理,因海外就业署设有专门机构负责协调劳务人员和中介公司的纠纷,若协调未果,则移交仲裁或法律部门。涉及劳工重大权益的,总统会亲自出面协调。

5.政府服务措施较为完善

劳务市场的有序运行离不开政府的服务和管理。如菲律宾政府建立了一套较为完善的劳务输出电子网络信息管理系统,包括出境务工劳务人员的基本信息、雇主信息、劳务中介机构信息等,有关劳工输出的管理较为透明。在劳工出境之前,菲律宾政府还对其进行培训。在劳动和就业部门下设海外劳工就业署、海外劳工福利和技术培训中心,各省、市、县也有相应的组织机构、培训中心和管理人员。每个出国人员都要参加由招募机构或劳务人员所在实体单位举办的免费出国前定向学习班,学习方案均由海外就业署审查和批准。根据劳工所去的国家和所要做的工作,安排他们参加不同类型的培训。埃及劳动部和劳动主管部门则搭建服务平台,建立国外用工需求数据库和国内人员求职数据库,通过驻外使馆派驻的劳务参赞调研各国劳务需求情况,反馈到国内劳动部;劳动部定期发送就业报告,公布国内外就业需求,并负责向国外雇主提供有关劳务人员的简历,帮助劳务人员审批双方签署的合同;对出境劳务人员进行培训,包括技能培训和适应性培训。

第五节 中国的国际劳务合作

一、对外劳务合作的含义

在中国，国际劳务合作具有其特定的含义。中华人民共和国成立之前，沦落海外的华工受尽欺辱、处境凄凉，人们从情感上不愿意接受劳务出口这个概念，因此，以国际劳务合作指代中国的劳务输出。

现在，中国对外劳务合作一般指具有对外劳务合作经营资格的中国境内企业法人以收取工资的形式向国(境)外雇主提供技术和劳动服务并进行管理的经济活动。中国的对外劳务合作已经成为国际劳务合作中重要的组成部分。

二、中国对外劳务合作的历史和发展现状

(一)中国对外劳务合作的发展历程

在20世纪两次世界大战期间，中国为帮助英、法、俄等国家抵抗德、意、日法西斯的侵略，派出大量劳动力作为后勤支援。但这一时期的劳动力流出并非以获取经济报酬为目的，因此不能算作真正意义上的国际劳务输出。

从20世纪50年代开始，中国站在人道主义立场，对一些非洲国家及周边友好国家特别是社会主义国家(如苏联、蒙古、尼日利亚等)进行对外经济技术援助，并派遣医生、护士、教师、体育教练、工程师、建筑工人等劳务人员提供无偿或者优惠的服务。这一时期的劳务输出同样不是真实意义上的对外劳务合作。但正是由于这一时期的对外援助，使得中国劳务人员积累了在外务工的实践经验，为之后的对外劳务合作事业打下良好的基础。

中华人民共和国的对外劳务合作事业始于十一届三中全会，至1979年4月，中国先后批准组建了中国建筑工程总公司、中国公路桥梁建设总公司和中国土木建筑工程公司，加上原有的中国成套设备集团公司，共有四家公司从事对外劳务合作业务。回顾我国对外劳务合作的发展历程，从无到有、从小到大并蓬勃发展起来，大致可分为以下四个阶段：

1.起步阶段(1978—1982年)

期间共批准了29家从事对外承包工程和劳务合作的企业。我国的对外承包劳务队伍第一次走向国际舞台，业务主要集中在西亚、北非。

2.逐步发展阶段(1983—1989年)

随着我国开放力度的加大，对外承包工程和劳务合作市场逐步扩大，业务量稳步提升，有对外承包工程和劳务合作经营权的公司增加到88家，对外承包工程业务扩展到南

亚、东南亚、美洲等130多个国家和地区。

3.快速发展阶段(1990—2004年)

企业在竞争激烈的国际市场上经营水平不断提高,在外承揽的业务规模不断扩大、档次不断提高、市场多元化战略初步形成,有对外承包工程和劳务合作经营权的公司增加到1000余家。

4.优化调整阶段(2004年至今)

2004年7月,商务部、国家工商总局颁布了《对外劳务合作经营资格管理办法》,将对外劳务合作与对外承包工程分开管理,取消了对企业所有制形式的限制,并允许经批准的外商投资职业介绍机构或中外合资人才中介机构申请经营资格。《办法》的实施优化了经营主体结构,加强了管理,为对外劳务合作的长足发展奠定了基础。

(二)中国对外劳务合作的发展现状

近两年来,中国对外劳务合作企业虽然受世界经济形势和国内外众多复杂因素影响,但在新常态下锐意改革,积极调整发展定位,突破瓶颈制约,创新业务经营模式,派遣规模和期末在外规模均有所扩大,取得良好的社会和经济效益。

目前,我国对外劳务合作业务总体保持稳定发展态势,主要体现在以下几个方面:

1.派遣人数和期末在外人数总体呈现增长趋势

如表8-1所示,2015、2016年我国对外劳务合作派出人员连续两年下滑,2017年止跌回增,共派出各类劳务人员52.2万人,其中承包工程项下派出22.2万人,同比派出规模有所下降;劳务合作项下派出30万人,同比派出规模有所上升。2017年我国在外各类劳务人员97.9万人,较上年增加1万人,增幅为1%。主要分布在日本、中国澳门、新加坡、阿尔及利亚、中国香港、沙特阿拉伯、巴拿马、马来西亚、安哥拉、巴基斯坦等国家(地区)。

表8-1　2013—2017年度派出人数、期末在外人数统计　　单位:万人

年份	派出总人数	其中		在外总人数	其中	
		工程项下	劳务项下		工程项下	劳务项下
2013	52.7	27.1	25.6	85.3		48.3
2014	56.2	26.9	29.3	100.6	40.9	59.7
2015	53	25.3	27.7	102.7	40.9	61.8
2016	49.4	23	26.4	96.9	37.3	59.6
2017	52.2	22.2	30.0	97.9	37.7	60.2

数据来源:作者根据中华人民共和国商务部网站相关数据整理。

2.国别地区排序稳定

截止到2017年年底的数据来看,我国劳务合作项下、工程项下外派人员仍主要分布在亚洲、非洲地区。其中,劳务合作项下人员主要集中在港澳地区、新加坡、日本,而阿尔

及利亚、马来西亚、沙特阿拉伯、巴基斯坦则以接收工程项下劳务人员为主，外派人数和期末在外人数稳居前列。

3. 行业构成变化明显

2017 年末我国在外各类劳务人员主要分布在建筑业、制造业和交通运输业三大行业，合计人数 71.8 万人，所占比重为 73.3%；其中建筑业在外人数 42.5 万人，同比下降 2.67 万人次，在外人员规模占比仍达到 43.4%；制造业 15.3 万人，同比增加 0.49 万人，在外人员规模占比为 16.1%；交通运输业 13.5 万人，同比增加 3.28 万人，其中海员增加 3.09 万人，增幅最大。与 2016 年同期相比，建筑业在外人员降幅明显，交通运输业增幅明显，制造业、住宿和餐饮业、科教文卫体业在外人员同比有所增加，农林牧渔业、计算机服务和软件业以及其他行业人员同比均有一定程度的减少。

4. 与“一带一路”沿线国家合作增长空间较大

“一带一路”战略的提出，让我们把国际劳务合作的目光更多地锁定了“一带一路”沿线国家。商务部 2015 年的统计数据显示，在吸收外资方面，沿线国家在华设立外商投资企业 767 家，同比增长 14.31%；实际投入外资金额 29.19 亿美元，同比增长 11.59%，占全国吸收外资总额的 5.42%。对外直接投资方面，我国企业共对沿线的 48 个国家或地区进行了直接投资，投资额合计 48.6 亿美元，同比增长 3.7%。对外承包工程方面，我国企业在“一带一路”沿线的 59 个国家或地区承揽对外承包工程项目 1105 个，新签合同额 251 亿美元，占同期我国对外承包工程新签合同额的 48.6%，同比增长 19.1%。对外劳务合作方面，我国企业向沿线的 55 个国家或地区派出各类劳务人员 8 万人，5 月末在外人数 31.2 万人，占我国在外出各类劳务人员总数的 31.2%。对于沿线国家需要大量的轻工品、家电、高速公路、高铁等，而中国恰好在这方面是有相对优势的，我国经济发展所缺少的矿产资源、沿线国家贮备丰富。可见，与“一带一路”沿线国家开展劳务合作具有巨大的发展空间，合作规模将继续扩大。

三、中国的劳务出口

（一）中国劳务出口的特点

1. 劳务管理特殊化

中国对外劳务合作事业的开展，一直得到了党和国家政府的大力扶持和直接领导。各级商务部门作为全国对外劳务合作最主要的管理和促进部门，在过去几十年的实践中，积累了大量经验，制定了一套适用于我国国情的对外劳务合作管理制度。

中国对外劳务合作管理制度具有以下几方面特点：中国对外劳务合作是以有组织有管理的方式进行的，商务部负责宏观调控，制定相关监管、保障措施；各部门协调合作，商务部、公安部、外事部、工商部等部门共同保障对外劳务出口各个环节的有序进行；各级地方政府组织领导，监督所有提供外派劳务、境外就业服务的企业依法经营。对外劳务合作是在国际双边经贸合作框架下进行的，商务部与部分主要劳务输入国或地区已经建立了政府间磋商机制，并达成了一些双边劳务合作协议。对外投资和对外承包工程项下劳务输出已经成为中国对外劳务合作的重要组成部分。

2. 合作市场多元化

我国对外劳务出口始于中东地区并获得了较大的市场份额。随着中东市场的缩减和亚太市场的兴起，我国政府及时调整战略部署和市场定位，将合作重点转向亚洲市场。同时，努力开拓欧洲、北美、拉美及非洲市场。一些劳务人员成功进入德国、奥地利、挪威、瑞典、荷兰、澳大利亚等国市场。多元化的市场布局有利于我国劳务出口的进一步发展。

由表 8-2 可以看出，自 2001 年底中国加入世界贸易组织(WTO)以来，外派劳务人员数量在亚洲和非洲两大劳务市场迅速扩张，特别是外派非洲劳务人员所占比重不断加大。然而，欧洲与拉美洲地区的外派劳务人员数量每年上下波动。这与欧洲与拉美洲地区的发达国家对本国劳务输入的限制政策有直接的关系。同时，北美洲和大洋洲地区的外派劳务人员数量和所占有小幅上升。

表 8-2　分国别(地区)年末在境外从事劳务合作人员　　单位:万人

年份 地域	2013	2014	2015	2016
亚洲	39.6	46.9	48.7	46.9
非洲	4.5	6.1	6.8	6.7
欧洲	1.5	2.0	2.0	1.9
拉丁美洲	1.7	3.4	2.9	2.6
北美洲	0.1	0.2	0.2	0.2
大洋洲及太平洋岛屿	0.5	0.7	0.8	0.8
其他	0.06	0.1	0.1	0.09
合计	48.2	59.6	61.8	59.5

资料来源:国家统计局贸易外经统计司. 中国贸易外经统计年鉴[M]. 北京:中国统计出版社,2011.

近几年来，亚非地区依然是中国劳务出口的主要市场。根据商务部 2017 年数据统计，2016 年底在亚洲从事劳务合作的人员约 47 万人，占所有劳务合作人员总数的 78.9%；在非洲从事劳务合作的人员约 6.7 万人，占所有劳务合作人员总数的 11.3%。

3. 合作行业多元化

经过多年的发展，我国对外劳务出口所涉及的行业日趋多样化。这主要得益于我国丰富的劳动力资源和教育体制的进一步完善。近年来，我国通过各高、中等院校培养出大批专业性强、技术过硬、文化素质高的优秀人才，输往全国乃至全世界的各行各业。同时，我国还拥有数量庞大的劳工队伍，足以满足世界各国对劳动密集型乃至技术密集型行业的劳动力需求。

中国劳务出口的行业领域主要分布在制造业、建筑业、农林牧渔业、交通运输业等。其中，建筑、纺织、渔工类劳务人员数量占我国外派劳务人员总数的一半以上。与此相反，在科教文卫、咨询管理、IT技术服务等行业所派出的高级技术劳务人员比重较低。近年来，各行业年末在外人数基本维持平稳，建筑业和制造业领域外派劳务人员仍是我国劳务出口的主力军。与此同时，我国正努力开拓其他行业市场，力图改变传统劳务合作优势行业称霸的现状。

（二）中国劳务出口存在的问题

1.人员素质有待提高

随着当代科技的迅猛发展、全球产业结构的深化调整，国际劳务市场由原先劳动密集型中低端劳务市场向技术密集型高端劳务市场转移。各行各业对高级人才的需求量持续增长，而普通劳务输出的竞争则日益激烈。根据经济合作与发展组织（OECD）发布的报告，目前，经合组织成员国家引入的受过高等教育的外籍劳工人数占总外籍劳工的60%以上，而仅受过初级教育的外籍劳工人数占比仅10%左右。与此对应的是，我国有70%的劳务输出为中低端劳务输出，与整个国际劳务市场的需求存在严重的结构性失衡，非常不利于我国劳务出口的进一步发展。

一方面，我国对外输出的劳务工人大都来自于农村及城镇下岗工人，受教育程度低，缺乏相应的技能培训，这导致我国对外输出的劳务主要分布在制造业、建筑业、农林牧副渔等技术含量较低的行业，在一些专业技术领域中缺乏优秀人才。例如美国曾经向我国提出招募约20万名护士，而我国有输出意愿的人员中却甚少有人通过相关专业考试，从而错失良机。

另一方面，我国对外出口的大部分劳务人员缺乏语言方面的系统性训练，使得他们在海外生活、工作的过程中存在一定的沟通障碍，无法更好地适应国外生活。相比之下，印度会对其外派人员进行英式教育培训，在英语水平上占据更大的优势，更能获得西方国家的认可。

2.人员安全缺乏保障

尽管海外劳务市场对我国劳务人员存在大量需求，但随之而来的海外人员安全问题不容忽视。有些国家国内政治动荡，反政府武装力量强大，或各民族之间纠纷不断，直接导致输出海外的华人劳工人身安全无法得到可靠保障。据不完全统计，在2007—2011年的5年中，中国海外劳务人员安全风险事件高达112件。

从风险类型上看，导致海外劳务市场安全问题不断的原因主要有以下三个方面：(1)恐怖袭击。这类安全风险事件多发生在中东、中亚、南亚等地区，例如巴基斯坦、阿富汗等国家。由于这些国家或地区社会动荡，饱受战乱，国内恐怖主义分子和极端分子为了造成社会恐慌以达到其政治目的，不惜武装袭击境内无辜工作人员，导致我国外派劳工生命安全受到威胁。(2)社会犯罪。中国海外劳务具有吃苦耐劳的精神,受到国外企业的欢迎和雇佣。但这在一定程度上冲击了当地居民的就业。一些国家和地区的帮会组织因此对中国外来务工人员心怀敌意,加之这些地区本身就存在严重的社会治安问题,容易发生社会犯罪事件(例如抢劫、殴打、敲诈勒索等),对中国的劳务人员造成伤害。(3)劳务纠纷。经济因素是驱动中国劳务人员走出国门的一大诱因,但同时也是我国海外劳务人员发生安全风险事件的成因之一。由于一些海外劳务市场经济环境的不稳定性,我国输出劳务人员在付出劳动后无法及时向雇主取得合理的报酬,甚至遭到驱赶、扣押。

从地域分布上看,我国海外劳务人员安全事件多发生在亚非一带,特别是部分非洲国家和地区,表现形式是遭受战乱、恐怖袭击等困扰;在欧洲地区,中国劳务人员容易受到社会黑帮组织的伤害以及执法人员暴力执法;日韩及东南亚地区相对较为安全,但劳务双方易发生经济纠纷。

3. 市场准入门槛较高

出于保护本国就业市场的稳定和维护国家安全的目的,不少劳务进口国在数量上或行业领域上对外来劳务人员特别是普通劳务人员严加限制。其中,欧美等发达国家和地区对我国外派劳务人员的限制尤为明显,主要表现在以下三方面:一是与教育、经验、技能相关的准入壁垒。例如,美国承认墨西哥的四年制高等教育学历,但不承认中国同样的教育学历,从而限制了一部分中国劳工进入美国市场。二是与签证相关的准入壁垒,包括对签证配额的限制、签证的歧视性待遇等。例如,英国政府在 2011 年出台了相关政策以限制对非欧盟国家人员的工作签证发放,使得其每年发放给非欧盟成员国家的员工的工作签证数量大幅缩水,仅为 2 万多个,同时外籍劳务人员还必须具备高等教育学历。三是歧视性待遇。一些国家对待外来务工人员会采取区别于本国国民的歧视性待遇。例如,加拿大雇主在聘用外籍劳务工人之前必须向政府申请许可。只有经过政府评估确认该工作岗位已经在本国主流媒体上刊登过至少 7 天的招聘广告且尚无合适的本国聘用者后,才可以向外籍劳工发放工作许可。

4. 各国市场竞争激烈

世界银行的研究结果显示,一个发展中国家对外输出的劳务人员数量每增加 10%,贫困人口的数量可相应降低 2%。因此,许多国家特别是发展中国家都在积极采取政策以鼓励本国的劳务出口。当前的国际劳务市场格局,导致中低端劳务市场的竞争日益激烈,对我国劳务输出的发展十分不利。在东亚及东南亚市场上,我国面临来自印度、菲律宾、泰国、越南等劳务输出大国的竞争压力,这些国家在语言、技术培训等方面比我国具有优势。另外,随着欧盟、北美自由贸易区等区域性经济集团合作的推进,欧美等国放开了对周边发展中国家的劳务输入限制,也从一定程度上阻碍了我国对外劳务市场的开拓与发展。

5.劳务信息不够通畅

劳务合作要求劳务输出国和劳务输入国之间信息透明、传递通畅。目前,中国国内虽然设有部分专门网站(如中国国际劳务合作网、中国出国劳务网)来公布国际劳务市场的供求状况,但仍缺乏相应的机构对这些信息进行专门的、有效的管理,从而使得国内劳务企业没有办法主动、全面地了解国内的劳动力剩余状况和国外的劳动力需求状况以及国外的政策导向,一些企业在招募海外劳务人员时带有一定的盲目性,海外市场开拓能力尚不足。

6.管理方式有待提高

我国对外劳务出口的地区性中介服务机构较多,竞争激烈。部分中介机构为了达成业务,在事先没有对国外企业相关情况做出调查研究的情况下,盲目地将国内劳务人员输往国外,甚至以经济诈骗为目的进行内外勾结、非法外派,严重扰乱了我国的劳务合作市场秩序。尽管中国已经出台了《对外劳务合作管理条例》,然而一些地方政府监管不力、存在漏洞,同时缺乏相关的法律依据、举证困难,故对外劳务合作的管理方式有待进一步提高。

(三)扩大中国劳务出口的对策

1.建立有针对性的市场导向政策

目前,中国对外劳务出口存在着巨大的市场开发空间,前景广阔。国际劳务市场的需求结构呈现"两多一少"的局面,即对中高端劳务需求多,发达国家对脏、苦、累、险工种的需求多,对其他普通劳务需求量少。根据这种情况,我国要突破地区局限和行业局限,进一步向竞争较弱的欠发达国家和地区发展劳务出口,在农林牧副渔及一些脏、苦、累、险工种保持我国现有的优势。同时,依据新形势下的主攻目标重新布局市场,向有发展前景、有利于我国发挥劳务优势的国别市场进行转移:要深度挖掘与我国关系友好、文化相近的亚洲国家,保持较大比重;对于发展水平及人员工资待遇相对较低的非洲国家和地区,可通过对外承包工程、对外投资办厂、对外援助等方式带动劳务出口;对欧美地区可充分发挥我国特有的中医、中餐及民族特色手工艺品等行业的潜力与优势,加大合作力度;对大洋洲等地区,可通过政府协商促进其向我国逐步开放普通劳务市场。

2.提高出口劳务人员的综合素质

中国作为人口大国,劳动力资源丰富,但高素质、高技能型专业人才相对匮乏。为解决中高端劳务市场的资源瓶颈问题,我国应从长远出发,系统地改进现有的教育培训体系,将基础教育、职业教育和行业培训协调统一、形成合力,提高出口劳务人员的综合素质。

首先,必须加强专业技能培训。面对我国劳务输出人员普遍存在的技术水平低下的问题,加大专业技能培训显得尤为重要。特别是针对一些科教文卫、咨询管理、IT技术服务等行业,专业技能培训应贯穿到外派人员出国前参与的各种职业教育和行业培训中。相关劳务出口的管理部门也可以设立相应培训机构和专业技能培训资格证书。一些条件较好的职业院校可以建立境外劳务输出培训基地。

其次，必须加强语言培训。英语是目前世界各国普遍接受的通用语言。我国出口劳务人员英语水平大都偏低，有的甚至没有接受过英语的系统学习，这必定会造成在国外的工作与生活存在诸多不便，较之其他以英语为母语的劳务输出大国，存在明显劣势。我国政府及相关机构应为外派人员设立专门的语言培训班，特别是在出国前对输出人员进行语言集训，对英语之外的常用语种如日语、法语等也可根据情况加以辅导培训。

最后，必须加强国外基本情况的培训。劳务输出人员要想尽快适应国外生活，融入新环境，保护自身安全，必须要了解当地的文化习俗、宗教信仰、政治状况以及相关的法律规范。要能知晓自身在劳务输入国所享有的权利和应尽的义务，对当地政府的劳工政策有所了解，对一般安全风险能予以简单的评估和必要的防范。

3. 开发对外劳务合作新模式

过去，我国劳务输出形式单一、输出渠道狭窄。近年来，我国力图打破旧局面，通过借鉴其他劳务输出国的成功经验，努力开发对外劳务合作新模式。

目前，国际劳务市场上普遍采用的劳务输出模式有三种：对外承包工程、对外直接投资和对外直接劳务输出。其中，对外承包工程一直是我国劳务出口最主要的形式，也为我国在国际劳务市场上赢得了良好的口碑。在今后的发展中，我国应重点提升高技术含量行业和领域的市场竞争力，全面提高我国对外承包工程的质量。在对外直接投资方面，我国应加强对欧美等发达国家的投资规模，开拓新的对外直接投资市场，降低和避免关税壁垒及国别歧视性待遇，带动我国劳务出口的进一步发展。在对外劳务直接输出方面，我国现有的国际劳务经营公司和职业院校具有各自的优势，但也存在着自身的不足。而校企合作联盟将有助于双方形成优势互补、抱团发展的格局，既具备教育培训的优势，又具备经营国际劳务的资质，更好地促进我国劳务工作者根据自身特长选择合适的国外工作。

4. 充分利用多双边经贸合作机制

中国应积极参与世界贸易组织服务贸易项下的自然人移动谈判，就我国外派劳务人员进入国际劳务市场、放宽自然人流动限制等问题争取尽可能有利于我国的条件。我国政府应当充分利用双边经贸联委会、混委会和自贸区谈判等经济合作框架及平台，加强与发达国家的磋商交流，要求有关国家尽快对我国开放劳务市场，放宽市场准入制度，取消相关壁垒和歧视性举措，使人员往来便利化，加强资质互认，以促进对外劳务和谐发展。同时，政府还应积极与我国劳务市场友好国家签署双边劳务合作协定，构建市场框架。在多边场合，我国应积极主张并支持发展中国家要求发达国家开放劳务市场的要求。

5. 完善劳务出口信息服务体系

随着信息技术的不断发展，政府应大力推行电子政务，加强网络信息建设，及时建立能够满足国内外两个劳务市场需求的人力资源建设、培养和管理体系，进一步促进我国劳务出口的发展。政府相关机构可专门建立一个劳务合作网站，及时掌握国内外劳动力供求状况，搜集、筛选、整理、发布、更新相关国际劳务市场的最新动态。同时，认真核查信息来源的真实性和有效性，为我国具有劳务输出需求的人员争取更多的机会。人力资源数据库的建立，可将国内各低、中、高端劳务人员进行归类、建档，方便日后的人员调用。

6. 加强协调监管，提供社会保障

在协调监管方面，要推进属地化管理，充分发挥各级人民政府的主观能动性，加强组织领导，积累管理经验，提高服务水平，鼓励各地区结合自身实际，大力开展对外劳务输出，发展劳务经济。在行政审批过程中，要完善资格资质管理，简化外派劳务人员手续，为劳务人员走出国门提供便利化服务。同时，各部门、各地区建立专门机构和协调机制，统一处理国外各种涉及劳务人员安全的突发事件，进一步规范市场经营秩序，保护外派劳务人员正当利益。

在社会保障方面，首先，要建立和完善对外劳务出口的法制环境，积极推动相关立法工作的开展，明确经营主体、劳务人员及政府相关部门的权利、责任和义务。其次，要从金融、财税、保险、法律等各方面积极呼吁社会各方的参与，形成较为完善的社会服务体系，为外派劳务人员和劳务合作企业提供政策支持和制度保障。在维护海外人员安全问题上，要加强对外派劳务人员安全保卫宣传和教育工作，完善涉外安全保卫信息跟踪、报送制度，健全外派劳务人员安全工作预警、防范和处理机制。

四、中国的劳务进口

（一）中国劳务进口的现状

国际劳务合作包括劳务出口和劳务进口两个方面。中国的劳务进口，可以理解为政府和相关机构、企业引进外国人在中国就业，即不具有中国国籍的外来人员在尚未取得中国定居权的前提下，在中国境内依法从事相关社会劳动并取得相应报酬的行为。目前，外国人在中国就业须同时具备以下三个条件：一是年满18周岁，身体健康；二是具有从事其工作所必需的专业技能和相应的工作经历；三是无犯罪记录。

中国作为劳动力资源丰富的大国，一直鼓励对外输出劳务，而劳动力的输入相对而言数量有限。虽然劳务输入规模不大，但随着我国经济持续稳定的发展、就业环境的日益完善，越来越多的外国劳动者会选择来中国就业。

以中心城市和部分沿海城市为例，如北京、上海、广州、江苏、深圳等地，集中了大量的外国劳务工作者。这与当地的经济发展水平密切相关。沿海及中心城市相对发达，经济增长速度快，投资需求旺盛，对各类人才的需求量大。特别是随着外商投资项目的增多，聘用的外国劳动者数量也随之增加。这些外来的劳务人员，一般来自美国、日本、欧洲等发达国家，大多担任一些高技术、高管理和高技能（简称“三高”）的工作岗位，因此大都具有较高的文化水平和专业技能。目前,随着沿海及中心城市生产成本的不断增加、内地经济的不断发展,一部分外企开始向内地其他城市转移,也带动了一部分外来劳务工作者向内地转移。同时,来自非洲、中东等国家和地区的普通劳务工人员也开始涌入中国市场。

另外,近几年在辽宁边境地区也涌入不少外国劳务人员。虽然劳务输入的总量不大,但呈现逐年增长的趋势,也值得关注。由于辽宁边境地区一直是我国最大的边境城市和对朝贸易量最大的口岸城市,双边贸易的良好发展也促进了这一地区劳务进口的发展。劳务输入的人员多为在韩资企业或相关机构任职的韩籍投资者、管理人员和技术人员,以及从事服装、餐饮、软件开发等相关行业的朝鲜人员。他们普遍受教育程度较高、适应力强、个人素质高,在中国工作岗位上发挥着不可忽视的作用。

可以看出,中国的劳务进口,弥补了国内一些行业的劳动力不足的问题。通过引进技术劳务,可以帮助解决国内的一些技术难题,同时能及时引进并学习国外的先进技术,促进产业结构的调整,适应我国经济发展的需要。

(二)中国劳务进口存在的问题

1.市场存在盲目性,秩序不规范

目前,中国劳务进口的规模尚小,进口劳务数量不多,人员地域分布和所涉及行业都相对狭窄。对于所引进的劳动力在岗位、工种、人数以及能力上能否满足国内市场上劳动力短缺行业的劳务需求,并没用专门的分析和评估,劳务进口市场存在一定的盲目性。

此外,在中国境内尚存在一部分没用办理就业证的外国就业者。随着中国劳务进口的发展,这些就业者的比例在不断加大,一些低端劳务人员或无技术劳务人员趁机涌入中国,造成与用人单位发生争议的事件也在不断增加,扰乱了我国的劳务市场秩序。

2.法律制度不完善

近年来,我国的劳动法律体系日益完善。然而,从总体上看,目前的劳动法律体系庞杂,对外国就业者在我国发生的劳动争议问题没有明确细致的法律规定,在处理劳务纠纷时,往往要依据各种法律法规、行政规定、地方性规章制度及相关文件、临时性行政举措以及企业内部的各种规章制度,程序复杂、耗时较长,缺乏一定的效率和保障。特别是在处理外来劳务人员社会保险福利、经济补偿等争议时,由于国内外的法律标准差距较大,不易取得进口劳务人员的期望以达成调解。

(三)中国劳务进口的对策

1.政府协调监管

任何国家都会在一定程度上控制劳务进口的数量规模,不会允许国外的劳动力大量涌入本国。尤其是作为人口大国的中国,如何平衡国内大量的剩余劳动力和某些岗位劳动力不足的状况,适当地引入外来劳务人员,合理地进行劳务配置,是国家和政府

必须解决的一大难题。

通过成立专门机构，对国内劳动力短缺的行业、岗位、技能要求、具体人数等进行实时跟踪调查、分析与评估，同时对外来就业人员类型进行登记、划分和备案，这有利于劳务供求双方能及时有效地达成合作，促进双边和多边贸易的开展。

对于经济欠发达的地区，可以通过引进投资国劳动力来吸引外商直接投资，从而带动本地区的经济发展，促进地区与全国的产业结构调整。

2. 完善法律制度

在现有的劳动法律框架内，可以增设专门针对外来劳务人员的特殊条款。同时，需要进一步颁布法律法规实施细则，以明确规定外来劳务人员的各种权利与义务。对于外来劳务人员必须具备的各项能力要求，输入劳务的申请、审核、管理以及就业证的申请条件、审核程序、居住年限等方面均要做出明细的规定，避免无技术人员涌入国内市场，尽量减少劳务进口人员劳务纠纷事件的发生。此外，还可以对外国劳动者提供一定的法律咨询帮助。

【案例分析】

对外劳务合作继续保持平稳发展

《中国对外承包工程、劳务合作业务统计年报》数据显示，2016 年，中国对外劳务合作派出各类劳务人员 49.4 万人，较上年同期减少 3.6 万人，同比下降 6.8%；其中承包工程项下外派劳务 23 万人，劳务合作项下派出26.4万人，均较上年同期有所减少。截至 2016 年底，对外劳务合作业务累计派出各类劳务人员 850 万人。

由于受地缘文化影响和“一带一路”建设的需要，2016 年中国对外劳务合作的派出人员大部分去往亚洲国家和地区，累计派出各类劳务人员数量约 34.9 万人，占派出总人数的 70.6%；年末在外各类劳务人员数量约 64.4 万人，占年末在外劳务人员总数的 66.4%。其次是非洲地区，累计派出各类劳务人员数量约 9.2 万人，占总派出人数的 18.5%；年末在外各类劳务人员数量约 23.3 万人，占年末在外劳务人员总数的 24%。

2016 年，在中国累计派出的各类劳务人员中，中央企业仅占 14.4%，地方企业已经成为对外劳务合作的主力。其中，派出各类劳务人员数量最多的是山东省，约派出各类劳务人员 6.9 万人，占全国总派出人数的 13.9%；年末在外各类劳务人员数量约 12 万人，占全国年末在外劳务人员总数的 12.4%。其次是福建省、广东省和江苏省，分别派出各类劳务人员 5.2 万人、4.8 万人和 3.6 万人。以上四个省份合计占 2016 年派出劳务人员总数的 41.4%，年末在外劳务人员总数的 36.4%。

资料来源：商务部. 2017 中国对外投资合作发展报告[EB/OL]. http://fec.mofcom.gov.cn/article/tzhzcj/tzhz/upload/zgdwtzhzfzbg

思考与讨论：

1.结合案例，分析我国对外劳务输出的基本特点。

2.试分析我国对外劳务合作面临怎样的机遇与挑战？

复习思考题

1.国际劳务合作的形式有哪些？

2.当代国际劳务合作发展的特征有哪些？

3.当代国际劳务合作发展的动因有哪些？

4.我国劳务输出存在的问题有哪些？结合本章内容，谈谈如何使我国的劳务输出更健康地发展？

5.“一带一路”战略的实施为我国国际劳务合作带来哪些机遇与挑战？

第九章 国际租赁合作

第一节 国际租赁概述

一、国际租赁的概念

租赁是指出租人在不转让物品所有权的条件下，在一定时期内把自己所拥有的特定财产（包括动产和不动产）转让给承租人使用，承租人在租赁期内按照合同约定向其支付租金的一种经济行为。

国际租赁也称国际租赁贸易或跨国租赁，是指在一定时期内，一国出租人与另一国承租人之间通过订立契约，明确双方责权，以收取租金的形式让渡财产使用权的一种经济行为。它是一种跨越国境的所有权与使用权的国际信用关系，其主体可以是自然人，也可以是法人、国家或国际经济组织；而租赁对象一般为价值较高的动产或不动产，如工厂的成套设备、轮船、飞机等。在租赁期内，出租人根据承租人的要求，把自己的资产或设备，或利用自有资本或银行贷款购买的资产或设备，交付给承租人在一定期限内使用并向承租人收取租金的一种国际性业务。租赁关系终止后，对租赁物的处置方式主要有以下几种：一是承租人将租赁物返还出租人；二是根据双方约定，将租赁物转归承租人所有；三是承租人以低价收购该租赁物；四是承租人支付较低的租金继续租赁。在这一过程中，承租人通过“融物”达到了融资的目的，而出租人则通过购买租赁物再出租并收取租金的方式，收回全部投资并拥有或出售租赁物，从而获得投资收益。

二、国际租赁的产生与发展

租赁业是一个既古老又年轻的行业，其历史可以追溯到原始社会末期。在漫长的发展过程中，租赁业主要经历了古代租赁、近代租赁和现代租赁三个阶段。

（一）古代租赁

原始社会末期，一些富人开始出租其房屋、工具、牲畜、货物乃至人以获取租金，这是古代租赁最主要的表现形式。这一时期的租赁实际上是一种实物租赁，没有固定的契约形式，以获取租赁物的使用价值为目的，并以支付一定的报酬为前提。

(二)近现代租赁

18世纪中叶以后,伴随着欧洲工业革命的兴起与机器大工业时代的到来,近代租赁出现,其租赁物主要为火车、船舶、制鞋机、缝纫机、电话等设备,目的是为了获得租赁物的使用价值,并且只租不售。

现代租赁起源于二战以后的美国。1952年,J·H·杰恩费尔德在旧金山创建美国国际租赁公司,从此揭开了标志着真正以独立的企业形态大规模经营现代租赁业务的序幕。20世纪六七十年代,国际租赁业进入主要西方国家并逐步国际化,如日本和东亚四小龙的发展就均得益于国际租赁业。从80年代起,发达国家的租赁业进入成熟期,大的如飞机、汽车、万吨轮,工厂成套设备,小的如电话机、家具和家电商品等都可以通过租赁方式融通资金,享受税收优惠,租赁已进入了人们的日常生活中。与此同时,发展中国家也已开始将租赁业作为一种融资手段。当前,全球国际租赁业已成为当今国际资本市场上仅次于商业贷款的第二大融资方式。

三、国际租赁业务的当事人

国际租赁因涉及的当事人较多,且这些当事人分属于不同的国家和地区,所以其业务活动较为复杂。一般地,在国际租赁合作业务中,当事人主要有出租人、承租人和供货人。

(一)出租人

出租人是租赁物的所有人,指在租赁合同中将租赁物交付承租人使用,并按期收取租金的人。目前在国际租赁业务中,作为出租人出现的有以下几类:

1. 专业租赁公司

随着国际租赁业务的快速发展,国际租赁逐渐成为一门独立的行业,很多专业的租赁公司纷纷成立并专营国际租赁业务。它们一方面自筹资金,购买机器设备或其他物品,存储待租;另一方面负责出租机器的保养、维修、更换零件和提供技术咨询等服务工作。这些专业的租赁公司有的只经营某一类商品,如电视机、拖拉机等,还有的进行多种经营,出租各种类型、技术复杂并附有技术资料的设备。

2. 制造厂商

发达国家的大工业制造厂商为扩大本企业机器设备等产品的销售,通常有两种做法:一种是在制造厂商内部设立租赁部门,法律实体仍是该制造厂商;另一种则是在制造厂商之下设立附属于其的租赁公司,该租赁公司是独立的法律实体,有着自己独立的名称、机构和独立的账户,并以自己的名义独立承担法律责任。

3. 银行、保险公司等金融机构

银行或保险公司等金融机构进入国际租赁业务领域,或者以借贷人的身份向租赁公司提供信贷以获取利润;或者成立自己的租赁公司,独立经营租赁业务;或者几家金融机构联合设立租赁公司，联合经营租赁业务，如日本租赁公司就是由若干家银行、信托公司、保险公司、钢铁公司、机械公司等组建而成的。

4.联合组织

联合组织是指由多个经济主体(如制造厂商、租赁公司以及提供资金的银行或保险公司等)联合组成的从事国际租赁业务的多边经营机构或卡特尔等垄断组织。

5.国际性租赁组织

随着租赁市场竞争的日益激烈，国际性租赁组织应运而生。20世纪60年代中期，英国、法国、意大利、荷兰和其他国家银行组成国际租赁协会，用以协调所有参与银行成员所控制的租赁公司的国外租赁业务。

此外，在国际租赁市场上还有经销商和经纪人，他们本身并不经营租赁业务，而只是代表出租人或承租人寻找交易对象，代表委托人与对方磋商租赁条件，促成交易，进而从中收取手续费。

(二)承租人

承租人即享有租赁物使用权，并按约向对方支付租金的当事人。在租赁期内，承租人需按约定正确使用和妥善保管租赁物；在未取得出租人同意的情况下，不得擅自转移、拆卸和转租租赁物；在使用过程中所发生的一切与租赁物有关的问题，应及时向出租人报告。现代国际租赁业务中，承租人很少为个人，通常为生产或服务性的企业。

(三)供货人

在国际租赁业务中，出租人一般从供货人那里购进货物，然后由供货人直接将货物交付承租人使用。租赁物的供货人既可以是租赁物的生产者，也可以是其他供应商。

四、国际租赁的特点

(一)租赁对象多样化

国际租赁的对象最初以机器设备为主，而目前则几乎无所不包。大的如飞机、汽车、万吨轮，工厂成套设备；小的如电话机、家具和家电商品等。这些都可以通过国际租赁方式融通资金。

(二)承租人有选择设备和设备供应商的权利

在现代国际租赁业务中，出租人租出的设备往往是根据承租人的要求、为专门的租赁目的而购置的，甚至连提供设备的供货商及购买设备的商务条件都由承租人指定或商定。

(三)租赁物的所有权和使用权相分离

在租赁期内，国际租赁的出租人和承租人之间不是买卖关系，租赁物的所有权和使用权是分离的。由于租赁物是由出租人出资购置的，所以在租赁期内，租赁物的所有权属于出租人，承租人只是在按时支付租金并履行租赁合同条款的前提下，对租赁物享有使用权。租赁期满后，根据合同约定，出租人可以将租赁物以一定的价格出售给承租人，此时才完成所有权的转移。

（四）国际租赁是一种融资与融物相结合的借贷业务

在现代国际租赁业务中，承租人所需的基础设施、机械设备等租赁物均由出租人提供或垫资购买，承租人在无需付款购买的情况下，即可取得租赁物的使用权，等于出租人向承租人提供了信贷便利，即采用商品形式来融通中长期资金。这样，承租人可以在资金不足的情况下，提早使用租来的场地、设备等顺利开展经营活动，提早获得经济效益，并用经营所得按期支付租金。

（五）出租人和承租人享有税收优惠

在税收上，如果一项业务被本国税制视为租赁，那么出租人作为租赁标的物的所有人往往可以享受投资减税待遇。而对于承租人来说，其租来的设备一般不看作资产购入，通常不在其资产负债表中反映出来，因而可免交财产税。另外，承租人交付的租金可以作为费用在其成本中列出，这样承租人就可以从应纳税利润中减除这笔租金的额度，从而获得少付所得税款的好处。

（六）国际租赁是多边的经济合作关系

一笔国际租赁业务往往涉及三方或更多的当事人，并包括两个或两个以上的合同，而且涉及的商务合同至少有一个是涉外合同。在一般的国际租赁业务中，通常涉及三方当事人，即出租人、承租人和供货人，涉及的合同包括出租人和承租人签订的租赁合同以及出租人和供货人签订的购货合同。如果出租人需要融资，那么就要涉及银行或其他金融机构等更多的当事人，而涉及的合同还包括出租人与银行或其他金融机构签订的贷款合同。

五、国际租赁的作用与局限性

（一）国际租赁的作用

1. 国际租赁对出租人的作用

(1)促进新设备销售，加强陈旧设备的有效利用。

对于一些价值巨大的新设备，用户如果资金缺乏且不易获得银行贷款，往往难以一次付清货款，交易便难以达成。而采用租赁方式，以分期收取租金的形式逐步收回资金，可以增加产品销售量。目前，国际租赁已成为大制造厂商扩大其产品销路的有效途径。

而对于那些闲置不用的或本国已经淘汰的设备，通过租赁方式出租给其他经济不发达国家或地区的企业使用，以延长设备的价值创造期间，从而有利于加强陈旧设备的有效利用。

(2)获得较高收益,并减少投资风险。

在租赁业务中,以定期收回租金方式所获租赁费总和,往往比直接出售该设备的总价更高。同时,在租赁期内承租者还需要各种技术服务,如设备的安装、调试、检测、维修、保养、咨询和培训等,出租人通过提供这些服务还可以从中获得一定的额外收入。另外,由于设备的所有权并没有发生转移,在承租人无力支付租金时,出租人有权收回设备,这就使得其收益更加安全可靠,从而可以减少出租人的投资风险。

2. 国际租赁对承租人的作用

(1)降低生产成本,提升企业竞争力。

由于很多国家对租赁业务都有各种税收优惠,出租者能够以较低的价格把租赁标的物出租给承租人使用,同时,加上承租者本身享有的优惠,其生产成本必然大大降低,从而使企业竞争力得以提升。

(2)提高企业资金利用能力。

在国际租赁业务中,租赁标的物往往价值巨大。对于承租企业来说,通过先租进设备进行生产,然后用产品销售所获利润支付租金,而无需现行支付全部货款,这就不至于过多地占用企业的流动资金,腾出的资金可以进行其他方面的生产经营活动,从而提高企业的资金利用能力。

(3)有利于加快设备的引进,增加企业灵活性。

若企业资金短缺,需通过寻求银行或其他金融机构的帮助来购进设备时,往往手续复杂,所需时间较长。而如果采用租赁方式,设备和供货商可由承租人指定,设备的引进一般由租赁公司包办,这就可以使引进设备的时间大大缩短,从而达到加快引进的目的。

另外,面对瞬息万变的市场环境,企业采用租赁的方式进行生产,可以根据市场形势和要求及时做出续租或退租的调整,增加了灵活性,从而避免蒙受不必要的经济损失。

(4)使承租者免受通货膨胀的影响。

经租赁双方认可,租赁合同条款在整个租期内一般不会变动,设备的租金也是相对固定的。即使遇到通货膨胀,承租人仍以签订租赁合同时的货币价值支付租金,这就可以使承租者免受通货膨胀对其所造成的影响。

(二)国际租赁的局限性

1. 对于承租者来说,租金高昂

在国际租赁业务中,出租者垫资购进租赁物再出租给承租人使用并定期收取租金相当于出租者的一项投资。为了收回其购置成本及适当的投资收益,承租人最终支付的全部租金之和通常会比用现汇或外汇贷款购买该租赁物的代价要高。

2. 承租者对租赁物的处置不具有灵活性

在租赁期内,租赁物的所有权属于出租者,承租人只有使用权。因此,承租人不能根据现实需要将租赁物进行技术改造、抵押或者出售。

3. 承租者在支付租金之后，可能存在设备利用不充分的问题

第二节 国际租赁方式

随着国际租赁市场竞争的日益加剧，国际租赁公司为增强自身竞争力，不断探索满足不同客户需要的租赁方式。目前，国际上通用的国际租赁方式主要有融资租赁、经营租赁、杠杆租赁以及其他如综合性租赁、转租、回租、联合租赁等。

一、融资租赁

（一）融资租赁的概念

融资租赁又称金融租赁，是目前国际上使用最普遍和最基本的形式。具体是指承租企业在进行设备投资时，不是以现汇或向银行借款购买所需设备，而是与租赁公司签订租赁合同，由租赁公司根据承租企业的请求及提供的规格，与第三方（供货厂商）订立一项供货合同，购进相应设备，然后以定期收取租金为条件交付承租企业使用，租赁期满后续租、退租或留购的一种租赁方式。

（二）融资租赁的特点

融资租赁实际上是租赁公司给予承租企业的一种100%的中长期信贷，往往被看作一种与设备有关的贷款业务，具有较强的金融色彩，适用于价值较高或技术较先进的大型设备，比如机械设备、通讯设备、医疗器械等。其具有以下特点：

1. 至少涉及三方当事人和两个合同

在一般的融资租赁业务中，涉及的三方当事人分别为出租人、承租人和供货商；涉及的两个合同分别是出租人与供货商签订的购货合同和出租人与承租人签订的租赁合同。如果出租人需要融资，那么就要涉及银行或其他金融机构等更多的当事人，而涉及的合同还包括出租人与银行或其他金融机构签订的贷款合同。

2. 承租人自行选择设备和设备供应商，并自担风险

在融资租赁业务中，承租人可以依据自己的判断和实际需要选择设备和设备供应商，出租人仅负责按照承租人的要求购进相应设备，而对设备的性能、缺陷、维修、保养以及供货商延迟交货等问题概不负责。

3. 租期较长，设备的所有权和使用权长期分离

在融资租赁业务中，租赁期限较长，一般为3～10年，租期通常与设备的使用寿命相同。在租赁期内，出租人保有对设备的所有权，承租人在定期支付租金的条件下拥有设备的使用权。

4. 全额清偿且具有不可解约性

由于租赁设备是用户自己选定的，而且出租人在基本租期内只能把其出租给该特定用户使用，所以出租人从该用户处收取的租金总额应足以偿付其购置设备时的资本支出和合理的利润。基于同样的原因，租赁双方在租赁期内均不能解约。只有在设备自然损坏并已证明丧失使用能力的情况下才能终止合同，且以出租人不受经济损失为前提。

5. 租赁期满，承租人对租赁设备具有续租、退租或留购的选择权

（三）融资租赁的交易程序

一般的融资租赁业务流程如图 9-1 所示：

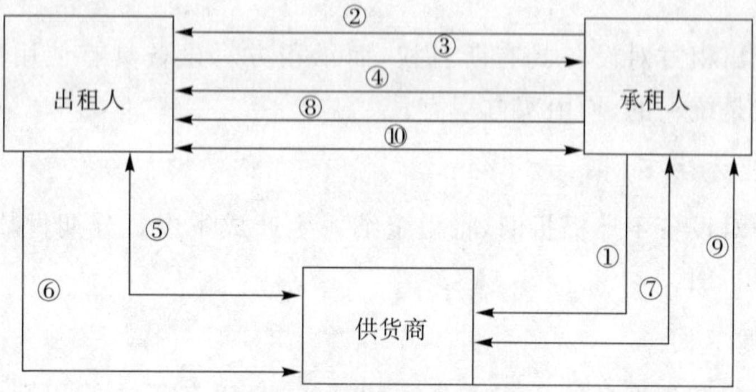

图 9-1　融资租赁交易程序图

资料来源：卢进勇，杜奇华. 国际经济合作[M]. 北京：对外经济贸易大学出版社，2009.

图中序号表示的含义如下：

①承租人根据自身实际需要选定设备和设备供应商；

②承租人选定出租人并向其提出委托租赁的申请；

③出租人对承租人进行资信调查，做出是否接受或有条件接受的决策；

④承租人与出租人商洽融资租赁条件并签署融资租赁合同；

⑤出租人根据承租人对供货商和设备的选择，与供货商签署设备购买合同，承租人附签确认，供应商明确设备的瑕疵和售后服务直接对承租人负责；

⑥出租人向供货商支付设备价款；

⑦供货商把设备交付承租人，承租人依据购买合同条款提货验收；

⑧承租人按照租赁合同规定定期向出租人支付租金；

⑨供货商向承租人提供设备的售后服务；

⑩租赁期满，承租人与出租人按照租赁合同约定，对租赁物如何处置作出选择。

图 9-1 呈现了一个简单的融资租赁交易程序，而在实际融资租赁业务中，通常会涉及更多当事人。由于租赁设备价值巨大，出租人购进设备往往需要向银行或其他金融机构贷款，此时出租人可以在签订设备买卖合同之前与银行或其他金融机构签订贷款

合同。另外，为保证租赁设备安全，承租人也可以在设备交付验收之前对租赁设备向保险公司进行投保。

(四)融资租赁与分期付款的区别

分期付款是指在一些生产周期长、成本费用高的产品交易中，如成套设备、大型交通工具、重型机械设备等产品的交易中为了解决资金不足而采取的做法。分期付款的做法是在合同签订后，买方先支付一小部分货款作为订金给卖方，其余大部分货款在产品部分或全部生产完毕安排交付后，或在货到安装、试车、投入以及质量保证期满时分期偿付。

融资租赁与分期付款主要区别有以下几个方面：

1.经济性质不同

融资租赁中出租方对设备具有所有权，而承租方对设备具有使用权。分期付款中所有权和使用权是统一的，均由买方享有。

2.会计处理方法不同

融资租赁中对设备不计提折旧，将租金纳入生产成本中。分期付款方式中，设备作为固定资产计提折旧。

3.付款期限不同

融资租赁中租期与设备使用寿命基本相同，一旦设备无法使用则租赁终止。分期付款方式中，付款期限通常低于标的物的经济寿命，即在设备使用期限到达之前需要付清全部款项。

4.信贷程度不同

融资租赁中所使用资金全部来自于贷款，而分期付款方式中部分使用现金支付，部分资金来源于贷款。

5.资产处置权不同

当设备使用一定年限后，在融资租赁方式中资产残值由出租人处理，在分期分期付款方式中则由买方进行处置。之所以有此不同也是按照所有权原则对设备残值进行处理。

二、经营租赁

(一)经营租赁的概念

经营租赁，又称业务租赁，是融资租赁的对称。指出租人首先根据租赁市场需求状况从厂商处选购设备或其他可供租赁的物件，然后以承租人支付租金为条件交付其在约定期间内使用的一种短期、可撤销和不完全支付的租赁方式。在租赁期内，出租人不仅要向承租人提供设备的使用权，而且要向承租人提供设备的保养、保险、维修和其他专门性的技术服务。

（二）经营租赁的特点

经营租赁是一种短期、可撤销和不完全支付的租赁方式，适用于专业性较强、需要精心保养和管理且更新换代速度较快的设备或市场上有普遍需求的小型设备和工具，如计算机、科学仪器、汽车、照相机等，其主要特点是：

1. 非全额清偿或不完全支付

在经营租赁方式下，出租人不能从一次租赁中收回全部投资，而是要通过将设备多次出租给不同用户使用的方式，达到收回全部成本和赢得利润的目的，所以这种租赁方式也称作“未完全支付租赁”。也正是基于这一原因，经营租赁的租赁对象多为具有普遍市场需求的通用设备。

2. 租期较短，且中途可以解约

经营租赁是一种为了满足承租人经营使用上的临时性或季节性需求而发生的资产租赁，所以其租期较短，一般在 3 年以下。另外，承租人可以在租赁交易到期之前，根据自身实际需要，通过一定的手续提前终止合同，以租赁更为先进的设备。

3. 租金较高

经营租赁的租赁对象多为专业性较强、需精心管理保养且技术进步较快的设备，出租人在提供融资便利的同时，还负责提供设备的维修、管理等多种专门服务，并且要承担设备过时的风险，所以其租金往往高于其他租赁方式。

（三）经营租赁的交易程序

经营租赁的交易程序如图 9-2 所示：

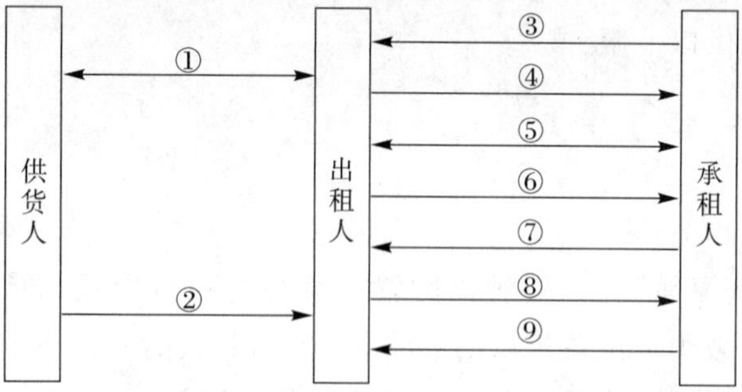

图 9-2　经营租赁交易程序图

资料来源：江沿，孙雅玲，黄锦明. 国际经济合作[M]. 北京：清华大学出版社，2012.

图中序号表示的含义如下：

①出租人根据租赁市场需求状况自行选购设备；

②供货人和出租人根据设备买卖合同规定，分别完成设备的交付与提货验收；

③承租人根据实际需要选定出租人，并向其提出经营租赁的申请；

④出租人对承租人的资信状况进行调查，并做出是否接受的决策；

⑤出租人和承租人签订经营租赁合同；

⑥出租人根据租赁协议约定将设备交付承租人使用；

⑦承租人按照租赁协议向出租人支付租金；

⑧出租人向承租人提供设备的咨询、维修、保养等服务；

⑨租赁期满，承租人根据自身需要返还设备或继续租赁。

(四)经营租赁与融资租赁的区别

1.报酬与风险承担主体不同

经营租赁方式中的租赁资产的报酬与风险由出租人承担，而融资租赁方式中的报酬与风险由承租人承担。

2.租赁期限不同

经营租赁方式中的租赁期限较短，而融资租赁方式中的租赁期限较长。

3.租赁灵活程度不同

经营租赁方式中灵活程度较高，可以根据实际情况对合同加以调整甚至撤销合同，而融资租赁方式中合同因具有法律约束力而不可撤销。

4.租赁期满后资产处理方式不同

经营租赁方式中租赁期满后，由于资产所有权仍归属出租人，因此资产将归还出租人。在融资租赁方式中一般将设备进行作价转让给承租人，实现资产所有权的转移。

5.出租人承担义务不同

在经营租赁方式中，出租人将提供设备保养、维修、保险等服务，而在融资租赁方式中，出租人一般不提供以上服务。

三、杠杆租赁

(一)杠杆租赁的概念

杠杆租赁又称衡平租赁，是一种以融资为目的的租赁形式。指出租人接受承租人的租赁委托，仅提供拟租赁设备价款的20%～40%，其余的60%～80%由其以设备作抵押向银行等金融机构贷款，购进承租人选定的设备，然后将用该方式获得的具有所有权的设备出租给承租人使用的一种租赁方式。在这种租赁方式下，出租人仅支付设备价款的20%～40%就可在经济上拥有设备的所有权，享受政府提供的税收优惠并开展租赁业务，其效果与杠杆原理相似。因此，被称为杠杆租赁。一般来说，杠杆租赁业务中的设备都是比较昂贵的，适用于价值1000万以上或使用寿命10年以上设备的租赁交易。

(二)杠杆租赁的特点

杠杆租赁是一种把投资和信贷结合在一起的融资方式，实质上是一种举债经营，因而具有独特特点：

1.通常涉及四方当事人：出租人、承租人、贷款人、供应商；同时涉及至少3种法律文件：买卖合同、贷款协议、租赁合同。

2.出租人以设备、租赁合同和收取租金的受让权作为贷款担保。

3.贷款人所提供的资金必须足以完成此次交易，且对出租人无追索权。在杠杆租赁业务中，由于出租人是以设备、租赁合同和收取租金的受让权作为贷款担保的，所以当承租人无力偿付或拒付租金时，贷款人无权向出租人追索，而只能终止租赁，通过拍卖设备的方式获得补偿。

4.出租人购买设备时自己只需提供20％～40％的价款。

5.租赁期限结束，设备还有20％左右的残值。

6.租赁期限满后，承租人必须以设备的残值收购该设备。

7.杠杆租赁合同不能提前解约。

8.杠杆租赁为完全付清式租赁。

（三）杠杆租赁的交易程序

杠杆租赁的交易程序如图9-3所示：

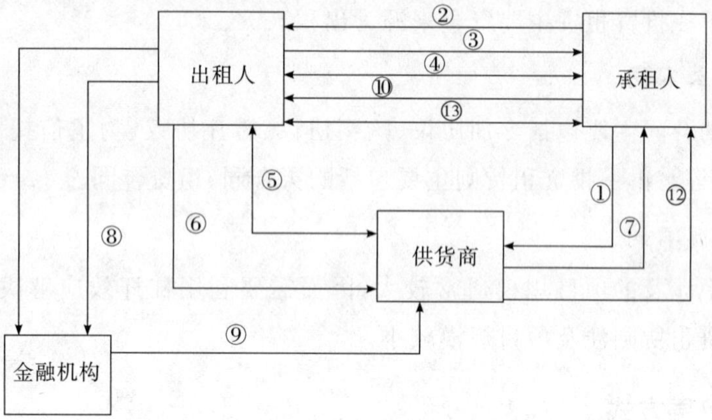

图9-3　杠杆租赁的交易程序图

资料来源：作者根据相关资料整理

图中序号表示的含义如下：

①租人根据自身实际需要选定设备和设备供应商；

②承租人选定出租人并向其提出委托租赁的申请；

③出租人对承租人进行资信调查，做出是否接受或有条件接受的决策；

④承租人与出租人商洽融资租赁条件并签署融资租赁合同；

⑤出租人根据承租人对供货商和设备的选择，与供货商签署设备购买合同，承租人附签确认，供应商明确设备的瑕疵和售后服务直接对承租人负责；

⑥出租人向供货商支付设备20％～40％价款；

⑦供货商把设备交付承租人，承租人依据购买合同条款提货验收；

⑧出租人以设备做抵押，向金融机构贷款；

⑨金融机构支付供货商60%～80%货款；

⑩承租人按照租赁合同规定定期向出租人支付租金；

⑪出租人按期偿还金融机构贷款；

⑫供货商向承租人提供设备的售后服务；

⑬租赁期满，承租人与出租人按照租赁合同约定，由承租人按市价购买该设备。

（四）杠杆租赁与单一投资租赁的区别

从杠杆租赁的特点与交易程序看，其与单一投资租赁的区别主要有以下方面：

1.参与当事人不同

杠杆租赁涉及物主出租人、物主受托人、承租人、债权人、合同受托人、制造商、经纪人、担保人等多个当事人，环节众多、关系复杂。单一投资租赁则主要涉及出租人、承租人、制造商，程序比较简单。

2.资金来源不同

杠杆租赁资金来源分为两部分，20%～40%由物主出租人垫付，60%～80%来源于债权人贷款。单一投资租赁主要资金来源为出租人。

3.合同文本不同

杠杆租赁的合同主要包括参加协议、购买协议、转让协议、物主信托协议、合同信托协议、租赁合同等。单一投资租赁则主要包括购买合同、租赁合同。

4.项目规模不同

杠杆租赁中涉及的项目规模通常较大，因而需要利用杠杆效应解决资金的不足问题。而单一投资租赁则涉及项目规模较小。

四、其他租赁方式

（一）综合性租赁

综合性租赁是一种租赁与其他贸易方式相结合的租赁形式。由于结合的方式不同，综合性租赁主要包括以下四种方式：

1.与补偿贸易相结合的租赁方式

在这种租赁方式下，出租人把机器、设备租给承租人使用，承租人不是以现汇而是以租进设备所生产的产品进行租金的偿付。

2.与加工装配相结合的租赁方式

在这种租赁方式下，出租人把设备租给承租人使用，承租人不是以现款而是以利用租进设备承揽出租人的来料加工或来件装配业务所获得的工缴费进行租金的偿付。

3.与包销相结合的租赁方式

在这种租赁方式下，出租人把设备租给承租人并包销承租人使用该设备所生产出来的产品，租金由出租人从包销产品的价款中扣除。

4.与出口信贷相结合的租赁方式

在这种租赁方式下，出租人把利用所得出口信贷购买的设备出租给承租人使用，从而达到降低租金、提高出租人在租赁市场上竞争能力的目的。

由此可以看出，综合性租赁不仅可以减少承租人的外汇支出，而且可以扩大承租人与出租人之间的贸易往来，使贸易与租赁业务共同发展。

（二）转租

转租是指承租人在租赁期内将租入的资产再出租给第三方的行为，即由出租人A根据最终承租人（用户）的要求，先以承租人的身份向出租人B租进设备，然后再以出租人身份转租给该最终承租人（用户）使用的一种租赁方式。这种租赁方式最突出的特点是将设备或财产进行两次重复租赁，是国际租赁中经常采用的方式。

（三）售后回租

售后回租是一种集销售和融资为一体的租赁方式，指设备所有者先将自制或外购的资产出售，然后再以租赁方式向买方租回使用的一种方式。这种租赁方式不仅可以让承租人在保留资产使用权的前提下达到资金周转的目的，而且又为出租人提供了投资机会。

（四）联合租赁

联合租赁是指多家有融资租赁资质的租赁公司对同一个融资租赁项目提供租赁融资，并按照所提供的租赁融资额比例享有收益和承担风险的一种租赁方式。在联合租赁业务中，有一家租赁公司作为牵头人，进行相关买卖合同和融资租赁合同的订立。这种租赁方式是融资性租赁公司之间，在承办融资规模较大的项目时所采用的一种利益分享、风险分担的合作方式。

（五）维修租赁

维修租赁是介于融资租赁和经营租赁之间的一种租赁方式，指出租人在把设备出租给承租人之后，在租赁期内还要向其提供一切业务上所需要的服务，如设备的登记、上税、保险、检验、维修以及事故处理等，故其租金相对较高。这种租赁方式通常适用于飞机、汽车及其他技术比较复杂的运输工具和设备的出租，而且出租人一般就是制造厂商。

第三节　国际租赁合同

一、国际租赁合同的基本条款

国际租赁合同是处于不同国家的出租人和承租人之间的，为租赁一项资产而签订的明确双方权利义务关系的法律文件，属于经济合同范畴。在国际租赁业务中，租赁合同的内容因租赁方式和租赁物的不同而不同，但一般应包括以下条款：

（一）合同说明

明确合同性质，从而确定合同名称；叙明合同双方当事人即出租人和承租人的相关情况，包括合同双方当事人的名称、地址、联系方式、银行账号等；标明合同的签订日期、地点及合同号码；其他。

（二）合同的租赁物

在租赁合同中应明确租赁物的名称、价格、规格、型号及数量等。关于这一条款，一般另有详细的附表以合同附件的形式存在于租赁合同中，是租赁合同的重要组成部分。

（三）租赁物的交付与验收

在租赁合同中应明确租赁物的交货人、交货日期和交货地点；验货人、验货期限、地点和验货条件以及交货人不能按时交货应承担的责任和免责原因等。

（四）租赁期限

租赁期限即承租人使用租赁设备的基本期限，一般从承租人验收租赁物之日算起，如果设备需要安装，则应从设备安装完毕承租人正式开始使用算起。租期的长短由合同双方当事人商定，但主要取决于设备的使用寿命。通用设备租期一般为 3 年左右；厂房、机械设备、计算机等租期一般为 5 年左右；飞机、船舶等租期一般为 10 年左右。

（五）租金支付

在租赁合同中，按期支付租金是承租人的一项基本义务。租金支付条款需明确总租金额、每期支付的租金额、支付方式、支付时间以及支付币种等。

（六）租赁物的所有权以及维修、使用和保养

租赁合同需明确租赁物的所有权属于出租人，承租人在租赁期内对其仅具有使用权。承租人在使用设备时应注意的事项以及租赁物的维修、保养责任也需在合同中作出明确规定。如融资性租赁合同一般规定由承租人支付租赁物的维修费用，而经营性租赁合同则往往规定由出租人或制造商负责租赁物的维修及保养。

（七）纳税

国际租赁贸易中涉及海关进出口关税、工商统一税等多种税款的缴付问题，合同当

事人应在合同中列明各方应纳的税种。

(八)保险

租赁双方应在合同中规定由谁为租赁物投保并明确对保险公司的选择。如果是由承租人投保,那么其事先需征得出租人同意,并以出租人的名义为租赁物办理保险。如因保险范围内的风险致使租赁物受损时,承租人需及时向出租人提交检验报告和其他有关文件,以帮助出租人顺利获取保险赔偿金。

(九)担保人

在国际租赁贸易中通常需要担保人保证承租人严格履约,如发生承租人不能按照租赁合同的规定向出租人缴付租金或其他款项时,担保人应无条件地替承租人向出租人支付包括迟延利息在内的未付租金余额和其他应付款项。国际租赁合同的担保人需保证承租人严格履约,并在合同上签字。

(十)租赁保证金

承租人在签订合同时一般会交纳一笔租赁保证金,以保障出租人的利益。租赁保证金的具体数额以及租赁期满后该笔保证金的处理方式等均应在合同中注明。

(十一)期满后租赁物的处理

在租赁合同中,应明确租赁物在租赁期满后的处理方法,即明确承租人对租赁物是退还、续租或留购。如果是退还,那么需在租赁合同中规定租赁物退换时应保有的状态;如果是续租,那么就应在租赁合同中注明承租人可以在何时提出续租的要求;而如果是留购,则留购的价格就需要在租赁合同中加以明确。

(十二)违约与索赔

租赁合同中应明确规定出租人和承租人的权利与义务,并明确双方在履约过程中对各种违约情况的索赔金额和索赔方法。

(十三)争议的解决

租赁合同中应规定合同各方,包括出租人、承租人以及担保人等对履约过程中出现的争议的解决方法和解决地点。《中华人民共和国涉外经济合同法》规定:合同当事人可以选择处理合同争议所适用的法律。当事人没有选择的,适用与合同有最密切联系的国家的法律。

(十四)合同附件

合同附件是租赁合同的重要组成部分。

二、租金的构成与计算

(一)租金的构成

在国际租赁业务中,租金是承租人为取得出租人的租赁资产使用权而向其支付的

费用,其高低直接关系到租赁双方的经济利益。根据国际租赁的实践,现代租赁的租金一般由以下四个因素构成:

1.租赁物的现值

租赁物的现值即出租人购置承租人所需要的租赁资产所发生的费用,一般包括购置租赁资产的货价,以及由出租人垫付的运输费和途中保险费等。其中,运费是指将租赁物从购买地运到承租人处所支付的费用,而途中保险费是指为租赁物投保所支付的费用。

2.租赁物的期后残值

租赁物的期后残值也叫租赁物的预期名义货价,是指租赁物在租赁期满后预计的市场价值。租赁物的残值大小因其种类、性能以及市场需求情况等的不同而不同。通常情况下,租赁物的期后残值越大,其租金越低,此时对承租人有利;而期后残值越小,则其租金越高,此时对出租人有利。对于租赁物期后残值的估计,租赁双方具有一定的商讨余地。

3.利息与利润

利息是指出租人为购置租赁资产而向银行或其他金融机构融资所产生的贷款利息。不同的融资渠道有着不同的利息水平,而利息水平的高低会直接影响租金数额的多少。

利润是指出租人出租租赁资产应获取的收益,也是构成租金的一个部分。

4.手续费

租赁手续费也叫初期费用,指出租人为承租人办理租赁业务所发生的营业费用,包括办公费、工资、税金以及差旅费等。租赁手续费因租赁项目和市场供求状况的不同而改变,其常常被出租人用作吸引承租人以提升自身市场竞争能力的手段。

以上四个因素,租赁物的现值、租赁物的期后残值、利息与利润、手续费构成了租金的主体。另外,租金的现值会受到租赁期限长短的影响。这是因为租金不是一次付给,而是采取期限分额支付的方法支付,根据现值理论,不同时期支付的款项其现值不同。

(二)租金的计算

在国际租赁业务中,租金的计算方法因其支付时间和支付方式的不同而不同。目前,国际上通常采用的计算租金的方法主要有以下几种:

1.平均分摊法

平均分摊法是一种比较简单的计算租金的方法,计算公式如下:

$$\text{每期租金}=\frac{(\text{租赁物现值}-\text{租赁物期后残值})+\text{利息}+\text{利润}+\text{手续费}}{\text{租金支付次数}}$$

在这种计算方式下,由于租赁物的现值已确定,因此,租金的多少主要取决于租赁物的期后残值、利息、利润及手续费的高低。对于承租人而言,如何提高租赁物的残值和把利息、利润以及手续费降到最低是减少租金的关键。

2. 附加率法

附加率法是一种在租赁资产购置成本或概算成本基础上，加上一个特定比率来计算租金的方法，计算公式如下：

$$每期租金=\frac{租赁资产货价\times(1+租金支付次数\times折现率)}{租金支付次数}+租赁资产货价\times附加率$$

例 1 A 企业为生产经营需要而从 B 租赁公司租进一套设备，该设备的购置成本为 100 万元，双方约定租赁期为 5 年，A 企业于每年年末向 B 租赁公司支付租金，折现率和附加率分别为 6% 和 4%。使用附加率法计算 A 企业每期需支付的租金为多少。

$$每期支付的租金=\frac{100\times(1+5\times6\%)}{5}+100\times4\%=30(万元)$$

3. 年金法

年金法是以现值理论为基础，充分考虑货币时间价值的一种租金计算方法。它将一项租赁资产在未来各租赁期内的租金总额按一定比率折换成现值，以使其现值总和恰好等于租赁资产的购置成本或概算成本。

年金法按照每期支付的租金是否固定不变可分为等额年金法和变额年金法。使用等额年金法时，承租人每期支付的租金固定不变，且有先付（每期期初支付租金）和后付（每期期末支付租金）之分，这里仅介绍等额年金法的这两种形式。

租金先付的计算公式为：

$$每期租金=租赁资产货价\times\frac{折现率\times(1+折现率)^{租金支付次数-1}}{(1+折现率)^{租金支付次数}-1}$$

租金后付的计算公式为：

$$每期租金=租赁资产货价\times\frac{折现率\times(1+折现率)^{租金支付次数}}{(1+折现率)^{租金支付次数}-1}$$

例 2 A 企业为生产经营需要而从 B 租赁公司租进一套设备，该设备的购置成本为 100 万元，双方约定租赁期为 5 年，A 企业于每年年初向 B 租赁公司支付租金，折现率为 6%。使用年金法计算 A 企业每期需支付的租金为多少。

$$每期租金=100\times\frac{6\%\times(1+6\%)^{5-1}}{(1+6\%)^{5}-1}=22.4(万元)$$

同样，在上例中，在其他条件不变的情况下，若双方约定 A 企业于每年年末向 B 租赁公司支付租金，则使用年金法计算的每期租金如下所示：

$$每期租金=100\times\frac{6\%\times(1+6\%)^{5}}{(1+6\%)^{5}-1}=23.7(万元)$$

4. 递减计算法

递减计算法是指承租人所交的租金中，每期偿还的本金相同但所含的利费额不同，

即开始所付的租金高,而后几年递减,含义是承租人每期还清当期利费和当期本金。其计算公式如下:

每期租金=各期占款本金数×年利率×占款年数+各期应还本金数

例3 A企业为生产经营需要而从B租赁公司租进一套设备,该设备的购置成本为100万元,双方约定租赁期为5年,A企业于每年年末向B租赁公司支付租金,利息及手续费合年利率为6%。使用递减计算法计算A企业每年应支付的租金、5年应支付的总租金、每年的利费额以及5年的利费总额分别为多少。

第1年租金=100×6%×1+20=26(万元)

第2年租金=80×6%×1+20=24.8(万元)

第3年租金=60×6%×1+20=23.6(万元)

第4年租金=40×6%×1+20=22.4(万元)

第5年租金=20×6%×1+20=21.2(万元)

5年应付的总租金=26+24.8+23.6+22.4+21.2=118(万元)

第1年利费额=100×6%=6(万元)

第2年利费额=80×6%=4.8(万元)

第3年利费额=60×6%=3.6(万元)

第4年利费额=40×6%=2.4(万元)

第5年利费额=20×6%=1.2(万元)

5年的利费总额=6+4.8+3.6+2.4+1.2=18(万元)

5.本息法

本息法是利用本息数来计算租金的一种方法,这里的本息数是指租赁期内承租人应支付的租金总额与租赁资产概算成本的比率。本息法的计算公式如下:

$$每期租金=\frac{租赁资产概算成本\times 本息数}{租金支付次数}$$

例4 A企业为生产经营需要而从B租赁公司租进一套设备,该设备的概算成本为100万元,双方约定租赁期为5年,A企业于每年年末向B租赁公司支付租金,本息数为1.4。使用本息法计算A企业每期应支付的租金为多少。

$$每期租金=\frac{100\times 1.4}{5}=28(万元)$$

6.租赁率法

这里的租赁率是指租赁期内承租人应支付的利息总额与租赁资产概算成本的比率,其计算公式如下:

$$每期租金=\frac{租赁资产概算成本\times(1+租赁率)}{租金支付次数}$$

例5 A企业为生产经营需要而从B租赁公司租进一套设备,该设备的概算成本为100万元,双方约定租赁期为5年,A企业于每年年末向B租赁公司支付租金,租赁率为

25%。使用租赁率法计算A企业每期应支付的租金为多少。

$$每期租金=\frac{100\times(1+25\%)}{5}=25(万元)$$

第四节　国际租赁机构及实施程序

一、国际租赁机构

租赁机构指作为出租人从事租赁业务的法人机构。国际租赁机构通常包括以下五类：

(一)金融机构

西方很多国家的银行或其附属的非银行金融机构为扩大经营收入来源和避免经济波动对金融机构资产业务的影响，往往利用其资金力量雄厚、融资成本低、客户群体多等优势，设立经营租赁业务的部门或成立独资和控股的租赁公司开展租赁业务。

(二)租赁公司

租赁公司是以出租设备或工具来收取租金为业的金融企业。作为非银行金融机构，它以融物的方式发挥着融资的作用。租赁公司按照行业通常可以分为专业租赁公司和非专业租赁公司。前者以专营某一类设备或某几类设备的租赁为主业，并兼营其他相关业务，如设备的维修、保养、技术咨询等服务；后者一般不以租赁为主业，但其经营范围内有租赁业务，如厂商租赁、信托投资公司、财务公司、战略性投资机构等。

(三)厂商机构

厂商机构主要指由设备的生产厂家或商家投资成立的租赁公司。为扩大产品销路，很多发达国家机械设备的制造商往往利用自身拥有的专业技术优势，在企业内部设立从事租赁业务的部门或成立直属的租赁公司，以经营本企业所生产设备的租赁业务，如美国通用电气集团(GE)、美国国际商用机器公司(IBM)等。现在这类租赁公司也应客户要求帮助其获得其他各种设备的租赁，逐渐扩大了业务范围。

(四)经纪机构

这类机构通常利用自身已建立的资源系统、服务系统和交易系统为设备制造商、出租人以及承租人提供各种信息、安全、融资及法律等综合性服务，如租赁经纪公司。这些租赁经纪机构可以以出租人的身份在出资人、出卖人、承租人之间牵线搭桥促成租赁交易，也可以接受承租人或出租人的委托，为其寻找潜在的交易对象，并以自身所拥有的专业知识促使租赁交易的达成。

(五)国际性联合机构

这类机构通常由不同国家的企业或金融机构等联合组成，它们既有雄厚的资金作后盾，又具有专业的技术优势。20 世纪 60 年代中期以来，世界租赁市场上相继出现了一些这样的国际租赁组织，如 1973 年成立的东方租赁控股公司等。

二、国际租赁的实施程序

国际租赁的程序往往因租赁方式的不同而有所差异，但其基本程序通常都包括以下步骤：

（一）选定租赁标的物

在以融资租赁为代表的租赁业务中，租赁标的物是由承租人根据自身的需要而选定的。租赁标的物的规格、型号、价格、质量、维修保养以及交货条件等都由承租人与供货商进行洽商，谈妥之后由出租人代为购买。在这种租赁方式下，出租人一般不参与技术谈判，但可为用户介绍、挑选或推荐租赁标的物。

（二）申请租赁并进行租赁预约

承租人就租赁标的物的有关事项与供货商谈妥后，可以向出租人提出租赁申请，并告知所洽谈租赁标的物的品名、规格、价格、交货时间以及自己所要求的租赁方式及租赁期限，并要求出租人开来租赁费估价单。承租人根据出租人所提供的租赁费估价单和其他条件进行研究后，即可办理租赁预约。

（三）资信审查

出租人接到租赁申请后，可要求申请人提供企业经营状况的说明文件以及各种财务报表。如必要，出租人还可以委托各种资信调查机构对申请人的信用状况和租金偿还能力进行调查。出租人根据获得的这些资料进行审查，并作出是否接受租赁的决定。

（四）签订租赁合同

出租人接受承租人的租赁申请后，双方即可就租赁的具体细节进行磋商谈判，达成一致后即可签订租赁合同。

（五）订购租赁标的物

在租赁合同签订之后，出租人即可根据合同中承租人对租赁标的物的要求及其已与供货商达成的条件，与租赁标的物供应商签订购货合同，并支付一部分货款（出租人在与供货商签订购货合同后通常只是预付一部分货款作为订金，在实际交货并验收合格后才付清全款）。

（六）租赁标的物的交付与验收

出租人在与供货商签订了购货合同并支付了一定比例的订金之后，供货商即根据合同规定向承租人直接供货。与此同时，承租人必须做好租赁标的物的报关、提货、运输、保险等手续，以便于供货商交货。

承租人收到租赁标的物，在经过安装、调试和一段时间的试用后，如果各项性能指标均符合合同要求，即通过验收，租赁期从验收合格之日起正式开始。

（七）支付货款

出租人在接到租赁设备的验收合格通知之后，需按合同规定向供货商付清租赁设备价款。如果资金不足，出租人可以向银行等金融机构融资，然后以租金收入偿还借款本金及利息。

（八）支付租金

承租人在接收租赁设备并验收合格后，需按租赁合同规定向出租人定期支付租金。租金的支付一般按月或一季、半年或一年为一个付租期，支付时间大都安排在每期期初。

（九）投保

租赁设备的保险归属问题通常因租赁方式的不同而有所差异。由于租赁设备的所有权属于出租人，故一般由出租人为租赁设备办理保险。而如果是由承租人投保，那么其事先需征得出租人同意，并以出租人的名义为租赁物办理保险。如因保险范围内的风险致使租赁物受损时，承租人需及时向出租人提交检验报告和其他有关文件，以帮助出租人顺利获取保险赔偿金。

（十）维修保养

租赁设备的维修保养责任问题通常也因租赁方式的不同而不同。如在采用融资租赁方式下，租赁设备的维修保养问题一般由承租人负责，而在经营租赁方式下，租赁设备的维修保养问题则一般由出租人负责。具体由谁负责，租赁双方会在租赁合同当中作出明确的规定。

（十一）税金缴纳

国际租赁贸易中涉及海关进出口关税、工商统一税等多种税款的缴付问题，租赁双方需按照租赁合同规定缴清各自应缴税种的税款。

（十二）租赁标的物的期后处理

租赁期满后租赁物的处理方法随租赁方式的不同而有所区别，通常有以下四种方式：承租人继续租赁该物品；承租人退还该租赁物；承租人按租赁标的物的公平市价或名义价格留购该物品；承租人无偿获得该租赁物所有权。具体选用以上处理方式中的哪一种，由租赁双方协商确定。

第五节　中国的国际租赁合作

一、中国国际租赁业的产生与发展

我国早在周秦时代就已经出现了租赁现象。汉唐以后，土地、房屋、农具、马匹等财产的租赁开始变得普遍。传统租赁一般是短期行为,租期不超过两年。出租人选择租赁物件,并保持对物件的所有权,同时负责租赁物件的维修、保养以及相关税费,所以传统租赁被认为是经营性租赁。由于经营费用的存在,每期租金要高于融资性租赁。传统租赁的优势在于可以合理配置社会资源,促进消费需求。

传统租赁具有以下六个方面的基本特征:满足承租人对租赁物件的短期、临时需要,租期一般不超过两年;由出租人行使租赁投资的决策权,与承租人无关;承租人拥有提前终止租赁合同的权利,即租赁合同具有可解约性;非全额清偿性,由出租人承担租赁物件过时的风险和投资风险;出租人有义务向承租人提供对租赁物件的相关服务;承租人对租赁物件有退租或续租的选择权。

现代融资租赁是传统租赁与以货币为载体的信用融资方式相结合的产物,在“二战”期间美国政府生产军需物质时所用“成本附加法”的激发下产生,随后在生产领域逐渐流行开来。20世纪60年代以来,随着国际社会联系日益紧密,国际贸易将融资租赁业务逐步扩展到欧洲、日本等国家和地区。经过一段时间的发展,融资租赁早已成为西方发达国家和地区中仅次于银行贷款的第二大融资方式,融资租赁市场渗透率也长期保持在较高水平。作为20世纪80年代较早从西方引入的金融工具,融资租赁在我国的发展历程有些许曲折。21世纪以来,随着经济体制改革进一步深化,支撑行业发展的法律、税收、会计、监管四大支柱的逐步完善,我国融资租赁行业发展的主要外部环境也得到了巨大改善。

随着2007年重新开放银行资金参与融资租赁业务和内资租赁公司试点工作的逐步开启,行业知名度日益提升,行业规模发展也十分迅速。但从融资租赁市场渗透率、业务模式等衡量标准的国际间对比来看,我国融资租赁行业目前仍然处于由“简单融资租赁”向“灵活多变融资租赁”转变的初级阶段,进一步转型发展面临许多问题。根据监管主体、监管法规等差异,可将我国融资租赁行业划分为金融租赁公司和融资租赁公司两类。前者为非银行金融机构,由银监会监管;后者又可分为外商投资融资租赁公司和内资试点融资租赁公司,属于服务性行业中的一般工商企业,由商务部监管。通过对Wind资讯金融终端中由中国租赁联盟提供的我国融资租赁公司注册数量、注册资金、合同余额等相关数据的分析,可知当前我国融资租赁行业发展现状的特点如下:

一是公司数量持续增长但增速已放缓。2012—2017年底,三类公司总数分别为643家、1106家、2202家、4508家、7136家,历年同比增长率分别为74.25%、72.01%、99.1%、104.7%、58.29%。截至2017年6月,三类公司的总数量为8218家,同比2016年6月的5708家同比增加2510家,增加幅度约为44%。从具体构成来看,金融租赁公司、内资租赁公司、外资租赁公司的三者的公司数量分别为66家、224家、7928家;三者占公司总量的比重分别为0.08%、2.73%、96.47%。这些数据表明租赁公司数量虽继续增长,但增速已有放缓迹象。

二是行业实力稳步增强,增量资金潜力疲软。2014年以来,融资租赁公司的注册资金增量显著，行业实力大幅增强。截至 2017 年 6 月底，按照 1∶6.9 的平均汇率折算，我国三类融资租赁公司的注册资金总额约为 29341 亿元，同比 2016 年 6 月底的 19721 亿元增加了 9620 亿元，增幅约为 48.78%。具体来看，截至 2017 年 6 月，金融租赁公司、内资租赁公司和外商投资租赁公司的注册资金总额分别为 1880 亿元、1644 亿元、25817 亿元；三者占注册资金总额的比例分别为 6.41%、5.67%、87.99%。受国家和地方相关配套利好政策激励、媒体大幅报道和行业快速发展等因素影响，十多年来各类优质资金主体多已大举进入融资租赁行业，大规模增量资金潜力已不大。

三是业务规模增速放缓，行业发展现拐点。2006 年的全国融资租赁行业业务合同余额仅为 80 亿元，2016 年底则增长到 53300 亿元，增长近 666.25 倍，年复合增速高达 80.59%。另一方面，在当前经济发展下行压力加大，金融监管环境趋严趋紧、优质租赁资产稀缺等因素影响下，我国融资租赁行业的投资增速从 2015 年以来已有所下降，预计 2017 年增速将进一步放缓。截至 2017 年 6 月底，我国融资租赁合同余额的总量大约为 56000 亿元，同比 2016 年 6 月底的 46800 亿元增加了 9200 亿元，增幅约为 19.7%。具体来看，截止 2017 年 6 月，金融租赁公司、内资租赁公司和外资租赁公司的合同余额总量分别为 21150 亿元、17300 亿元、17550 亿元；三者占合同总余额的比例分别为 37.77%、30.89%、31.34%。此外结合金融租赁公司数量在三类公司总数中 0.08%的微小占比来看，可知其仍是当前行业发展的中坚力量。①

四是业务领域有所亮点，纵深链条开始拓展。近年来，我国融资租赁行业发展环境不断优化，融资租赁企业紧密结合国家大政方针，以行业监管和市场导向为基础，积极拓宽业务发展领域，除在传统的航空、海运、工程机械等租赁业务领域保持持续增长的同时，在医疗卫生、公共服务、清洁能源、轨道交通和国际租赁市场等领域多个业务领域亦有亮点。另一方面，在行业竞争加剧的压力下，已有一些企业开始逐步聚焦专业化经营，深度布局全产业链，大力开发非利差收入，积极探索符合各自特色的、着实有效的商业盈利模式和风险控制体系，使得业务纵深有所拓宽，发展机遇增加。

现代租赁又称为融资性租赁，属于服务贸易，是集金贸易、服务为一体的知识、资金密集型边缘产业。其存在与健康发展通常需要具备以下四个条件：

一是必须具备资金市场和二手拍卖市场，保证健康有序地开展业务，从而保证开展现代租赁业务的资金来源和债权退出。租赁物件必须保证“轻松回收、轻松处置”，与资本市场接轨。

二是现代租赁要享有三类所有权：法律所有权、税收所有权和会计所有权。法律所有权指用以保障对物权处置的权利；税收所有权指享受租赁物件折旧的权利；会计所有权指租赁物件资本化的权利。

---

① 中国租赁联盟、联合租赁研发中心等. 2018 年中国融资租赁行业发展报告[EB/OL]. http://www.flleasing.com/onews.asp

三是具有法律法规保护、会计准则界定和披露信息、税收优惠鼓励政策、监管制度适度等四大支柱的支撑。

四是具备经济社会环境、资本的供给、成本与种类、技术变革和成熟的市场，以其为驱动因素，从而使现代租赁业快速成长。

二、中国国际租赁的方式和特征

（一）中国国际租赁的方式

1. 自营进口租赁

自营进口租赁是指我国的租赁机构根据国内用户的要求，以自筹资金的方式与国外供货商签订购货合同购买设备，待设备进口以后再以定期收取租金为条件将其出租给承租人使用的一种租赁方式。其交易程序大致如图 9-4 所示：

图中序号所表示的含义如下：

①国内承租人根据自身实际需要向国内出租人提出租赁申请；

②国内出租人根据国内承租人的要求与国外供货商签订购货合同；

③国内出租人和国内承租人签订租赁合同；

④国内出租人为进口该设备，根据国外供货商的要求向银行申请开立信用证；

⑤国外供货商向国内承租人直接发货并制作全套合格的票据单证，国内承租人办理好各项报关手续并完成对设备的验收；

⑥开证行的海外分支机构在收到供货商提供的全套合格单据之后向其支付设备价款；

⑦国内承租人向国内出租人支付租金；

⑧租赁设备的期后处理。

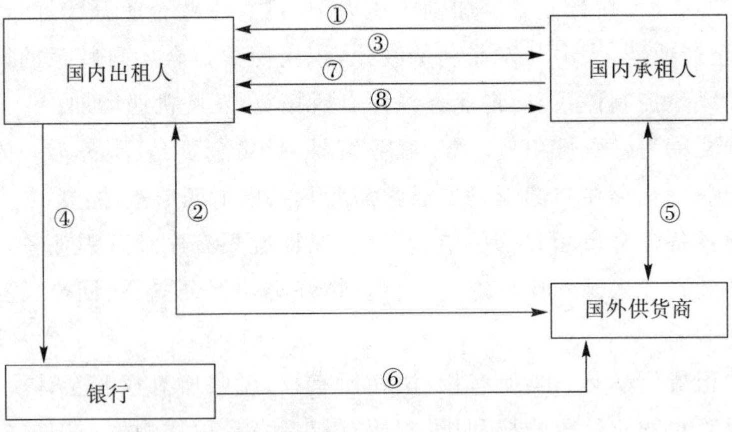

图 9-4　自营进口租赁交易程序图

2. 进口转租赁

进口转租赁是指国内租赁机构根据国内承租人的委托和拟租设备订单，先以承租人的身份从国外租赁公司租入设备，然后再以出租人的身份将该设备出租给国内承租人使用的一种租赁方式。其交易程序如图 9-5 所示：

图中序号所表示的含义如下：

①国内承租人根据自身需要向国内出租人提出租赁申请；

②国内出租人向国外出租人提出租赁申请；

③国外出租人根据要求选定供货商；

④国内承租人与国外供货商进行技术交流；

⑤国内出租人与国外供货商进行商务谈判；

⑥国内出租人与国外出租人就各项租赁条件洽商一致后签订租赁合同；

⑦国外出租人与国外供货商签订购货合同；

⑧国内出租人与国内承租人签订转租合同；

⑨国外供货商向国内出租人发送租赁设备；

⑩国外出租人凭供货商所提供的装运单据向其支付设备价款；

⑪国外出租人将装运单据转交国内出租人；

⑫国内出租人将收到的设备交付国内承租人，国内承租人进行验收；

⑬国内承租人向国内出租人支付租金；

⑭国内出租人向国外出租人支付租金；

⑮租赁设备的期后处理。

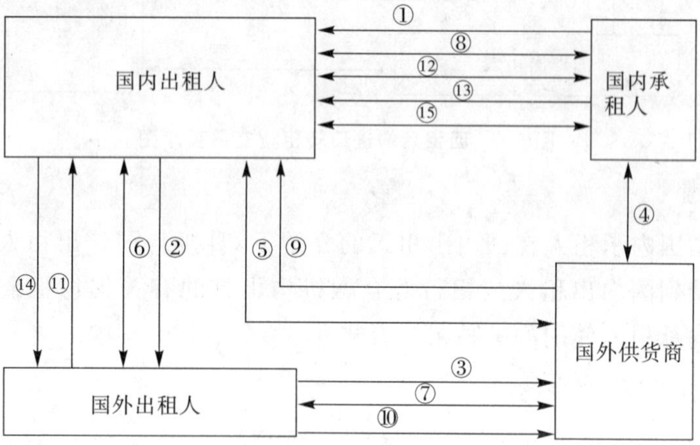

图 9-5　进口转租赁交易程序图

3. 回租后的进口转租赁

回租后的进口转租赁指国内出租人用现汇从国外供货商处购入国内承租人所需的设备，接着按照与购买时相同的价款将所购设备卖给国外出租人，然后再从国外出租人处租回设备并转租给国内承租人使用的一种租赁方式。其交易程序大致如图 9-6 所示：

图中序号所表示的含义如下：

①国内承租人根据自身需要向国内出租人提出租赁申请；

②国内出租人选择国外供货商并与之进行商务谈判，洽商一致后双方签订购货合同；

③国内承租人与国外供货商进行技术交流；

④国内出租人与国外出租人签订设备的转售及回租合同；

⑤国内出租人与国内承租人签订转租合同；

⑥国外供货商向国内出租人发送租赁设备；

⑦国外出租人凭供货商所提供的装运单据向其支付设备价款；

⑧国外出租人将装运单据转交国内出租人；

⑨国内出租人将收到的设备交付国内承租人，国内承租人进行验收；

⑩国内承租人向国内出租人支付租金；

⑪国内出租人向国外出租人支付租金；

⑫租赁设备的期后处理。

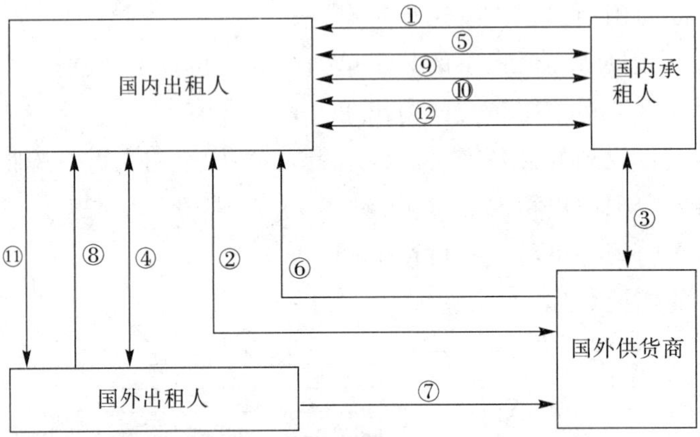

图 9-6　回租后的进口转租赁交易程序图

4. 介绍租赁

介绍租赁指国内承租人在国内出租人的介绍下，直接与国外出租人签订租赁合同，国外出租人在受到国内出租人或银行等金融机构出具的有关支付租金的担保函之后，将设备交付国内承租人使用的一种租赁方式。

（二）我国国际租赁的特征

1. 以中外合资租赁企业为核心，并以从事进口融资租赁业务为主

目前，在我国境内专营租赁业务的租赁企业中，中外合资租赁企业约占一半以上。这主要是因为在当前形势下，我国发展外向型经济有着强烈的利用外资和引进国外先进技术的需求，而中外合资租赁企业为此提供了一个良好的渠道。鉴于我国企业面临着资金短缺和技术落后的问题，为其提供融资租赁以帮助其利用外资和引进国外先进技术成为我国租赁企业的主要业务。

2. 承租人可以向出租人提前偿还租金

在西方发达国家，承租人提前向出租人偿还租金是被法律所禁止的。而在我国，承租人可以被许可按照规定的金额提前偿还租金。

3.以技术改造项目为主

我国利用租赁进行融资的行业分布十分广泛，但超过80%的融资租赁项目为技术改造项目。

三、我国从事国际租赁业务的机构

我国从事融资及租赁业务的机构以外商投资租赁公司和非银行金融租赁公司为主，其主要可以分为以下三类：

(一)由中外合资组建的租赁公司

目前，在我国境内专营租赁业务的租赁企业中，中外合资租赁企业占了一半以上，如由中日合资组建的中国东方租赁有限公司。在这些合资租赁企业中，中方股东多为银行、非银行金融机构、大型国有企业以及国有外贸公司等。

(二)完全由中资组建的租赁公司

如中国租赁有限公司即是完全由中资组成的租赁公司。

(三)金融租赁公司

金融租赁公司(Financial Leasing Companies)指经中国银行业监督管理委员会批准，以经营融资租赁业务为主的非银行金融机构，未经中国银监会批准或未有法律法规的另行规定，任何单位和个人不得经营融资租赁业务或在其名称中使用“金融租赁”字样。目前，经过增资扩股后正常经营的金融租赁公司有18家，它们主要从事公交、城建、医疗、航空、IT等产业。

四、国际租赁业对我国经济发展的作用

我国的国际租赁业起步较晚但发展速度很快，其在我国经济发展中的作用主要有以下六点：

(一)有利于引进外资和我国外向型经济的发展

我国发展外向型经济有着强烈的利用外资和引进国外先进技术的需求，通过国际租赁方式，我国企业可以在资金不足的情况下获得国外大型成套设备的使用权以及与设备有关的专有技术。这既融入了外资，又能帮助我国企业加速自身的技术改造和设备更新，从而增强企业的活力。

(二)有利于帮助我国企业打破和规避各种贸易壁垒并扩大出口

近年来，由于贸易保护主义的重新抬头，各种关税壁垒、反倾销以及技术性贸易壁垒等已成为我国扩大出口的重要障碍。在国际租赁业务中，租金作为让渡租赁物使用权的对价与货物买卖价格在概念上有着本质不同。而且关税一般都是按照租金的相应比例分期支付的，进口国很难对租赁进口的租赁物提请反倾销，这对我国不断扩大出口

极为有利。

（三）有利于扩大投资规模

依据发达国家经验，各国为保持吸引投资方面的竞争优势，普遍采取提供优惠政策吸引外资。其中，各国政府普遍采取的发展国内租赁业是吸引国外投资者的重要原因。

相关研究表明，租赁与投资水平存在着密切的因果关系。韩国在近年来大力发展租赁业，并取得了相当的成效。其租赁业的健康发展不仅提高了本国的投资水平，而且促进了韩国经济保持较高的稳定增长率。租赁业带动了工厂设备更新，从而扩大了新的投资形成良性循环，包括私人投资水平的提升。尤其在新兴市场对私人投资水平的提高更为明显。

经济发展需要一定的投资规模，发展国际租赁业有助于提升我国的对外开放水平，通过扩大投资规模带动经济发展。投资作为传统拉动经济的“三驾马车”之一，在现行经济下行压力下，对于我国保持一定的经济增长率具有重要作用。大力发展国际租赁业有助于扩大投资规模，从而保证我国经济发展具备足够的动力。

（四）有利于促进我国中小企业的发展

我国中小企业提供了大量的工作岗位，解决了大量的就业问题，因此，保证中小企业健康有序发展不仅是经济发展的需要，而且是稳定社会秩序的需要。现阶段，我国中小企业面临的难题之一就是因融资困难而影响企业正常运营。发展国际租赁就可以成为中小企业外部融资的主要手段，从而解决中小企业资金不足的困难。

（五）有利于促进设备流通

作为一种以物为载体的融资方式，租赁既是一种金融产品，又是一种设备营销和设备资源配置模式。租赁标的物具有多种形式，如各种移动设备、生产线、商业用房、个人耐用消费品等。

大力发展国际租赁业，就可以通过成立专业化的租赁公司，从而加大设备流通速度，进而提高设备使用率。

（六）有利于促进国际收支平衡及金融创新

一国的经济发展目标包含国际收支平衡，发展国际租赁业能够增加我国国际收支平衡调节手段，尤其是我国长期保持贸易顺差的情况下可以灵活运用国际租赁形式加以调节国际收支平衡。同时，发展国际租赁业也有助于各金融机构实行新型金融工具，通过金融创新手段实现实体经济与虚拟经济的有效结合。

【案例分析】

融资租赁合同纠纷处理

国内某大型生产企业A为扩大生产欲租赁一套大型设备，之后作为承租方与某国内B租赁公司签订了租赁委托书。委托书约定由B租赁公司作为出租人筹资为A公司进口国外C公司生产的该种大型设备，租期5年，租赁期满A公司以象征性价格收购设备。

在经过一定时期的考察、谈判后，B公司先后与C公司和A公司签订了购货合同和租赁合同，并开始办理货物运输、保险以及进口许可等手续。

2018年8月1日，B公司按照信用证项下规定付款取得货物提单，并连同实际应付租金通知书寄送A公司。

但由于天气原因，加上运输船舶沿途拉货，货物比预计到达日期晚了近1个月才抵港。

A公司因设备到达时间太晚导致生产线停滞，向安排运输的B租赁公司要求赔偿。

而B租赁公司认为A公司应履行租赁合同的约定，正常支付第一个月的租金。

思考与讨论：

1.你认为应该如何判断和处理这次纠纷？B租赁公司是否需要赔偿？A公司是否应按租赁合同的约定支付租金？

2.2018年11月，B公司因资金周转问题，将与A公司租赁合同项下设备的全部权利抵押给D公司，之后宣布破产。D公司随即联系A公司，准备收回设备的使用权并投入自己的生产。对此A公司可以拒绝吗？

3.2018年2月，市场萧条，A公司订单稀少，生产设备闲置。D公司提出建议将自己订单货物安排到A公司工厂生产，以加工费抵偿设备租金。对此A公司可以接受吗？

复习思考题

1.国际租赁在经济发展中具有什么作用？

2.什么是融资租赁和经营租赁？二者有何异同？

3.什么是杠杆租赁？其交易程序是怎样的？

4.国际租赁合同的主要条款有哪些？

5.中国开展国际租赁主要有哪些形式？

第十章　国际发展援助合作

第一节　国际发展援助概述

一、国际发展援助的概念

国际发展援助(International Development Assistance)是指发达国家或高收入的发展中国家及其所属机构、国际有关组织、社会团体以提供资金、物资、设备、技术或资料等方式,帮助发展中国家发展经济并提高社会福利的具体活动。国际发展援助分有偿和无偿两种,其形式有赠与、中长期无息或低息贷款以及促进受援国经济和技术发展的具体措施。其目标是促进发展中国家的经济发展和社会福利的提高,缩小发达国家与发展中国家之间的贫富差距。国际发展援助属于资本运动的范畴,它是以资本运动为主导,并伴随着资源、技术和生产力等生产要素在国际间的流动,它所采用的各种方式和方法均为资本运动的派生形式。国际发展援助的目标是为了减少贫困、控制人口、普及教育、消除疾病以及促进发展中国家的经济发展。

二、国际发展援助的方式

国际发展援助的方式,按其援款的流通渠道可分为双边援助和多边援助;按其援助的方式可分为财政援助和技术援助;按其援款的使用方向可分为项目援助和方案援助。

(一)按援款的流通渠道划分

1. 双边援助

双边援助(Bilateral Aid)是指两个国家或地区之间通过签订发展援助协议或经济技术合作协定,由一国(援助国)以直接提供无偿或有偿款项、技术、设备、物资等方式,帮助另一国(受援国)发展经济或渡过暂时的困难而进行的援助活动。双边援助与多边援助并行,是国际发展援助的主要渠道。近些年来,虽然世界各国通过多边渠道提供的援助数额有所增加,但通过双边渠道提供的援助活动仍占他们对外援助的主导地位。

在双边援助中,根据援助提供的形式可把援助分为财政援助和技术援助,其中,财政援助占有较大的比重,技术援助所占的比重近年来有所上升。根据援助的有偿性和无偿性可分为双边赠与和双边直接贷款。双边赠与指的是援助国向受援国提供不要求受援国承担还款义务的赠款。赠款可以采取技术援助、粮食援助、债务减免和紧急援助等方式来进行。双边直接贷款是指援助国政府向受援国提供的优惠性贷款,它一般多用于开发建设、粮食援助、债务调整等方面。

2. 多边援助

多边援助(Multilateral Aid)是指多边机构利用成员的捐款、认缴的股本、优惠贷款及在国际资金市场借款或业务收益等,按照它们制定的援助计划向发展中国家或地区提供的援助。在多边援助中,联合国发展系统主要以赠款的方式向发展中国家提供无偿的技术援助,而国际金融机构及其他多边机构多以优惠贷款的方式提供财政援助。在特殊情况下,多边机构还提供紧急援助和救灾援助等。多边援助是第二次世界大战以后才出现的一种援助方式,西方发达国家一直是多边机构援助资金的主要提供者。由于多边机构援助资金由多边机构统一管理和分配,不受资金提供国的任何限制和约束,所以多边援助的附加条件较少。

(二)按援助的方式划分

1. 财政援助

财政援助(Financial Assistance)是指援助国或多边机构为满足受援国经济和社会发展的需要,以及为解决其财政困难,而向受援国提供的资金或物资援助。财政援助分赠款和贷款两种。贷款又分为无息贷款和有息贷款,有息贷款的利率一般低于国际金融市场利率,贷款的期限也较长,一般在10年以上,而且还有较长的宽限期。

财政援助在资金方式上可分为官方发展援助(Official Development Assistance)、其他官方资金(Other Official Flow)和民间资金(Private Flow)三种。官方发展援助是指发达国家或高收入的发展中国家的官方机构为促进发展中国家的经济和社会发展,向发展中国家或多边机构提供的赠款或赠与成分不低于25%的优惠贷款。赠与成分是根据贷款利率、偿还期、宽限期、收益率等计算出来的一种衡量贷款优惠程度的综合性指标。衡量援助是否属于官方发展援助一般有三个标准:一是援助是由援助国政府机构实施的;二是援助是以促进发展中国家的经济发展为宗旨,不得含有任何形式的军事援助及各种间接援助形式的援助;三是援助的条件必须是宽松的,即每笔贷款的条件必须是减让性的,其中的赠与成分必须在25%以上。其他官方资金指的是由援助国政府指定的专门银行或基金会向受援国银行、进口商或本国的出口商提供的,以促进援助国的商品和劳务出口为目的的资金援助。其援助主要是通过出口信贷来实施的。其他官方资金也属于政府性质的资金,也以促进发展中国家的经济发展和改善其福利为援助的宗旨,贷款的赠与成分也必须在25%以上,它与官方资金的区别在于不是以政府的名义实施的援助。民间资金是指由非营利的团体、教会组织、学术机构等提供的援助,它主要以出口信贷和直接投资的方式来实施。

2. 技术援助

技术援助(Technical Assistance)是指技术先进的国家和多边机构向技术落后的国家在智力、技能、咨询、资料、工艺和培训等方面提供资助的各项活动。技术援助分有偿和无偿两种。有偿的技术援助是指技术的提供方以优惠贷款的形式向技术的引进方提供各种技术服务;而无偿的技术援助则是指技术的提供方免费向受援国提供各种技术服务。

技术援助采用的主要形式有:援助国派遣专家或技术人员到受援国进行技术服务;培训受援国的技术人员,接受留学生和研究生,并为他们提供奖学金;承担考察、勘探、可行性研究、设计等投资前服务活动;提供技术资料和文献;提供物资和设备;帮助受援国建立科研机构、学校、医院、职业培训中心和技术推广站;兴建厂矿企业、水利工程、港口、码头各种示范性项目等。20 世纪 60 年代以来,随着科学技术的迅速发展,技术援助的规模和形式都有了较大的发展。在 20 世纪六七十年代,发达国家每年向发展中国家提供的技术援助资金数量只占其对外援助总额的 10%左右,到 20 世纪八九十年代,这一比例已提高到 30%左右,有些发达国家甚至达到了 60%。技术援助已成为加强发达国家与发展中国家进行经济合作的重要手段。

(三)按援款的使用方向划分

1. 项目援助

项目援助(Project Assistance)是指援助国政府或多边机构将援助资金直接用于受援国某一具体建设目标的援助。由于每一个具体的援助目标都是一个具体的建设项目,故称项目援助。项目援助的资金主要用于资助受援国开发动力资源和矿藏,建设工业、农业、水利、道路、港口、电信工程以及文化、教育、卫生设施等。

项目援助既可以通过双边渠道,也可以通过多边渠道进行。其资金主要来源于各发达国家或高收入发展中国家的官方援助及世界银行等多边机构在国际资金市场上的借款。由于项目援助均以具体的工程项目为目标,并往往与技术援助相结合,所以援款不易被挪用,从而有助于提高受援国的技术水平。目前,由于许多发达国家将扩大本国商品的出口和保证短缺物资的进口来源作为提供项目援助的先决条件,因此,项目援助对援助国也甚为有利。

2. 方案援助

方案援助(Programme Assistance)又称非项目援助,是指援助国政府或多边机构根据一定的计划,而不是按照某个具体的工程项目向受援国提供的援助。项目援助一般用于进口拨款、预算补贴、国际收支津贴、偿还债务、区域发展和规划等方面。

一个援助方案含有数个或更多的项目,并且往往要经历数年或数十年的建设周期。一个援助方案虽然含有若干个项目,但援助方案本身一般不与具体项目相联系。在多数情况下,方案援助的资金往往附带有严格的使用规定,特别是近些年来,援助国或多边机构往往要求对方按援助的执行情况进行严格的监督与检查。方案援助也是发达国家目前经常采用的一种援助方式。进入20世纪80年代以后,经济合作与发展组织发展援助委员会的17个成员以方案援助方式提供的援助额已占到双边援助协议额的1/3以上。在美国国际开发计划署目前提供的援助额中,方案援助一般占50%以上。

三、国际发展援助的特点

近些年来,国际发展援助已成为当今世界一种十分引人注目的国际经济合作活动。随着当今世界各国政治和经济实力对比的不断变化,国际发展援助出现了以下几个新特点:

(一)政治色彩日益浓厚

在20世纪80年代之前的国际发展援助中,援助国只注重受援国的政治倾向,即援助国只给予本政治集团内的国家或在政治上与援助国立场一致的国家经济援助。20世纪80年代之后,随着一些社会主义国家改革大潮的涌起和东欧国家的巨变,西方发达国家开始将"民主、多党制、私有制"等作为向发展中国家提供发展援助的先决条件,他们往往以经济援助为条件,要求受援国必须按西方国家的意图进行政治和经济改革,如一些西方发达国家将受援国国内的政治、经济和社会状况以及受援国的人权记录和民主进程作为援助的重要指标和根据。援助国的政治条件使一些发展中国家得到发展援助的数额日益减少。

(二)援助规模停滞不前

以经济合作与发展组织成员为例,该组织成员的官方发展援助额虽然从1970年的69.86亿美元增加到2016年的1426亿美元,但增长幅度却不断下降。在1970年至1980年的10年间,该组织成员的援助额从69.86亿美元增加到272.96亿美元,增长幅度为290.72%;而1980年至1990年的援助额虽然从272.96亿美元上升到533.56亿美元,但增长幅度却下降到95.47%;20世纪90年代以后,援助规模进入停滞状态。援助规模的增长幅度虽在大幅度下降,但要求紧急援助的最不发达国家却从20世纪70年代的25个增加到2017年的44个,符合国际开发协会援助条件的年人均国民生产总值在865美元(以1994年美元计算)以下的非常贫困的国家,也从1990年的42个增加到2017年的80个。2007到2017年的10年间,有28个国家美元GDP是负增长,考虑到美元贬值和物价上涨因素,十年增长率在30%以下的国家,生活水平实质上是在下降的,可见,世界经济形势非常严峻。目前,国际发展援助规模的停滞不前与要求援助的贫困国家不断增加的矛盾日益突出。

(三)附加条件日益增多

近些年来,越来越多的援助国将援助与采购援助国商品和使用援助国的劳务连在一起,并且限制性采购占援款的比例不断提高。目前,发展援助委员会成员提供的双边援助，有一半以上要求受援国购买援助国的商品和使用援助国的劳务。这种带有限制性采购的援助往往迫使受援国进口一些质量差、价格高的商品和劳务，以及一些不适用的、过时的技术，这不仅减弱了发展援助的作用，同时还加大了受援国的债务负担。这便是许多发展中国家经济发展速度减慢、债务增加速度加快的重要原因之一。

（四）援助格局发生了变化

自 2011 年以来，全球援助规模总体呈增加趋势。经合组织（OECD）于 2016 年 12 月公布的最新统计数据显示，2015 年全球官方援助额达到历史峰值，共计 2063 亿美元，较 2014 年增长 12％。但是以发达国家为主导的国际援助格局已经发生结构性变化。一方面发达国家援助规模持续增长，但占比下降。以发达国家为代表的 OECD 发展援助委员会（DAC）成员依然是全球援助资金的最大来源，其官方发展援助总额以 1314.33 亿美元创历史新高，同比增长 6.6％。美国、英国、德国、日本、法国依然是全球最大的五个援助国。然而，从全球援助融资的构成要素中可以看出，以 DAC 为首的发达国家的援助额占比呈明显下降趋势。长期以来，发达国家的 ODA 占全球援助资金的比重一直维持在 95％以上，而这一比重在 2013 年开始下降，到 2015 年已经降至 86％。相比全球援助额的增长趋势，发达国家 ODA 增长率放缓，葡萄牙（下降 16.1％）、澳大利亚（下降 11.1％）等 6 个 DAC 国家的援助甚至还有所下降。由此可见，发达国家虽然主导着全球发展援助的格局，但全球援助资金来源已经趋向多元化，包括新兴经济体、私营部门、非政府组织在内的非传统援助主体开始发挥越来越重要的作用。

另一方面，新兴经济体成为国际发展合作格局中的新力量，越来越受到国际社会的广泛关注。这些南南合作提供国正在经历着从受援国到援助国的身份转型，大都兼具受援国和援助国的两重身份。虽然发展中国家的对外援助可以追溯到 20 世纪 50－60 年代，但是南方国家作为非西方援助国的群体性兴起，构成对西方主导的传统援助格局的挑战，是近些年呈现的新特点。沙特、阿联酋、土耳其、中国、印度、俄罗斯等的援助规模都位居世界前列。

（五）援助的形式发生了变化

进入 21 世纪以来，无论是发达国家、发展中国家还是国际组织，在援助政策上都发生了很大变化。尤其是以中国为代表的新兴援助国的迅速兴起，在援助理念和实践方面都同发达援助国有很大区别。二战以后，对外援助一直是发达国家外交政策的重要组成部分，DAC 于 1969 年正式提出了 ODA 的概念，建议援助国将国民总收入（GNI）的 0.7％用于对外援助。根据 DAC 的统计，从 1950 年以来，发达国家总共向发展中国家提供了 2.9 万亿美元的援助资金，是发展中国家外来资本的主要来源。从占经济总量的比例上看，对外援助的资金在 20 世纪 60 年代末达到历史最高水平。然而国际援助并没有产生立竿见影的效果。到了 20 世纪 70 年代，发展中国家的经济增长反而放慢了，贫困人口也继续增加。因此，救助贫困和提高教育水平成为 OECD 国家援助的主要目标。

（六）双边发展援助的地理分布相对稳定

美国发展援助的重点在拉美和中东地区，法国集中在非洲讲法语的国家，英国将南亚和非洲的英联邦同家视为援助的主要对象，日本则将大部分援助给予了东南亚各国，而石油输出同组织的成员将援款的80%以上给予了阿拉伯国家。近些年来，主要援助国都加强了对撒哈拉以南地区非洲国家的援助，减少了对南亚国家的援助，从80年代初到90年代末，流向撒哈拉以南非洲国家的双边援助额占双边援助总额的比重由28.5%上升到31.3%，而流向南亚国家的却从18.7%下降到10%。

（七）援助国加强对援助项目的管理和评估

20世纪80年代之前，双边援助的管理与评估工作远远不如多边援助。进入80年代之后，援助国加强了同受援国就有关援建项目某些具体问题的联系与合作，并注重项目评估，有时甚至参与项目管理，以此来提高援助的效益，如从1997年开始，联合国发展系统开始推行在驻地一级实行制定"联合国发展援助框架"的做法，使受援国的发展计划与联合国的援助计划相一致，以提高援助资金的使用效益。

第二节　联合国发展系统的援助

一、联合国发展系统的概念

联合国发展系统（United Nations Development System）是联合国向发展中国家提供发展援助的机构体系，亦称"联合国援助系统"（United Nations Assistance System）。该系统是一个非常庞大而又复杂的体系，它拥有30多个组织和机构。这些组织和机构在世界各国或地区设有众多的办事机构或代表处。目前，直属联合国发展系统的主要组织和机构有经济及社会理事会（含5个区域委员会）、开发计划署、人口活动基金会、儿童基金会、技术合作促进发展部、贸易与发展会议、环境规划署、粮食计划署等。其中，开发计划署、人口活动基金会和儿童基金会是联合国发展系统中最主要的筹资机构。联合国发展系统的主要任务是向发展中国家提供无偿技术援助。

联合国发展系统还包括许多专门机构，他们是由各国政府通过协议成立的各种国际专业性组织，这些专业性组织是一种具有自己的预算和各种机构的独立的国际组织。但由于他们通过联合国经济及社会理事会的协调同联合国发展系统进行合作，并以执行机构的身份参加联合国的发展援助活动，故称联合国发展系统的专门机构。目前，联合国有16个专门机构，分别是：国际劳工组织、联合国粮农组织、联合国教科文组织、世界卫生组织、国际货币基金组织、国际复兴开发银行、国际开发协会、国际金融公司、国际民用航空组织、万国邮政联盟、国际电信联盟、世界气象组织、国际海事组织、世界知识产权组织、国际农发基金、联合国工发组织。各专门机构根据自己的专业范围，承担执行联合国发展系统相应部门的发展援助项目。

二、联合国发展系统的的最主要机构

联合国发展系统内的三大筹资机构是指联合国开发计划署、联合国人口基金会和联合国儿童基金会。联合国发展系统的援款大部分是通过这三个机构发放的。

(一)联合国开发计划署

联合国开发计划署(United Nations Development Programme,UNDP)是联合国发展系统从事多边经济技术合作的主要协调机构和最大的筹资机构。它是根据1965年1月联大通过的第2029号决议,将技术援助扩大方案和经济发展特别基金合并而成,总部设在美国的纽约。其宗旨和任务是:向发展中国家提供经济和社会方面的发展援助;派遣专家进行考察,担任技术指导或顾问,对受援国有关人员进行培训;帮助发展中国家建立应用现代科学技术方法的机构;协助发展中国家制定国民经济发展计划及提高他们战胜自然灾害的能力。开发计划署的领导机构由执行局和秘书处组成,执行局由36个各大洲的成员代表组成,任期3年,执行局每年举行3次常会和1次年会。秘书处主要是按照执行局的政策并在署长的领导下处理具体事务,署长的任期为4年。开发计划署的援助资金主要来源于会员国的自愿捐款,发达国家是主要的捐款国,其资金拥有量占联合国发展系统资金总量的一半以上。其援款主要是根据由会员国的捐款总额、受援国的人口总数和受援国人均国民生产总值所确定的指规数(Indicative Planning Figure)进行分配。1972年以后,开发计划署开始实行发展周期制度,即每5年为一周期,进行一次援款分配。到目前为止,开发计划署已进行了6个周期,前2个周期将援款的2/3分配给了人均国民生产总值不足300美元的国家,从第3个周期开始将援款的80%在人均国民生产总值低于500美元的国家之间进行分配,其中人均国民生产总值低于250美元的国家还得到了特别照顾。联合国开发计划署提供援助的方式主要是无偿的技术援助。其无偿技术援助活动的范围主要包括发展战略,政策和计划的研究与开发,自然资源、农业、林业、渔业、工业、运输、通信、贸易和金融等方面的考察与开发,人口、住房、卫生、就业、文化和科技等方面的培训与现代技术的应用等。开发计划署已向世界上140多个发展中国家或地区提供过发展援助,并在100多个国家或地区设立了代表处。目前约有4万多人服务于联合国开发计划署的各类机构及其资助的各类方案和项目。

(二)联合国人口基金会

联合国人口基金会(United Nations Fund for Population Activities,UNFPA)也是联合国发展系统主要的筹资机构。它成立于1967年,原名为"人口活动信托基金",1969年改为现名,总部在美国的纽约。人口基金会的主要机构也是由36国组成的执行局。其宗旨和任务是:提高世界各国人口活动的能力和知识水平;促进国际社会了解人口问题对经济、社会和环境方面的影响,促使各国根据各自的情况寻求解决这些问题的有效途径;对有关人口计划诸如计划生育、人口统计资料的收集和整理,人口动态研究,人口培训及机构的设立,人口政策及规划的制定、评估、实施等方面问题给予协调和援助。人口基金会的资金主要来自各国政府和各民间机构的捐赠。该基金的援款主要用于人口较为稠密的亚洲和太平洋地区国家,他们得到的援款大约占该基金会援款总额的35%以上。根据联合国对各国人均国民收入和人口的统计,目前最需要得到人口基金会援款的国家已达35个。人口基金会以无偿技术援助的形式提供的项目援助的内容主要有:学校内外的人口教育,计划生育的宣传教育及规划管理和节育手术,进行人口普查,统计手册的编制,人口方面基本数据的收集,关于人口学数据、人口变动、人口发展和社会经济因素对人口影响等方面的分析,制定人口政策和方案并对这些政策和方案进行评价,实施人口政策和方案,为妇女、儿童、青年、老年、赤贫者、残疾者提供特别的援助方案,为人口会议、培训机构、情报交换所和文件中心的建立提供援助。

(三)联合国儿童基金会

联合国儿童基金会(United Nations Children's Fund,UNICEF)是"联合国国际儿童应急基金会"(UN International Children's Emergency Fund)的简称。1946年12月,为向当时遭受第二次世界大战破坏地区的儿童提供紧急救济而设立,期限仅为3年。1953年10月,联大正式通过决议将其永久化,总部设在纽约。儿童基金会的领导机构是由来自36个不同洲的成员代表组成的执行局,并在全世界设有37个国家(地区)委员会。1965年,联合国儿童基金会获诺贝尔和平奖。目前,它在全球的125个国家设有办事处,并设有8个地区办事处,在意大利还设有一个研究中心,已发展成为联合国发展系统的主要筹资机构之一。儿童基金会的宗旨和任务是:根据1959年11月联合国《儿童权利宣言》的要求,帮助各国政府实现保护儿童利益和改善儿童境遇的计划,使全世界的儿童不受任何歧视地得到应享的权益。儿童基金会的援助资金主要来自各成员政府、国际组织和私人的自愿捐赠,有时也通过出售贺年卡等方式进行筹资活动。该基金会将资金的2/3用于对儿童的营养、卫生和教育提供援助;1/3用于对受援国或地区从事有关儿童工作的人员进行职业培训。儿童基金会在与发展中国家的合作中,主要采用三种形式:一是对规划和设计儿童服务项目方面提供技术援助;二是为上述服务项目提供用品和设备;三是为援助项目中培训从事儿童工作的有关人员提供资金。儿童基金会始终奉行"普遍性、中立性和无偿性"的原则,即在发放援款时,不论儿童的种族、信仰、性别或其父母政见如何,一律公平对待。接受儿童基金会援助的国家大致可分三类:第一类是需要特别援助的国家,这类国家主要包括人均国民生产总值在410美元以下的最不发达国家,儿童不足50万而又确实需要特别照顾的小国和暂时需要额外援助的国家等;第二类是人均收入在410美元以上的发展中国家;第三类是已经达到较高经济发展水平,但由于缺乏专门人才,仍然需要特殊援助的国家。目前,已有近120个发展中国家和约14亿儿童接受儿童基金会的援助。儿童基金会一直致力于儿童和妇女方面的保护工作,并经常以项目的名义进行,如在阿富汗、伊拉克和非洲的一些地区,儿童基金会曾在阿富汗“妇女收音机计划”为阿富汗的妇女购进了约 2000 部收音机，让她们收听有关健康和营养的信息；为 880 万名年龄介于 6 个月至 12 岁的阿富汗儿童提供永久性麻疹免疫保护；儿童基金会还为约 5000 名来自阿富汗地区的教师提供教学技巧培训，并为 50 万名学生提供足够的学校设施和学习用品。在非洲，儿童基金会在非洲教育部长会议上发起了一场“2005 年年底前 25 国运动”，其目的是彻底消除全世界在初级和中等教育过程中的性别差异，帮助发展中国家的女青少年获得接受教育的权利，让这些国家了解女童入学的必要性，并确保贝宁、巴布亚新几内亚、也门、印度、孟加拉等 25 国政府为女童提供就学机会。该基金会已援助的项目涉及儿童基础服务设施，母幼卫生永久服务设施，儿童常见疾病防治，家庭计划，饮用水及环境卫生，教育培训，灾难救济等。资金在全球范围内各领域的分配比例是，妇女儿童保健占 33%，供水和环境卫生占 9%，儿童营养占 6%，社区发展、妇女参与发展和特殊儿童保护占 14%，教育、早期儿童保护和发展占 16%，计划宣传和跨部门活动占 22%。

第三节　世界各国(地区)政府发展援助合作

一、政府发展援助的概念及其种类

政府发展援助即政府贷款，亦称“外国政府贷款”或“双边政府贷款”。是指一国政府利用其财政资金，向另一国政府提供的具有开发援助性质的、期限较长、利率较低的优惠性贷款。政府贷款的偿还期一般在 20～30 年之间，最长的可达 50 年，其中含有 5～10 年的宽限期，贷款的年利率一般为 2%～3%。有的国家在发放政府贷款时免收利息。政府贷款的资金主要来自各国的财政拨款，并通过列入国家财政预算支出的资金进行收付，故政府贷款一般是由各国的中央政府经过完备的立法手续加以批准后才能提供。

政府贷款按贷款的条件可分为四类：第一类是软贷款或称“政府财政性贷款”，这种贷款有无息和低息两种，而且还款期和宽限期均较长，它一般贷放给那些非盈利的开发性项目；第二类是混合性贷款，它是将政府财政性贷款和一般商业性贷款混合在一起的一种贷款，其优惠程度低于财政性贷款而远远高于一般商业性贷款；第三类是将一定比例的赠款与出口信贷结合而成的一种贷款；第四类是政府财政性贷款与出口信贷结合而成的一种贷款。由于政府贷款是一种无息或低息、偿还期限较长并有一定的宽限期的优惠性贷款，因此，政府贷款含有一定的赠与成分。按国际惯例，政府贷款属于官方发展援助，其赠与成分必须在 25%以上。

政府贷款是各类贷款中优惠程度最高的一种，具体特点为无息或低息，以及贷款期和宽限期均较长。以发展援助委员会成员提供的政府贷款条件为例，贷款的平均期限为 30 年左右，宽限期平均为 10 年，利息率均在 3%以下，其赠与成分平均高达 80%以上。这是发展中国家寻求发展资金的一种较好途径。

二、政府发展援助的特点

(一)资金来自政府预算

贷款国用国家的预算资金直接与借款国发生信贷关系,属于国家资本输出的一种形式。

(二)政府贷款属于主权外债

政府贷款是借款同政府借用外国政府的一种外债,是属于债权和债务国政府之间发生的一种债权和债务关系。因此被视为一种主权外债。

(三)政治性极强

政府贷款必须建立在两国政治经济关系良好的基础上。如美国在推翻萨达姆政权后,美国国防部立即宣布筹款 17 亿美元用于援助伊拉克。

(四)政府贷款的数额受援助国财政支出和国际收支的影响

在一个国家经济状况较好或国际收支状况良好时,该国政府贷款的数额可能会较多。但当国际收支出现逆差或经济状况不好时,用于政府贷款的数额便随之减少。

三、政府发展援助的一般条件

政府贷款的提供者是发达国家或有能力提供贷款国家的政府,这些国家政府往往根据本国的政治和经济需要,制定了不同的贷款条件。但大致可归纳为以下几种条件:

一是接受政府贷款的项目单位不管是国营的还是私营的,必须以政府的名义接受,即需要经过双方国家的政府照会,并通过法定的批准程序和辅之以一系列的外交函件。

二是借款国必须按贷款国的要求购买项目建设所需的物资和设备,即限制性采购。从目前来看,大多数贷款国都要求借款国将贷款的全部或一部分用于购买贷款国生产的物资和设备。即使贷款国没有采用限制性采购条款,也要求借款国必须以国际公开招标的方式,或在包括经济合作与发展组织成员在内的,或在发展援助委员会所规定的发展中国家或地区的“合格货源国”采购设备和物资。

三是有些国家在发放政府贷款时,将贷款的一定比例与出口信贷相结合。其目的在于带动贷款国的商品出口,以扩大贷款国商品输出的规模。

四是少数国家在发放政府贷款时,要求借款国在政治倾向、人权等方面作出承诺。因此,政府贷款的发放必须以两国良好的政治关系为前提。

第四节　国际发展援助合作的实施程序

一、世界多边发展援助合作的实施程序

（一）联合国发展援助的实施程序

联合国发展系统所采用的主要援助方式是提供无偿的技术援助。联合国发展系统提供无偿技术援助的整个程序主要包括国别方案和国家间方案的制订、项目文件的编制、项目的实施、项目的评价及项目的后续活动等，这一程序又称“项目的援助周期”。到目前为止，某些程序在联合国发展系统内的各个组织和机构中尚未完全得到统一，现行的有关程序均是以1970年联合国大会通过的第2688号决议为主要依据，并在此基础上根据项目实施的需要加以引申和发展而成的。

1. 制定国别方案和国家间方案

国别方案(Country Programme)是受援国政府在联合国发展系统的有关组织或机构的协助下，编制的有关受援国政府与联合国发展系统的有关出资机构在一定时期和一定范围内开展经济技术合作的具体方案。

国别方案的具体内容主要有：受援国的国民经济发展规划；需要联合国提供援助的具体部门和具体项目；援助所要实现的经济和社会发展目标；需要联合国对项目所作的投入。每一个接受联合国发展系统机构援助的国家都必须编制国别方案，但国别方案必须经联合国有关出资机构理事会的批准，经批准的国别方案成为受援国与联合国发展系统有关机构进行经济技术合作的依据。在联合国发展系统的多边援助中，国别方案所占有的援助资金的比重最大。国家间方案(Inter-Country Programme)亦称“区域方案”(Regional Programme)或“全球方案”(Global Programme)。它是联合国在分区域、区域间或全球的基础上对各国家集团提供技术援助的具体方案。国家间方案的内容与国别方案的内容基本相同，但必须同各参加国优先发展的次序相吻合，并根据各国的实际需要来制定。国家间方案也需由联合国有关出资机构理事会的批准方能生效。根据规定，国家间方案至少应由两个以上的国家提出申请，联合国才考虑予以资助。国别方案和国家间方案均是一种含有许多项目的一揽子方案，其中的每一个具体方案都必须逐个履行审批手续。根据联合国的现行规定，40万美元以上的项目须由出资机构的负责人批准；40万美元以下的项目只需由出资机构负责人授权其派驻受援国的代表批准即可。

2. 编制项目文件

项目文件(Project Document)是受援国和联合国发展系统的有关机构为实施援助

项目而编制的文件。项目文件的主要内容应该包括封面及项目文件的法律依据，项目及与此有关的具体情况，项目的监督、审评和报告，项目的预算四部分。项目文件封面主要包括项目的名称、编号、期限、主要作用和次要作用、部门和分部门、实施机构、政府执行机构、预计开始时间、政府的投入、项目的简要说明等。项目文件内容的第一部分是项目文件的法律依据，即编制项目文件所依据的有关法律条文或条款。该法律条文或条款通常包括受援国与联合国发展系统的有关机构之间签署的各种协议。第二部分主要是说明项目及与此有关的具体情况，这一部分是项目文件的核心内容。它主要包括：项目的发展目标、项目的近期目标、其他目标、项目的活动、项目的产出、项目的风险、事前义务、后续援助等内容。项目文件是受援国政府、联合国发展系统的出资机构和执行机构执行或监督项目的依据。

3.项目的实施

项目的实施指的是执行项目文件各项内容的全部过程。这一过程主要包括以下几项工作：

(1)任命项目主任。项目主任是直接负责实施援助项目的组织者和责任者，项目主任一般由受援国政府主管业务的部门任命，并经政府协调部门和联合国发展系统有关机构的协商和认可。在通常情况下，国别方案下的项目主任由受援国当地人担任，国家间方案下的项目主任由国际人员担任。

(2)征聘专家和顾问。项目专家和顾问的征聘一般由受援国政府决定，但受援国政府必须在项目实施开始前的4个月提出征聘请求，并与联合国发展系统的有关机构协商和编写拟聘专家和顾问的报告。

(3)选派出国培训人员。为实施援助项目而需要出国培训的有关技术人员，主要以进修和考察两种形式进行选派，出国进修和考察的具体人选均由受援国家政府推荐、经联合国发展系统的有关执行机构对其业务和外语水平审查批准后方可成行。

(4)购置实施项目所需要的设备。根据联合国的规定，联合国发展系统出资机构提供的援助资金只能用于购买在受援国采购不到的设备或需用国际可兑换货币付款的设备，价格在2万美元以上的设备应通过国际竞争性招标采购，价格在2万美元以下或某些特殊的设备可以直接采购，购置实施项目所需要设备的种类和规格需经联合国发展系统出资机构的审核批准。

4.项目的评价

项目的评价是指对正在进行中的或已完成的项目的实施、结果、实际的或可能的功效等，做出客观和实事求是的评价。项目评价的目的在于尽可能客观地对项目的实施和功效做出论证。项目的评价工作主要包括对项目准备的审查，对项目申请的评估，对各项业务活动的监督和对项目各项成果的评价。其中对各项业务活动的监督和对项目各项成果的评价最为重要。对各项业务活动的监督又称“进行中的评价”，它主要是通过两种方式进行：一种是三方审评，即由受援国政府、联合国发展系统的出资机构和执行机构三方,每隔半年或一年举行一次审评会议,审评项目的执行情况、财务情况、项目的近期目标和活动计划,三方审评的目的是找出项目实施中的问题,研究解决方法,调整和制定下一阶段的工作计划,三方审评会议一般在项目的施工现场举行;另一种是年度审评,它是在三方审评的基础上,由受援国政府同联合国发展系统的出资机构对项目总的执行情况所进行的一年一度的审评。

5. 项目的后续活动

项目的后续活动(Follow-up Action of Project)亦称"项目的后续援助"(Follow-up Assistance of Project),是指联合国发展系统的技术援助项目按照原订的实施计划完成了各项近期目标之后,由联合国发展系统的有关机构、受援国政府、其他国家政府或其他多边机构继续对项目采取的援助活动。项目的后续活动一般可分为以下三种类型:

(1)联合国发展系统的有关机构提供的技术援助项目实现了近期目标之后,为了达到远期发展目标,由联合国发展系统的有关机构对该项目继续提供的技术援助,这种形式的后续活动被联合国称为第二期或第三期援助。

(2)在联合国发展系统对某一项目提供的技术援助结束之后,由其他国家政府或其他多边机构对该项目或与该项目有直接关系的项目,以投资、信贷或合资等形式提供的援助,这种形式的后续援助大多属于资本援助。

(3)在联合国发展系统对某一项目提供的技术援助结束之后,由受援国政府根据项目的实际需要,继续对该项目或与该项目有直接关系的项目进行投资,以扩充项目的规模,增加项目的效用。项目的后续活动实际上是巩固援助项目成果的一种手段。

(二)世界银行贷款的实施程序

世界银行贷款的发放需要经过项目的选定、项目的准备、项目的评估、项目的谈判、项目的执行和项目的总结评价六个程序,这六个程序也被称为"项目周期"。

1. 项目的选定

项目的选定是指由借款国选定一些符合本国经济和社会发展需要并符合世界银行贷款政策的项目,提供给世界银行进行筛选。借款国选定项目以后,编制"项目的选定简报",然后将"项目的选定简报"送交世界银行进行筛选。经世界银行筛选后的项目,将被列入世界银行的贷款计划,成为拟议中的项目。

2. 项目的准备

项目准备工作的主要内容是借款国对经世界银行筛选过的项目进行可行性研究。项目的可行性研究一般由借款国独立完成,但世界银行对借款国所进行的项目可行性研究等项目准备工作提供资金和技术援助。项目准备工作时间的长短取决于项目的性质和借款国有关人员的工作经验和能力,一般需要1~2年。

3. 项目的评估

项目评估就是由世界银行对筛选过的项目进行详细审查、分析、论证和决策的整个过程。它实际上是对项目可行性研究报告的各种论据进行再分析、再评价、再论证，并作出最后决策。如果世界银行认为申请贷款的项目符合世界银行的贷款条件，就提出两份报告书，其中先提出一份项目可行性研究的“绿皮报告书”，随后再提出一份同意为该项目提供贷款的通知书，即“灰皮报告书”。

4.项目的谈判

世界银行在经过项目评估并提出上述两份报告之后，便邀请借款国派代表团到其总部就签署贷款协议问题进行谈判。项目谈判的内容主要包括项目的贷款金额、期限、偿还方式，以及为保证项目的顺利执行所应采取的具体措施。项目的谈判大约需要10～14天，在双方共同签署了贷款协议之后，再由借款国的财政部代表借款国政府与世界银行签署担保协议。在贷款协议和担保协议报经世界银行执行董事会批准，并报送联合国登记注册后，项目便可进入执行阶段。

5.项目的执行

项目的执行一般由借款国负责，但世界银行要对项目的执行情况进行监督，项目执行必须是在贷款项目完成了法定的批准手续之后进行。项目执行主要包括两方面内容：一方面，是配备技术和管理等方面的专家，并制定项目的实施技术和时间表；另一方面，是组织项目建设的招标工作，按世界银行的规定，投标者除瑞士之外，必须是国际复兴开发银行和国际开发协会的会员国，如果投标者是来自借款国的企业，还可以给予10%～15%的优惠。

6.项目的总结评价

项目的总结评价是世界银行对其提供贷款项目所要达到的目标、效益和存在的问题所进行的全面总结。对项目的总结评价一般在世界银行对项目贷款全部发放完毕后一年左右进行。在对项目进行总结评价之前，一般先由项目的银行主管人员准备一份项目的完成报告，然后再由世界银行的业务评议局根据项目的完成报告对项目的成果进行全面的总结评价。

二、世界双边发展援助合作的实施程序

政府贷款一般由援助国政府主管财政的部门或通过该部门由政府设立的专门机构负责提供。政府贷款对援助国和受援国来说都是一种涉外业务，但它又与国内业务密不可分，其中很多工作往往是同时或交叉进行的。由于提供政府贷款的援助国较多，所以他们发放贷款的程序也不相同，但大都需要经过以下几个程序：

1.由受援国选定贷款项目，并与援助国进行非正式的会谈

在受援国向援助国提出项目贷款的请求之前，先由受援国申请项目贷款的单位向受援国有关主管部门提交贷款申请，然后由受援国主管部门选定需要贷款的备选项目。在准备申请贷款的备选项目确定之后，由受援国政府的有关主管部门以政府的名义与

贷款国政府的有关主管部门进行非正式的会谈，并将申请贷款的备选项目提供给贷款国进行研究。双方经过仔细的研究和磋商，开始对双方共同感兴趣的项目进行调查、评估和筛选。

2. 编制贷款项目可行性研究报告

贷款项目的可行性研究报告一般由借款国的项目单位负责。如果项目单位有困难，可以聘请外国的咨询机构帮助编制。项目可行性研究报告实际上是贷款国确定是否给该项目提供贷款的依据。在项目可行性研究报告得到正式批准以后，便可签订各种商务合同。

3. 援助国对双方共同感兴趣的项目进行调查和评估

对备选的贷款项目进行调查和评估是援助国选定贷款项目的基础。援助国为确保受援国所借款项到期能够还本付息，并使援助性贷款用于受援国急需建设或能够促进受援国经济和社会发展的项目，就必须对借款国的经济状况和未来的发展前景进行调查，并在调查的基础上进行评估，以了解项目在技术上和经济上的可行性。调查一般可采用两种方式：一种是援助国对受援国提交的贷款项目可行性研究报告和项目建设的具体实施计划进行调查和研究；另一种方式是援助国派调查组到借款国进行实地调查，实地调查的内容主要包括受援国的工农业生产、资源、工业基础设施（包括能源、交通运输、电信等）、管理水平、进出口状况、国际收支、偿债能力、经济政策、有关法规、近期规划和长远发展目标等。援助国在调查的基础上开始对备选项目进行评估，评估的内容主要包括从确定项目到提出项目贷款的全部过程，以及项目形成的背景和特点；项目是否符合受援国国民经济发展计划的目标；项目的工程总体规划在技术上的可行性；项目的实施计划是否切实可行（包括资金来源、执行机构、施工方式、计划与进度、原材料的采购方法等）；项目的预算（包括土地、设备、原材料、动力与燃料、人工以及其他费用）；项目的贷款计划和支付时间表；项目在财务上的可行性；项目的经济和社会效益；项目对环境的影响等。

4. 援助国与受援国举行正式会谈，并由援助国通过外交途径对项目贷款进行正式承诺

在调查和评估的基础上，援助国与受援国开始举行正式会谈，以确定双方共同感兴趣的合作领域或项目、贷款金额和贷款的各项具体条件等。在经过双方正式会谈并确定了贷款项目和各项具体条件之后，援助国则通过外交途径向受援国正式作出提供项目贷款的承诺，即援助国向受援国承诺提供贷款的项目、贷款金额和贷款期限等。

5. 商谈贷款条件、签署贷款协议

在援助国和受援国政府间的正式会谈中，所谈的贷款条件往往是总体的或原则性的，而不是具体的。有关项目贷款的各项具体的财政条件和实施细则有时在政府间的会谈中确定，有时由两国政府委托各自的中央银行或其他有关银行来商谈确定。在援

助国正式作出贷款承诺并确定了具体条件以后，两国政府应正式签署贷款协议。

6.项目的实施、总结评价和还本付息

贷款协议签署后，借款单位根据协议做好接货、商检、调试、投产工作，并按协议规定提取贷款。项目建成并进行试运转后，双方对贷款项目进行总结评价，受援国还应按时还本付息及支付各项应付的费用。

第五节　中国与国际发展援助

对于日益融入世界经济体系的中国来说，从事和接受国际发展援助已成为中国参与国际经济合作活动的重要内容之一。对外向发展中国家提供援助和向国际多边机构提供援助资金、并接受国际多边和双边援助，对加强中国与世界各国的联系与合作、提高中国的国际地位、推动改革开放、加快经济发展，有着非常重要的意义。

一、中国对外发展援助

(一)中国对外发展援助基本情况

中国的对外援助始于1950年。中国政府在力所能及的范围内，通过无偿援助、无息贷款和优惠贷款等三种方式向非洲、亚洲、东欧、拉美和南太平洋地区的160多个国家提供了援助。其中，无偿援助和无息贷款资金在国家财政项下支出，优惠贷款由中国政府指定中国进出口银行对外提供。截至2010年，中国累计对外提供援助金额达2562.9亿元，其中无偿援助1062亿元，无息贷款765.4亿元、优惠贷款735.5亿元。优惠贷款主要用于帮助受援国建设有经济效益和社会效益的生产性项目和大中型基础设施，或提供成套设备、机电产品、技术服务以及其他物资等。优惠贷款本金由中国进出口银行通过市场筹措，贷款利率低于中国人民银行公布的基准利率，由此产生的利息差额由国家财政补贴。目前，中国提供的优惠贷款年利率一般2%～3%，期限一般为15～20年(含5～7年宽限期)。2014年中国的对外援助无偿援助占比36%，无息贷款占比8.1%，优惠贷款占比55.2%；有物资、资金、设备、技术、工程、人员培训等多种形式。

(二)中国对外发展援助主要方式

成套项目援助是指中国通过提供无偿援助和无息贷款等援助资金帮助，受援国建设生产和民用领域的工程项目。中方负责项目考察、勘察、设计和施工的全部或部分过程，提供全部或部分设备、建筑材料，派遣工程技术人员组织和指导施工、安装和试生产。项目竣工后，移交受援国使用。

一般物资援助是指中国在援助资金项下，向受援国提供其所需生产生活物资、技术性产品或单项设备，并承担必要的配套技术服务。

技术合作是指由中国派遣专家,对已建成成套项目的后续生产、运营或维护提供技术指导,就地培训受援国的管理和技术人员;帮助发展中国家为发展生产而进行试种、试养、试制,传授中国农业和传统手工艺技术;帮助发展中国家完成某一项专业考察、勘探、规划、研究、咨询等。技术合作是中国帮助受援国增强自主发展能力的重要合作方式。技术合作涉及领域广泛,包括工业生产和管理,农业种植养殖,编织、刺绣等手工业生产,文化教育,体育训练,医疗卫生,沼气、小水电等清洁能源开发,地质普查勘探、经济规划等。技术合作期限一般为一两年,必要时应对方要求可以延长。

人力资源开发合作是指中国通过多双边渠道为发展中国家举办各种形式的政府官员研修、学历学位教育、专业技术培训以及其他人员交流项目。

援外医疗队是指中国向受援国派出医务人员团队,并无偿提供部分医疗设备和药品,在受援国进行定点或巡回医疗服务。截至2010年,中国累计对外派遣21000多名援外医疗队员,经中国医生诊治的受援国患者达2.6亿人次。

紧急人道主义援助是指中国在有关国家和地区遭受各种严重自然灾害或人道主义灾难的情况下,主动或应受灾国要求提供紧急救援物资、现汇或派出救援人员,以减轻灾区人民生命财产损失,帮助受灾国应对灾害造成的困难局面。多年来,中国积极参与对外紧急救援行动,并在国际紧急人道主义救援事业中发挥着越来越重要的作用。为使救援行动更加快速有效,中国政府于2004年9月正式建立人道主义紧急救灾援助应急机制。2004年12月印度洋海啸发生后,中国开展了对外援助历史上规模最大的紧急救援行动,向受灾国提供各种援助共计7亿多元。近几年来,中国政府累计开展紧急援助200多次。

援外志愿者是指中国选派志愿人员到其他发展中国家,在教育、医疗卫生和其他社会发展领域为当地民众提供服务。目前,中国派出的志愿者主要有援外青年志愿者和汉语教师志愿者。

债务减免是指中国免除部分发展中国家的对华到期政府债务。对于受援国对华政府债务,中国政府从不施加还款压力。在受援国偿还到期无息贷款遇到困难时,中国政府一向采取灵活的处理方式,通过双边协商延长还款期限。

中国对外援助的主要对象是低收入发展中国家。在援助领域分布中,中国重点关注受援国民生和经济发展,努力使援助更多地惠及当地贫困群体。中国对外援助地理分布比较均衡。受援国涉及亚洲、非洲、拉丁美洲、加勒比、大洋洲和东欧等地区大部分发展中国家。中国对其中最不发达国家和其他低收入国家的援助比重始终保持在总额的2/3左右。根据《中国对外援助蓝皮书(2014)》,在2010—2012年间中国向54个国家派遣55支援外医疗队,共计3600名医护人员,开展定点或巡回医疗服务,诊治患者近700万人次。

二、中国利用国际援助

中国自1979年开始接受国际多、双边无偿援助,这些无偿援助资金主要来源于联合国开发计划署、联合国人口基金会、联合国儿童基金会、世界银行、亚洲银行等国际组织，以及欧盟、英国、德国、法国、加拿大、比利时、日本、澳大利亚等20多个国家。截至2011年年底，中国共接受多边、双边无偿援助70亿美元，实施了2000多个项目。近几年，中国接受的国际多、双边援助金额每年稳定在近2亿美元。这些无偿援助项目涉及扶贫救灾、工业技术改造、农业、林业、畜牧业、教育、医疗卫生、艾滋病防治、环境保护、交通、能源、通信、体制改革、司法合作、人力资源开发和提高政府管理能力等众多领域。其中，70%的援助资金用于中国中西部地区的发展。30多年来，中国利用国际经济组织的援助和外国政府贷款成效显著，对促进中国国民经济发展，提高人民生活水平起到了很好的促进作用。利用外国政府贷款和国际发展援助已经成为中国利用外资的重要组成部分。

中国接受的国际多边援助主要来自联合国发展系统和世界银行。自1971年中国恢复了在联合国的合法席位之后，中国与联合国发展系统的合作经历了从逐步扩大到深入发展的过程。中国于1972—1978年曾派代表参与了联合国有关发展问题的决策并向其捐款。从1979年起，中国改变了只捐款不受援的政策，开始接受联合国发展系统的无偿援助。截至2016年，联合国发展系统的各机构总共向中国提供了超过76亿美元的援助，这些援助主要是联合国开发计划署、粮食计划署、农发基金、人口基金会、儿童基金会、粮农组织、世界卫生组织、教科文组织、全球环保基金等机构提供的，涉及农牧渔业、林业、机械、电子、能源、基础设施及"老少边穷"的开发项目达3700多个。

中国与世界银行的合作始于1981年，中国是世界银行执行贷款项目最好的成员之一。截至2012年，世界银行共向中国提供贷款约897.34亿美元，用于约520多个项目。中国是迄今为止世界银行贷款项目最多的国家之一。世界银行贷款项目涉及国民经济的各个部门，遍及中国大多数省、市、自治区，主要集中在交通(31%)、城市与农村的发展(22%)、能源(15%)和人力开发(6%)等领域。交通项目着眼于将贫困内陆省区与经济蓬勃发展的沿海地区连接起来；城市项目着眼于城市交通、可持续供水和环境卫生；能源项目着眼于满足国家日益增长的电力需求。今后，世界银行将把对华工作重点集中在以下三个主要领域：一是支持更加绿色的增长。主要是帮助中国走上可持续能源道路，改善城市环境服务，促进低碳城市交通，推广可持续农业实践，开展可持续自然资源管理试点，示范污染管理方法，加强应对气候变化的管理机制。二是推动更具包容性的发展。提高优质医疗卫生服务和社会保护的可及性，加强农民工培训及其他职业技能培训项目，扩大农村和小城镇的机会，改善交通连通性促进更均衡的区域发展。三是与世界建立互利共赢的关系，支持中国开展商商合作，在全球发挥利益攸关方作用。

中国接受的国际双边援助主要来自日本、欧盟等国家和地区。其中，日本是较早向中国提供援助的国家。日本政府对华官方发展援助(ODA)分为无偿援助、日元贷款和技术合作三大部分。其中，无偿援助包括一般无偿援助、小规模无偿援助、文化无偿援助、紧急无偿援助等。日本对华援助涉及领域非常广阔，从中国改革开放初期的能源、运输等基础建设到农业项目，直到近年来的环保、人才培养。据日本外务省提供的数据显示，近30年来，日本对中国实施的经济援助总额约为3.4万亿日元(约2248亿元人民币)。截至2008年3月，日本最后一次向中国提供总额为463亿日元(约31亿元人民币)的贷款后，对华日元贷款宣告结束。除日元贷款之外，日本还通过派遣海外协力队、年长志愿者等方式，为中国提供大批志愿者、专家，涉及中国的文化、教育、卫生、环保等领域。

欧盟于1984年开始向我国提供财政技术援助。1995年之前，欧盟对华提供的发展援助以扶贫为主，主要集中在农业领域。1995年之后，欧盟调整了对华政策及对华发展援助政策，扩大了欧盟对华援助的领域。截至2012年，中欧发展合作项下共支持了90多个项目，累计援助金额7.7亿欧元。发展合作项目涉及农业、环保、能源、教育、卫生、贸易、司法和政府治理等众多领域。但欧盟委员会从2014年起削减了对中国、印度、巴西等19个新兴经济体的援助，将援助重点放在最贫困国家。

三、中国参与国际发展援助的意义

对于中国来说，积极参与国际双边和多边援助，在政治上和经济上有着重要意义。

(一)提高了中国的国际地位

新中国成立以来，中国始终坚持履行国际主义义务，积极对外提供力所能及的经济技术援助。通过对外援助，促进了发展中国家的民族独立和经济发展，密切了中国同发展中国家的关系，加深了中国人民与发展中国家人民之间的相互了解与友谊，有力地配合了中国的外交斗争，并对提高中国的国际地位起到了十分重要的作用。

(二)推动了中国企业的国际化

随着中国对外经济贸易向深度和广度发展，中国对外援助日益与进出口贸易、对外投资、对外承包工程和劳务合作等相互融合、相互促进，成为中国开拓国际市场、拓展对外经济合作、增进中国与广大发展中国家互利经贸合作的重要方式，带动了外经贸各项业务的发展。在中国进行对外援助时，由于鼓励采用合资、合作的方式，并由双方国家在政策和资金上给予扶持，使中国企业利用其技术、设备、原材料等与受援国得到优惠贷款的企业进行合资合作。这不仅带动了中国企业的技术、设备、原材料等的出口，打开了广阔的国际市场，而且推动了中国企业的国际化。

(三)弥补了中国建设资金的不足

中国是一个发展中国家，拥有众多需要改建、扩建、新建的重点项目或扶贫工程，往往需要投入大量的外汇资金并引进国外的先进技术和设备，外汇资金的短缺与众多项目需要上的矛盾十分突出，利用国际多边或双边援助无疑会缓解这一矛盾。

(四)提升了中国的技术水平

援助国通过项目或技术援助给中国带来了大量的先进技术和设备。通过对中国各类技术人员的培训和派遣专家到中国讲学，大大提高了中国企业的生产能力、技术人员的整体素质和科研能力。利用援助不仅提高了中国的整体技术水平，还缩小了与发达国家技术水平的差距。

【案例分析】

人类面临的一些困难

2017年，约45个国家的8300万人口需要紧急食品援助，比2015年增加70%。在也门，有1700万人面临粮食短缺。持续的冲突、大规模的流离失所、气候变化以及自然资源的退化将会继续加剧全球范围内的粮食不安全。未来15年，预计粮食需求至少增加20%。

二氧化碳排放量在1990—2014年间上升了60%。最近三年，全球排放量已经趋于放缓，但近期又开始回升。

飓风、暴雨和洪水席卷了加勒比、南亚地区和美国。如今，大型自然灾害（以导致10人以上死亡，100人以上受到影响为判断标准）的数量大概是20世纪60年代的4倍左右。

地球正经历生物多样性的大幅减少，气候变化、过度捕鱼和污染等共同导致了森林、土地、生态系统的退化。2017年全球接近1/4的哺乳类物种受到了威胁或面临灭绝。

资料来源：编者根据《世界银行：12张图回顾2017年》资料整理。

思考与讨论：

结合本案例，谈谈国际发展援助的目标？

复习思考题

1. 国际发展援助的具体方式有哪些？
2. 当代国际发展援助的特点有哪些？
3. 何谓联合国发展系统？
4. 世界银行发放贷款需要经过哪些具体程序？
5. 各国提供政府贷款的条件有哪些？
6. 试探讨新时期中国的援外方针的经济与外交意义。

第十一章　国际税收合作

第一节　国际税收概述

对于国际税收这门学科的研究，在国外税收学界很早就有人进行。但是国际税收理论得到迅速发展、并成为国外税收学的一个重要组成部分，则是在第二次世界大战之后。我国对国际税收问题的研究是在实行对外开放政策之后开始的。在形成国际税收这门学科的过程中，人们首先遇到的问题就是如何科学地界定“国际税收”的研究对象和范围，而这一问题又是由“国际税收”的概念、内涵决定的。

一、国际税收的概念

（一）国际税收的含义

国际税收是指两个或两个以上的国家政府，各自基于其课税主权、在对跨国纳税人进行分别课税而形成的征纳关系中，所发生的国家之间的税收分配关系。这一概念包含三层含义：

1. 国际税收不能脱离国家税收而单独存在

税收必须有征收者与缴纳者，但国际税收并没有也不可能有自己的独立于国家税收的特定征收者和缴纳者，它只能依附于国家税收的征收者和缴纳者。如果没有各个国家对其政权管辖范围内的纳税人进行课征，就无从产生国际税收分配关系。所以，上述定义表达了国际税收关系并不能脱离国家政治权力以及国家税收的征纳关系而独立存在，这种政治权力和征纳关系，正是通过有关国家政府对其政权管辖下的纳税人进行分别课税表现出来的。

2. 国际税收不能离开跨国纳税人这一关键因素

普通的、不是“跨越国境”的纳税人，通常只承担一个国家的纳税义务，不会引起这个国家和其他国家政府间的税收分配关系。而在“国际税收”概念中必须特别指明，其缴纳者必须是跨国纳税人。离开了跨国纳税人这个因素，国际税收关系就无从发生。

3. 国际税收关涉国家之间的税收分配关系

只有当一个国家对其管辖下的跨国纳税人的课税对象进行征税，并涉及另一相关国家的财权利益,需要协调国家间的税收分配关系时,才称为“国际税收”。这种分配关系,主要是由有关国家政府通过签订国家间的税收协定或条约来处理的。因此,国际税收不是一般的国家税收分配关系,而是关于国家之间的税收分配关系。

(二)国际税收与相关范畴的关系

无论国内还是国外,对国际税收的理解都存在不同观点,有人甚至将国际税收完全等同于国家税收、外国税收、涉外税收、关税、国际税务等,这都是不准确的。实际上,这些概念与国际税收既有联系又有区别。弄清它们之间的关系,尤其是与涉外税收的联系与区别,对于正确理解国际税收是有必要的。

1. 国家税收与国际税收

国家税收是国家凭借政治权力进行强制课征的,是一国政府与其政治权力管辖范围内的纳税人之间所发生的征纳关系。这种纳税人可以是企业,也可以是个人。由于一国政府政治权力管辖范围内的人,不仅包括本国人,而且也包括外国人,故这种纳税人既可以是本国企业和个人,也可以是外国企业和个人。国际税收从国家税收派生出来,是国家与国家之间在税收权益分配方面所发生的关系,总体来说是一种国际关系。国际税收并不意味着存在一种超越国家的政治权力所进行的分配,也不存在某种国际范围的征纳关系。

国家税收与国际税收的联系表现为:一方面,国家税收是国际税收的基础,没有国家税收,就不可能有国与国之间的税法冲突和税制协调,国与国之间也不可能出现任何税收关系,国际税收也就无从谈起,所以国际税收不可能脱离国家税收而独立存在;另一方面,在国与国之间经济联系日益紧密、相互依赖和相互依存的情况下,国家税收又要受到国际税收一些因素的影响,因为这时任何国家制定本国的税收制度都不得不考虑国际税收关系,本国与他国达成的国际税收协定以及国际社会公认的一些国际税收规范和惯例都应当在本国的税收制度或税收征管中有所体现。

二者的区别主要表现在:一是国家税收是以国家政治权力为依托的强制课征形式,而国际税收是在国家税收基础上产生的国家之间的税收权益问题,不是凭借某种政治权力进行的强制课征形式;二是国家税收涉及的是国家在征税过程中形成的国家与纳税人之间的利益分配关系,而国际税收涉及的是国家间税制相互作用所形成的国与国之间的税收分配和税收协调关系;三是国家税收按课税对象不同可以分为不同的税种,而国际税收不是一种具体的课征形式,没有自己单独的税种,涉及的是各国实际课征的某些税种。

2. 关税与国际税收

关税在各国税制中,诸如对商品、技术的进出口,以及资金在国际间的流动等这些特定部分的税收征管事项所做的处理规范,不像其他部分那样仅局限于一国范围内,它往往会超出一国的界限,引起某种国际关系的发生。但是,只要它是一个国家在其政权管辖范围内自主地行使其征税权力，并且由此引起的也只是与其他国家之间的经贸关系及国际税务关系，并不涉及国家之间的财权利益分配关系，那么这些特定部分就仍然属于国家税收的范畴，而非国际税收。

3. 国际税务与国际税收

国际税务或国际税务关系包括国家之间的税收事务联系与制度协调，是协调国家间经济贸易关系的措施。国际税务涉及的范围主要是流转税和个别财产税，其中以流转税中的关税为主，如国家间双边关税协定或双边贸易协定中的关税优惠条款、地区性国家集团就成立关税同盟所达成的多边协议、国际公约中有关给予各国外交官员税收豁免的条款等，都是国家间税收事务联系或制度协调的具体表现。国际税务或国际税务关系同国际税收都属于国家之间在税收或税务领域中的相互关系，二者都需要进行国际范围的协调。但是，国际税务或国际税务关系是国家之间纯粹的税收事务联系或税收制度协调，不涉及各国之间的财权利益分配，而国际税收则是国家之间的税收分配关系，它涉及有关国家间的财权利益分配。可以说，国际税务属于上层建筑，而国际税收则是经济基础。

4. 涉外税收与国际税收

目前对于涉外税收的定义有两种观点：一种观点认为，涉外税收就是对外国籍纳税人征收的税收；另一种观点认为，涉外税收一方面包括对外国纳税人（指外国居民或公民）处于本国境内课税对象的征税，另一方面包括对本国纳税人（指本国居民或公民）处于本国境外的课税对象的课税。

涉外税收是国际税收的基础，是国家税收与国际税收密切联系的环节，如果没有各个国家政府对它管辖下的跨国纳税人的跨国课税对象征税，也就无从产生国家之间的税收分配关系。可以说，国际税收既是各国涉外税收在国际关系上的反映，又是各国涉外税收的延伸和扩展。

涉外税收与国际税收也存在着明显的区别。一国的涉外税收作为国家税收的组成部分，主要立足于国内，着重处理本国政府的涉外税收问题，体现的是该国的对外经济关系，对别国的税收制度不起法律约束作用；而国际税收主要立足于国际，由于它是建立在各国涉外税收基础之上，并从国际经济关系总体中考察各国涉外税收制度的，因而它深入到了更深层次的经济关系，调整并规范各国涉外税收所形成的国际惯例和税收协定等法律规范，成为各国制定和完善其涉外税收制度的一般准则。

二、国际税收的形成和发展

国际税收是国际经济交往发展到一定历史阶段的产物，是伴随国家间经济贸易活动的发展和扩大而产生和发展的，因此，国际税收出现的时间比国家税收要晚得多。

（一）国际税收形成的历史过程

从税收4000多年发展的漫长历史来看，在相当长的时期内，税收征纳关系被严格限制在一国范围之内，国家之间在税收上不存在任何关系。例如，我国的贡、助、彻和田赋，亚洲其他国家的土地税，欧洲各国的什一税（什一税源起于旧约时代，由欧洲基督教会向居民征收的一种主要用于神职人员薪俸和教堂日常经费以及赈济的宗教捐税，这种捐税要求信徒按照教会当局的规定或法律的要求，捐纳本人收入的十分之一供宗教事业之用。由征收什一税而建立的制度亦称“什一税制”，简称“什一税”。）等，它们不是按农业生产者的真实收入而是按农业收获物的某些外部标志，如土地的田亩数、农业劳动力的人口数，或者农业家庭的户数来计算课征。在这些计税的外部标志中，土地田亩总是固定在某一个国家领土的疆域以内，而农业劳动力和农户则附属在土地田亩之上不能分离，从而也是相对固定在某个国家领土的疆域内。

进入到资本主义社会后，国家间经济贸易活动出现、发展并扩大，收入不断国际化，所得税制度普遍建立，这些因素使得国际税收逐步产生并不断规范。

1. 史前期

国际税收的史前期是指奴隶社会和封建社会时期。自从原始社会末期出现国家并产生税收以后，在奴隶社会和封建社会前期这个相当漫长的历史时期内，农业一直是各国主要的生产部门，生产的目的是为了满足农业生产者本身的消费，是一种自给自足的自然经济模式，因而，世界各国大都闭关自守，经济交往极少。作为这一时期的主要征税对象，农产品同土地有着紧密的联系，土地固定在一个国家领土的疆域之内，以农业为生的人们的收入主要来自国内，因此，该时期征纳双方之间发生的税收分配关系被严格限制在一个国家的地域范围以内，不会引起国家之间的税收分配关系，也就不可能出现国际税收。

2. 萌芽期

国际税收的萌芽期是指资本主义发展初期到第二次世界大战结束这段时期。这一时期，商品经济有了发展，商品流通范围也由国内市场延伸到国际市场，私人财产不断增加。起初，对于国家之间的商品交换，虽然同一商品在出口前和出口后会被两个国家政府征收关税和其他交易税，但是由于受交易行为所在地的限制，任何一国政府都只能对发生在本国境内的交易行为征税，不存在征税权力的交叉，因而不会引起国家之间税收分配关系的产生。之后，欧洲工业革命使商品经济有了飞速发展。欧洲主要资本主义国家凭借其雄厚的实力，输出商品、输入原材料、开拓殖民地，展开了激烈的国际贸易竞争。在国际市场竞争十分激烈的情况下，“关税壁垒”和“非关税壁垒”逐渐成为各国政府干预对外贸易、保护本国市场、扶植本国幼稚产业发展的重要手段。

为了争取贸易顺差，增加国内金银的积累，各国纷纷把关税作为奖出限入的手段，实行保护关税制度。一方面，对本国的出口产品和进口原材料减免关税，以鼓励输出产品和输入原材料；另一方面，对进口制成品课征高关税，以限制进口。例如，1667 年，法国将荷兰、英国的呢绒等制成品的进口关税提高了 1 倍，其结果是几乎停止了这些产品的进口。

然而,保护关税制度对各国工业化发展的不利影响十分明显。保护关税制度是一把双刃剑,在保护本国市场的同时,也阻碍了对其他国家市场的拓展。因为在工业化过程中,资本主义国家既需要保护本国市场,也需要扩大国外市场,这就必然产生矛盾和冲突。

随着国内工业化不断走向成熟以及对世界市场依赖性的不断提高,国家之间越来越需要通过对关税的国际协调来促进国际贸易的发展。17 世纪时,英国和葡萄牙签订了《梅屈恩协定》。该协定规定,葡萄牙对英国的呢绒和其他毛织品给予一定的关税优惠,英国对葡萄牙的葡萄酒也应给予关税优惠,这种关税要比英国对法国的葡萄酒课征的关税 1/3。19 世纪后,这种国家之间的双边或多边贸易协定越来越普遍。1860 年,英国和法国签订了《科布登——谢瓦利埃条约》。该条约规定,两国应在互惠的基础上,对与双方利害关系较大的商品相互提供关税优惠;该条约还有最惠国条款,即条约一方给予第三国的一切关税优惠,同时也适用于签约的另一方。《科布登一谢瓦利埃条约》的签订,标志着欧洲国家工业化阶段自由贸易时代的到来;同时,该条约也是这一时期一系列关税国际协调活动的开端。继英国和法国签订了《科布登——谢瓦利埃条约》后,法国又先后与比利时、普鲁士、瑞士、瑞典、挪威、荷兰、西班牙、葡萄牙等国签订了协调关税的条约,普鲁士也与比利时、英国、意大利等国签订了协调关税的条约。到了 20 世纪,具有排他性的区域性关税同盟应运而生。1948 年,荷兰、比利时和卢森堡建立了“荷、比、卢关税同盟”。1948 年,23 个国家共同发起签署了《关税及贸易总协定》。1958 年,欧洲经济共同体正式成立,并于 1967 年发展成为欧洲共同体,1991 年 12 月发展成为欧洲联盟,其成员之间在关税及贸易、农业政策及流转税、财产税等方面进行协调,先后达成了一系列协议。

以关税协调为主要内容的贸易协定引发的国际税务联系,并不涉及国家之间的税收分配问题。但是,由于对商品输入或输出而征收的关税是间接税,其税款包含在商品的价格中,并不是由生产企业或进出口商负担,而是由购买商品的消费者负担,即税收负担落在进口国的消费者身上,因此,关税税负的高低必然涉及国家之间的利益关系,需要通过国际税务联系进行相互协调。这种国际税务联系和相互协调使得各国的税收事务和国家税收制度从彼此互不相关发展到彼此经常联系,为下一阶段国际税收的形成做了充分准备。

3. 形成期

第二次世界大战之后,资本主义国家的税制结构从以商品课税为主向以现代直接所得课税为主的转变,尤其是跨国直接投资的迅猛发展,直接促使了国际税收的形成。

18 世纪末,英国首创所得税,但其在当时的英国税制结构中只起辅助作用,到了 1922 年,所得税收入占英国税收收入总额的比重达 45%以上。美国在南北战争期间,于 1762 年首次对个人收入课征了综合所得税;1909 年,美国国会通过了对公司利润课征 1%的公司所得税的提议;到 1922 年,所得税收入达到了美国联邦税收收入总额的

65%,成为美国联邦政府财政收入的主要来源。西欧各国在20世纪初也相继引进了所得税。在亚洲,印度、缅甸、斯里兰卡、泰国、印度尼西亚、巴基斯坦等国从1886年以来就征收所得税。可见,20世纪初,所得税在大多数国家得到普遍推行,并且在一些主要资本主义国家中代替了间接税而成为主要税类。

在税制结构发生转轨的同时,资本主义国家的跨国投资,尤其是跨国直接投资也得到迅猛发展。例如,1914年,美国的海外直接投资已达26.5亿美元,同时,外国公司在美国的直接投资也达13亿美元。据估计,当时美国制造业的资产已有6%被外国投资者所控制。

国际直接投资的不断发展使企业和个人所得国际化,同时也为税收活动的国际化创造了条件。各国出于维护本国税收权益的考虑,纷纷行使最符合本国利益的税收管辖权,由此产生了国家之间税收管辖权的重叠与交叉。一方面,跨国所得的来源国要进行从源征税;另一方面,跨国所得拥有者的居住国或国籍所在国也要对之汇总征税。这就产生了国家之间对同一跨国纳税人的同一笔所得或财产的重复征税。另外,即使实行相同的税收管辖权,但由于各自管辖权的标准并不相同,同一跨国纳税人可能会被两个或两个以上国家同时认定为居民,同一笔所得也可能会被不同国家同时认定为来源于本国的所得,从而也会出现国际重复征税。并且,随着跨国经济活动的不断发展,重复征税问题愈发突出。

总之,收入的国际化和所得税制度的普遍建立是国际税收形成的前提条件。收入的国际化是国际税收形成的经济前提,没有收入的国际化,收入就必然局限在一国政府的管辖范围内,成为一国的征税对象;只有在出现收入的国际化时,收入才有可能成为有关国家共同征税的对象,才可能产生不同国家对同一笔跨国所得分享税收的问题。所得税制度的普遍建立是国际税收形成的税制前提,没有所得税制度的普遍建立,就不会出现不同国家对跨国所得重叠交叉征税的矛盾,也不可能最终形成国际税收。

(二)国际税收的发展

国际税收从产生到现在,经历了非规范化发展阶段和规范化发展阶段。

1.国际税收的非规范化发展阶段

国际税收形成后,仍存在很多问题,其中最突出的就是各国政府对跨国纳税人的重复征税问题。这一问题若不能有效解决,将严重阻碍国际经贸往来。然而,税是国家权力的重要表现,世界上没有一个国家或地区会无偿地主动做出让步,当然也不能强迫他国或地区让步。因此,各方需要通过协调、磋商等方式,减少或避免重复征税,以达到促进各方经济发展,互利共赢的目标。

最初,一些国家为了消除国际重复征税问题,从本国国内税法的角度出发,单方面制定了对本国居民的跨国所得免税的条款。例如,瑞士率先在国内税法中规定对本国居民的境外机构和不动产所得免税,英国和美国从1918年起开始用抵免法单方面消除对本国居民在国外所得的双重征税。然而,随着国际经济交往进一步加深、纳税人收入的国际化和所得税的普遍采用，国际重复征税问题愈加严重和突出，仅靠单方面的解决办法已不能适应经济全球化的要求，因此，更多的国家希望通过协商谈判、签订避免双重征税协定的办法来解决对所得的国际重复征税问题。1948 年，由 23 个国家共同发起签署的《关税与贸易总协定》，就为当时许多国家解决彼此间的重复征税问题提供了有力的准则。

与此同时，跨国公司的发展也带来了国际避税问题。一些跨国公司在海外多个国家和地区设立分支机构和子公司，利用转让定价手段把利润转移至低税国，并把这笔利润长期积累在海外机构，以躲避高税国的税收，严重影响了高税国的税收利益，导致一些国家通过立法形式来限制跨国公司利用转让定价手段进行避税。1915 年，英国率先制定了《转让定价法规》，美国 1917 年也制定了类似的法律。

尽管相关法律法规在不断完善，但这一时期的国际税收协定仍处于国家之间自发地处理税收阶段，不同国家对税收的范围及管辖权的划分等问题的认识还不充分，以致各个协定的形式、内容互不相同，协定用语、条文也不规范。因此，这一时期的国际税收处于非规范化发展阶段。

2. 国际税收的规范化发展阶段

随着国际经济交往的不断发展以及所得税的广泛运用，上述单方面减免国际重复征税的措施和非规范性的双边或多边税收协定已经不能适应形势发展的需要，国际重复征税已经影响到了国际经济的交往能否顺利进行。为了促进国际经济活动的不断发展，各国都迫切需要一个比较完整的规范性的国际税收协调办法，以此来指导各国处理相互间的税收分配关系。因此，经济合作与发展组织(OECD)于 1963 年制定公布、1977 年修订并发表了《关于对所得和资本避免双重征税的协定范本》(简称《经合组织范本》)。联合国税收协定专家小组也于 1968 年制定、1979 年公布了《关于发达国家与发展中国家间避免双重征税的协定范本》(简称《联合国范本》)。这两个范本虽然对各国没有法律上的约束力，但在事实上已经起到了重要的示范作用，并成为世界上大多数国家处理国际税收活动的共同规范和准则。这两个范本顺应了经济国际化这一必然发展趋势，是国际税收从非规范化发展阶段进入规范化发展阶段的重要标志。

自从两个范本产生以来，国家之间缔结税收协定的活动就变得十分活跃，国际税收协定的网络也不断发展。至 20 世纪 80 年代，已有 130 多个国家和地区相互缔结了共 600 多个有关避免双重征税的税收协定，不过，这些协定多数是发达国家对外签订的，发展中国家之间的只占少数。当然，随着发展中国家国际经济地位的提高，国家之间缔结的税收协定在数量和速度上都必然提高。例如，中国作为全球最大的发展中国家，截至 2014 年 3 月底，我国已对外正式签署 99 个避免双重征税协定，其中 97 个协定已生效，并和香港、澳门两个特别行政区签署了税收安排(表 11-1)。[1]

---

① 国家税务局. 税收条约[EB/OL]. http://www.chinatax.gov.cn/n810341/n810770

表 11-1(a)　我国签订的多边税收条约

名称	签署日期	生效日期	执行日期
多边税收征管互助公约	2013.8.27	2016.2.1	2017.1.1
金融账户涉税信息自动交换多边主管当局间协议（CRS专题网页）	2015.12.16		
实施税收协定相关措施以防止税基侵蚀和利润转移的多边公约	2017.6.7		

资料来源：http://www.chinatax.gov.cn/n2226/n2271/n2274/index.html

表 11-1(b)　我国签订的避免双重征税安排一览表①

序号	地区	签署日期	生效日期	执行日期
1	香港特别行政区	2006.8.21	2006.12.8	内地：2007.1.1；香港：2007.4.1
2	澳门特别行政区	2003.12.27	2003.12.30	2004.1.1

如今，国际税收协定已成为国际经济交往的重要特征，对促进国际经济交往发挥了重大的作用。

三、主要税种

所得税、财产税和商品税是当今世界各国征收的三大主要税种。

(一)所得税

所得税是以纳税人的所得为征税对象的税收。这一课税体系主要包括个人所得税、公司所得税和社会保障税。在各类税中，所得税制属于比较复杂的类型，在税收中所占比重也较大，各国对跨国纳税人的跨国收入或所得进行征税所使用的税种以及涉及的具体征税对象范围是有差异的，而且比较复杂。

1.所得税制度的类型

各国实行的所得税制度按课征方法，分为分类所得税制度、综合所得税制度和分类综合所得税制度。

分类所得税制度对各类所得分别按不同的税率和方式进行课征，从而形成工薪所得税、利息所得税等个人所得税制的子税种。例如，我国的香港特别行政区按照所得的类型分别设置四种所得税，即利息税、利润税、薪金税和财产收益税，并分别按不同的征收方法和不同的税率征税。

综合所得税制度对纳税人的所得不加区分，将其所得汇总以后按统一的税率和方式进行征税。它综合纳税人全年的各种所得，减除各项法定的宽免和扣除额后，按统一

① 国家税务局.税收条约[EB/OL].http://www.chinatax.gov.cn/n810341/n810770/

的累进税率征税。

分类综合所得税制度将纳税人的全部应税所得分成若干部分，每一部分可以包括一类或几类所得，各部分分别按不同的税率和方式征税，然后在纳税年度结束时，汇总纳税人全年各类所得额，减去法定扣除项目后，得出其该年度的综合应税所得，再乘以应税所得所适用的累进税率，计算综合应纳税款。这实际上是一种分类和综合所得税制度的综合使用。

2.所得税的课税对象

所得税的课税对象就是纳税人的所得。尽管表面上"所得"似乎意义非常明确，但自18世纪末所得税制度产生以来，各国经济学家们有不同的见解。较有代表性的观点是"纯资产增加说"和"所得源泉说"。

"纯资产增加说"认为，所得是纳税人在一定期间资产增加额减去同一时期内的资产减少额的余额。按这种观点，纳税人在一定时期内任何原因造成的所持资产的净增额都应列入应税所得的范围，包括临时、偶然的一次性所得。

"所得源泉说"则认为，所得的发生应具备循环性和反复性的特点。因而应税所得就是将工资、薪金、经营利润、股息、利息、租金等连续性收入扣除相应费用后的纯收入，不应包括销售资产的所得、继承所得等一次性所得。

目前各国税法中规定的应税所得分为经营所得、劳务所得、投资所得、财产所得和其他所得等五类。

经营所得即是营业利润，按照各国税法的规定，确定纳税人的某项所得是行为经营所得，其依据在于纳税人取得该项所得的经济活动是否为其主要经济活动。例如，一家证券公司从事证券投资活动所获得的股息、利息等收益属于经营所得，而一家服务业公司因其所持股权、债权而获得的股息、利息等则不属于其经营所得。劳务所得是指个人从事劳务活动所取得的报酬。投资所得是指个人或公司通过直接投资或间接投资所取得的股息、红利、利息、特许权使用费等项收益。财产所得是指纳税人凭借拥有的财产或通过销售财产获取的收益。其他所得是指除以上主要应税所得之外的保险赔偿金、奖学金、博彩收入等所得。一些国家还将遗产继承所得、财产赠与所得列为应税所得。

3.所得税的纳税人

所得税的纳税人主要有两类：一类是个人，即自然人；另一类是公司和其他团体。公司是指任何法人或在税收上被视同法人的实体。法人是指根据国家有关法律组建的能够独立承担法律责任的组织或者实体，其中最重要的法人形式是股份有限公司。

各国所得税税法关于纳税人的规定，在将法人和个人作为独立的纳税实体方面是一致的，但在非法人团体是否作为独立纳税实体方面则有所不同。实行分类所得税制的国家或地区，无论经济实体是否具有法人地位，都是相应税种的纳税人。实行综合所得税制的国家，根据纳税人的性质对公司和个人分别设置公司所得税和个人所得税。其中，对公司纳税人的处理分为两种方式：一种是将公司纳税人限定在具有法人地位的经济实体范围内，如股份有限公司等，而社团、合伙组织、信托等其他团体不能作为独立的纳税实体看待。这类非法人团体的所得必须分别归属到所有人、合伙人或信托受益人名下，再分别按照个人所得税或公司所得税的有关规定纳税。目前，世界上大多数国家部采用这一办法。另一种是在税法上不对经济组织的法律地位予以区分，不过，这时税法上所指的法人与民法上所指的法人是不一致的。

4.所得税与国际税收

当一国纳税人在境外取得所得时，跨境所得也要被纳入所得税的征税范围。这样就导致一国的所得税征收权就超出了国境，征税权发生交叉重叠的现象，从而导致国与国之间重复征税以及所得税收入国际分配问题。这些问题的出现与跨国所得是分不开的。

当前，跨国投资尤其是跨国直接投资发展非常迅速，跨国投资所得日益增多，跨国公司的国际重复征税问题越来越突出。为了消除跨国投资的税收障碍，一些国家开始在本国的税法中加进单方面减除所得重复征税的措施条款。例如：瑞士率先在国内税法中规定对本国居民的境外机构和不动产所得免税；美国和英国从 1918 年开始使用抵免法单方面消除对本国居民国外所得的双重征税。一些国家还通过签订避免双重征税协定的办法来解决所得的国际重复征税问题，最具代表性的协定活动是 1918 年联合国的前身——国际联盟组织了一个专家工作组专门研究如何避免和消除所得和财产的国际重复征税问题，这项活动充分体现了国际社会对所得重复征税问题的高度重视，并且首开国际组织致力于解决重复征税问题的先河。

需要注意的是，跨国公司的发展不仅加剧了所得国际重复征税，而且带来了国际避税的问题。跨国公司在海外许多国家设有关联的分支机构和附属公司，它们可以利用转移定价等手段把利润转移到低税国，以避免高税国的征税。这种情况严重影响了高税国的税收利益，并导致一些国家通过立法的形式限制跨国公司的避税行为。

（二）财产税

财产税是以一定的财产额为对象，向拥有或转让财产的纳税人课征的税收。一般来说，财产可以分为不动产和动产，动产又可以分为有形动产和无形动产。不动产通常是指土地、房屋等。有形动产一般包括有形收益财产和有形消费财产，前者如营业设备、商品存货等，后者如汽车等耐用消费品。有形动产还包括一些具有收藏价值的财产，如古玩、珍宝、金银等。无形动产主要是指具有价值并可据此取得收益的各种无形资产，如专有技术、专利权、股票、债券、银行存款、应收账款等。

1.财产税的类型

根据课税范围，可将财产税分为一般财产税和特别财产税。一般财产税是就纳税人拥有的一切财产综合课税。特别财产税则是就纳税人拥有的某一类或某几类财产，如土地、房屋等单独或分别征税。

根据课税对象,可将财产税分为静态财产税和动态财产税。静态财产税是以一定时点的财产占有额的数量和价值进行课税。动态财产税是就财产所有权的转移进行课税,主要指赠与税和遗产税。赠与税是对纳税人生前转移的财产进行的课税。遗产税实际上是死亡税的一种,死亡税包括遗产税和继承税。遗产税是在立遗嘱人死后遗产分配前对其遗产课征的税收;继承税则是在立遗嘱人死后对其遗产继承人分得的那部分遗产课征的税收。有的国家将赠与税和死亡税合并征收,称为“财产转移税”。无论纳税人生前还是死后转移财产,只要超过一定的免征额,都要按统一的税率对其转移的财产进行征税。

2. 财产税与国际税收

财产税是指纳税人一般要就其在境内和境外拥有的财产一并向本国(居住国)政府纳税,而一国政府对在本国境内的一切财产包括外国人拥有的财产具有征税权,因此,财产的所在地和纳税人的居住地并不一定在同一国家。这样,财产与所得一样,也存在着国际重复征税问题。财产税在西方国家是一个古老的税种,19 世纪中后期开始,随着资本主义国家之间的国际投资日益增多,财产国际化引发的财产国际重复征税问题也开始受到重视。1872 年,英国和瑞士签订了世界上第一个关于避免两国对遗产重复征收继承税的税收协定。此后,财产课税的国际协调与所得课税的国际协调一同成为国际社会避免双重征税的重要任务。

(三)商品税

商品税起源很早,早在古希腊、古印度等国就有盐税的课征。商品税是指以商品和劳务的流转额为课税对象的税收。其计税依据为商品或劳务的流转额(销售收入或劳务收入),因此有时也称为“流转税”。商品课税的税款一般都要通过提高价格转嫁给消费者和使用者,因而属于间接税。

1. 商品税的税基

商品税的税基有两类:一类按照商品流转过程中的新增价值课征税收,即增值税;一类按照商品的销售收入总额课征税收,如营业税、消费税、关税等都属于这一类型。

2. 商品税的计税依据

(1)从量税。指以商品或劳务数量为计税标准,按一定的单位来计算应纳税额,如重量、容积和体积。从量税课征比较简单,但因税款与商品价格脱钩,当物价上涨时,税收不能相应增加,财政收入缺乏保证,因此从量税这种计税办法不能被广泛地采用。

(2)从价税。指以商品或劳务的交易额为计税标准来计算应纳税额。由于以商品或劳务价格为依据,商品价格的变化就会影响到税额的变化,因此,各国广泛使用从价税来对商品进行征税。

3. 商品税的类型

(1)周转税,是在商品的生产、批发、零售或劳务提供的每一个周转环节对商品销售收入总额或提供劳务的营业收入总额进行征税。周转税作为传统的商品税，曾经是最重要的商品税形式，现已基本被销售税和增值税代替。

(2)销售税，是选择商品生产、批发、零售的某一环节，对商品销售收入全额进行征税。销售税与周转税比较，最明显的特点是把多环节征税改为单环节征税，可以在很大程度上减轻重复征税的问题。但这种做法将商品税的税收负担集中在一个流通环节，不利于企业间的税负平衡。

(3)增值税，是在商品生产、批发、零售和劳务提供的每一个环节，对销售商品或提供劳务所产生的增值部分进行征税。

(4)消费税，是选择少数商品在生产或零售环节，对商品销售收入总额进行课税。

4. 商品税与国际税收

对于跨国商品交易，各国政府可以采用产地征税原则，也可以采用消费地征税原则。假定A国实行产地征税原则，而B国实行消费地征税原则，若A国向B国出口一批商品，则两国都将对该笔交易征税，从而产生了商品课税的国际重复征税问题。

对跨国商品课税不仅会产生国际重复征税问题，而且商品课税的国际协调也会直接或间接影响到国家之间的税收利益分配。这是因为，各国对商品的税负有轻有重，并不相同，从而阻碍了国际间商品、资本、技术等经济要素的自由流动。故各国都会从本国利益出发，提出减让关税和协调流转税制度等要求。二战后，商品税对国际经济活动的负面影响已成为国际问题，商品税的国际协调也从双边协调阶段发展到区域性多边协调阶段，如今商品税的国际协调已发展到世界性多边协调阶段，主要通过了世界贸易组织的《关税和贸易总协定》，由此可见，商品课税也是国际税收的重要内容之一。

四、税收管辖权

各国实行不同的税收管辖权是国际税收产生的根本原因。各国实行不同的税收管辖权，导致了诸如国际重复征税的发生和国家之间税收分配关系的协调等。因此，税收管辖权是国际税收研究中的一个根本问题，是研究一切国际税收问题的基础和起点。

(一)税收管辖权的概念

税收管辖权问题要比国际税收问题的产生得早，其随着国际税收问题的日益严重而逐渐引起人们的重视。税收管辖权是指一国政府在税收方面的主权，它是国家管辖权在税收上的具体体现，表现为一国政府有权决定对什么人征税、征什么税以及征多少税。税收管辖权包括以下三个部分内容：

1. 征税主体和纳税主体

征税主体即由谁来征税，具体而言是由国家行使征税权，由国家的税务部门行使税收的管理权。这是税收管辖权的实质和核心，是构成税收管辖权主体的一个方面。纳税主体是对谁行使征税权，即对谁征税，这是构成税收管辖权主体的另一个方面，一般为自然人和法人。

2.纳税客体

纳税客体即对什么征税，通常包括收益、所得和财产等。

3.纳税数量

纳税数量即征多少税，既包括宏观整体税负的确定，也包括各具体税种的确定，还包括有关征税项目、征税数量的确定。

（二）确立税收管辖权的原则

作为国家主权重要组成部分的税收管辖权具有独立性和排他性，但它在客观上受到该国政治权力所能达到范围的制约。一般来说，一个主权国家的政治权力所能达到的范围，包括地域范围和人员范围。相应地，确定国家税收管辖权行使范围的准则也分为属地原则和属人原则。

1.属地原则

属地原则是以纳税人的收入来源地或经济活动所在地为标准，确定国家行使税收管辖权范围的一种原则。它是由领土最高管辖权引申的，是各国行使管辖权的最基本的原则。

根据属地主义原则，一个国家有权对本国境内的一切所得或财产征税，而不论所得的获得者或财产的拥有者是否为本国居民或公民还是外国居民或公民。对非居民纳税人而言，只有其在所得来源国或财产所在国履行了纳税义务，才能将有关所得或财产转移出境；而对其在来源国境外获得的所得和拥有的财产，则不属于该国税收管辖权的行使范围。

2.属人原则

属人原则是以一个国家政治权力管辖的人作为行使征税权力范围的依据的一种原则。一个国家可以对受本国管理的所有的人（包括个人居民或公民、企业、团体等）行使税收管辖权，只要是本国居民或公民，不论其所获得的收入或财产是否来源于本国，都要对本国承担纳税义务。属人原则还可细分为国籍原则和居住国原则。

（三）税收管辖权的类型

根据属地原则和属人原则，可以将税收管辖权分为地域税收管辖权、公民税收管辖权和居民税收管辖权三类。

1.地域税收管辖权

地域税收管辖权也称收入来源地税收管辖权，是指国家依照属地原则，对来源于本国境内的全部所得以及存在于本国领土范围内的财产行使征税权力，而不考虑其取得者是否为该国的居民或公民。

2. 公民税收管辖权

公民税收管辖权是按照属人原则中的国籍原则确立的一种税收管辖权，它以国籍为判定标准，即凡是具有本国国籍的公民，国家就有权对其来自于世界范围的全部所得或存在于世界范围内的全部财产进行征税。

3. 居民税收管辖权

居民税收管辖权是指国家依照属人原则中的居住国原则，对本国法律规定的居民在世界范围内的全部所得和财产行使征税权力，而不考虑该项所得是否来源于境内。一个实行居民税收管辖权的国家，只对居住在本国的居民来自世界范围内的所得或财产征税，对非居民不征税，即使这个非居民的所得或财产是来源于该国也同样如此。

税收管辖权作为国家主权的组成部分，任何一个国家都可以根据本国的具体情况和税收制度的特点选择税收管辖权的类型。目前，世界上大多数国家为了维护自身的权益，避免税收流失，都同时采用地域税收管辖权和居民(或公民)税收管辖权。

(四)税收管辖权的选择与行使

一国对税收管辖权的选择，都立足于该国的经济地位，以维护本国的财权利益为出发点。一般来说，发展中国家的资本输入和技术引进多，本国的对外投资和境外利益少，资本和技术单向流入，在国际经济交往中，基本上处于收入来源国的地位。故发展中国家首先强调地域税收管辖权，同时为了维护本国权益，一般也不放弃居民(公民)税收管辖权。发达国家的资本输出和技术输出多，同时也可能大量吸引外资和引进技术，资本和技术的输出和输入往往是双向的。从资本和技术输出国的角度看，大量的国外业务产生了巨大的境外收益，本国居民和公民来自世界各地的收入较多，从人征税显然有利。因此，发达国家强调居民(公民)税收管辖权。但从资本、技术输入方面来看，这些国家也兼行收入来源地税收管辖权。

总体来说，在两种基本的税收管辖权中，多数国家都是以其中—种税收管辖权为主，而以另一种税收管辖权为辅，即大多数国家都是兼用属地原则和属人原则，实行双重税收管辖权。具体地说，就是对来自本国境内的所得，不论是本国居民还是非居民，本国政府都要行使收入来源地管辖权。同时，对本国居民的所得，不论其来源于本国还是外国，也都要行使居民管辖权进行征税。但是，各国实施的税收管辖权不尽相同，世界主要国家或地区对税收管辖权的实施情况如表 11-2 所示：

表 11-2　世界主要国家或地区税收管辖权的行使

税收管辖权	国家或地区
单一行使地域税收管辖权	中国香港、文莱、玻利维亚、阿根廷、巴西、多米尼加、厄瓜多尔、危地马拉、巴拿马、尼加拉瓜、巴拉圭、委内瑞拉等
同时行使地域税收管辖权和公民税收管辖权	菲律宾、罗马尼亚
同时行使地域税收管辖权和居民税收管辖权	中国、印度、阿富汗、澳大利亚、孟加拉、斐济、日本、韩国、马来西亚、印度尼西亚、巴基斯坦、新西兰、新加坡、泰国、斯里兰卡、哥伦比亚、秘鲁、萨尔瓦多、洪都拉斯、奥地利、比利时、希腊、瑞士、瑞典、英国、卢森堡、土耳其、西班牙、摩纳哥、法国、荷兰、南斯拉夫、加拿大、俄罗斯等
同时行使地域税收管辖权、居民税收管辖权和公民税收管辖权	美国、墨西哥

资料来源：黄济生，殷德生．国际税收理论与实务[M]．上海：华东师范大学出版社，2001．

第二节　国际重复征税

国际重复征税是国际税收发展中从一开始就存在的一个重大问题，它是不同国家税收管辖权交叉重叠的结果。国际重复征税不仅有悖于各国税收立法的税负公平原则，并且会降低从事国际经济活动的企业或个人的税后收益，从而成为国际间正常经济交往的障碍。各国政府在国际税收实践中通常采取单边、双边或多边方式力图避免或减轻国际重复征税。

一、国际重复征税的含义

凡是对某一征税对象同时进行两次或两次以上的课税都是重复征税，它是国际税收的基本理论问题和核心内容。

国际重复征税有狭义和广义之分。狭义的"国际重复征税"是指两个或两个以上国家对同一跨国纳税人的同一征税对象进行的重复征税，它强调纳税主体与课税客体都具有同一性。对于同一个参与国际经济活动的纳税主体来说，所应承担的税收负担不应大于其在一个国家内产生的纳税义务。当同一纳税主体因同一课税客体承担了大于其在一个国家内产生的纳税义务的税收负担时，就产生了国际重复征税。

广义的"国际重复征税"是指两个或两个以上国家对同一或不同跨国纳税人的同一课税对象或税源所进行的交叉重叠征税。其征税涉及的范围比狭义的国际重复征税宽泛，它强调国际重复征税不仅要包括因纳税主体与课税客体的同一性所产生的重复征税（即狭义的国际重复征税），而且要包括由于纳税主体与课税客体的非同一性所发生的国际重复征税，以及因对同一笔所得或收入的确定标准和计算方法的不同引起的国际重复征税。例如，甲国母公司从其设在乙国的子公司处取得股息收入，这部分股息收入是乙国子公司就其利润向乙国政府缴纳公司所得税后的利润中的一部分，依据甲国税法规定，母公司获得的这笔股息收入要向甲国政府纳税，因而产生了甲乙两国政府对不同纳税人（母公司和子公司）的不同课税客体或同一税源（子公司利润和股息）的实质性双重征税。

二、国际重复征税问题的成因

在国际经济发展和纳税人收入国际化的条件下，税收管辖权的重叠是国际重复征税的根本原因。从世界各国的涉外税收实践和税法角度分析，国际重复征税的发生，即税收管辖权的重叠主要有以下几种情况：

1. 居民（公民）税收管辖权与地域税收管辖权的重叠

绝大多数国家在所得税和一般财产税方面，都同时行使居民税收管辖权和收入来源地税收管辖权。由于居民税收管辖权是针对本国居民来源于境内外的所得征税，而收入来源地税收管辖权是针对居民或非居民来源于本国境内的所得征税，这就使一个具有跨国收入的纳税人，一方面作为居民纳税人向其居住国就来源于世界范围内的收入承担纳税义务；另一方面，作为非居民纳税人，向收入来源国就其在该国境内取得的收入承担纳税义务，由此便产生了国际重复征税。

例如：由英国居民开设的甲公司在中国设立一家分公司，该公司在某纳税年度取得利润 200 万英镑。一方面，由于英国行使居民税收管辖权征税，甲公司需将此 200 万英镑并入其来自世界其他地区的所得，向英国税务当局申报纳税。另一方面，由于中国行使收入来源地税收管辖权征税，甲公司还要就来源于中国的这 200 万英镑，向中国税务机构申报纳税。这样，由于两个国家行使基于不同原则确立的税收管辖权，使同一笔跨国所得在两个国家都承担了纳税义务，形成国际重复征税。

同理，公民税收管辖权与地域税收管辖权也存在类似问题。

2. 公民税收管辖权与居民税收管辖权的重叠

公民税收管辖权与居民税收管辖权虽然都是基于属人原则确立的税收管辖权，但行使两种税收管辖权征税的具体范围是不同的，因为“公民”和“居民”的概念在内涵上存在着明显的差异。当某公司或个人被两个国家分别认定为公民纳税人和居民纳税人时，就会发生这样的冲突。

例如：美籍华人王先生在中国开办了一家会计师事务所，并且在中国已经居住 6 年，具有中国居民的身份。某纳税年度，王先生的会计师事务所共取得利润 200 万美元。由于美国行使公民税收管辖权征税，因此，需将其全部所得 200 万美元向美国税务当局申报纳税；同时，由于中国行使居民税收管辖权征税，还需将其全部所得 200 万美元向中国税务当局申报纳税。因此，王先生的全部所得在两个国家都承担了纳税义务，发生了国际重复征税。

3. 居民税收管辖权与居民税收管辖权的重叠

这是由于有关国家所采用的居民纳税人的确定标准不同。例如，英、美两国均行使居民税收管辖权，对自然人居民纳税人的确定标准，英国采用住所标准. 美国采用居住时间标准。S先生在英国拥有永久性住所，但出于经商目的，某一税收年度，他在美国连续居住达183天以上，根据英、美两国的确定标准，两国同时认定S先生为本国的居民纳税人，对其行使居民税收管辖权征税，从而S先生的全部所得(或财产)将在两国承担双重税收负担。

即使在两个采用同类确定标准的国家，各自采用的确定标准的定义、内涵也存在不同。譬如，对住所、居所的理解不同，对居住时间长短的规定不同，也会造成国际重复征税。具体的例子有：同是采用时间标准确定自然人居民身份的相关国家和地区中，英国、德国、加拿大、瑞典等规定为半年(6个月或180天、182天、183天)，中国、日本、巴西等规定为1年，洪都拉斯、摩洛哥为3个月，秘鲁则长达2年。

4. 地域税收管辖权与地域税收管辖权的冲突引起的国际重复征税

这主要是由于有关国家对收入来源地的理解和规定不同造成的。例如，美国A公司派雇员B先生到中国的一家企业从事技术指导，B先生的薪金由A公司支付。按照中国的个人所得税法规定，以纳税人实际提供劳务的地点，作为劳动报酬所得来源地。B先生的劳务提供地在中国。因此，中国确定其劳务报酬为来源于中国境内的所得，对该所得征税。美国以劳务所得支付地为标准，认为B先生的劳务报酬在美国支付，是来源于美国境内的所得，也对其征税。就这样，B先生的一笔劳务报酬就同时被中、美两国征收个人所得税。

当然，随着经济全球化，还有更多的、更复杂的引起重复征税的情况，这里不一一赘述。

三、国际重复征税的处理

随着国际经济交往的加深和各国所得税制度的发展，国际重复征税变得日益普遍和严重，这对税负公平原则、资源配置效率、国际经济发展以及国家间税收权益，会产生各种消极影响，会挫伤企业和个人跨国投资的积极性，阻碍商品、劳务、资金、人才的国际交流，不利于国际间经济、技术、文化的相互交流与合作，最终将制约整个世界经济的发展。因此，需要寻求解决国际重复征税的方式和方法，以减轻跨国纳税人的税收负担。

(一)处理重复征税的政策模式

处理国际重复征税问题的方式，通常包括单边方式、双边方式和多边方式三种。

1. 单边方式

单边方式是指居住国为鼓励本国居民对外投资和从事其他国际经济活动，在本国税法中单方面作出一些规定来减轻或消除对本国纳税人来源于国外所得的国际重复征税。各国税法通常采用的单边方式有免税法、扣除法和抵免法等。

2. 双边方式

这种方式下，两个国家之间通过谈判，签订两国政府之间的双边税收协定，以解决国际重复征税问题，协调两个主权国家之间的税收分配关系。签订双边税收协定的做法，是解决国际双重征税问题的有效途径。自20世纪60年代以来，双边税收协定的缔结已成为国际经济关系的一个显著特征，目前全世界已有3000多个双边税收协定，其中我国就已与美、法、英、德等90多个国家和地区签订了双边税收协定。

3. 多边方式

该方式是指两个以上的主权国家通过谈判，签订避免国际重复征税的多边税收协定，以协调各国之间的税收分配关系。如丹麦、芬兰、冰岛、挪威和瑞典签订的，于1983年12月29日生效的北欧五国多边税收协定，就属于多边方式。采用这种多边方式的国家为数不多，但随着世界经济的发展以及区域经济一体化进程的加快，采用多边方式解决国际重复征税问题的国家将会有所增加。我国也在2013年同欧洲委员会成员、经济合作与发展组织等缔约方签订了《多边税收征管互助公约》。

（二）处理重复征税的具体操作

1. 免税法

免税法又称"豁免法"，是指居住国政府对其居民来源于非居住国的所得额，在一定条件下放弃行使居民管辖权，免予征税。免税法又分为全额免税和累进免税两种形式。

全额免税法，是指居住国政府对其居民来自国外的所得全部免予征税，只对其居民的国内所得征税。而且在决定对其居民的国内所得所适用的税率时，不考虑其居民已被免予征税的国外所得。

累进免税法，是指居住国政府对其居民来自国内外的所得不征税，只对其居民的国内所得征税。但在决定对其居民的国内所得征税所适用的税率时，有权将其居民的国外所得加以综合考虑。这种免税方法主要适用于实行累进所得税制的国家，而且是通过签订双边税收协定的途径来实现的。

例如：甲国某居民在2018纳税年度内，来自甲国所得10万元，来自乙国所得5万元，来自丙国所得5万元。甲国个人所得税税率为4级全额累进税率，即：

所得额在5万元（含）以下的，适用税率为5%；

所得额在5万元至15万元的部分，适用税率为10%；

所得额在15万元至30万元的部分，适用税率为15%；

所得额在30万元以上的，适用税率为20%。

乙国和丙国的个人所得税税率分别为15%和20%的比例税率。则：

采用全额免税法，该居民在甲国的应纳税额为1万元（=10×10%）。

采用累进免税法，甲国对该居民的国外所得10万元（5+5）不征税，只对来自甲国的所得 10 万元征税。但对其国内所得征税时，其适用税率已不再是按国内所得 10 万元对应的税率 10%征收，而是要对其国内所得 10 万元与国外所得 10 万元加以综合考虑，按 20 万元的所得对应的税率 15%征收，因而该居民的税收负担情况为：

居住国（甲国）税收：10×15%＝1.5（万元）

来源国（乙国）税收：5×15%＝0.75（万元）

来源国（丙国）税收：5×20%＝1（万元）

该居民的税收总负担：1.5＋0.75＋1＝3.25（万元）

居住国（甲国）放弃的税收：（10＋5＋5）×15%—1.5＝1.5（万元）

可见，本例中，按累进免税方法，甲国税务当局可较全额免税方法多征税收 0.5 万元（＝1.5—1）。

2.扣除法

扣除法亦称"列支法"，即居住国政府对其居民取得的国内外所得汇总征税时，允许居民将其向外国政府缴纳的所得税作为费用在应税所得中予以扣除，就扣除后的余额计算征税。实际上就是居住国政府将其居民的国外所得的税后收益并入该居民的国内所得内一起征税。

例如：甲国居民在 2018 纳税年度内来自甲国的所得为 10 万元，来自乙国的所得为 2 万元。甲国政府规定的所得税税率为 40%，乙国所得税率为 50%。则：

居民总所得：10＋2＝12（万元）

减：已纳乙国税款：2×50%＝1（万元）

应税所得额：12—1＝11（万元）

实缴甲国税款：11×40%＝4.4（万元）

3.抵免法

指居住国政府对其居民取得的国内外所得汇总征税时，允许居民将其国外所得部分已纳税款从中扣减。抵免法可分为全额抵免法和限额抵免法两种。

以全额抵免为例：甲国某居民纳税人在 2018 纳税年度内来自甲国所得为 10 万元，来自乙国所得为 4 万元，甲国政府规定的所得税税率为 40%，乙国所得税税率为 50%。在全额抵免方法下，该居民纳税人实际向甲国政府缴纳的所得税税额为：

（10＋4）×40%—4×50%＝3.6（万元）

此外，还有低税法、税收饶让等处理方法，在此不一一赘述。

第三节 国际避税与反避税措施

一、国际避税

（一）国际避税的概念

国际避税是避税活动在国际范围内的延伸和发展，是指跨国纳税人以合法的方式，利用各国税收法规的漏洞和差异或利用国际税收协定中的缺陷，通过变更其经营地点、经营方式以及人和财产跨越税境的流动、非流动等方法来谋求最大限度地减轻或规避税收负担的行为。其中，“税境”就是税收管辖权的界限。由于各国执行的税收原则和政策不同，税境有可能小于、等于或大于国境。在国外，“避税”(Tax Avoidance)、“税务筹划”(Tax Planning)以及“合法节税”(Legal Tax Saving)基本为同一概念。

需要强调的是，国际避税不是偷、骗、抗、欠税，它是纳税人以不违反税法规定为前提而减少纳税义务的行为。然而，从动机和最终结果来看，它们并没有绝对明显的界限。国际避税行为虽不违法，却是一种不道德的行为，有时甚至存在“形式上合法实质上违法”的情况，同时，这也是一种违背国家立法意图和立法宗旨的行为。因此，对于纳税人钻空子规避税收的行为，人们的看法和态度不尽一致。对于国际避税，有关国家一般要求纳税人对其行为的合理性进行解释和举证，对不合理部分进行强制性调整并补缴规避的税款。为防止国际避税行为的再次发生，相关国家和地区主要是通过加强国际合作，修改和完善有关的国内税法和税收协定，制定反避税法律、法规等，杜绝税法漏洞。

历史上著名的朗勃避税案就是利用税收管辖权真空进行的。朗勃是英国一种汽轮机叶片的发明人，他将这项发明转让给卡塔尔一家公司，得到 47500 美元的技术转让费。朗勃根据技术转让费的获得者不是卡塔尔居民不必向卡塔尔政府纳税的规定，避开了向卡塔尔政府纳税的义务。同时，朗勃将其在英国的住所卖掉，迁居到了中国香港，以住所不在英国为由避开了向英国政府的纳税义务。而香港仅实行地域管辖权，不对来自于香港以外地区的所得征税。这样，朗勃虽取得了一笔不小的技术转让费收入，但因处于各国（地区）税收管辖权的真空，所以可以不就这笔收入负担任何纳税义务。

（二）国际避税的主要方法

国际避税的形式多样，跨国纳税人利用各国税收差异进行避税的手法层出不穷。有的通过迁出或虚假迁出或不迁出而进行人员流动来实现国际避税；有的把资金、货物或劳务转移出高税国而实现国际避税；有的利用国际避税地进行避税；还有的利用有关国家税收协定关于避免国际重复征税的方法达到目的等。下面对几种常见的避税手段进行介绍：

1. 利用转移定价避税

转移定价(Transfer Pricing)是跨国公司面临的最重要的国际税收问题,它指的是在经济活动中,有经济联系的企业各方为均摊利润或转移利润而在产品交换或买卖过程中,不是依照市场买卖规则和市场价格进行交易,而是根据他们之间的共同利益或为了最大限度地维护他们之间的收入进行的产品或非产品转让。其基本做法是:在商品交易活动中,当卖方处于高税负而买方处于低税负的情况下,其交易价格就以低于市场价格的方式进行;反之,交易价格就会高于市场价格。这样就使收入从高税负方转移到低税负方,费用则作相反方向的转移,达到了降低总体税负的目的。

2. 利用避税地避税

国际避税地(International Tax Havens),又称避税港、避税天堂和避税绿洲,一般是指出于吸引外资、发展经济等因素的考虑,采取低税、免税或税收优惠措施,为跨国纳税人提供避税的便利条件的国家和地区。国际避税地可以是一个国家,也可以是一个国家的某个地区,如港口、码头、沿海地区或交通方便的城市,因而也被称为"避税港"。

目前,一些国家出于反避税斗争的需要,在本国税法中规定了判定国际避税地的具体标准,有的国家还根据所制定的标准开列出了国际避税地国家和地区的名单,凡本国公司与符合避税地标准或在避税地名单上的国家和地区中的受控子公司进行交易,税务部门都要给予密切注意,必要时还要实行一些反避税措施。例如,美国国内收入署认为,具有以下特征的国家和地区就是避税地:不课征所得税或税率比美国的所得税率低;银行高度保守商业秘密,甚至不惜违反国际条约的有关规定;银行或与银行活动类似的金融活动在经济中占有重要地位;有充分的现代通信设施;对外币存款没有管制;大力宣传自己是离岸金融中心。根据这些标准,美国国内收入署列举了约 30 个具有代表性的国际避税地。日本将公司的全部所得或特定类型的所得所适用的实际税率低于日本国内公司所得税实际税率 50%的国家和地区判定为国际避税地,据此,日本的税务当局列出了 33 个属于避税地的国家和地区。法国则规定,无所得税或税率低于法国同类所得使用税率 2/3 的国家和地区属于避税地,并列出 38 个避税地国家利地区的名单。在挪威,避税地一般是指低税或不征税以及不与其他国家在税收情报交换方面进行合作的国家和地区。如果一个国家愿意进行税收情报交换,那么即使该国存在税收优惠或免税,也可以不被视为国际避税地。

从 2000 年 6 月开始,世界经济合作与发展组织判定避税地国家和地区必须符合四个标准:第一,有效税率为零或只有名义的有效税率。第二,缺乏有效的信息交换。第三,缺乏透明度。第四,没有实质性经营活动的要求。并据此将安道尔、安圭拉岛、安提瓜和巴布达、阿鲁巴、巴哈马、巴林、巴巴多斯、伯利兹、英属维尔京群岛、库克群岛、多米尼加、直布罗陀、格林纳达、根西岛、萨克岛、可尔德尼岛、曼岛、泽西岛、利比里亚、列支敦士登、马尔代夫、马绍尔群岛、摩纳哥、蒙特塞拉特岛、瑙鲁、荷属安第列斯群岛、巴拿马、萨摩亚群岛、塞舌尔、圣卢西亚、圣克里斯托夫和尼维斯、圣文森特和格林纳丁斯、汤加、特克斯群岛和凯科斯群岛、美属维尔京群岛、瓦努阿图等国家或地区列入了避税地黑名单。

在了解避税地相关信息的同时，应当留意与国际避税地有关的两个概念，即离岸中心和自由港。离岸中心，是指对外国投资者在本地成立的但从事海外经营的离岸公司，提供一些特别优惠，从而使跨国公司借以得到更大经营自由的国家或地区。由于离开了税收优惠，离岸中心就不能存在，所以离岸中心往往是也国际避税地。自由港是指不受海关管辖，在免征进口税、出口税、转口税的情况下，从事转口、进口、仓储、加工、组装、包装、出口等经济活动的港口或地区。相对于避税地以减免所得税为主要特征，自由港主要以免征关税为特征。自由港可以同时是避税地，如中国香港。而在有些情况下，自由港并不是避税地，如德国汉堡自由港区。

现行国际避税港多达350个，分布在世界70多个国家和地区。这些国际避税地通常被分为三大类型：

其一，不征收任何所得税和一般财产税的国家和地区，如巴哈马、百慕大群岛、开曼群岛、瑙鲁、瓦努阿图、特克斯和凯克斯群岛等，格陵兰、法罗群岛、新喀里多尼亚、索马里、圣皮埃尔岛和密克隆岛也基本上属于此类。

以开曼群岛为例：一个外国人如果到开曼组建公司或银行，只需向当地有关部门注册登记，每年缴纳一定的注册费，就可以完全免除其个人所得税、公司所得税、资本利得税、净财富税、继承税和遗产税等税收。这个外国人和其公司或银行的账目不受当局审查，对其经营活动，当局也不过问。

其二，不征收某些所得税和一般财产税，或征收所得税和一般财产税，但征收税率远低于国际一般水平，对来源于境外所得和存在于境外的一般财产价值免征税收的国家和地区。属于这类国际避税地的国家和地区有：阿尔德尼岛、安道尔、安哥拉、安提瓜、巴林、巴巴多斯、英属马恩岛、英属维尔京群岛、塞浦路斯、直布罗陀、以色列、牙买加、泽西岛、列支敦士登、摩纳哥（法国人除外）、蒙特塞拉特、荷属安第列斯群岛、圣赫勒拿、圣文森特萨克岛、新加坡、瑞士（一些州和市镇除外）、汤加、阿根廷、哥斯达黎加、委内瑞拉、海地、巴拿马、马来西亚、利比里亚、埃塞俄比亚、中国香港和澳门两个特别行政区等。

中国香港长期奉行所得来源地管特权，只对在香港境内取得的所得行使税收管辖权，即使有收益人未在香港设立机构，仍需就其利得缴纳利得税。相反，对于在香港境外取得的所得，除非被视为来源于香港，否则，无论是否汇款到香港，均无需向香港政府缴纳税收。对于来源于香港的所得，税率也很优惠。无限责任公司的税率为17%，有限责任公司的税率为18.5%，比一般发达国家的公司所得税率低。

其三，征收正常税收，但存在某些税收特例或提供某些特殊优惠的国家和地区。这是在按照国际规范制定税法的同时，又制定了某些税收特例或提供某些特殊税收优惠的国家和地区。属于这类国际避税地的国家和地区有卢森堡、荷兰、比利时、希腊、爱尔兰、英国、加拿大、菲律宾等。

例如，卢森堡制定了规范的税收制度，包括对公司征收所得税，但对控股公司不征收所得税。又如，荷兰对外国公司职员在荷兰“临时居住”给予各种特殊的税收扣除优惠，即使最后发现这个职员的目的是逃避个人所得税，在认定应被看作荷兰非居民而取消各种特殊扣除优惠的资格后，对于个人的全部薪金仍可享受35%的一般扣除，在荷兰公司的境外子公司和合作组织的分配利润也可享受免予缴纳所得税的待遇。

纵观当前的国际避税地，其中大多是一些小国、岛屿或港口、沿海或交通便捷的城市。但目前英美等发达国家的一些城市或地区也开始步入“避税港”的行列，从而使避税港问题变得更加错综复杂。

3. 采取人员流动避税

目前，多数国家都同时行使来源地税收管辖权和居民税收管辖权。通常的做法是：将纳税人分为居民和非居民，对本国居民在全球范围内的所得行使征税权，对非居民仅就其来源于本国的所得征税。对此，跨国纳税人通过改变自己的居民身份，从高税国向低税国迁移，或是利用确定居民身份标准的漏洞，游离于各国之间，确保自己不成为任何一个国家的居民，从而有效地减轻税负，以达到避税的目的。

具体做法有：高税国居民将其住所迁往低税国，以成为低税国自然人居民身份的方式来规避税收；高税国居民将其住所临时性地移居到低税国一至两年，待该项避税目的实现后，再迁回原居住国；高税国居民只把法律规定构成住所的部分迁移移居到低税国，并未完全消除或摆脱在原居住国构成其居民身份的某些因素；纳税人利用有关国家之间确定居民居住时间的差异，采取流动性居留或压缩居留时间；法人选择在国际避税地或者在提供税收优惠较多的国家登记注册等手段，避开高税国的居民身份，从而避免高税国的纳税义务等。

4. 利用国际税收协定避税

国际税收协定指两个或两个以上的主权国家，为了协调相互间在处理跨国纳税人征税事务和其他有关税收方面的关系，本着对等原则，由政府谈判签订的一种书面协议。国际税收协定是为了避免重复征税而产生的，协定达成的优惠只有缔约国一方或双方的居民有资格享受。纳税人正是看到了其中的机会，试图把从一国向另一国的投资通过第三国迂回进行，以便从适用不同国家的税收协定和国内税法中受益。其手段主要有以下三种：

(1)建立直接传输公司。

例如，K、L两国之间未订立税收协定，但都分别与M国订有双边互惠协定。K国的甲公司要向L国的乙公司支付股息，乙公司就在M国组建丙公司，由甲先把股息支付给丙公司，再由丙公司支付给乙公司。丙公司就是一个传输公司，它好像一个输送导管，使股息迂回到M国，从而达到减轻税负的目的。

(2)利用脚踏石式的传输公司。

这是在直接传输公司不能奏效的情况下所采取的一种更间接、更迂回的避税方式，涉及在两个以上的国家建立子公司来利用有关国家签订的税收协定。

仍用上例条件,不同的是L、M之间也没有税收协定,但M国规定:丙公司支付给他国公司的投资所得允许作为费用扣除,并按常规税率课征预提所得税。这里L国的乙公司在同样与L国订立税收协定的N国(该国对所有公司实行优惠政策)建立丁公司,甲公司先把股息付给丙公司,丙公司再付给丁公司,由丁公司付给乙公司,即采用更加迂回的策略使丙公司的所得可以大量扣除乙公司投资的支出,又利用其在M国缴纳的预提税在N国得到抵免,还使丁公司的收入享受优惠待遇。丁公司则被称为脚踏石式的传输公司。

(3)设置外国低股权的控股公司。

许多国家与国家之间的税收协定都规定:享受预提税优惠的必要条件是该支付股息的本国公司由外国投资者控制的股权不得超过一定比例,德国签订税收协定的惯例就是将这一比例定为25%。纳税人正是利用这一点达到避税的目的。

例如,我国的跨国公司拥有在德国的全资子公司,中德两国之间有一般性税收协定《中德避免双重征税和防止偷漏税协定》。那么,该跨国公司可以在我国境内先组建5个子公司,分别注明拥有德国子公司少于25%的股份,从而在中德之间的税收协定中享受优惠待遇。

二、国际反避税的措施

虽然国际避税并不违法,但为了维护国家税收管辖权、防止税收流失、加强国际税源管理,世界发达国家和一些发展中国家,包括中国政府,都非常重视国际避税的治理工作。

以美国、德国和法国为首的发达国家对国际避税进行治理的呼声越来越高。例如,2009年2月22日,欧盟主要经济体领导人在德国柏林举行特别峰会。与会各方一致主张对“不合作”的避税天堂地区进行惩罚。2009年3月1日,阿根廷总统克里斯蒂娜表示,阿根廷将在伦敦召开的20国集团金融峰会上建议彻底取消避税天堂,加强对国际金融体系的监管。2009年3月3日,法国和德国财政部长表示,希望20国集团成员终止与“不合作”的避税天堂国家在金融领域的双边协议。时任法国总统萨科齐强调,要从此“封杀”避税天堂。同时,美国政府准备出台《禁止利用税收天堂避税法案》,这是美国单个国家试图对国际避税行为进行打击和限制而通过的特别国内法措施。2009年4月2日,在伦敦举行的20国集团峰会期间,各国领导人向世界作出一项承诺:联手打击国际避税天堂。这是本次峰会达成的重要共识之一。随后,基于哥斯达黎加、菲律宾、乌拉圭以及马来西亚在税务交换数据方面拒绝履行国际标准的原因,经济合作与发展组织将这四个国家列入避税天堂“黑名单”。中国从20世纪80年代起开始重视国际避税的治理工作,出台了一系列法律法规进行管理。

(一)反避税的含义

反避税是对避税行为的一种管理活动。广义上包括财务管理、纳税检查、审计以及发票管理，狭义上就是通过加强税收调查，堵塞税法漏洞。

(二)反避税行为的判定

如何判断避税是开展反避税工作的基础，以企业为例，检验其是否避税一般有以下五个标准：

1. 动机检验

这一标准是对一个纳税人的经济活动和安排的法律特征或其他特征进行检验，看其主要目的是否在于减少或完全逃避纳税义务。在实践中，这是难以单独行使的检验标准。由于动机是主观存在的，蕴于纳税人头脑中，因此只有通过分析纳税人在有关经济事务的处理上是否正常、合理来判断其动机。

2. 人为状态检验

如果可以发现立法机关具有在一定范围内开征一种税的意图，而纳税人可能使用一种在表面上遵守税收法规，而实质上与立法意图相悖的合法形式达到自己的目的，在这种情况下，合法的形式背离了实际状况，那么这种处心积虑的合法形式称之为“人为状态”。根据这一标准可以表明纳税人希望使税收法规的目的和意图落空，但把它作为一种独立的判断标准来使用尚有很大困难。

例如：A 公司在避税地巴拿马建立全资子公司 B 公司，并将主要优良资产账面上转给 B 公司，B 公司在香港建立 C 公司，C 公司与 A 公司合资在深圳开办 D 公司，由于是中外合资企业，享受我国外资企业的优惠政策。本案中，A 公司的行为就是一种典型的人为行为。

3. 受益检验

从实际某种安排减少纳税额或获得的其他税收上的好处，构成了受益检验标准。在一项税收上的好处可以是一种特定交易的唯一结果，在一项税收上的好处是某一交易的主要或仅是一部分目的，必须作出区别。受益检验标准的一个优点是其客观性，看起来简单明了，但在试图发现正确的因果关系上会遇到困难。

4. 规则确定标准

在特定的环境下，是否存在“不可接受”的避税，判定权基本上落在税务当局手中，由他们酌情处理。在某些情况下，税务当局甚至可能具有完全自由的自行处置权。这种确定方法就对税务工作者提出了更高的要求。

5. 排除法

这一判断标准焦点集中在避税的某些做法是普遍的还是不普遍的。如果一种避税方法在大多数纳税人中盛行，出于这一缘故，这种避税方法为立法机关、财政当局、法院或其他有关方面所不容，避税就可能被认为不可接受，甚至会随着新立法的出现而变成非法的逃税行为。

（三）国际反避税的方法

为了维护国家的财政利益，促进国际经济的正常发展，各国政府纷纷采取对策，致力于有效打击和控制跨国纳税人的避税活动。经过几十年的实践，国际社会已形成了一整套应对国际避税的措施和方法。

1. 一般方法

(1)在税法中制定反避税条款。

在长期的反避税实践中，各国的侧重点是运用法律手段，在立法、执法和司法上采取措施：有的国家制定单行反避税法规，作为本国税收程序法的组成部分，并通过若干条款加以补充；而有的国家在本国税收法典或单行税收法规中增列条款加以阐述，作为税收实体法的特殊条款。

(2)以法律形式规定纳税人的特殊义务和责任。

为了确保上述反避税措施的有效实施，各国政府还通过法律形式，规定纳税人对其经济活动事实负有报告义务和其他责任。如规定纳税人的报告义务、在诉讼中明确纳税人的举证责任以及规定纳税人的某些活动必须获得税收裁定。

(3)加强税收征管工作。

要有效地防范跨国纳税人进行国际避税，除了相应的立法手段外，还必须加强征收管理工作。可以采用的方式包括：完善纳税申报制度、开展税务调查、加强税务审计、建立健全税务系统的信息网络、提高涉外税务人员的素质、争取银行的合作等。

(4)开展国际反避税合作。

由于国际避税至少涉及两个或两个以上的国家，因此要有效地防范国际避税，单靠一个国家的力量是不够的，必须依靠国际合作。通常，这种合作是通过政府间签订双边或多边税收条约或协定，采取双边或多边防范避税措施，相互交换情报的形式进行的。

2. 调整国际转移定价

不合理的转让定价必然会造成收入和费用不合理的国际分配格局，从而影响有关国家的切身利益。因此，世界上已经有近 70 个国家在国内税法中规定，对跨国关联企业之间不合理的转让定价，本国税务部门要进行一定的调整。当然，判定跨国关联企业之间交易的转让定价是否合理，以及对不合理的转让定价怎样进行调整，都需要有一个客观标准。根据正常交易定价原则，各国税务部门在审核和调整跨国关联企业间的转让定价时，可以采用市场标准、比照市场标准、组成市场标准、成本标准等进行判定。

目前，各国对跨国关联企业间不合理转让定价进行调整的方法主要有四大类，即可比非受控价格法、再销售价格法、成本加利润法以及其他合理方法，这四类方法最先由美国采用，1979 年，经济合作与发展组织发布的《转让定价与跨国企业》的报告中又推荐了这四类调整方法，从而使其在世界范围内得以广泛采用。

可比非受控价格法即根据相同的交易条件下非关联企业进行同类交易时所使用的

非受控价格，来调整关联企业之间不合理的转让定价。再销售价格法即以关联企业间交易的买方将购进的货物再销售给非关联企业时的销售价格（再销售价格）扣除合理利润后的余额为依据，来调整关联企业之间交易的不合理转让定价。成本加利润法以关联企业发生的成本加上合理利润后的金额为依据，来调整关联企业间不合理的转让定价。以上三种方法被人们视为调整转让定价的“标准方法”，除此之外，各国在调整转让定价方面还有被称之为“其他合理方法”的第四种方法。这类方法在各国包括的内容不一，在美国，属于“其他合理方法”的共有十几种之多。

3. 应对避税地避税的立法

要想阻止跨国公司利用避税地基地公司（建在避税地的外国公司）进行避税，就必需取消对国外分得股息推迟课税的规定。跨国公司的基地公司无论是否将股息、红利汇给母公司，母公司居住国都要对这笔利润征税，这样，跨国公司利用避税地基地公司避税的计划就不能得逞。这种取消推迟课税的规定以阻止跨国纳税人利用其在避税地拥有的基地公司进行避税的立法，被称为对付避税地的立法。

4. 防止滥用税收协定

目前，除芬兰等极少数国家之外，绝大多数国家都把滥用税收协定的行为视为是一种不正当的行为，并主张加以制止。为了防止本国与他国签订的税收协定被第三国居民用于避税，不把本国的税收优惠提供给企图避税的第三国居民，一些国家已开始采取防止税收协定被滥用的措施。

例如，瑞士是一个有广泛税收协定的国家，其公司所得税之低，在发达国家中也不多见，因而，过去经常被第三国纳税人选为避税地公司所在地。1962 年 12 月，瑞士议会颁布《防止税收协定滥用法》，决定单方面严格限制由第三国居民拥有或控制的公司适用税收协定。该法指出，除非满足该法的相关规定，否则瑞士与他国签订的税收协定中的税收优惠不适于股息、利息和特许权使用费。这些条件是：瑞士公司的债务不超过股本金的 6 倍，利息率不能超过“正常利息率”（市场利率的最高限）；向居住在瑞士以外的纳税人以利息、使用费、广告费等形式支付的款项不能超过享受协定优惠所得的 50%；如果非居民在瑞士公司中具有控制权益，则享受协定给予税收优惠的所得至少有 25% 作为股息分配，交纳瑞士的预提税。

5. 限制避税性移居

为防范本国居民出于避税目的而向国外移居，一些国家和地区采取了一些立法措施，对自然人或法人居民向国外移居加以限制。

例如，瑞典在 20 世纪 50—60 年代曾是世界上个人税收负担最重的国家之一。为了防止人们以移居为名逃避瑞典的无限纳税义务，瑞典 1966 年实施的《市政税法》规定，一个瑞典公民在移居到别国后的 3 年内，一般仍被认为是瑞典税收上的居民，仍要在瑞典负无限纳税义为，除非他能证明自己与瑞典不再有任何实质性联系，并且在 3 年中证明自己与瑞典无实质性联系的举证责任由纳税人个人承担。芬兰、英国等也有类似的规定。

6.限制利用改变公司组织形式避税

跨国公司国际避税的方式之一,是适时地改变国外附属机构的组织形式,当国外分公司开始盈利时,即将其重组为子公司。为了防止跨国公司利用这种方式避税,一些国家在法律上也采取一些防范性措施。

美国税法规定,外国分公司改为子公司以后,分公司过去的亏损所冲减的总公司利润必须重新审计清楚,并就这部分被国外分公司亏损冲减的利润进行补税。英国则用限制本国居民公司向非本国居民公司转让经营业务的方法阻止本国公司将国外的分公司改组为子公司。

第四节 中国的涉外税收

一、涉外税制概述

(一)涉外税制概念

涉外税收有广义与狭义之分。广义的涉外税收泛指与涉外经济活动有关的一整套涉外税收法规、涉外税收管理体制和办法,包括对外国人(自然人与法人)征收的所得税,对外国人征收的流转税、房产税、车船使用税等。狭义的涉外税收是指在对外经济活动中涉及国家之间经济权益分配关系的税收,如与涉外经济活动有关的所得税。

世界各国处理涉外税收问题的做法不尽相同。大多数发达国家,如美国、英国、日本等国,都不是单独设立涉外税种的,而是不分国内国外,采用统一的税法。只是对涉外税收问题增加一些补充规定。也有一些国家,根据本国的国情,单独设立涉外税种,我国就属于这种情况。

我国的涉外税收是对外商投资企业、外国企业和外籍个人的各种税收的总称,现行由税务部门征收管理的涉外税收包括或涉及的税种主要有:增值税、消费税、营业税、外商投资企业和外国企业所得税、个人所得税、城市房地产税、车船使用牌照税等。近年来,全国涉外税收增长较快,占整个税收收入总额的比重也逐年提高,涉外税收已经成为我国税收收入的重要来源和新的增长点。不过,这对维护国家权益、服务对外开放、为外国投资者提供符合国际税收惯例的赋税环境提出了更高的要求。

(二)我国涉外税制的演变

我国的涉外税收制度在30多年的发展历程中,经历了四次较大的改革。第一次是1991年以“两法合并”为主要特征并经全国人大审议通过的涉外企业所得税改革,即把

《中华人民共和国中外合资经营企业所得税法》和《中华人民共和国外国企业所得税法》合并为《中华人民共和国外商投资企业和外国企业所得税法》，统一了涉外企业所得税制，进一步完善了涉外税收优惠制度。第二次是1992年以《中华人民共和国税收征收管理法》的公布为标志，统一了对内税收和涉外税收的征管制度。第三次是1994年进行的全面税制改革，根据"统一税法、公平税负、促进平等竞争"的指导思想，配合我国工商税制改革，废除了原来对外商优质企业征收的工商统一税，实行与国内企业相同的流转税制，构建了我国涉外税收新体系。它统一了内外流转税制和个人所得税制，使内资企业和外商投资企业与外国企业适用统一的增值税、消费税和营业税暂行条例，实现了外籍个人和国内公民适用统一的个人所得税法。第四次是1996年4月1日起实行的关税和进口环节增值税免税方面改革，大幅度降低进口关税，同时取消了外商投资企业的进口税收优惠，规定1996年4月1日以后批准设立的外商投资企业，在其投资总额内进口的自用设备一律按法定税率征收关税和进口环节增值税。

值得注意的是，改革开放以来，中国在税收方面对外商投资企业、外国企业和外籍在华人员一直实行的是"超国民待遇"的政策，其目的是吸引外商投资。随着中国加入世界贸易组织，对涉外税收政策进行一些调整，逐步实行"国民待遇"。调整的总方向是逐步减少给予外商投资企业、外国企业和外籍在华人员的税收优惠，取消内外资企业在税种、税率和税收待遇上的差别，改变内外税法分立的状况，通过分阶段的改革，最终实现内外税制的全面统一。这样做的目的是依照国际惯例创造内外资企业平等竞争的环境。

二、中国现行涉外税收的基本法律、法规、规章

为了对我国涉外税收进行规范管理，我国不同部门以维护国家利益、服务对外开放、遵从国际税收惯例为原则，拟定并颁布、实施了相应的法律、法规、规章，具体见附表。

《中华人民共和国外商投资企业和外国企业所得税法》，1991年4月9日通过并公布
《中华人民共和国外商投资企业和外国企业所得税法实施细则》，1991年6月30日发布
《中华人民共和国个人所得税法》，1980年9月10日通过，2005年10月27日经第三次修改并公布
《中华人民共和国个人所得税法实施条例》，2005年12月19日发布
《中华人民共和国增值税暂行条例》，1993年12月13日发布
《中华人民共和国增值税暂行条例实施细则》，1993年12月25日发布
《中华人民共和国消费税暂行条例》，1993年12月13日发布
《中华人民共和国消费税暂行条例实施细则》，1993年12月25日发布
《中华人民共和国车辆购置税暂行条例》，2000年10月22日公布
《中华人民共和国进出口关税条例》，2003年11月23日公布
《中华人民共和国营业税暂行条例》，1993年12月13日发布
《中华人民共和国营业税暂行条例实施细则》，1993年12月25日发布
《城市房地产税暂行条例》，1951年8月8日公布

续表

《中华人民共和国城镇土地使用税暂行条例》,2006 年 12 月 31 日修改公布
《中华人民共和国契税暂行条例》,1997 年 7 月 7 日发布
《中华人民共和国契税暂行条例细则》,1997 年 10 月 28 日发布
《中华人民共和国土地增值税暂行条例实施细则》,1995 年 1 月 27 日发布
《中华人民共和国资源税暂行条例》,1993 年 12 月 25 日发布
《中华人民共和国资源税暂行条例实施细则》,1993 年 12 月 30 日发布
《中华人民共和国车船税暂行条例》,2006 年 12 月 29 日公布
《中华人民共和国车船税暂行条例实施细则》,2007 年 2 月 1 日公布
《船舶吨税暂行办法》,1952 年 9 月 29 日公布
《中华人民共和国印花税暂行条例》,1988 年 8 月 6 日发布
《中华人民共和国印花税暂行条例施行细则》,1988 年 9 月 29 日发布
《中华人民共和国税收征收管理法》,2001 年公布
《中华人民共和国税收征收管理法实施细则》,2002 年 9 月 7 日公布
《中华人民共和国海关进出口货物征税管理办法》,2005 年 1 月 4 日公布
《税务行政复议规则(暂行)》,2004 年 2 月 24 日公布

针对一些企业、个人的国际避税行为,国家税务总局先后颁发了《关于印发关联企业间业务往来税务管理规程(试行)的通知》(国税发[1998]59 号)、《关于修订关联企业间业务往来税务管理规程(试行)的通知》(国税发[2004]143 号)和《关于印发关联企业间业务往来预约定价实施规则(试行)的通知》(国税发[2004]118 号)等政策性法规,针对外商投资企业和外国企业常用的转让定价避税行为进行了反避税工作,取得了一定的成效。

2008 年 1 月 1 日,我国开始实施新的《中华人民共和国企业所得税法》,该法第六章明确规定了"特别纳税调整"条款,这是自新中国成立以来我国第一次较全面治理国际避税的立法。这一新税法不仅包括我国实践多年的针对转让定价和预约定价的规定,而且借鉴国际经验,首次引入了成本分摊协议、受控外国企业、资本弱化、一般反避税以及对避税调整补税加收利息等规定。国家税务总局在总结我国转让定价和预约定价管理实践并借鉴国外治理国际避税的立法和实践经验的基础上,对有关反避税的规定进行了解释和细化,于 2009 年 1 月 8 日颁布了《特别纳税调整实施办法(试行)》(国税发[2009]2 号),对反避税操作管理进行了全面规范。随着国税发[2009]2 号文件的发布实施,我国已经形成了较全面的治理国际避税法律框架和管理指南,为税务机关执法和纳税人遵从提供了法律依据,有力推动了我国治理国际避税工作科学规范的进程,显示了我国在维护国家税收权益和强化国际税源管理方面的信心和决心。但是,国税发[2009]2 号文件中的一些治理国际避税的规定过于抽象,缺乏具体的可操作性,有待今后继续细化。特别是随着电子商务的发展,国际互联网贸易及其导致的国际避税问题已成为有关国际组织和各国政府关注的焦点。有关电子商务和国际互联网贸易等电子贸易形式所形成的国际避税问题应如何解决,都有待继续研究。

三、外商投资企业、外国企业和外国人应当缴纳的税收

根据我国全国人民代表大会及其常务委员会和国务院的规定,我国目前对外商投资企业、外国企业或者外国人征收的税种有15个,分别为:增值税、消费税、车辆购置税、关税、营业税、外商投资企业和外国企业所得税、个人所得税、土地增值税、城市房地产税、城镇土地使用税、契税、资源税、车船税、船舶吨税和印花税。

香港、澳门、台湾同胞和华侨投资兴办的企业,香港、澳门、台湾同胞和华侨,在中国内地的纳税事宜,参照外商投资企业、外国企业和外国人的纳税办法办理。

【案例分析】

乐迪嘉的经营

乐迪嘉跨国公司总部设在美国,并在英国、法国、中国分设怀德公司、赛尔公司、双喜公司三家子公司。怀德公司为法国的赛尔公司提供布料,假设有1000匹布料,按怀德公司所在国的正常市场价格,成本为每匹2600元,这批布料应以每匹3000元出售给赛尔公司;再由赛尔公司加工成服装后转售给中国的双喜公司,赛尔公司利润率20%;各国税率水平分别为:英国50%,法国60%,中国30%。乐迪嘉跨国公司为逃避一定税收,采取了由怀德公司以每匹布2800元的价格卖给中国的双喜公司,再由双喜公司以每匹3400元的价格转售给法国的赛尔公司,再由法国赛尔公司按价格3600元在该国市场出售。

资料来源:曹小林.七种典型国际避税案例分析[EB/OL].https://www.Leshui365.com

思考与讨论:

分析乐迪嘉跨国公司公司及其子公司,在实行转让定价前后所负担的税款变化情况。

复习思考题

1.如何准确地理解国际税收的概念?

2.如何理解税收管辖权?税收管辖权分为哪几类?

3.避免和消除国际双重征税的方法是什么?

4.国际避税的客观基础和刺激因素是什么?避税地主要分为哪几类?国际避税的主要方法有哪些?

5.目前国际上采取的反避税措施主要有哪些?

第十二章 “一带一路”倡议与中国的国际经济合作

第一节 “一带一路”倡议的内涵和意义

一、“一带一路”倡议的含义与内涵

(一)“一带一路”倡议的含义

“一带一路”(The Belt and Road,缩写 B&R)是“丝绸之路经济带”和“21 世纪海上丝绸之路”的简称。古代丝绸之路历史性地创造了一条由东亚至欧洲的陆上交通大动脉,将中国与中亚、西亚直至南欧的广大区域连接在一起,是东西方沟通交流的重要陆地通道。古代海上丝绸之路产生于陆上丝绸之路之前,早在秦汉时期,中国和东南亚、南亚等地区就应有了比较频繁地交流往来;唐宋时期,商船从泉州、广州出发经南海、印度洋、波斯湾,到达了东非和欧洲;明代,郑和的船队最远更是到达了非洲东南部的一些地区。

2013 年 9 月 7 日,习近平在哈萨克斯坦纳扎尔巴耶夫大学发表演讲时表示:为了使各国经济联系更加紧密、相互合作更加深入、发展空间更加广阔,我们可以用创新的合作模式。共同建设“丝绸之路经济带”,以点带面,从线到片,逐步形成区域大合作。2013 年 10 月 3 日,习近平在印尼国会发表演讲时表示:中国愿同东盟国家加强海上合作,使用好中国政府设立的中国一东盟海上合作基金,发展好海洋合作伙伴关系,共同建设 21 世纪“海上丝绸之路”。①

1. 什么是“丝绸之路经济带”

“丝绸之路经济带”是在“古丝绸之路”概念基础上形成的一个新的经济发达区域。东边牵着亚太经济圈,西边系着欧洲经济圈,被认为是“世界上最长、最具有发展潜力的经济大走廊”。“丝绸之路经济带”首先是个“经济带”概念,体现的是经济带上各城市集中协调发展的思路。

丝绸之路横跨亚欧大陆,绵延 7000 多公里,途径多个国家,总人口近 30 亿。以上海

---

① 中国一带一路网. https://www.yidaiyilu.gov.cn/ztindex.htm.

合作组织为例，组织内的6个成员（中国、俄罗斯、哈萨克斯坦、吉尔吉斯斯坦、塔吉克斯坦、乌兹别克斯坦）、5个观察员国（蒙古、巴基斯坦、印度、伊朗、阿富汗）、3个对话伙伴国（白俄罗斯、土耳其、斯里兰卡）绝大部分都位于丝绸之路沿线。

“经济带”是经济地理学范畴。经济带发展需要依托一定的交通运输干线，并以其为发展基轴，以轴上经济发达的一个和几个大城市作为核心，发挥经济集聚和辐射功能，联结带动周围不同等级规模城市的经济发展，由此形成点状密集、面状辐射、线状延伸的生产、贸易、流通一体化的带状经济区域。

“丝绸之路”沿线大部分国家处在两个引擎中间的“塌陷地带”，整个区域存在“两边高，中间低”的现象，发展经济与追求美好生活是本地区国家与民众的普通诉求。这方面的需求与两大经济引擎联通的需求叠加在一起，共同构筑了“丝绸之路经济带”的国际战略基础。

2. 什么是“21世纪海上丝绸之路”

古老的海上丝绸之路自秦汉时期开通以来，一直是沟通东西方国家经济文化交流的重要桥梁，而东南亚地区自古就是海上丝绸之路的重要枢纽和组成部分。习近平基于历史，着眼中国与东盟建立战略伙伴十周年这一新的历史起点上，为进一步深化中国与东盟的合作，构建更加紧密的命运共同体，为双方乃至本地区人民的福祉而提出的战略构想。同时，“21世纪海上丝绸之路”是我国在世界格局发生复杂变化的当前，主动创造合作、和平、和谐的对外合作环境的有力手段，为我国全面深化改革创造良好的机遇和外部环境。

“21世纪海上丝绸之路”的战略合作关系并不仅限与东盟，而是以点带线，以线带面，增进同沿边国家和地区的交往，将串起连通东盟、南亚、西亚、北非、欧洲等各大经济板块的市场链，发展面向南海、太平洋和印度洋的战略合作经济带，以亚欧非经济贸易一体化为发展的长期目标。由于东盟地处海上丝绸之路的十字路口和必经之路，将是新海丝战略的首要发展目标，而中国和东盟有着广泛的政治基础，坚实的经济基础，“21世纪海上丝绸之路”符合双方共同利益和共同要求。

打造“21世纪海上丝绸之路”虽存在一些风险和挑战，但沿线国家加强与中国合作是大趋势。实施战略将从现有区域合作机制着手，把这些国家和地区串联起来，搭建战略平台，携手重视海上丝绸之路繁荣，促进沿线国家的经济发展与共同富强。不仅保证了中国的国际战略安全，并能让沿线国家和中国互惠互利共赢。

3. 什么是“一带一路”

“一带一路”是合作方向。“丝绸之路经济带”重点畅通中国经中亚、俄罗斯至欧洲（波罗的海）；中国经中亚、西亚至波斯湾、地中海；中国至东南亚、南亚、印度洋。“21世纪海上丝绸之路”重点方向是从中国沿海港口过南海到印度洋，延伸至欧洲；从中国沿海港口过南海到南太平洋。

“一带一路”旨在共建国际大通道和经济走廊。陆上依托国际大通道，共同打造新亚欧大陆桥、中蒙俄、中国—中亚—西亚、中国—中南半岛等国家经济合作走廊。海上以重点港口为节点，共同建设通畅安全高效的运输大通道。中巴、孟中印缅两个经济走廊与推进“一带一路”建设关联紧密，要进一步推动合作，取得更大发展。

“一带一路”是合作发展的理念和倡议，是依靠中国与有关国家既有的双多变机制，借助既有的、行之有效的区域合作平台，旨在借用古代“丝绸之路”的历史符号，高举和平发展的旗帜，主动地发展与沿线国家的经济合作伙伴关系，共同打造政治互信、经济融合、文化包容的利益共同体、命运共同体和责任共同体。

“一带一路”建设是沿线各国开放合作的宏大经济愿景，需各国携手努力，朝着互利互惠、共同安全的目标相向而行。努力实现区域基础设施更加完善，安全高效的陆海空通道网络基本形成，互联互通达到新水平；投资贸易便利化水平进一步提升，高标准自由贸易区网络基本形成，经济联系更加紧密，政治互信更加深入；人文交流更加广泛深入，不同文明互相借鉴、共同繁荣，各国人民相知相交、和平友好。

（二）“一带一路”倡议的内涵

“一带一路”是国家对外开放的大战略，是一个内涵丰富、涉及面广、包容性强的巨大发展平台，顺应了时代发展的要求和各国加快发展的愿望。根据中国区域经济学会副理事长陈耀教授的看法，准确把握“一带一路”倡议内涵，可以从以下几组对应平衡关系中来理解和把握。

1. 古今传承，内外开放

“一带一路”是对古代丝绸之路、海上丝绸之路的继承和发展，是依托亚欧大陆桥与海上通道，以加强道路通道联通、贸易畅通、货币流通为重点，实现各国平等互利、共同发展的国际区域合作框架，目的是通过我国全方位开放这一出发点，促进我国与“一带一路”沿线国家、我国内陆延边地区与东部沿海地区的发展与合作，实现国内经济平衡发展及我国与“一带一路”沿线国家在不同种族、不同信仰、不同文化背景下的和平发展。丝绸之路始于中国，是连接亚洲、非洲和欧洲的古代商业贸易路线。从汉、唐、宋时期通过陆路和海上把丝绸、瓷器、茶叶、耕作、冶铁等商品和技术，传播到国外，同时也从国外带回国内没有的东西，这种互通有无的经贸联系和文化交流，改善了沿线国家的社会生产力和人民生活水平。今天重提“丝绸之路”，并不是期望恢复古老思路往日的辉煌，其现代含义更加宽泛，丝路成为一个象征性的标志，一个大的国家发展战略。从古至今要延续历史的精神，传承并提升古代文明，促进我国与世界各国在物质和文化等多方面开展更广泛的交流合作。

“一带一路”即涉及国内区域又涉及国外区域，是国内沿线区域与国外沿线国家和地区通过现代运输方式和信息网络连接起来的相互开放战略，对外开放是战略的核心。我国当代对外开放从空间上看很不平衡，沿海地区起步早，开放程度高，而内陆和沿边地区相对较晚，开放程度较低。丝绸之路经济带要有包括内陆地区和沿边地区的国内大部分区域参与，扩大这些地区的对外开放水平，形成全方位的开放经济体系。因此，

“一带一路”是包容发展之路，是开放合作之路。多元化的当今世界，不同国家的历史传统、文化基因、宗教信仰各不相同，各国家选择不同的社会制度和发展道路，处于不同的发展阶段。但是不同国家之间，无论大小，经济是否发达，都是平等的国际社会主体，只有互相尊重、相互包容，才能共同发展。目前的国际社会，发展障碍依然存在，南北差距仍在不断拉大，贫困问题突出，全世界仍有约 12 亿绝对贫困人口。资源环境、疾病传播、气候变化、恐怖主义等问题已成为人类共同面临的挑战。今天的人类社会比以往任何时候都更加迫切，也有条件共同迈进繁荣发展之路。“一带一路”正是实现这一目标的现实途径。“一带一路”强调包容发展，遵循相互尊重、平等协作的原则，尊重各国自主选择的社会制度和发展道路，尊重彼此核心利益，求同存异，构建多领域合作体系，打造多层次合作格局，发展多渠道合作框架，让不同社会制度、不同发展水平、不同文化传统国家间有途径开展平等合作、共享发展成果，最终打造政治互信、经济融合、文化包容的礼仪共同体、责任共同体。“一带一路”是开放包容的经济合作倡议，始终坚持开放合作的态度和共商、共建、共享的原则，该框架下的合作基于但不限于古代丝绸之路的范围，不搞封闭机制，不是一个实体，不预设合作条件和门槛，不排斥和针对任何第三方，欢迎任何国家和国际、地区组织广泛参与，成为“一带一路”的支持者、建设者和受益者。

2. 海陆统筹，东西共济

“一带一路”即涉及陆上通道又涉及海上通道，陆路通过铁路、公路联通中国到中亚、东南亚、西亚都欧洲，形成若干条陆上大通道、大动脉；海上丝绸之路在古代路线基础上不断拓展新航线，也就是现在 21 世纪海上丝绸之路，实现陆海连接双向平衡。“一带一路”将打破长期以来陆权和海权分立的格局，推动欧亚大陆与太平洋、印度洋和大西洋完全连接的陆海一体化，形成陆海统筹的经济循环和地缘空间格局。丝绸之路经济带贯穿东西，联通南北，但主线是东西两个方向。从我国来看，过去 30 多年主要是依托东部地区通过海上贸易的东向开放，丝绸之路经济带则更多是考虑通过连接亚欧的陆路大通道，加大西向开放的力度。我国西部地区由过去开放的末梢变为开放的前沿，向东开放和向西开放的相对平衡，也必将促进国内东西部地区经济协调发展。当然也考虑到南北向与国际的货物运输、贸易往来，除了南方的海上丝绸之路，更有北方对接“草原丝绸之路”联通东北亚的蒙古、俄罗斯等陆路通道，开辟东北地区对外开放新局面。所以，“一带一路”是互联互通之路。当前世界，互联互通建设的滞后已成为制约世界经济和社会发展的障碍，全球基础建设仍较薄弱，不连不通、连而不通、通而不畅现象普遍。国际社会需要做好互联互通，拉近各国在地理空间、物理空间和制度空间上的距离，保障全球生产要素自由流通，深化各国间的交流和合作。“一带一路”致力于加快沿线地区互联互通建设，推动“政策沟通、设施联通、贸易畅通、资金融通、民心相通”，其中，政策沟通是保障，设施联通是优先领域，贸易畅通是重点内容，资金融通是重要支撑，民心相通是社会根基。五大领域齐头并进，实现全方位、立体化、网络化的大联通。

3. 虚实结合，中外共赢

“一带一路”是一个内涵丰富的大概念。由于它的边界不是完全确定的，它所涵盖的内容不是固定不变的，它的目标也不会是完全清晰的，因而使得这一概念显得有些“虚”。但是，从提出初期的基本构想到现在推进的过程看，这一构想正由“虚”变得越来越“实”。比如我国与相关国家的大通道建设，陆上和海上基础设施的互联互通、能源和矿产资源合作、贸易往来日益频繁、中国产品和投资“走出去”、油气管道在建、基础设施投融资机制建立，这些都是看得见的成果，“一带一路”倡议正在一步一步地向前推进，已经变成可以落实的工作。“一带一路”是由我国提出的倡议，显然对我国自身发展有着重要战略意义，不仅有利于我国充分利用“两种资源、两个市场”，尤其是保障我国的能源资源安全、化解富余产能和经济转型升级，而且还有利于加强我国与周边国家尤其是新兴市场国家的经济和文化交流，建立长期合作伙伴关系。但必须看到，“一带一路”又是一个中国与相关国家能够实现互利共赢的战略，一方面是中国的发展会对丝路沿线国家经济产生巨大的带动效应，例如带动这些国家的优势资源开发、满足这些国家对中国工业品和生产技术的需求，同时更重要的是，中国政府充分考虑到周边相对落后国家建设“一带一路”的现实困难，出巨资与他国共同建立了亚洲基础设施投资银行和丝路基金，并鼓励中国企业向外投资，这些都会使沿线国家获得实实在在的好处和利益，从而实现共同建设、共同发展、共同繁荣。因此，“一带一路”是文明互鉴、和平友谊之路。在全球深入发展的今天，面对各种文明冲突、文明对抗，“一带一路”倡导推动文明互鉴，把各国文明的多样性和差异性转化为促进各国共同发展的活力和动力。文明是多彩的，没有优劣之分，只有特色区别。“一带一路”将推动沿线国家开展形式多样、内涵丰富的文化交流活动，推动不同文明在平等对话中增进理解，在交流互鉴中共同发展。“一带一路”倡导经济发展与和平安全并重，通过经济发展为解决安全问题、巩固安全成果提供基础。沿线国家经济的共同发展，本地区人民生活水平的明显改善，有利于增进各国社会稳定，为地区和平创造条件。经济交往可以为解决政治安全领域的复杂矛盾奠定较好的互信基础，增进国家之间的友谊，促进政治合作意愿，共创有利于地区和平的环境。

“一带一路”根植于中国厚重的文化积淀，具有鲜明的时代特征和现实意义。“一带一路”即是对中国历史文化精髓的传承，又是有着巨大现实需求的合作构想。“一带一路”倡议旨在推进沿线国家在经济、政治、文化等领域开展广泛、深入、持久的交流和合作，共享利益，共建和平。经济贸易合作是“一带一路”建设开展的基础，但它不仅仅是一条贸易通道，更多的是成为一条为全球繁荣创造新机遇、激发新活力的增长通道，是中国为促进人类共同发展所倡导的高屋建瓴的中国方案。

二、“一带一路”倡议的意义

（一）“一带一路”倡议与我国的创新发展模式

作为习近平亲自推动的“一号工程”，“一带一路”可能成为新中国成立以来最重要的国家战略布局。如果仅仅把"一带一路"看成一个区域规划,那肯定低估了"一带一路"的影响。对内,这是加强区域协同、盘活存量经济、消化产能过剩的重要抓手。对外,这是资本带动产能输出、拓展外交存在、扭转国际收支困境的突破口。

1."一带一路"倡议促进区域协同发展,构建我国对外开放新格局

"一带一路"打破原有点状、带状的区域发展模式。无论是早期的经济特区,还是2013年成立的自贸区,都是以单一区域为发展突破口。"一带一路"彻底改变之前点状、块状的发展格局,横向看,贯穿中国东部、中部和西部;纵向看,连接主要沿海港口城市,并且不断向中亚、东盟延伸。这将改变中国区域发展版图,更多强调省区之间的互联互通,产业承接与转移,有利于我国加快经济转型升级。在过去相当长的时期内,我国的中西部地区在经济发展水平与对外开放水平等多方面落后于东部地区与东边地区。依据区域经济发展生命周期规律,我国区域经济新常态呈现为:中西部地区的发展速度将在相当长一段时期内超过东部发达地区,中西部地区会成为支撑中国增长的中坚力量。"一带一路"几乎覆盖中国大多数省区,地方也在积极主动地融入该战略,其中,国家领导人重点调研新疆等地区,确定新疆丝绸之路经济带核心区的战略地位,推动福建建设通向中西部和东南亚的运输大通道,发展陕西临空经济产业,构筑空中丝路。地方战略目标明确,功能定位清晰,重点开发特色资源和优势产业,改变各地同质化发展问题。借"一带一路"建设之风,中西部地区的发展潜力可望得到深入挖掘,中西部地区与东部地区的发展差距可望缩小,并构筑新一轮对外开放的"一体两翼",提升向东开放水平的同时加快向西开放步伐,助推内陆沿边地区由对外开放的边缘迈向前沿。

2."一带一路"倡议消化过剩产能,推动我国产业转型升级

产能过剩是当前中国经济面临的最大症结之一。尽管党的十八大以来加大力度去产能,但传统产业的产能过剩并没有明显缓解,甚至有所加重。在国内房地产等传统需求引擎低迷的背景下,出口是化解产能过剩为数不多的途径。上一轮去产能和加入WTO带来的外需红利就有很大关系。但美国、欧洲和日本等传统的出口市场增量空间不大,国内的过剩产能很难通过他们进行消化,在国内消费加速启动难以推进的情况下,通过"一带一路"以资本输出带动产能输出、开辟新的出口市场是很好的抓手。中国长期以来过度重视GDP(国内生产总值),而忽略了GNP(国民生产总值)。GNP与GDP的差异主要是对外净资产收益,在这一点上,中国一直深陷对外净资产与负收益并存的窘境。对外净资产的收益底下抑制了国民生产总值和国民收入的增长,事实上是国民福利的损失。为了扭转这种国际收支的困局,必须加快调整对外资产结构,降低储备资产的比例,加快对外直接投资和证券投资,而这种资本输出正是"一带一路"倡议的重要内涵。化解产能过剩与产业转型升级是相辅相成的,通过化解过剩产能,企业能够获得资金回笼,为技术改造、研发创新等产业升级所必需的活动创造条件。通过"一带一路"倡议,我国能够以支持周边发展中国家开展基础设施建设等方式,扩大外需化解相关产能过剩。同理,在我国相关西部地区,通过完善基础设施建设、推进相关产业的梯度

转移,也能够促进国内的产业转型升级。此外,“一带一路”倡议能为我国产业转型升级提供稳定的资源保障,营造良好的国际经贸环境。

3.“一带一路”倡议获取战略资源,拓展经贸合作

中国的油气资源、矿产资源对国外的依存度较高,现在这些资源主要通过沿海海路进入中国,铁矿石依赖于澳大利亚和巴西,石油依赖于中东,渠道较为单一。中国与其他重要资源国的合作还不深入,经贸合作也未广泛有效地展开,资源方面的合作不稳定、不牢固。“一带一路”新增了大量有效的陆路资源进入通道,对于资源获取的多样化十分重要,沿线国家和地区将形成产业互补互动的新格局。应重点建设一批跨境工业开发区、产业园和农业示范园区;鼓励有条件的中国企业到沿线国家设立研发中心,设立海外营销和服务网络;实现产品价值链向高增值的研发设计、营销服务环节延伸;探索投资合作新模式,促进产业集群发展;开展农林牧渔业、农机及农产品生产加工等产业合作;促进沿线国家加强在新一代信息技术、生物、新能源、新材料等新兴产业的深度合作;加大煤炭、油气、金属矿产等传统能源资源勘探开发合作;积极推动水电、核电、风电、太阳能等清洁、可再生能源合作;扩大服务业相互开放,推动区域服务业加快发展。

4.“一带一路”倡议强化国家安全,开拓战略纵深

我国资源的进入现在主要是通过沿海海路,而沿海海路直接暴露于外部威胁之下,在战时极为脆弱。我国的工业和基础设施也集中于沿海,如果遇到外部的打击,整个中国会瞬间失去核心设施。在战略纵深更高的中西部地区,特别的是西部地区,地广人稀工业少,还有很大的工业和基础设施发展潜力,在战时受到的威胁也少,通过“一带一路”加大对西部的开发,将有利于战略纵深的开拓和国家安全的强化。

(二)“一带一路”倡议与我国的深化国际经济合作

“一带一路”沿线各国资源禀赋各异,经济互补性较强,彼此合作潜力和空间很大。我国遵循和平合作、开放包容、互学互鉴、互利共赢的丝路精神,以政策沟通、设施联通、贸易畅通、资金融通、民心相通为主要内容,与沿线各国在交通基础设施、贸易与投资、能源合作、区域一体化、人民币国际化等领域加强合作。

1.合作内容

(1)政策沟通。

加强政策沟通是“一带一路”建设的重要保障。加强政府间合作,积极构建多层次政府间宏观政策沟通交流机制,深化利益融合,促进政治互信,达成合作新共识。沿线各国可以就经济发展战略和对策进行充分交流对接,共同制定推进区域合作的规划和措施,协商解决合作中的问题,共同为务实合作及大型项目实施提供政策支持。

(2)设施联通。

基础设施互联互通是“一带一路”建设的优先领域。在尊重相关国家主权和安全关切的基础上,沿线国家宜加强基础设施建设规划、技术标准体系的对接,共同推进国际

骨干通道建设，逐步形成连接亚洲各次区域以及亚欧非之间的基础设施网络。强化基础设施绿色低碳化建设和运营管理，在建设中充分考虑气候变化影响。

抓住交通基础设施的关键通道、关键节点和重点工程，优先打通缺失路段，畅通瓶颈路段，配套完善道路安全防护设施和交通管理设施设备，提升道路通达水平。推进建立统一的全程运输协调机制，促进国际通关、换装、多式联运有机衔接，逐步形成兼容规范的运输规则，实现国际运输便利化。推动口岸基础设施建设，畅通陆水联运通道，推进港口合作建设，增加海上航线和班次，加强海上物流信息化合作。拓展建立民航全面合作的平台和机制，加快提升航空基础设施水平。

加强能源基础设施互联互通合作，共同维护输油、输气管道等运输通道安全，推进跨境电力与输电通道建设，积极开展区域电网升级改造合作。

共同推进跨境光缆等通信干线网络建设，提高国际通信互联互通水平，畅通信息丝绸之路。加快推进双边跨境光缆等建设，规划建设洲际海底光缆项目，完善空中（卫星）信息通道，扩大信息交流与合作。

(3)贸易畅通。

投资贸易合作是“一带一路”建设的重点内容。着力研究解决投资贸易便利化问题，消除投资和贸易壁垒，构建区域内和各国良好的营商环境，积极同沿线国家和地区共同商建自由贸易区，激发释放合作潜力，做大做好合作“蛋糕”。

沿线国家宜加强信息互换、监管互认、执法互助的海关合作，以及检验检疫、认证认可、标准计量、统计信息等方面的双多边合作，推动世界贸易组织《贸易便利化协定》生效和实施。改善边境口岸通关设施条件，加快边境口岸“单一窗口”建设，降低通关成本，提升通关能力。加强供应链安全与便利化合作，推进跨境监管程序协调，推动检验检疫证书国际互联网核查，开展“经认证的经营者”(AEO)互认。降低非关税壁垒，共同提高技术性贸易措施透明度，提高贸易自由化便利化水平。

拓宽贸易领域，优化贸易结构，挖掘贸易新增长点，促进贸易平衡。创新贸易方式，发展跨境电子商务等新的商业业态。建立健全服务贸易促进体系，巩固和扩大传统贸易，大力发展现代服务贸易。把投资和贸易有机结合起来，以投资带动贸易发展。

加快投资便利化进程，消除投资壁垒。加强双边投资保护协定、避免双重征税协定磋商，保护投资者的合法权益。

拓展相互投资领域，开展农林牧渔业、农机及农产品生产加工等领域深度合作，积极推进海水养殖、远洋渔业、水产品加工、海水淡化、海洋生物制药、海洋工程技术、环保产业和海上旅游等领域合作。加大煤炭、油气、金属矿产等传统能源资源勘探开发合作，积极推动水电、核电、风电、太阳能等清洁、可再生能源合作，推进能源资源就地就近加工转化合作，形成能源资源合作上下游一体化产业链。加强能源资源深加工技术、装备与工程服务合作。

推动新兴产业合作，按照优势互补、互利共赢的原则，促进沿线国家加强在新一代信息技术、生物、新能源、新材料等新兴产业领域的深入合作，推动建立创业投资合作机制。

优化产业链分工布局，推动上下游产业链和关联产业协同发展，鼓励建立研发、生产和营销体系，提升区域产业配套能力和综合竞争力。扩大服务业相互开放，推动区域服务业加快发展。探索投资合作新模式，鼓励合作建设境外经贸合作区、跨境经济合作区等各类产业园区，促进产业集群发展。在投资贸易中突出生态文明理念，加强生态环境、生物多样性和应对气候变化合作，共建绿色丝绸之路。

中国欢迎各国企业来华投资，鼓励本国企业参与沿线国家基础设施建设和产业投资。促进企业按属地化原则经营管理，积极帮助当地发展经济、增加就业、改善民生，主动承担社会责任，严格保护生物多样性和生态环境。

(4)资金融通。

资金融通是“一带一路”建设的重要支撑。深化金融合作，推进亚洲货币稳定体系、投融资体系和信用体系建设。扩大沿线国家双边本币互换、结算的范围和规模。推动亚洲债券市场的开放和发展。共同推进亚洲基础设施投资银行、金砖国家开发银行筹建，有关各方就建立上海合作组织融资机构开展磋商。加快丝路基金组建运营。深化中国一东盟银行联合体、上合组织银行联合体务实合作，以银团贷款、银行授信等方式开展多边金融合作。支持沿线国家政府和信用等级较高的企业以及金融机构在中国境内发行人民币债券。符合条件的中国境内金融机构和企业可以在境外发行人民币债券和外币债券，鼓励在沿线国家使用所筹资金。

加强金融监管合作，推动签署双边监管合作谅解备忘录，逐步在区域内建立高效监管协调机制。完善风险应对和危机处置制度安排，构建区域性金融风险预警系统，形成应对跨境风险和危机处置的交流合作机制。加强征信管理部门、征信机构和评级机构之间的跨境交流与合作。充分发挥丝路基金以及各国主权基金作用，引导商业性股权投资基金和社会资金共同参与“一带一路”重点项目建设。

(5)民心相通。

民心相通是“一带一路”建设的社会根基。传承和弘扬丝绸之路友好合作精神，广泛开展文化交流、学术往来、人才交流合作、媒体合作、青年和妇女交往、志愿者服务等，为深化双边及多边合作奠定坚实的民意基础。

扩大相互间留学生规模，开展合作办学。中国每年向沿线国家提供1万个政府奖学金名额。沿线国家间互办文化年、艺术节、电影节、电视周和图书展等活动，合作开展广播影视剧精品创作及翻译，联合申请世界文化遗产，共同开展世界遗产的联合保护工作。深化沿线国家间人才交流合作。

加强旅游合作，扩大旅游规模，互设旅游推广周、宣传月等活动，联合打造具有丝绸之路特色的国际精品旅游线路和旅游产品，提高沿线各国游客签证便利化水平。推动21世纪海上丝绸之路邮轮旅游合作。积极开展体育交流活动，支持沿线国家申办重大国际体育赛事。

强化与周边国家在传染病疫情信息沟通、防治技术交流、专业人才培养等方面的合作,提高合作处理突发公共卫生事件的能力。为有关国家提供医疗援助和应急医疗救助,在妇幼健康、残疾人康复以及艾滋病、结核、疟疾等主要传染病领域开展务实合作,扩大在传统医药领域的合作。

加强科技合作,共建联合实验室(研究中心)、国际技术转移中心、海上合作中心,促进科技人员交流,合作开展重大科技攻关,共同提升科技创新能力。

整合现有资源,积极开拓和推进与沿线国家在青年就业、创业培训、职业技能开发、社会保障管理服务、公共行政管理等共同关心领域的务实合作。

充分发挥政党、议会交往的桥梁作用,加强沿线国家之间立法机构、主要党派和政治组织的友好往来。开展城市交流合作,欢迎沿线国家重要城市之间互结友好城市,以人文交流为重点,突出务实合作,形成更多鲜活的合作范例。欢迎沿线国家智库之间开展联合研究、合作举办论坛等。

加强沿线国家民间组织的交流合作,重点面向基层民众,广泛开展教育医疗、减贫开发、生物多样性和生态环保等各类公益慈善活动,促进沿线贫困地区生产生活条件改善。加强文化传媒的国际交流合作,积极利用网络平台,运用新媒体工具,塑造和谐友好的文化生态和舆论环境。

2.不同地区参与方式

习近平在“一带一路”倡议中提到,加强五通的根本目的在于加强互联互通,增进互相理解和交流,促进经贸往来。推进“一带一路”建设,中国将实行更加积极主动的开放战略,加强东中西互动合作。

(1)西北、东北地区。

发挥新疆独特的区位优势和向西开放重要窗口作用,深化与中亚、南亚、西亚等国家交流合作,形成丝绸之路经济带上重要的交通枢纽、商贸物流和文化科教中心,打造丝绸之路经济带核心区。[①] 发挥陕西、甘肃综合经济文化和宁夏、青海民族人文优势,打造西安内陆型改革开放新高地,加快兰州、西宁开发开放,推进宁夏内陆开放型经济试验区建设,形成面向中亚、南亚、西亚国家的通道、商贸物流枢纽、重要产业和人文交流基地。发挥内蒙古联通俄蒙的区位优势,完善黑龙江对俄铁路通道和区域铁路网,以及黑龙江、吉林、辽宁与俄远东地区陆海联运合作,推进构建北京—莫斯科欧亚高速运输走廊,建设向北开放的重要窗口。

(2)西南地区。

发挥广西与东盟国家陆海相邻的独特优势,加快北部湾经济区和珠江—西江经济带开放发展,构建面向东盟区域的国际通道,打造西南、中南地区开放发展新的战略支

---

① 新华网.一带一路频道[EB/OL]. http://www.xinhuanet.com/silkroad/.

点，形成21世纪海上丝绸之路与丝绸之路经济带有机衔接的重要门户。发挥云南区位优势，推进与周边国家的国际运输通道建设，打造大湄公河次区域经济合作新高地，建设成为面向南亚、东南亚的辐射中心。推进西藏与尼泊尔等国家边境贸易和旅游文化合作。

(3)沿海和港澳台地区。

利用长三角、珠三角、海峡西岸、环渤海等经济区开放程度高、经济实力强、辐射带动作用大的优势，加快推进中国(上海)自由贸易试验区建设，支持福建建设21世纪海上丝绸之路核心区。充分发挥深圳前海、广州南沙、珠海横琴、福建平潭等开放合作区作用，深化与港澳台合作，打造粤港澳大湾区。推进浙江海洋经济发展示范区、福建海峡蓝色经济试验区和舟山群岛新区建设，加大海南国际旅游岛开发开放力度。加强上海、天津、宁波—舟山、广州、深圳、湛江、汕头、青岛、烟台、大连、福州、厦门、泉州、海口、三亚等沿海城市港口建设，强化上海、广州等国际枢纽机场功能。以扩大开放倒逼深层次改革，创新开放型经济体制机制，加大科技创新力度，形成参与和引领国际合作竞争新优势，成为“一带一路”特别是21世纪海上丝绸之路建设的排头兵和主力军。发挥海外侨胞以及香港、澳门特别行政区独特优势作用，积极参与和助力“一带一路”建设。为台湾地区参与“一带一路”建设作出妥善安排。

(4)内陆地区。

利用内陆纵深广阔、人力资源丰富、产业基础较好优势，依托长江中游城市群、成渝城市群、中原城市群、呼包鄂榆城市群、哈长城市群等重点区域，推动区域互动合作和产业集聚发展，打造重庆西部开发开放重要支撑和成都、郑州、武汉、长沙、南昌、合肥等内陆开放型经济高地。加快推动长江中上游地区和俄罗斯伏尔加河沿岸联邦区的合作。建立中欧通道铁路运输、口岸通关协调机制，打造“中欧班列”品牌，建设沟通境内外、连接东中西的运输通道。支持郑州、西安等内陆城市建设航空港、国际陆港，加强内陆口岸与沿海、沿边口岸通关合作，开展跨境贸易电子商务服务试点。优化海关特殊监管区域布局，创新加工贸易模式，深化与沿线国家的产业合作。

第二节 “一带一路”倡议的实施

一、“一带一路”倡议与沿线国家的政府合作

习近平在2017年9月3日出席金砖国家工商论坛开幕式并发表主旨演讲时说，共建“一带一路”倡议不是地缘政治工具，而是务实合作平台。[①] 习近平在党的十九大报告

① 习近平出席金砖国家工商论坛开幕式并发表主旨演讲.新华网[EB/OL].http://www.xinhuanet.com//politics/2017-09/03/c_1121596326.htm.

中指出，中国积极促进“一带一路”国际合作，努力实现政策沟通、设施联通、贸易畅通、资金融通、民心相通，打造国际合作新平台，增添共同发展新动力。

“一带一路”致力于开展更大范围、更高水平、更深层次的区域合作，由于涉及沿线超过 60 多个国家，各个国家的政治制度，经济发展水平，利益和期望不同，因而各个国家认识不同，投入不同，对合作方式的要求也会有所不同，需要从政府层面进行引领沟通，而且不仅仅局限于“一带一路”广大中小国家，域内外相关大国也需要在沟通范围之内。政府是国家之间合作的引路人，政府对于“一带一路”真正成果的落地具有举足轻重的作用。

从合作需求看，中国不仅要寻求发展中国家的资源、能源和市场，更要放眼发达经济体的资金、技术和经验；同时，力求在经贸合作的同时“溢出”到政治安全领域的战略互信。“一带一路”的合作不设置门槛，发达国家、发展中国家都是平等的一员。地方政府以及企业将会是推进“一带一路”的关键力量。地方政府和企业要主动结合国家战略，发挥比较优势，找准突破口。充分发挥政府合作的引领作用，构架多层次、多方位的政策交流和互动机制，加强政策层面的对话和协商，倡议理解，冷思考，求同存异，达成合作新共识，目的是要能够带动沿线国家政策研究，学术界，商界，舆论界等各界的沟通，为合作营造良好政策、舆论环境，夯实合作基础。

自 2013 年“一带一路”倡议提出以来，在中外各方的共同努力下，国际上关于“一带一路”建设的共识和响应越来越多，许多国家经历了从观望到参与、从被动感受到积极推动的转变。截至 2017 年底，中国已累计与 86 个国家和国际组织签署了 100 份“一带一路”合作文件。[①] “一带一路”的推进需要加强政府之间的交流与合作，积极地做好政策交流与对接，积极推进双边及多边合作，为共建“一带一路”提供重要保障。只有基础牢固、认识相同，沿线相关国家才能从上到下，逐步深入，长久合作下去。

具体来说，丝绸之路经济带的核心区域是中国西北五省以及中亚五国，21 世纪海上丝绸之路的核心区域是中国东南、西南省份以及东盟十国，但它们的两端一头连着繁荣的东亚经济圈，另一头系着发达的欧洲经济圈。[②]《“一带一路”大数据报告 2018》显示，通过对政策沟通、设施联通、应用相通和发展潜力四个指标的测评，我国与“一带一路”国家数字丝路通畅度总体处于“中等”水平，与新加坡、俄罗斯、韩国、马来西亚、泰国畅通度最高。

（一）中国—中亚

2013 年，习近平提出共建“一带一路”倡议，为中国同中亚国家合作发展注入新的强劲动力，中亚国家热烈响应并积极参与。中亚国家是共建“一带一路”的重要伙伴，赞同“一带一路”倡议，认为这是搭乘“中国快车”的难得机遇。2017 年 1 月初，中国接连迎来

① 邹磊．“一带一路”国际合作推动构建人类命运共同体[Z]．学习时报，2018．

② 赵磊．地方政府是推进一带一路的关键力量[N]．新京报，2015．

同中亚五国乌兹别克斯坦、哈萨克斯坦、塔吉克斯坦、吉尔吉斯斯坦和土库曼斯坦建交25周年纪念日。千百年间，大漠戈壁中逶迤前行的商旅和学者沿途播撒中华文明的耀眼火种，中亚地区的丰富物产和独特文化也源源不断输入中原腹地，和平合作、开放包容、互学互鉴、互利共赢的丝路精神早已深深融入中华民族和中亚各民族的灵魂和血液中。

自建交以来，中国同中亚国家关系大致经历了三个阶段。第一阶段从1992年到2001年，这是中国同中亚国家建立外交关系、双方开展合作的起步阶段。这期间，中国同哈、吉、塔三国通过友好协商，圆满解决了历史遗留的边界问题，使中国同中亚3300多公里共同边界成为友好、合作的边界，为中国和中亚国家进一步提升双边关系打下坚实基础。第二阶段从2001年上海合作组织成立到2012年，这是中国同中亚国家合作全面展开、快速发展时期。上海合作组织的成立和发展壮大为中国同中亚国家开展全方位合作、推动地区一体化进程提供了重要平台。第三阶段自2013年“一带一路”重大倡议提出至今。以共建“一带一路”为标志，中国同中亚国家关系迈入打造利益共同体、谋求共同发展的新时期。

经过多年发展，中国与中亚国家关系已成为新型国家关系和区域合作的典范。政治领域，中国与中亚国家实现战略伙伴关系“全覆盖”。中国坚决反对外部势力干涉中亚国家内政，支持中亚各国走符合本国国情的发展道路和为维护独立、主权及领土完整所作努力。中亚国家在台湾、西藏、南海等问题上坚定支持中方。经贸领域，面对世界经济复苏乏力和国际大宗商品价格持续低位徘徊的不利局面，近年中国同中亚国家贸易总额仍保持在每年300亿美元较高水平，实属不易。安全领域，中国与各方携手打击“三股势力”、贩毒和跨国有组织犯罪，并肩应对地区威胁与挑战，共同致力于维护地区安全稳定。人文领域，中国与中亚国家文化交流日趋活跃，文艺团组频繁往来，高品质文化展演常办常新，民众相互了解不断加深。[①]

中国是哈萨克斯坦的主要贸易伙伴，是哈萨克斯坦第二大出口市场和第二大进口来源地。哈政府制定的《2018年投资指南》指出：“哈希望参与‘一带一路’建设，在未来5年内能够创造2万个就业岗位、改善基础设施。”目前，中哈已达成了51个产能合作项目意向，总投资达到265亿美元，即将和已经启动的项目有12个，涉及金额40亿美元。中哈围绕共建“一带一路”积极合作，已进入深度融合、相互促进的新阶段，朝着打造中哈利益共同体和命运共同体的目标迈进。

乌兹别克斯坦是“丝绸之路经济带”上的重要国家。中国是乌兹别克斯坦的第二大贸易伙伴国、第一大投资来源国、第一大棉花出口目的地国、第一大电信设备和土壤改良设备供应国。2016年中乌双边贸易额约40亿美元，比2015一年增长15%，占乌外贸

① 中国—中亚“一带一路”共创辉煌. 中国一带一路网[EB/OL]. https://www.yidaiyilu.gov.cn/yw/gnyw/4457.htm.

总额的近五分之一。乌总统米尔济约耶夫表示，将以“一带一路”建设为契机，深化乌中两国在基础设施、投资、经贸、产能、工业园区、水利等领域的合作。在北京举行的“一带一路”国际合作高峰论坛期间，中国进出口银行与乌方签署了电网升级改装、燃煤电站、煤矿改造等项目贷款协议，丝路基金与乌对外经济银行签署了合作协议。随着中乌全面战略伙伴关系的确立，双方将一起把握历史机遇，推动两国各领域合作在共建“丝绸之路经济带”框架内向更高水平、更广空间迈进。[①]

(二)中国一东盟

2013年，习近平在印尼国会发表重要演讲，提出同东盟国家共同建设“21世纪海上丝绸之路”，携手建设更为紧密的中国一东盟命运共同体。这为中国一东盟关系的未来发展打下了更坚实的基础，勾画出更美好的蓝图。东盟国家处于“一带一路”沿线，是最有条件与“一带一路”建设对接的国家，也将是最先感受“一带一路”带来实实在在好处的国家，东盟国家都看到了这一点，正越来越积极地响应和支持“一带一路”倡议。

2017年恰逢东盟成立50周年。近年来，中国与东盟经贸关系不断取得新成果，经贸合作持续深入发展。2016年，中国一东盟全年贸易额达到4522亿美元，占中国对外贸易额的比重进一步提升。目前中国继续保持东盟第一大贸易伙伴地位，东盟也是中国第三大贸易伙伴、第四大出口市场和第二大进口来源地。

泰国驻南宁总领事蔡乐表示，“一带一路”倡议提出建设六大经济走廊，其中之一就是中国一中南半岛经济走廊，这与东盟提出的互联互通等规划非常契合，泰国作为东南亚大陆中心，在建设中国一中南半岛经济走廊方面可发挥重要的作用，泰国提出的国家发展4.0战略和东部经济发展走廊项目与“一带一路”建设高度契合。

对老挝而言，“一带一路”倡议也与老挝方面提出的变“陆锁国”为“陆联国”的战略高度契合，受到两国政府和人民的积极响应与支持。

在文莱，华为协助当地运营商兴建了文莱的第一个3G网络、第一个4G网络，已经服务当地40多万人口，持续便利着当地人民的沟通，丰富着百姓的生活，使他们实实在在地感受到“一带一路”建设带来的红利。

在“一带一路”倡议下，中国和马来西亚于2015年宣布成立中国一马来西亚港口联盟，包括12个中国港口和9个马来西亚港口。港口合作为东盟与中国之间的互联互通不断注入动力。

来华访问的新加坡总理李显龙也表示，新加坡支持与中国共建“一带一路”和成立亚洲基础设施投资银行，助力本地区和世界共同发展。

中国和东盟的基础设施建设和互联互通合作不断发展，截至2017年5月底，中国企业累计在东盟国家签订的基础设施建设工程合同额达到2962.7亿美元。“一带一路”建设和中国一东盟自贸区将形成深度互补，“一带一路”倡议将为深化区域经济合作，推动

① 徐惠喜.中亚国家搭上“一带一路”快车经贸投资合作持续升温[N].经济日报，2018.

经济发展找到新的途径，带来新的机遇。①

（三）中国—欧洲

欧洲对“一带一路”倡议的反应经历了一个释疑增信、低开高走的过程。欧洲在初始阶段抱着本能的质疑，将“一带一路”倡议视为带有地缘政治考量的中国版“马歇尔”，表现出警惕、排斥；此后逐步冷静思考，渴望全面了解“一带一路”倡议，开始寻求个中积极和有利于欧洲各自国家发展的亮点和发展机遇；再到现在，欧洲国家尽管仍未完全打消战略疑虑，但竞相希望抓住机遇，大力推动“一带一路”框架下的务实合作。与此相伴，中欧在“一带一路”框架下的合作正越来越呈现出加速发展的势头。

至2017年底，已有19个欧洲国家，其中包括16个欧盟国家，加入了中国发起成立的亚洲基础设施投资银行（以下简称“亚投行”）；2015年年底，中国获准加入欧洲复兴开发银行，翌年5月亚投行和欧洲复兴开发银行签署谅解备忘录，开始对接合作；2017年，中欧就丝路基金和欧洲投资基金促进共同投资签署谅解备忘录。被誉为中欧“一带一路”合作强度指标的中欧班列至2017年年底已开行6235列。其中，2017年这一年就开行3200多列，超过前5年的总和，连接了欧洲12个国家的34座城市、3条主通道、5条运行线路。“一带一路”合作有力地推动了中欧经贸合作，数据显示，中欧开展“一带一路”倡议对接以来，物流陆路运输成本下降5%，通关速度提高30%，对欧盟整体国际贸易的贡献率超过6%。②

（四）中国—其他国家

1. 俄罗斯

作为在中亚，南亚和中东拥有传统影响力的大国，俄罗斯对自身在“一带一路”中的定位高于期待，但也存在一定的质疑之声，比如，中国的深层次战略意图会否削弱俄国影响力，“一带一路”倡议挑战俄罗斯主导的欧亚联盟倡议，利益之争导致的区域国家选边站队等。因此与俄罗斯的政府合作更多需要借助中亚地区各国家参与倡议的积极态度和上合组织框架，从推动区域国家发展，防范域外政治势力的干扰的角度展开合作。作为共建“一带一路”的重要战略伙伴，相信俄罗斯一定会在“一带一路”建设进程中发挥独特和不可替代的重要作用。

2015年5月，中俄签署了“一带一路”建设和欧亚经济联盟建设对接合作联合声明，为双方实现发展战略对接、进一步深化务实合作指明了方向，对于促进欧亚地区的经济一体化具有十分重要的意义。两年来，中俄双方有关部门做了大量工作，最高欧亚经济理事会通过了与中方正式启动谈判的决议，进一步夯实了“一带一路”与欧亚经济联盟对接的合作内涵。中方期待与欧亚经济联盟进一步深化合作，早日达成贸易和投资合作的制度性安排。

---

① 马勇幼. 中国东盟迎“一带一路”红利：90%商品零关税互派留学生20万人次[N]. 光明日报，2017.

② 丁纯. 欧洲对“一带一路”倡议转向积极参与[N]. 光明日报，2018.

俄罗斯是横跨欧亚大陆的世界大国，在欧亚大陆拥有传统和重要的影响力，是将“一带一路”和欧亚经济联盟建设相对接的重要纽带。同时，还是中国的好邻居、好伙伴、好朋友，中俄高度的政治互信、高效的务实合作、高质的战略项目，为双方实现国家发展战略对接打下了坚实基础。在双方共同努力下，“一带一路”建设和欧亚经济联盟建设战略对接已取得早期收获。中俄东线天然气管道建设进展顺利，两国在一系列战略性大项目上不断取得新突破，中俄多家金融机构签署了合作协议，两国在边贸与资源开发、生产加工、商贸物流等领域的合作项目也相继实施。

2. 印度

印度是南亚的核心大国，居于次大陆中心地位，其特殊的地理位置造就了南亚特有的地缘政治格局，即印度和所有其他南亚国家都交接相邻，而这些国家相互之间大部分都不接壤。在所有南亚国家中，印度与中国有着最长的陆地边界。作为中国西南边疆最重要的邻国之一，印度如何应对丝路战略有着重要意义。

鉴于印度的体制特点，与邻国的紧张关系，民族秉性以及历史原因，印度一直对”一带一路”存在疑虑且拒绝表态，其在学术界是认同加入中国一带一路，但官方及政策研究部门长期质疑“一带一路”倡议，认为中巴经济走廊等地区演变活动是对其的战略包围和影响力的削弱。

印度地方政府在经济上的自主权较大。在任何地区国际合作中，地方政府若利益不同就会不愿实施联邦政府的主张和法令，甚至制造各种障碍阻止合作的进行，对“一带一路”倡议的实施亦可能产生消极影响。

针对印度这种特殊情形，反复劝说沟通反而很难起到正面效果，因此有必要利用政府合作带来进行引领，让包括印度官方在的社会各界认识到：对“一带一路”，无论印度是支持还是反对，都将不会对其进程产生任何影响。符合大多数国家的“一带一路”势在必行，自绝于该倡议，也将不会享受到该倡议的区域联动和经济社会发展的促进作用。

印度对中国提出的“一带一路”倡议总体是积极的，特别是印度早在 2012 年就首先提出的“金砖”发展银行倡议，现已进入实施阶段。虽然该银行总部将设在上海，但总裁将由印度人担任。中国倡议的亚投行，印度亦积极加入，是首批创始成员，且有可能成为仅次于中国的第二大出资国。此外，对“丝路基金”等与“一带一路”有关的金融安排，印度都持积极态度。印度充分认识到亚洲新一轮开发计划已在路上，印度自然要赶上这趟车，从而既成为这一波开发的贡献者，更要成为受益者。

3. 美国

作为在全球各个地区和维度均有重要影响的大国，美国在“一带一路”沿线国家长期有重要的战略及外交投入，因此“一带一路”倡议不可能不考虑美国，也不可能不受美国影响。尤其是美国的相关政策研究和学术界等各界层，一方面怀疑该倡议的深层次战略目的，担忧会弱化美国的影响力，引起战略的竞争和对抗，另一方面也怀疑中方能否克服恐怖主义，南海问题等威胁互通的地区安全问题。因此对美方消极和顾虑的一面，有必要通过政府组织引领美国智库、学术界、企业界、媒体等主体开展洽谈沟通，对“一带一路”进行更为全面、准确和务实的讨论，及时纠正误解、减少疑虑，创造积极的国际舆论氛围。

中国“一带一路”倡议应该是全球性的，不设国别范围，不搞排他性制度设计，没有美国等美洲国家参与的“一带一路”倡议是不完整的，我们理应把包括美国在内的美洲国家囊括进来，让所有过去曾经的陆上和海上丝绸之路沿途及辐射国家，携起手来，共同为世界经济发展繁荣和人类进步做出新的更大的贡献。

二、“一带一路”倡议与沿线国家的商贸合作

“一带一路”涉及亚、欧、非众多国家和地区，东牵亚太经济圈，西接欧洲经济圈，总人口约44亿，经济总量约21万亿美元，分别占全球的63%和29%，沿线许多国家为发展中国家和新兴经济体，普遍处于经济发展上升期，合作前景十分广阔。亚欧国家处于经济转型升级的关键时刻，希望找到新的经济增长点，进一步激发区域发展活力和合作潜力。[①]

我国地大物博，但是人均资源占有率却低于世界平均水平。而“一带一路”上俄罗斯及西亚国家却拥有丰富的资源储备，与我国具有极强的互补性，我们应该在“一带一路”建设中深化我们同沿线国家制成品及能源贸易。我国同沿线国家之间经贸合作潜力巨大，产业互补性较强，我们应当努力构建更多的国际贸易合作和沟通渠道，促进我国同“一带一路”国家经贸的深入合作。

20世纪90年代以来，中国对西亚国家的资本品和工业出口能力显著增加，双边贸易规模迅速扩大。西亚的进出口总额占中国对外进出口总额的比重也呈现稳步上升趋势，中国对西亚出口的商品结构也明显升级。“一带一路”倡议建设将为中国与西亚之间的贸易合作提供有利契机。

2017年的一带一路高峰论坛，在习近平的讲话中有了全新的提法，比方说“一带一路”不是搞政治结盟，结伴而不结盟。这一新的提法，完全是从贸易、商业角度出发。

“一带一路”相关国家级大工程通常由国企来或大型企业负责施工，但作为国家经济重要组成部分的中小企业也可以从一带一路建设中获得大量商机。本部分将通过从中小企业角度进行研究。

“一带一路”倡议涵盖了中亚、南亚、西亚、东南亚和中东欧等国家和地区，沿线超过60个国家和地区，语言差异、文化差别、法律体系，宗教信仰，地区安全等等千变万化。不同于大型企业，中小企业往往没有足够的资源进行投入挖掘商机，当地调研等，也承担不起走出去失败所造成的损失。

由国家或行业组织牵头组建信息平台，审核发布“一带一路”沿线国家贸易信息，为

① “一带一路”绘就发展新蓝图．中国共产党新闻网[EB/OL]. http://theory.people.com.cn/n/2015/0515/c83846－27006333.html.

广大中小企业开拓市场提供商机信息。

组建专门机构、资源池或行业组织，为广大无力到前方调研的中小企业提供调研，培训，法律等配套服务，即能协助开展贸易活动，提高“走出去”成功率，也便于引导规范中小企业贸易行为，减少跨国纠纷。

通过相关措施切实保障人员安全，随着中国影响力的提升，中方人员在海外人身安全往往能够得到保障，但仍然无法规避恐怖袭击，地区战争等风险，也无法避免海关腐败，宗教冲突等造成的恶劣事件。因此相关部门需要研究相关措施，切实避免此类事件给各方带来的负面影响。

三、“一带一路”倡议与沿线国家的投资合作

“一带一路”要得到沿线各国的更大程度认同，突破口或可放在金融领域，当前随着国际金融体系的逐步一体化，各国金融系统愈趋深层次联结，金融渐渐成为一种国际共同“语言”，各国民众对股市、外汇市场、债券市场、重金属价格等共同的体验，已产生了广泛“通感”，面对金融市场的表现，无论语言、风俗、民族、国籍都不是障碍。因此，适量增加通用的金融“语言”，与沿线国家沟通、合作，应可增加“一带一路”对沿线各国民众和机构的吸引力。

资金融通是“一带一路”建设的重要支撑。深化金融合作，推进亚洲货币稳定体系、投融资体系和信用体系建设。扩大沿线国家双边本币互换、结算的范围和规模。推动亚洲债券市场的开放和发展。共同推进亚洲基础设施投资银行、金砖国家开发银行筹建，有关各方就建立上海合作组织融资机构开展磋商。加快丝路基金组建运营。深化中国一东盟银行联合体、上合组织银行联合体务实合作，以银团贷款、银行授信等方式开展多边金融合作。支持沿线国家政府和信用等级较高的企业以及金融机构在中国境内发行人民币债券。符合条件的中国境内金融机构和企业可以在境外发行人民币债券和外币债券，鼓励在沿线国家使用所筹资金。正如习近平说过的，如果没有很好的金融融资，整个“一带一路”倡议只能成为一个梦想。

2014年，中国已成为了资本净输出国，中国企业融入全球经济秩序虽是大势所趋，可以给国际国内经济发展带来巨大好处，但投资也碰到了一系列问题，多数都是合作上的陷阱、文化上的差异、政策上的制约、环境上的不适等等造成.此类问题在投资“一带一路”国家仍会存在甚至更为严重。

（一）构建绿色金融体系、发展绿色资本市场、培育绿色投资者、推动绿色金融实践

绿色金融是指为支持环境改善、应对气候变化和资源节约高效利用的经济活动。中国是首个建立了比较完整的绿色金融政策体系的经济体，是全球三个建立了“绿色信贷指标体系”的国家之一，也是第一个由政府支持的机构发布本国绿色债券界定标准的国家。在新的发展理念的推动下，中国绿色金融已进入全面提速的发展阶段，中国为推

动绿色金融的全球化发展正发挥重要作用。2016年,中国作为G20轮值主席国,也把绿色发展理念融入G20全球治理议题。

绿色金融理念已经在“一带一路”中充分显现,并有效指导沿线国家的基建项目,而且“一带一路”沿线国家都对此达成了共识。

要建立信息披露制度,增加跨国金融机构与相关企业的环保意识与社会责任感;要重点支持生态友好型的绿色产业。要大力发展多方共赢的PPP模式。要创新投融资模式,吸引多方资本投入“一带一路”的绿色产业发展。要创建一套适用、高效、先进的绿色金融新标准。不少“一带一路”沿线国家要求绿色发展、保护环境,制定了非常。要做好相关绿色项目选择和环境尽职调查。

(二)超越过去以基础设施驱动的产能输出和低水平资源互补的合作模式

以“政策沟通、以设施联通、以贸易畅通、以资金融通、民心相通”为主要内容的“五通”发展是“一带一路”合作的重点。其中,基础设施是至关重要的。事实上,研究表明64个“一带一路”国家,大概51个国家的基础设施水平要慢于中国的基础设施发展水平,融资需求高,投资潜力巨大。现今,投资不应再仅限于过去单纯的项目建设,应该尝试推广创新的商业模式,比如全产业链或全生命周期。

通过一带一路的平台,国内企业将部分生产环节转移到沿线国家,争取在更广的范围配置资源。宏观上讲,有助于释放中国工业生产的大量产能,并帮助中国经济向新的增长模式平稳过渡。微观上分析,不仅有利于企业获取有效和稳定的资源及市场,也帮助一些“一带一路”沿线国家融合进现代的全球制造业产业链。缓解沿线国家对所谓“出口过剩产能”的担心。

(三)风险防范

中国企业在投资“一带一路”沿线国家,同样会面临政治,税务,汇率,安全,法律等风险,任何风险,都有可能导致投资失败。因此,对于“一带一路”国家的风险分析与评估已经成为当前中国国际问题研究最为急迫的任务之一。对于想真正走出去的企业需要重点关注并防范以下几点风险:

1.政治风险

“一带一路”的顺利推进与沿线国家的国内政局发展密切相关。由于“一带一路”地区上的许多国家对外深陷大国博弈的战场,对内面临领导人交接、民主政治转型、民族冲突等多重矛盾,“一带一路”国家的政治风险已经成为中国政策推进与中国企业走出去的最大风险。

《中国企业国际化报告(2014)》蓝皮书中分析称,在2005—2014年发生的120起“走出去”失败案例中,有25%是因为政治原因所致,有8%的投资事件在审批环节因东道国政治派系力量的阻挠而失败,还有17%是在运营过程中因东道国政治动荡领导人更迭等原因而遭受损失。

2. 税务风险

重点防控东南亚、非洲、俄罗斯联邦及中亚地区存在高税务风险；对一些发达国家，税务体系复杂，需要掌握当地国内税法的基本规定和征管要求，避免非主观疏漏风险。

3. 汇率风险

中国企业对外投资正在向更高阶段发展，面临的汇率风险更复杂、更急迫。汇率风险也不再仅仅体现在人民币，美元和本地货币之间，也体现在不同外币之间。跨国投资必然面临汇率风险，虽然无法消除，但可以采取相应手段加以规避和对冲。

首先，企业财务要坚持“支出与收入、资产和负债的币种匹配”原则，这样就不会有外币风险敞口，风险得以对冲。

第二，外汇衍生品则是跨国公司管理汇率风险必备的手段和工具。善用汇率走势会增加收益，反之则会放大风险。因此，对进行全球布局的中国企业来说，必须掌握和运用外汇衍生工具。

第三，提高汇率风险意识、重视外汇风险管理、制定有效的对冲汇率风险策略是那些已经或即将“出海”的中资企业的当务之急。

4. 法律风险

中国企业的全球化和国际化，境外投资不可避免，“一带一路”所跨越的国家正是中国企业“走出去”的热门目的地，与欧美等发达国家相比，沿线很多国家社会发展有差距，法律不完善，甚至宗教大于法律。因此如何规避法律风险是中国企业跨境投资包括“一带一路”沿线国家投资需要重要关注的地方。

(1)尽职调查。

“法律大尽调”，即中国“走出去”的投资者应分别针对东道国投资行业法律环境、投资对象和投资交易本身做全面的尽职调查。

东道国法律规定的资本准入制度、投资促进政策、本土化政策、企业形式、产业开发政策、劳动法律制度、环保以及外汇管理制度，所收购资产的合法性以及权属问题，债务问题，风险问题，资料的真实性等等均需要在投资前调查清楚，不应再认为仅凭政府间关系，“强人”便可以打通一切渠道。

(2)优化投资架构。

境内主要在跨境投资不能因为怕麻烦，或为逃避监管或仅为抓住投资机会而简单化处理投资架构，需要根据具体的国别等情况精心设计投资架构，比如设计一层或多层离岸控股公司作为风险防火墙，规避东道国不利的审批和法规管制，也有利于节省税款、项目融资以及后期的资本动作，退出等操作，尤其针对境内上市公司，也能避免涉及可能带来的复杂的披露问题。

(3)重视签约谈判。

企业走出去，一定要准备足够胜任的法律人才和专业人才。在洽谈签约时，务必避免过度承诺，避免交易陷阱，给己方埋下不必要的风险隐患，同时一定要确认投资适用的法律，争议解决机构及条款，甚至必要时考虑对方违约百宪法民意等不允许的情况，不相信口头承诺，所有协议合同均按正规流程操作并落实到纸面。

(4)合规管理。

除此以外，积极借鉴国内国际先进企业的经验做法，内部建立与经营范围、组织结构、业务规模、行业特征相适应的合规管理体制，完善境外投资运营管控相关法律支撑服务流程，健全境外法律风险排查处置机制，融合法律管理与企业经营管理，为企业参与“一带一路”投资和运营建立法律的防火墙。

四、“一带一路”倡议与沿线国家的服务合作以及其他合作

对古丝绸之路的研究确有必要，至少对丰富“一带一路”概念的内涵和外延是有益的，但研究的角度和切入点要认真思考，不能泛泛而言，也不能把所有古丝路研究都套上“一带一路”的新帽子。其实，从研究的层面，现在可以考虑将各种相关研究逐渐梳理到“一带一路”的主题框架下，集历史追溯、理论探讨、政策解读、现实分析、地区规划、国别研究、对策建议等于一体，形成完整的带路学研究体系。

(一)教育合作

推进共建“丝绸之路经济带”和“21世纪海上丝绸之路”，为推动区域教育大开放、大交流、大融合提供了大契机。“一带一路”沿线国家教育加强合作、共同行动，既是共建“一带一路”的重要组成部分，又为共建“一带一路”提供人才支撑。

1.推动教育国际化转型，已经成为“一带一路”倡议的迫切需要

随着“一带一路”给中国企业带来的国际化发展大浪潮，必然会催生大量的国际化人才需求，高校与企业对于国际化人才培养必须提上日程。

教育国际化，而非西化、欧化或仅仅向西方国家学习，而是要着眼于培养大批具有国际视野、通晓国际规则、能够参与国际事务和国际竞争的国际化人才。

首先，思维理念国际化.学校办学理念、目标、教学、课程、德育、管理、评估的方方面面，站在国际化的制高点来统筹、引领学校的发展；另外课程，教学，知识，情感和能力上要有呈现和提高，学校要用国际上通用的标准来进行评价和认证，要能够“走出去”“请进来”，不局限于国内。

2.中国语言教育政策的对接

一个国际会议可以有多少种工作语言？2017年召开的“一带一路”国际合作高峰论坛给出的答案是:18种。除英语、法语、俄语等，像老挝语、塞尔维亚语、匈牙利语等，就属于普通人极少接触的语言了。

长期以来，我国的外语教学只关注欧美语言以及日韩等临近国家应用较多的语言，对“一带一路”国家和地区的语言投入很少。但如今，随着“一带一路”建设的进行，迫切

需要大量精通“一带一路”国家和地区主体语言的专业化人才，同时也需要更多的国际汉语推广人才以满足越来越旺盛的汉语学习需求。

首先，可与“一带一路”国家和地区的部分高校和教育机构合作，加强“一带一路”国家和地区相关语种的教育，解决当前非通用语语种人才匮乏的问题。同时也为更多其他国家学习提供汉语言教学资源。只有加大教育资源投入和增加学生数量，才能逐步带来更多多语言人才，缓解对多语言人才的需求。

其次，外语人才的缺乏不仅仅体现在数量上的缺乏，更缺少“专业＋外语”复合型人才。国内学校和教育机构要改变以往只重视语言教育的做法，需要增加文化，技术，法律，商贸等专业化内容，培养较强的语言技能和跨文化沟通能力的专业化人才，才能更好助推“一带一路”建设。

3.探索职业教育海外办学新模式

目前我国境外办学有一个短板，就是与企业的融合度不够。目前，我国赴“一带一路”沿线进行战略布局的企业过万家，但确极少能够对接境外办学的企业。自一带一路倡议提出以来，我国对“一带一路”沿线国家增速明显，尤其是，不同于以往主打低端产品，如今更多的是高新技术和装备，如高速铁路，清洁能源等。在此情况下，企业对当地技术人才的需求将会越来越大。

在“一带一路”倡议框架下，教育合作需要企业的深度参与，以产业合作相关布局、项目作为合作办学的着力点和方向，这样才能培养出适应“一带一路”倡议、沿线各国和地区经济社会发展需要的人才。

（二）旅游合作

“一带一路”连接范围大，辐射国家多，沿线自然，人文等旅游资源丰富，互补性强，同时地理位置独特，东西两端连接世界两大主要游泳目的地和客源市场，未来潜力巨大，“一带一路”沿线所在区域已成为国际旅游业发展最为迅速的地区。

1.政策协调协调先行

沿线国家需要从政策层面协商推进交流与合作，尤其是简化旅游签证及出入境政策，提升便利化水平。

2.政府主导，企业合作

逐步建立政府主导，企业为主体，行业协会引导的积极合作模式，及区域旅游合作机制.联合打造沿线旅游品牌，加强双方推介及互动，推动市场互换和客源互送.并实现信息共享，加大旅游统计领域合作。

3.“一带一路”沿线区域旅游合作机制

“一带一路”沿线区域旅游合作过程中，各国政府间、旅游企业之间以及行业协会等非政府组织之间需要建立旅游合作机制，以更好地促进旅游合作顺利、有序运行，同时也有助于解决旅游合作过程中的突发事件和合作障碍。

(三)金融合作

金融是区域经济一体化的重要载体。国际金融合作是“一带一路”倡议顺利实施的基础与前提。

目前,“一带一路”沿线国家经济发展水平不平衡,缺乏多边合作的国际金融组织,问题层出不穷。

1.金融发展水平差异大,区域合作水平待提高

“一带一路”沿线65个国家和地区中只有7个IMF定义的发达经济体,其余均为发展中国家,金融合作基础薄弱,很难深入开展实质性的合作。

2.金融供给与需求不平衡

沿线国家对金融需求差异大,基础设施建设和能源项目资金需求大、投资周期长、金融风险大。现阶段,大部分金融融资产品和服务仍以传统金融业务为主,创新融资方式金融供给水平相对不足。

3.跨境资金流动存在障碍

目前沿线国家间外汇尚未实现自由兑换,尤其是人民币。境外接受程度小。很多国家经济发展相对落后,银行业欠发达,结算渠道不通畅。

以中国为主的“一带一路”沿线国家和地区应当积极参与建立多边合作金融组织,加强区域内国际金融合作,拓宽资本流动渠道,加强对基础设施、装备制造等产能过剩行业的重组与优化,实现区域内的经济共同增长。

中国经济和世界经济高度关联。2010年9月国家领导人正式提出设立上合组织开发银行(上合银行),并得到了许多国家的响应。2013年10月,习近平出席亚太经合组织峰会时,提出了筹建亚投行的倡议。截至2017年5月,亚投行已有77个正式成员。在“一带一路”倡议背景下,将会有越来越多的区域性金融机构出现。

(四)项目合作

基础设施互联互通是“一带一路”建设的优先领域。在尊重相关国家主权和安全关切的基础上,沿线国家宜加强基础设施建设规划、技术标准体系的对接,共同推进国际骨干通道建设,逐步形成连接亚洲各次区域以及亚欧非之间的基础设施网络。强化基础设施绿色低碳化建设和运营管理,在建设中充分考虑气候变化影响。

抓住交通基础设施的关键通道、关键节点和重点工程,优先打通缺失路段,畅通瓶颈路段,配套完善道路安全防护设施和交通管理设施设备,提升道路通达水平。推进建立统一的全程运输协调机制,促进国际通关、换装、多式联运有机衔接,逐步形成兼容规范的运输规则,实现国际运输便利化。推动口岸基础设施建设,畅通陆水联运通道,推进港口合作建设,增加海上航线和班次,加强海上物流信息化合作。拓展建立民航全面合作的平台和机制,加快提升航空基础设施水平。

加强能源基础设施互联互通合作,共同维护输油、输气管道等运输通道安全,推进

跨境电力与输电通道建设，积极开展区域电网升级改造合作。

共同推进跨境光缆等通信干线网络建设，提高国际通信互联互通水平，畅通信息丝绸之路。加快推进双边跨境光缆等建设，规划建设洲际海底光缆项目，完善空中（卫星）信息通道，扩大信息交流与合作。[①]

第三节 “一带一路”倡议与国际合作的初步成就及未来展望

一、“一带一路”倡议实施数年来的初步成就

数年来，中国政府积极推动“一带一路”建设，加强与沿线国家的沟通磋商，推动与沿线国家的务实合作，实施了一系列政策措施，国内各地高度重视重大项目对“一带一路”建设的支撑带动作用，早期一批重大项目已经取得了一定收获。

（一）基础设施建设方面

重点方向的互联通道已初步建成，重大项目建设也取得重要进展。福建扎实推进厦门东南国际航运中心建设，港区基础设施条件进一步改善。重庆、四川、新疆、内蒙古、河南、湖北、浙江等地有序推进中欧班列建设。江苏中哈物流合作基地项目一期工程已稳定运营，二期工程正在加快推进；连云港上海合作组织物流园项目建设加快。广东启动巴基斯坦瓜达尔港园区项目。辽宁积极与蒙古国合作提供便捷出海口。四川加快建设成都国家级国际航空枢纽，打造高效便捷的亚欧航空物流通道。河南着力做强郑州航空港经济综合实验区。陕西省全力打造“西安国际中转枢纽港”，将“西安港”纳入国际贸易与运输体系。广西、云南推进建设中国东盟信息交流中心建设。

（二）产业投资方面

产能合作进程加快，跨境电子商务建设积极推进。辽宁优先推动先进轨道交通装备、新材料制造装备等十大重点装备和建设标准走出去发展。湖北、甘肃等推进省内产业龙头企业加快走出去步伐，积极开展国际产能合作，建立境外生产加工基地。新疆积极推动塔吉克斯坦棉纺产业一体化、巴基斯坦光伏发电项目今年开工。江西围绕产业创新升级，推进与意大利轻小型民用直升机合作生产项目。安徽海螺集团在东南亚印尼、缅甸等国投资水泥项目已达 11 个，投资额超 40 亿美元。北京推动相关企业通过新设、增资、并购等方式加快境外重大投资项目建设。浙江省加快推进中国（杭州）跨境贸易电子商务综合试验区建设，积极推进宁波、金华等国家跨境电子商务试点。广西南宁跨境贸易电子商务综合服务平台建成运行，中国—东盟（南宁）电子商务监管仓库基本建成。

① 王义桅.“一带一路”机遇与挑战[M].北京：人民出版社，2015.

（三）经贸合作方面

跨境经济合作区稳步发展，“一带一路”自贸区网络建设进程加快。广东、四川、陕西、宁夏、青海、新疆、内蒙古等借力广交会、高交会、西博会、中蒙博览会等展会活动平台扩展与沿线国家经贸合作。福建举办首届“21世纪海上丝绸之路”博览会，实现沿线主要国家和地区全覆盖。云南推进河口、磨憨跨境经济合作区以及老挝赛色塔综合开发区建设。陕西加强对外经贸合作，中俄丝绸之路高科技产业园项目正式落户西咸新区。安徽首个综合保税区正式封关运行。浙江已经在境外建立5个经贸合作园区，与白俄罗斯联合举办了3场中白工业园推介会。黑龙江引导国内相关企业赴俄建设境外经济贸易合作区。山东、吉林借助中韩自贸协定签署契机，推动中韩产业合作示范区等项目建设。

（四）能源资源合作方面

一批重点能源资源合作项目启动建设。江苏积极推进塔尔煤田工业园等中巴经济走廊能源规划优先实施项目建设。吉林省长吉图集团进口俄罗斯战略能源储备中心进行一期施工。辽宁启动印尼镍矿、哈萨克斯坦铜矿开采冶炼加工等境外资源开发项目。天津因地制宜积极开发沿线国家资源，推进蒙古铁矿采选、哈萨克斯坦油气收购等能矿项目以及印尼农业合作产业区、非洲生产基地等农林生物质资源项目建设，建立大宗商品境外生产基地，提高资源就地加工转化能力。

（五）金融合作方面

“一带一路”建设投融资服务体系初步建立，人民币跨境使用加快推进。广东推动在菲律宾、泰国、印尼等国开展跨境人民币贸易项目。江苏推进昆山试验区、苏州工业园区跨境人民币创新试点业务。上海将在沪金融市场交易系统的报价、成交、清算等功能拓展至“一带一路”沿线国家和地区。重庆举办系列境外投资促进活动，创立海外并购基金和海外矿权交易中心，促进跨境投融资汇兑便利化。吉林东北亚区域性金融中心项目累计完成投资210亿元。黑龙江实施卢布现钞使用试点、沿边开发开放外汇管理改革试点等先行措施。

（六）人文合作方面

交流平台进一步完善，交流合作成果不断涌现。甘肃通过敦煌国际文化博览会等展会平台将国内外游客引进丝绸之路经济带旅游“黄金段”。山东加快孔子学院总部体验基地建设，推动沿线国家高校设立孔子学院。福建举办丝绸之路国际电影节，建设海上丝绸之路文化交流展示中心。湖南利用湖南卫视、中南传媒的平台优势和湖湘文化的国际影响力，加强对外文化中介机构和海外营销渠道建设。

（七）生态环境方面

重点区域生态合作进展顺利，绿色丝绸之路共识逐步形成。新疆构建覆盖中亚的生态系统野外观测与研究网络，组织实施“中亚地区气候变化下的生态环境保护与资源管理联合调查与研究”重大国际科技合作项目。云南推动大湄公河次区域湿地保护与能力建设。贵州成功举办生态文明贵阳国际论坛2015年年会,来自50多个国家的代表就全球性、区域性重大生态问题开展前瞻性、趋势性、务实性探讨。

(八)海上合作方面

远洋运输保障体系建设取得进展,海洋产业合作领域不断扩大。福建中国—东盟海产品交易所已经正式营业,印尼金马安渔业综合基地更新改造稳步推进,中国—东盟海洋合作中心启动筹建。广东在马来西亚、泰国、斯里兰卡等国建设远洋渔业合作项目。山东加快建设东亚海洋合作平台,推进建设印尼、斯里兰卡等海外综合渔业基地。江苏马来西亚远洋渔业合作项目启动建设。

三年多来,“一带一路”建设从无到有、由点及面,进度和成果超出预期。习近平、李克强等国家领导人先后出访20多个国家,出席加强互联互通伙伴关系对话会、中阿合作论坛第六届部长级会议,就双边关系和地区发展问题,多次与有关国家元首和政府首脑进行会晤,深入阐释“一带一路”的深刻内涵和积极意义,就共建“一带一路”达成广泛共识。与部分国家签署了共建“一带一路”合作备忘录,与一些毗邻国家签署了地区合作和边境合作的备忘录以及经贸合作中长期发展规划。研究编制与一些毗邻国家的地区合作规划纲要。加强与沿线有关国家的沟通磋商,在基础设施互联互通、产业投资、资源开发、经贸合作、金融合作、人文交流、生态保护、海上合作等领域,推进了一批条件成熟的重点合作项目。中国政府统筹国内各种资源,强化政策支持。推动亚洲基础设施投资银行筹建,发起设立丝路基金,强化中国—欧亚经济合作基金投资功能。推动银行卡清算机构开展跨境清算业务和支付机构开展跨境支付业务。积极推进投资贸易便利化,推进区域通关一体化改革。各地成功举办了一系列以“一带一路”为主题的国际峰会、论坛、研讨会、博览会,对增进理解、凝聚共识、深化合作发挥了重要作用。

“一带一路”建设推进以来,全球100多个国家和国际组织共同参与,40多个国家和国际组织与中国签署合作协议,形成广泛国际合作组织。联合国大会、安理会、联合国亚太经社会、亚太经合组织、亚欧会议、大湄公河次区域合作等有关决议或文件都纳入或体现了“一带一路”建设内容。经济走廊建设稳步推进,互联互通网络逐步成型,贸易投资大幅增长,重要项目合作稳步实施,取得一批重要早期收获。亚投行、丝路基金的成立为金融合作提供了坚实基础。中欧班列驰骋在广袤的亚欧大陆,运载的是琳琅满目的货物,联通的是亚欧国家的市场需求,架起的是沿线国家人民的友谊桥梁,成为“一带一路”上一道亮丽的风景线。共建“一带一路”是加强国际合作的重要途径,已经成为各方积极参与推进的重要事业,为增进各国民众福祉提供了新的发展机遇。可以说,“一带一路”倡议来自于中国,成果惠及世界。

二、“一带一路”倡议与沿线国家合作的未来展望

放眼全球,世界经济正发生前所未有的复杂深刻变化,各国面临的发展问题依然严

峻。“独行快，众行远”。开展更大范围、更高水平、更深层次的区域合作，成为各国人民的共同心声。在全球化时代，各国利益相通，命运与共。“一带一路”契合沿线国家的共同需求，为沿线国家优势互补、开放合作创了新途径，将为资本和产品“走出去”带来历史性机遇。

（一）“一带一路”将加速亚洲和亚太经济一体化进程，形成推动世界持续发展的新重心

“一带一路”倡议将成为亚洲经济一体化的“两翼”，有效连接中亚、西亚、东南亚、南亚、东北亚等地区，显著改善区域内的整体基础设施互联互通状况和营商环境。作为世界经济增长的重要引擎，亚洲已日渐成为经济全球化的中坚力量，但也面临不少新老问题。比如，亚洲一体化水平与欧洲、北美洲相比仍有不小的差距。博鳌亚洲论坛2015年年会发布的《亚洲经济一体化进程年度报告》显示，在后金融危机时代和全球经济复苏乏力的背景下，亚洲在贸易一体化进程和全球生产体系中正面临更加突出的挑战。2013年，亚洲对自身的贸易依存度由2012年的历史最高水平59.49%降至53.01%；亚洲内部中间品贸易的增长率由2012年的8%降至5%；亚洲在全球价值链中间品贸易上对区域内的依存度由2012年的61.1%降至60.1%。考虑到亚洲国家拥有巨大的生产能力，如果能够扩张亚洲内部市场规模，更多的中间投入品和最终品将由发达国家市场转入本地区，亚洲可能获得新的增长动力。同时，亚洲各区域间发展不平衡，联系不紧密，交通基础设施不联不通、联而不通、通而不畅等问题相对比较突出，对深化区域合作构成不少障碍。“一带一路”倡议涵盖亚洲26个国家和地区，拥有44亿人口和20多万亿美元的经济规模。“一带一路”是在后国际金融危机时代，作为世界经济增长火车头的中国，将自身的产能优势、技术与资金优势、经验与模式优势转化为市场与合作优势的重要途径，通过“一带一路”建设能够促进亚洲国家分享中国改革发展红利，推动相关国家间实现合作与对话，建立更加平等均衡的经贸关系，夯实亚洲经济一体化的基础，迈向命运共同体，开创亚洲新未来。

“一带一路”倡议还将化解亚太一体化进程面临的诸多难题。目前，亚太经济一体化的首要挑战是成员经济发展水平存在巨大差异。在亚太地区，有人均GDP高达4万美元的美国、日本、新加坡等发达国家成员，也有人均GDP不足5000美元的越南、菲律宾等发展中国家成员。不同人均GDP水平暗示着各成员对地区经济一体化存在不同的利益诉求。显然，一个统一的一体化方案难以满足不同成员的发展要求，因而在APEC的发展历程中，诸多的贸易投资自由化方案最后不得不以流产而告终，其中就有著名的“茂物目标”，因发达国家食言，茂物目标无果而终。另外，APEC成员在社会制度、政局稳定等非经济领域也存在较大的差异，为推行经济一体化带来重重障碍。在“一带一路”建设的推动下，未来亚太地区将逐步形成立足周边、辐射“一带一路”、面向全球的高标准自贸区网络。中日韩自贸区、区域全面经济伙伴关系协定、中国—东盟自贸区升级版、亚太自贸区有望取得进展，进而推动区域经济一体化进程。同时，共建“一带一路”还有助

于促进亚太国家互通互联，形成互补共赢的合作局面，进一步增强亚太国家在政治、文化等方面的交流，加速亚太一体化进程。

（二）“一带一路”将打破亚欧大陆长期封闭的状态，形成推动世界均衡发展的新路径

亚欧大陆是世界上最大的陆地，面积近5000万平方公里，占全球陆地面积的1/3，东西跨度超过1万公里，包含100多个国家，拥有约50亿人口，占世界人口总数的70%，占全球经济总量的60%，占全球贸易的60%，是世界上跨度最长的经济走廊，也是最具发展潜力的经济带。陆路交通不畅一直是制约亚欧大陆发展的主要因素之一。古代海运不发达，古丝绸之路应运而生，促进了亚欧大陆的道路联通和贸易往来，但后来由于海运发展等多种因素的影响，古丝绸之路没落了，亚欧大陆处于长期封闭的状态。同时，亚欧大陆无论人口总量、经济规模还是政治问题复杂程度，均居世界各大陆之首，而且国家之间矛盾众多、互信程度低，也严重阻碍了亚欧国家间的交流与互通。

“一带一路”倡议将打破亚欧大陆长期封闭的状态，打造互联互通的亚欧大陆。“一带一路”贯穿亚欧大陆，一头是活跃的东亚经济圈，另一头是发达的欧洲经济圈，中间广大腹地国家经济发展潜力巨大。根据“一带一路”走向，陆上依托国际大通道，以沿线中心城市为支撑，以重点经贸产业园区为合作平台，通过渝新欧（重庆、新疆和欧洲）、中吉乌（中国与吉尔吉斯斯坦、乌兹别克斯坦）、中巴伊（中国与巴基斯坦、伊朗）等铁路项目的建设，将从北、中、南三个方向全面打通亚欧大陆桥，最终形成新亚欧大陆桥、中蒙俄、中国—中亚—西亚三大国际经济合作走廊，畅通中国经中亚、俄罗斯至波罗的海，中国经中亚、西亚至波斯湾、地中海的通道；海上则从中国沿海港口过南海经印度洋连接至欧洲。中国积极推进的中俄高铁合作和中老、中泰、中巴、中哈等铁路合作项目，将进一步促进亚欧大陆基础设施的互联互通，推动亚欧大陆各国进行更广泛、更深层、更多样的区域合作，为亚欧经济发展注入新动力。打破亚欧大陆长期封闭的状态有助于促进欧亚大陆腹地不发达地区的经济增长，改变区域经济政治的空间布局、活动方式及其流向，为区域协同发展做出新的贡献。“一带一路”打破亚欧大陆长期封闭的状态，还将推动全球均衡发展。以往的全球发展以欧美为主，全球经济发展重心以西方为主，导致东方从属于西方、陆地从属于海洋等一系列负面效应。“一带一路”将通过打破亚欧大陆长期封闭的状态，推动带动内陆国家加快开发开放，实现均衡发展，改变历史上中亚等丝绸之路沿途地带只是作为东西方贸易、文化交流的过道而成为发展洼地的状况，将超越欧美主导全球化造成的贫富差距、地区发展不平衡，形成推动全球均衡发展的新格局。

（三）“一带一路”将打造利益共享的全球价值链，形成推动世界共同发展的新模式

当前，世界经济仍处于深度调整期，低增长、低通胀、低需求同高失业、高债务、高泡沫等风险交织，气候变化、能源安全、粮食安全等全球性挑战不断增多，不仅发展中国家需要实现可持续性的经济转型，发达国家也需要促进经济转型，这需要世界各国携手打

造利益共享的全球价值链，促进共同发展。

“一带一路”沿线国家的经济发展主要是沿海国家的快速发展，主要经济中心城市多数聚集在沿海地区，广大内陆国家尤其是发展中国家并未被真正纳入全球价值链。目前，“一带一路”沿线多数为低收入国家，据世界银行统计，这些国家人均国民总收入尚不足世界平均水平的一半，“一带一路”沿海国家的人均收入是内陆国家的数十倍。多数内陆国家的基础设施相对落后、产业发展滞后、对外开放程度不高、社会发展水平较低，对于加快经济社会发展、实现国家现代化的愿望十分迫切。“一带一路”沿海国家多数精于制造业，而内陆国家资源丰富，能源供给充足，如果能够整合沿海国家的制造能力与内陆国家的丰富资源，共同打造全球价值链，将有效促进区域经济增长，并将加速“一带一路”沿线国家的经济融合，实现共同发展。共同建设利益共享的全球价值链，有利于让区域内每个国家的发展同其他国家的增长形成联动效应，相互带来正面而非负面的外溢效应，充分发挥各国的比较优势，共同优化全球经济资源配置，完善全球产业布局，培育普惠各方的全球大市场，实现共同发展。

“一带一路”将开辟打造全球价值链的新路径。庞大的“中国市场”将成为引领“一带一路”沿线国家经济持续增长的新动力。未来 5 年，中国将进口超过 10 万亿美元的商品，预计到 2020 年，中国中等收入群体将释放 60 多万亿元的购买力，届时有望成为世界最大的进口市场和增速最快的进口市场。同时，中国对外投资也将快速增加，“十三五”时期，中国对外直接投资将超过 5000 亿美元，预计中国在“一带一路”上的总投资有望达到 1.6 万亿美元。中国已与东盟、新加坡、巴基斯坦、新西兰等国家和地区签订自贸协定，与十几个国家建立了境外经贸合作区。“一带一路”将把中国和众多新兴市场国家的经济更紧密地融合起来。总之，“一带一路”是将沿海国家制造能力与内陆国家丰富资源有机结合的新物流模式、贸易模式和发展平台。随着“一带一路”的发展，沿线会形成发达的经济中心、文化中心，这些地方沉睡的丰富资源将得到全面、合理的开发，沿线国家将以全方位的国际合作解决自身的问题，更有效地融入全球经济，在共同打造全球价值链的过程中获得巨大收益。

（四）“一带一路”将促进人类建设命运共同体，形成推动世界和平发展的新境界

“一带一路”是人类命运共同体建设的路径、桥梁和纽带。“一带一路”继承了古丝绸之路开放兼容的历史传统，同时也吸纳了亚洲国家“开放的区域主义”精神，体现了世界各国谋求发展的现实需求。无论从历史还是现实来看，“一带一路”都为人类命运共同体建设提供了重要的路径和战略支撑。“一带一路”不是单一国家的战略，更不是把一个国家利益凌驾于其他国家和地区利益之上甚至全球利益之上的战略。“一带一路”建设是以沿线国家和地区的相互开放、合作发展、互利共赢为根本宗旨，以“政策沟通、设施联通、贸易畅通、资金融通和民心相通”为核心内容，将促进沿线各国团结互信、平等互利、包容共鉴。“一带一路”倡导合作共赢的理念，强调世界之大容得下大家共同发展，呼吁

各方摒弃你输我赢、赢者通吃的旧思维，致力于"以和为贵，和而不同，以达天下大同"。"一带一路"有助于凝聚共识，围绕共同的主题推动区域内多边合作平台整合、对接，促进相关国家加强沟通，促进人类命运共同体建设，形成推动人类合作共赢发展的新格局，让更多国家和地区受益于"一带一路"建设。"一带一路"将从多边和双边各个层面推进命运共同体建设。"一带一路"和人类命运共同体均是合作、发展的理念和倡议，不是一个实体和机制，将充分依靠中国与有关国家既有的双边多边机制，借助当前行之有效的区域合作平台形成互动。通过与 60 多个国家、40 多亿人口建立广泛的沟通和协作机制，形成推动人类合作共赢发展的新格局。据海关总署测算，2014 年我国与"一带一路"地区的进出口总额达 7 万亿元人民币，增长高达 7%。同时，"一带一路"能够在增信释疑的基础上，推进沿线不同国家主导的多个次区域合作组织形成宽领域、深层次、高水平、全方位的合作格局，使各经济体在合作中实现共赢，使广大民众获得实实在在的好处。目前"一带一路"沿线地区存在着由不同国家主导的多个次区域合作组织和对话平台，如上海合作组织、东南亚国家联盟、中国－东盟"10＋1"、亚太经合组织、阿拉伯国家联盟、欧洲联盟、博鳌亚洲论坛、亚欧会议、亚洲合作对话、亚信会议、中阿合作论坛、中国一海合会战略对话、大湄公河次区域经济合作、中亚区域经济合作等，其成员构成、区域分布、合作范围与合作机制差异较大。"一带一路"坚持共商共建、共创共享原则，不搞封闭机制，有意愿的国家和经济体都可参与，成为"一带一路"的支持者、建设者和受益者，将加速人类命运共同体建设，共同建造和平、增长、改革、文明的发展环境，构建各方融合发展的新格局，为各方带来更大发展机遇。

（五）"一带一路"将促进沿线国家和地区加强战略对接，形成推动世界包容发展的新方式

"一带一路"作为全方位的合作开放战略，将以经济走廊理论、经济带理论等创新经济发展理论、区域合作理论、全球化理论，形成促进区域发展的"共商、共建、共享"原则，超越马歇尔计划、对外援助以及"走出去"战略，给 21 世纪的国际合作带来新的理念。"经济带"概念就是对地区经济合作模式的创新，新亚欧大陆桥、中蒙俄、中国－中亚－西亚、中国－中南半岛等国际经济合作走廊，以经济增长极辐射周边，超越了传统发展经济学理论。"丝绸之路经济带"概念，不同于历史上所出现的各类"经济区"与"经济联盟"，具有更大的灵活性、适用性、可操作性。"一带一路"将促进沿线国家和地区加强战略对接，实现包容性发展。"一带一路"将与俄罗斯的"跨欧亚发展带"有效对接，与中亚五国、俄罗斯的东向能源新干线，与印度新总统穆迪提出的建设丝绸之路、印度尼西亚新总统提出的发展海洋经济和建设海上中心，与东南亚大湄公河次区域合作，与西亚、阿盟的经济振兴计划，乃至与中东欧 16 国摆脱债务危机、吸引中国投资的需求，都不谋而合，遥相呼应。"一带一路"可以促进欧亚经济一体化，共同建设欧亚大市场，共同引领来自亚太和欧洲的国家参与欧亚大陆经济整合的新格局，从而对当前世界经济版图产生重要影响，促进全球政治经济新秩序的形成。同时，"一带一路"将助推东盟建成东盟

共同体。按计划2015年底东盟将建成东盟共同体，但是还有约10%的目标没有完成，且剩余的一体化内容难度较高。同时，缅甸、泰国、印度尼西亚等东盟内部国家也面临着政治、经济等一系列问题，这些问题将会分散东盟的注意力。“一带一路”建设对东盟共同体的建设具有积极的意义，通过打造中国和东盟自由贸易区升级版，有利于密切东盟各方经济联系，促进产业合作升级，打造优势互补的产业链。

“一带一路”将通过促进沿线国家和地区的战略对接，实现政策沟通，共同打造开放、包容、均衡、普惠的区域经济合作架构，促进经济要素有序自由流动、资源高效配置和市场深度融合，推动沿线区域实现经济政策协调，开展更大范围、更高水平、更深层次的区域合作。一是促进东南亚地区形成更紧密的经济伙伴关系。“一带一路”将深化中国与东盟的战略互信、拓展睦邻友好、聚焦经济发展、扩大共同利益汇合点，打造中国东盟自贸区升级版，建立和健全地区供应链、产业链与价值链，提升东盟与中国产业在全球的竞争能力。二是促进南亚地区形成共同发展的区域经济体新格局。“一带一路”将以连接中印两大市场桥梁的中巴经济走廊和孟中印缅经济走廊建设为重要切入点，以沿线中心城市为依托，以铁路、公路为载体和纽带，培育沿线优势产业群和边境经济合作区，形成优势互补、共同发展的区域经济新格局。三是促进中亚西亚形成优势互补的产业合作。中亚、西亚地区是“一带一路”建设的重点方向，将从北、中、南三个方向全面打通亚欧大陆桥，最终形成中国一中亚一西亚国际经济合作走廊，实现基础设施的互联互通，推动中亚、西亚地区合作由能源领域合作转向产业链合作。四是促进中蒙俄建立崭新的投资贸易关系。“一带一路”有利于完善中蒙俄合作机制，进一步深化中蒙俄在教育、科技、文化等领域的全方位合作，挖掘和释放中蒙俄经济合作的巨大潜力，打造中蒙俄经济走廊，推动经贸合作上升到新的水平。五是促进东北亚地区成为亚太地区重要的增长极。“一带一路”倡议的加速推进，将促进东北亚地区在国际通道建设上实现更大的突破，向北向西可通过俄罗斯西伯利亚大铁路进入欧洲的铁海联运体系，向东向南进人太平洋陆海联运体系，加速东北亚地区的互联互通，促进人员和生产要素在区域内合理流动，建立更紧密的区域合作关系。①

【案例分析】

“一带一路”建设进展

2017年，以首届“一带一路”国际合作高峰论坛成功举办和党的十九大召开为契机，“一带一路”倡议在国际国内的影响力进一步提高，主要经济走廊基础设施互联互通有所突破，国际产能合作、中欧班列建设、投融资平台培育取得积极进展，“一带一路”建设取得了显著成效。“一带一路”建设在我国扩大对外开放和经济外交中的地位更加明确，国际影响力显著提升。

---

① 李锋.“一带一路”建设的前景展望.中国财政[J],2017.

国内层面，作为2017年我国最重要的主场外交活动，“一带一路”国际合作高峰论坛在北京成功召开，标志着“一带一路”建设框架下最高规格的官方国际对话机制建立；党的十九大明确指出，“要以‘一带一路’建设为重点，坚持‘引进来’和‘走出去’并重，遵循共商共建共享原则，加强创新能力开放合作，形成陆海内外联动、东西双向互济的开放格局”“坚持正确义利观，推动构建人类命运共同体，遵循共商共建共享原则，推进‘一带一路’建设”等内容被写入党章，“一带一路”建设作为我国扩大对外开放的重大战略举措和经济外交顶层设计的定位更加明确。

国际层面，共建“一带一路”倡议与相关国家战略对接工作不断推进，朋友圈和合作范围持续扩大。2017年，我国新签署约50份“一带一路”框架下的合作协议，占当前已签署的协议总数的近1/2。新签协议涉及新增国际组织约20个，与国际多边组织对接明显加强；涉及新增沿线国家20余个，主要分布在中东欧、非洲及东南亚地区，截至目前已实现中东欧地区全覆盖。

在贸易方面，2017年我国与沿线国家的贸易额明显增长，东南亚地区仍是我国最大的贸易伙伴，而且地位有所上升。根据海关总署统计，2017年1月至10月，我国与“一带一路”沿线国家商品贸易总额为8760.9亿美元，较2016年同比增长14.8%；出口额5126.3亿美元，同比增长8.3%，进口额3634.6亿美元，同比增长25.3%。

资料来源：公丕萍，卢伟，曹忠祥.“一带一路”建设最新进展、形势变化与2018年推进策略[J].大陆桥视野，2018.

思考与讨论：

1.结合案例，分析“一带一路”倡议对中国的影响。

2.“一带一路”倡议的意义和作用。

复习思考题

1.什么是“一带一路”倡议？

2.“一带一路”倡议有何意义。

3.“一带一路”倡议合作有哪些内容？

4.“一带一路”倡议实施取得了哪些成就？

主要参考书目

[1]董再平，赵慧娥，李锋. 国际经济合作[M]. 北京：中国人民大学出版社，2014.

[2]卢进勇，杜奇华，杨立强. 国际经济合作[M]，北京：北京大学出版社，2013.

[3]卢进勇，杜奇华. 国际经济合作[M]. 北京：中国人民大学出版社，2013.

[4]陈建. 国际经济合作教程(第三版)[M]. 北京：中国人民大学出版社，2012.

[5]江沿，孙雅玲，黄锦明. 国际经济合作[M]. 北京：清华大学出版社，2012.

[6]白林，李用俊. 国际经济合作教程[M]. 合肥：中国科学技术大学出版社，2011.

[7]窦金美. 国际经济合作[M]. 北京：机械工业出版社，2010.

[8]赵永宁. 国际经济合作[M]. 北京：机械工业出版社，2009.

[9]马淑琴，孙建中，孙敬水. 国际经济合作教程[M]. 杭州：浙江大学出版社，2008

[10]李小北. 国际经济合作(第二版)[M]. 北京：经济管理出版社，2009.

[11]姬会英. 国际经济合作实务[M]. 北京：清华大学出版社，2008.

[12]丁溪. 国际经济合作[M]. 北京：中国商务出版社，2008.

[13]黄汉民. 国际经济合作[M]. 上海：上海财经大学出版社，2007.

[14]白远，范军. 国际经济合作理论与实务[M]. 北京：北京交通大学出版社，2005.

[15]李奕滨，周华. 国际经济合作[M]. 上海：立信会计出版社，2005.

[16]王世浚. 国际经济合作理论与实务[M]. 北京：中国对外经济贸易出版社，1998.

[17]熊涓. 利用外资与对外投资对中国经济的影响[M]. 哈尔滨：黑龙江大学出版社，2011.

[18]李桂芳. 中国企业对外直接投资分析报告(2013)[M]. 北京：中国人民大学出版社，2013

[19]朱华. 中国对外直接投资的发展路径及其决定因素研究[M]. 北京：中国社会科学出版社，2012.

[20]刘红忠. 中国对外直接投资的实证研究及国际比较[M]. 上海：复旦大学出版社，2001.

[21]谈萧. 中国"走出去"发展战略[M]. 北京：中国社会科学出版社，2003.

[22]崔新健. 中国利用外资三十年[M]. 北京：中国财政经济出版社，2008.

[23]陈向东，魏拴成. 当代跨国公司管理[M]. 北京：机械工业出版社. 2007.

[24]国家统计局贸易外经统计司. 中国贸易外经统计年鉴[M]. 北京：中国统计出版

社,2011.

[25]许焕兴,赵莹华.国际工程承包[M].沈阳:东北财经大学出版社 2009.

[26]陈同仇,薛荣久.国际贸易[M].北京:对外经济贸易大学出版社,1997.

[27]王红晓.国际税收[M].沈阳:东北财经大学出版社.2013.

[28]杨志清.国际税收[M].北京:北京大学出版社.2010.

[29]潘明星,徐健,张培青.国际税收学[M].天津:开大学出版社.2004.

[30]黄济生,殷德生.国际税收理论与实务[M].上海:华东师范大学出版社.2001.

[31]张志超,李月平.国际税收[M].北京:首都经济贸易大学出版社.2005.

[32]李蕾.涉外税收与税收理论[M].北京:中国财政经济出版社.2006.

[33]编写组.合理避税与反避税操作技巧[M].北京:企业管理出版社.2005.

[34]王晓光.财政与税收(第 2 版)[M].北京:清华大学出版社.2013.

[35]高正章.国际税收[M].北京:中国财政经济出版社.2008.

[36]肖太.中国国际避税治理问题研究[M].北京:中国市场出版社.2012.

[37]刘佐.中国涉外税收手册英汉对照[M].北京:五洲传播出版社.2007.

[38]田刚,关兵,郜春莲.国际经济合作[M].哈尔滨:东北林业大学出版社.2006.

[39]刘剑文.财税法学案例与法理研究[M].北京:高等教育出版社,2004.

[40]尤恩·雷斯尼克.国际财务管理(第 6 版)[M].北京:机械工业出版社.2013.

[41]赵永宁等.国际经济合作[M].北京:机械工业出版社,2009.

[42]黄静波.应用国际金融学[M].北京:机械工业出版社,2011.

[43]邢建国.政治经济学分析[M].北京:中国建材工业出版社,2001.

[44]吴朝阳.国际经济合作[M].大连:东北财经大学出版社,2011.

[45]高歌,盛洪昌.国际经济合作[M].北京:商务印书馆,2009.

[46]秉强.世界经济概论[M].大连:大连理工大学出版社,2007.

[47]张幼文,金芳.世界经济学[M].上海:立信会计出版社,2006.

[48]喻志军.国际贸易理论与战略[M].北京:企业管理出版社,2006.

[49]蔡玉彬.国际贸易理论与实务[M].北京:高等教育出版社,2008.

[50]黎孝先.国际贸易实务[M].北京:对外经济贸易大学出版社,2010.

[51]任丽萍.国际贸易理论与实务[M].北京:北京交通大学出版社,2008.

[52]林康.跨国公司与跨国经营[M].北京:对外经济贸易大学出版社,2000.

[53]毕红毅.跨国公司经营理论与实务[M].北京:经济科学出版社,2006.

后　记

《国际经济合作》是国际贸易专业"十三五"规划系列教材之一，该系列丛书还包括《国际贸易学》《进出口业务实训》《外贸英语函电》等。本系列教材是在安徽大学、安徽外国语学院、铜陵学院、安徽三联学院、安徽新华学院、安徽江淮学院以及安徽绿海商务职业学院国际经济与贸易专业相关教师的合作和努力下完成的，撰写人员均为具有丰富教学经验的教师和其他教学研究人员。安徽大学国际贸易专业的部分研究生协助导师积极参加本书的撰写和研究，为教材出版做了很多工作。安徽外国语学院周丽老师在教材编写过程中更新和增添了大量新材料新数据，付出了辛勤劳动。

本教材由闵树琴、周丽主编，李光辉编写第一章，郭美荣、叶留娟编写第二章，夏英祝、周丽编写第三章，闵树琴编写第四章和第五章，夏英祝、汪芳编写第六章，王珊珊、郭美荣编写第七章，王静编写第八章，黄剑、宇雪编写第九章，杨春雨、周丽编写第十章，宫能泉、周丽编写第十一章，周丽和张绚怡编写第十二章。

编　者

2019 年 5 月 18 日